歌舞伎と革命ロシア

一九二八年左団次一座訪ソ公演と日露演劇交流

永田　靖・上田洋子・内田健介＝編

森話社

歌舞伎と革命ロシア――一九二八年左団次一座訪ソ公演と日露演劇交流　[目次]

Ⅲ　一九二八年歌舞伎ソ連公演新聞・雑誌評

〔凡例〕引用文等の旧字は、一部の固有名詞をのぞき現行の字体に改めた。また、引用文中の〔 〕は引用者による注記である。

序

一九二八年左団次一座のソヴィエト公演について

永田 靖

はじめに

一九二八年に二代目市川左団次ら松竹の歌舞伎の一行がソヴィエトを訪問したことはよく知られている。それが日本演劇史の中で重要視されるとすれば、これが最初の「本格的」な歌舞伎の海外公演だったためである。それに先立つ一九〇〇年代には太田花子や川上音二郎・貞奴一座の「歌舞伎」のヨーロッパ・ロシア公演があり、ジャポニズムの風潮に乗って大いに受け入れられ、ヨーロッパ演劇や芸術一般に大きな影響を与えすらした。ただ、それらはあくまでも私的な興行師やカンパニーとの交流の結果であり、「国家的」事業による公演ではなかった。

その一九二八年の左団次らのソヴィエト公演に際して、ソヴィエトのジャーナリズムや学界で発表された多くの論評、批評、記事、評伝の「貼込帖」(つまりスクラップ・ブック)が記念にソヴィエト側から贈呈され、それが早稲田大学演劇博物館に保存されている。今回、早稲田大学演劇映像学連携研究拠点・公募研究「近代日露演劇交流とその文脈」(平成二三年度、研究代表・上田洋子)、および同「東西演劇交流におけるメディア・記憶・アーカイブをめぐる研究」(平成二五年度、研究代表・上田洋子)において、このスクラップ・ブックの記事の翻訳と内容検討の共同研究に参加する機会を得て、全貌を概観することができた。今回刊行する本論集は、この数年間にわたる研究の成果たる論文と、寄贈された記事の中から重要な二四点の新聞・雑誌記事の翻訳とで構成されている。いずれもこの公演をめぐる、あるいはそれに関連する論考であり、この海外公演の持つ演劇史における、また日露文化交流における意義を考察している。ここでは本論集の序文として、この日本最初の「本格的」歌舞伎海外公演について、日本とロシアの演劇的・文化的な文脈の中での意味合いを概観しつつ、演劇研究におけるその問題点を確認したい。

1

一九二八年の七月一一日から九月一四日までの間、市川左団次をはじめとする松竹歌舞伎の一団がソヴィエト連邦を訪問した。松竹副社長の城戸四郎を団長に、副社長秘書で築地小劇場創設メンバーである浅利鶴雄、同じく副社長秘書の大隈俊雄、劇作家の池田大伍らとともに、歌舞伎俳優の市川左団次を筆頭に市川松蔦《しょうちょう》、市川莚《えん》升《しょう》、河原崎長十郎、その他俳優一五名、また義太夫二名、囃子連中八名、衣裳二名、床山二名、大道具三名、小道具一名、男衆二名など裏方二〇名を随伴させた、総勢四八名の団体であった。モスクワ公演は八月一日～一八日にモスクワ第二芸術座で、レニングラード公演は八月二〇日～二六日にミハイロフスキー劇場で上演され、大成功に終わった。この公演については、随伴した大隈俊雄が翌年に編集した『市川左団次　歌舞伎紀行』(1)に、概要と公開されたソ連側の新聞記事や雑誌記事の一部とともに掲載されている。さらに全行程についても概略が記載されている。全体の行程は以下の通りである。

左団次一行のうち先発隊は、七月一〇日にソヴィエト大使館主催の晩餐会に出席した翌日、東京駅から敦賀まで汽車で移動し、七月一六日にウラジオストクに到着する。ウラジオストクで、極東外交全権代理を始め、芸術労働者組合、コルシ劇場関係者などの盛大な出迎えとロシア側の演劇上演などを含む歓迎を受ける。この後、シベリア鉄道を一路モスクワに向かうが、ハバロフスク、クロスノヤルスク、ノボシビルスクなど要衝の地では芸術労働者組合支部や日本領事館事務代理などの出迎えを受け、歓迎される。七月二六日にモスクワに到着する。モスクワでは最大の歓迎を受け、全ソ対外文化連絡協会（ヴォクス）会長カーメネフ夫人、各劇場の代表者、日本演劇専門家コンラド教授などの盛大な出迎えを受ける。同日夜には、メイエルホリド劇場で全ソ対外文化連絡協会の主催による歓迎会が開催される。スタニスラフスキーやダンチェンコなども歓迎の電報を送る。ヴォクスからの依頼で、演目を変更し、まずは三つのプログラムを組み、第一プログラムは『仮名手本忠臣蔵』『京鹿子娘道成寺』『鈴ヶ森』（『鈴ヶ森』は難解ということで最終的にレパートリーから外す）。第二プログラムは『番町皿屋敷』『操三番叟』『鳴神』。第三プログラムは『修禅寺物語』『鷺娘』『だんまり』となった。

八月一日に初日を迎える。『道成寺』の鐘の上げ下げなどの失敗、定式幕が閉まらないなどミスが続出するものの大喝采で終了する。エイゼンシテイン映画の上映会や、様々な昼食会、モスクワ大学での研究会に招かれるなど文化交流のプログラムにも参加する。八月一八日の最終日のみをボリショイ劇場で公演する。その後、八月一九日の朝九時半にレニングラード着。ミハイロフスキー劇場、ボリショイ・ドラマ劇場、俳優組合、東洋語学校などから多数の出迎え受ける。八月二〇日レニングラード公演初日、大成功で終了。八月二四日、アレクサンドリンスキー劇場に公演中のメイエルホリド劇場に招待され、「ビオメハニカ」の紹介、『トラストＤＥ』の赤軍水兵の場面、『検察官』のラブシーンの場面、『森林』から一場面などを観劇。八月二五日ロシア公演最終日。八月二八日モスクワに戻り、八月三〇日に日本大使館で送別会開催。左団次、池田、浅利などドイツに向かう組と分かれて、ウラジオストク経由で無事に九月一四日に敦賀着となる。

2

そもそも左団次たち松竹の歌舞伎は、なぜこの時期にソヴィエトを訪問しようとしたのだろうか。また日本側の事情はどのようなものだったのだろうか。一九二八年のソヴィエトは、一九一七年の社会主義革命後一〇年を経た新しい国家として、文化的な曲がり角に差し掛かっていた。革命期を過ぎ、いわゆる第一次五カ年計画が策定され、一国社会主義建設への道を邁進し始めたこの時期のソヴィエトを、松竹歌舞伎が最初の海外公演の相手国として選んだのはなぜだったのだろうか。これについては何よりも本論集所収の内田健介「日ソ国交回復前後の文化交流とその政治的背景」が、この時代の日ソ交流について政治的背景を踏まえて実証している。日露協会、日露相扶会、日露芸術協会のこの時期の活動を紹介しながら、日本の側にソ連の文化を受け入れ交流する機運が高まっていたこと、また日ソともに接近を試みるに足る情勢だったことを明らかにしているので一読を願いたい。

二代目市川左団次は、言うまでもなく日本演劇史において近代演劇の始まりを象徴する一人である。一九〇四年に父左団次が死亡した後、二代目左団次を襲名すると、一九〇六年に海外に赴き、海外の演劇事情を観察して翌年帰国する。左団次は拠点としていた明治座において茶屋の一部廃止などを含む革新興行を行って歌舞伎の近代化を図り、また川上音二郎の革新興行にも参加して演劇改革を進めた。一九〇九年には小山内薫と「自由劇場」を開始し、日本の近代演劇の記念すべき第一歩を歩み始める。

興行主である白井松次郎、大谷竹次郎の兄弟が経営する「松竹」は一九〇六年に大阪道頓堀の五つの劇場を傘下に収めると、徐々に東京に進出して行く。経営難になった新富座や本郷座を買収し、一九一二年に欧米演劇にならった女優養成所を創設して新しい時代を先取りしようとしている。左団次が松竹の専属となるのはこの一九一二年のことで、本郷座で第一回目の興行を行っているが、山崎紫紅作『真田幸村』とストリンドベリ『犠牲』を上演し、演劇の近代化をここでも進めている。松竹は「自由劇場」にも関心を示し、一九一六年には京都南座でゴーリキー『どん底』（小山内演出、左団次主演）を上演させている。この頃、左団次は本拠の明治座の経営に苦慮しており、松竹は明治座を買収する一方で、左団次に明治座で本格的に歌舞伎の近代化を進めさせる。さらに松竹は、岡本綺堂に左団次にあてた新作歌舞伎劇を書かせ、一九二一年には小山内薫、永井荷風、岡本綺堂、池田大伍、松居松葉《しょうよう》、木村錦花《きんか》、岡鬼太郎《おにたろう》などをメンバーに「七草会」を設け、左団次のために新歌舞伎の戯曲を提供させる。

また演劇に関する法改正もこの時期の演劇史を考察する場合には忘れてならないだろう。一九二三年に警視庁により一回の興行時間を六時間以内にすることを定めた興行取締規則が発令された。従来は一二時間ほどをかけて五～六本の作品を公演していた形式を、二～三本の作品を一日二回に分けて興行する形式になり、時間短縮、観劇料の引き下げなどをもたらした。その結果、歌舞伎の観客層が、特権的な有閑階級や通人から、一般の会社員やインテリ、庶民に広がった。一九二九年には、松竹は歌舞伎座の斜め前に、東京劇場を創設して、歌舞伎座、明治座、新歌舞伎座、市村座、帝劇に加えて六つの大劇場を東京に持つ全盛時代を迎えることになる。

このように一九二八年までに日本の都市部の歌舞伎は、松竹が左団次はじめ多くの歌舞伎俳優を傘下に収め、松竹によってほぼ独占されていく。またこの時代には、作品の近代化や女優養成所創設、また興行形態においても近代化が進む。左団次と歌舞伎の訪ソはまさにこのような時代に行われた。本論集所収の日置貴之「日露戦争劇『敵国降伏』――歌舞伎の戦争劇と史劇の交点」では、松居松葉作『蒙古退治敵国降伏』において、ロシアの南下を元寇に見立てて描き込んでいる様相を実証的に論じている。ロシアと元とをいわば想像上で地理的に同化させる手法であるが、この種の手法は今日でも豊富に見られるもので、この時期の歌舞伎のレパートリーの一つの方向を読み取ることができて興味深い。他方、左団次一座がソヴィエトに持って行った作品リストを見れば、『仮名手本忠臣蔵』『道成寺』『鳴神』など古典作品に加えて、いわゆる新歌舞伎、とりわけ岡本綺堂の作品が多いことがわかる。岡本綺堂は、先述の「七草会」ができる前から左団次のために戯曲を書いており、たとえば『修禅寺物語』『番町皿屋敷』などいわゆる「新歌舞伎」は、荒唐無稽な筋を廃棄し、同時代の生きる人間の苦悩や葛藤を描く「近代」的な歌舞伎作品であった。

それを反映してか、ソヴィエト側の批評を概観してまず興味深いのは、歌舞伎がヨーロッパ演劇やリアリズム演劇の影響を受けていると指摘していることである。たとえば七月二二日の『労働者と演劇』誌では、批評家コンスタンチン・デルジャーヴィンは、歌舞伎とシェークスピアやスペイン黄金時代との類似性について言及しており、ともに都市文化やブルジョアジー文化の開花という社会的背景を持つと説明している。また八月一二日の『東の暁』誌で、芸術批評家トゥーゲンホリドは、極度に洗練された歌舞伎の難解さを指摘しながら、同時に高いレベルでリアリズムを実現していると批評している。たとえば、『仮名手本忠臣蔵』で由良之助が主人の体から引き抜いた刀が赤い血に染まっていたことや、また朝焼けの場面で鶏が鳴く演出をちょうどモスクワ芸術座の演出やそのコオロギの鳴き声の演出のようだったと。また八月二五日の『クラースナヤ・ガゼータ』紙で、演劇学者ソロヴィヨフは、『番町皿屋敷』ではヨーロッパ演劇への志向が見られ、「ドラマツルギーの構成、俳優の演技の原則、そして舞台装置にまでそれは見て取ることができる。第一幕の満開の桜はモスクワ芸術座のチェーホフ劇の舞台装置の木をよく思い出させるものだ。さらには松蔦の演技は注目に値する。松蔦は心理的なテクストに則り、舞台上での演技表現力だけで驚くほど繊細に恋する娘を表現して見せたのである」と記している。さらに前後して八月一〇日の『イズヴェスチヤ』紙でアルキンは、同じく『番町皿屋敷』を「俳優の演技と舞台上の形式が優れているのは、『忠臣蔵』の悲劇性に比べれば何よりも「様式上の格下げ」にある。つまり俳優の台詞はほとんど日常的な会話に近づき、歌唱や音楽の伴奏的な役割はかなり軽いものになっている。舞台の形式的な約束性は本物の家屋、本物の事物、本物の家具の前では明らかに欠いている。旗本青山播磨に加えて、武士ではない日本人が、わずかな端役としてではあるが、登場している。若い商人や第三階級を代表する者などのことである。武士の「誠意」や武士道的厳格さなどは理想とはされていないのである」として武士の姿を理想として描いた劇ではなく、「深い舞台上のリアリズムで結合」されていたと述べている。

　これらソヴィエトの批評や観客が歌舞伎をどう見たかについては本論集の上田洋子の論文「一九二八年のソ連が見た歌舞伎」に詳しく、またソ連側の批判的視点の記事も含む総論的な論考ともなっているので、そちらを参照願いたい。いずれにせよ一九二八年の歌舞伎は近代化の渦中にあり、左団次はその最先端にいた。ただ左団次は、岡本綺堂などの新歌舞伎ばかりではなく、『鳴神』（初演一六八四年）、『毛抜』（初演一七四二年）といった長く上演されることのなかった古い歌舞伎作品を復活させたことでも知られている。古いものを長い時を隔てた後に再発見することは、これもまた近代特有の現象であり、この点でも左団次の歌舞伎は近代性を備えていた。

　概して左団次一座のソヴィエト公演は、歌舞伎の近代性に多分に裏打ちされていたことは明らかだが、日本演劇の近代を考える際に、日本という地理的範疇へ受け入れた近代を考察するばかりではなく、その範疇を越えて出て行く近代も同様に議論されるべきだろう。近代の持つ移動性は一方向のそれではなく、相互に連鎖しながら経験されていったのであり、演劇の近代を考える際には必要な観点であろう。一九二八年の歌舞伎ソ連公演はその重要な事例であり続けている。ではそれはどのような意味合いのものだったのだろうか。

3

ソヴィエト側の事情を概観してみよう。一般的には一九二七年のロシア革命一〇年記念式典に全ソ対外文化連絡協会（ヴォクス）から招待された小山内薫に対して、ヴォクスが歌舞伎の客演を依頼したとされている。小山内は帰国後に松竹にかけ合い、翌年には歌舞伎の訪ソは実現の運びとなったが、この時小山内は既に病身であり（同年に死亡する）、劇作家の池田大伍が小山内の代わりにソヴィエトに同行することになったのである。

そもそもなぜソ連は歌舞伎を招待したいと思ったのだろうか。この時期の政治的な文脈からの視点として、本論集所収の北村有紀子とダニー・サヴェリ共著「異国趣味の正当化――一九二八年訪ソ歌舞伎公演をめぐって」が貴重な論考を提供している。そこではこの公演は政治イデオロギー的な背景を強く持つもので、日本の進歩主義的な人々への共感を獲得し、同時に反ソ的な人々の懐柔のためにも「失敗は許されない」ものだったという。この場合、左団次のソヴィエト公演を実現する前提としてあるのは、一九二八年までに歌舞伎はソ連ではある程度知られていたということであろう。たとえばメイエルホリドは革命前の一九一〇年代から歌舞伎を始めとする日本演劇の技術を援用して上演を行い、俳優の演技訓練に歌舞伎の技法を取り入れていた。革命後にはこの傾向が一層顕著になり、一九一八年～一九一九年のペトログラードの演劇学校での講義では日本の歌舞伎の技法や劇場について詳しく説明しているし、多くの作品にその反映が見られる。これらについては、前述の上田論文や、伊藤愉「メイエルホリド劇場と日露交流――メイエルホリド、ガウズネル、ガーリン」でも論述されているが、ここでは一例をアレクセイ・ファイコ原作『ブブス先生』（一九二五年初演）に見ておこう。

『ブブス先生』は、同時代の風刺喜劇作家ファイコの作品で、いわゆるネップ期と呼ばれるソヴィエトの革命後、一時西欧文化が大流行する時代を風刺的に描いた作品である。舞台は円形突き出し舞台で、半円形の舞台の背景には上から吊るした竹竿のカーテンが張りめぐらされている。上演中ほぼ全般的に音楽が流れていて、俳優の動きには伴奏の音楽（ほとんどはショパンやリストのピアノ曲）が伴っており、動きと同化している。ピアニストが舞台上部のボックスにい続けてピアノを演奏する。舞踏会の場面ではジャズも使用されて、俳優たちがフォックストロットを踊る。台詞はメロディをつけてレチタティーヴォのように朗唱的に語る。竹竿のカーテンは、俳優たちが出入りに使うたびに音を立てたが、それは歌舞伎で揚げ幕を引く時の音を想起させたという。実際に、ソロヴィヨフは一九二五年の『芸術生活』でこの上演について、その日本の伝統演劇の援用について言及している。「レニングラードの観客は、ファイコの『ブブス』には、ボリショイ・ドラマ劇場の上演でよく馴染んでいる。そこでは現代のサロン的喜劇として、部分的に政治的ファルスとして上演されていたのだ。水曜日にメイエルホリドによるこの作品の初日があり、私たちはそこではまったく新しい劇を見た。政治的な内容がより鋭くなっており、形式的にもヨーロッパ演劇が今まで持ちえたことのないようなものになっていた。劇の部分部分では古い演劇的伝統が観客の目の前で蘇っていた。その伝統とは、日本と中国のものである」[2]。メイエルホリド本人もこの上演について述べている。「古い日本演劇や中国演劇の演出家もよく理解していたことだが、観客が少し眠気を感じているとしたら、気持ちを高揚させて、観客席内を静かにしてしまわないようにしなくてはならないということだ。また彼らは実に巧みに、その演劇ではつねにオーケストラを鳴り響かせていたのだ。だからこそ我々も古い中国や日本の演劇を取り入れ、音楽を導入し、メロ・デクラメーションに似た何かを創造しようとするわけだ[3]」。

またこの上演では、メイエルホリドは歌舞伎の演技様式も取り入れている。同じ講演の中でメイルホリドは歌舞伎の演技について述べている。「演技にすぐに飛びついてはならず、演技の入り口のところでしばらく留まり、「前演技」に楽しみを見出さねばならない。たとえば、日本の流派は演技ではなく、演技へのアプローチに関心を持っている。日本の俳優は舞台上でお腹をこわした演技をする時にはそのこと自体を示そうとするより、その前触れを示して観客にこれをあらかじめ知らせせようとするのだ。〔略〕前演技は観客に舞台の状況を受け取りやすくさせるもので、舞台上でなされる形を詳細に理解し、舞台の思想をよくわかるようにするものである。この手法は古い日本と中国の演劇で好まれていたのだ」[4]。これはいわゆる「前演技」というもので、メイエルホリドが開発した一種の演技の方法である。つまり俳優が台詞を言う前にパントマイムや身振りで台詞内容をあらかじめ説明してしまう方法である。これはブレヒトに受け継がれて「ゲストゥス」と呼ばれる身振り演技の基になるものと考えられる。ただしこの段階ではまだうまく機能はせず、批評家クーゲリは苦言を呈しながらも、その意図に理解をしめしている。「『ブブス』の幕間に、幾人かの知り合いと意見を交わした。皆は「つまらない」「たいくつだ」と言ったが、私はできる限り擁護しようと思う。〔略〕第一印象は鋭いものも、新鮮なものも感じられなかったが、オペレッタ的で映画的な演技が、わざとらしい「エチュード」と条件的なイントネーションを強調したものによって構築されているのは理解できた。誇張されたグロテスクが際立っているのも見てとれた」[5]。

　メイエルホリドと歌舞伎との具体的な交差とその周辺については、前述の伊藤愉の論文がガウズネル、ガーリンという今まで本格的にはほとんど触れられて来なかった人物についての詳細な実証を行っているのでそちらを是非参照されたいが、ひとまず『ブブス先生』では出囃子や劇中での音楽伴奏、そして朗唱的台詞、さらには歌舞伎の演技の様式性をメイエルホリド的に吸収した結果となっていることがわかる。この労働者革命の視点で描くブルジョア社会の風刺劇には、もはや歌舞伎の片鱗は表面的にしか残っていなかったと言うべきだが、ソヴィエトでは前年の一九二七年に岡本綺堂作品の上演が行われていることも歌舞伎訪ソの問題を考える時に蔑ろにはできないだろう。この上演については、太田丈太郎の論文に詳しいが[6]、本論集でもマリヤ・マリコワ「レニングラードの文脈における一九二八年の歌舞伎公演」が本格的に論じている。

　同時代に日本演劇の専門家として名高かったニコライ・コンラドが三作の日本演劇を翻訳しており、そのうちの一本は岡本綺堂『増補信長記』の翻訳である。それを基にした作品『ノブナガ』が、一九二七年に演出家セルゲイ・ラドロフによってレニングラードで上演されている。この作品は織田信長の比叡山焼き討ちを扱っている。延暦寺僧侶の庶民へのたび重なる悪行への懲罰として、また政治的な覇権確立のために、信長は比叡山の焼き討ちを企てる。一人の老漁師とその娘が僧侶の悪行の犠牲となり市民悲劇的な共感を呼ぶのに対して、信長は必ずしも英雄的に描かれず、むしろ専制的な権力者として描かれていて、劇は焼き討ちそのものを正当化してはいない。他方、明智光秀は中立で思慮深い人間として描かれており、信長に焼き討ちを思いとどまらせようと進言するものの果たせず、信長の思慮に欠ける性急さが劇結末の焼き討ちに繋がっていく。

岡本綺堂の新歌舞伎たる所以は何よりもこの信長の描き方にあると思われるが、細部の純日本的な要素を脇におけば、対話による劇の主だった進行を基本とするこの劇が持つ葛藤の構造とその喚起する心理的効果はいわゆる西欧近代劇のそれであろう。前述したように、左団次公演については西欧リアリズムとの類縁性を指摘する記事が散見されたのは、一つには演目の中で劇の主題や場面の断片に西欧近代で馴染みの「近代性」がよく表れていたことによるのだろう。

ともあれ、ここで前述したメイエルホリドとの対比で考えれば、興味深いのは、その後コンラド自身がメイエルホリドに手紙を送り、この作品は今後一切上演しないことを懇願していることである。その理由については明らかにされてはいないが、太田丈太郎の研究が上演台本に当たって明らかにしたところでは、作品には原作にない登場人物が導入されている場面（瀬田城主対馬守貞正の妻瀬田君を創造し、夫貞正に信長暗殺を教唆しそれが失敗して処刑される）があるという[7]。この場面をコンラド本人が失敗と感じたか、またはそもそも岡本綺堂の原作が為政者を英雄的に描かず、むしろそれへの批評的な観点を含んでいたために、スターリン批判と受け取られることを危惧したのか、それは現時点では分からない。

いずれにせよソ連での歌舞伎公演を可能にしたこのような演劇的背景について思いを巡らせる時、左団次のソヴィエト公演は歌舞伎の異文化圏での受容のあり方の両極を示しているのではないかと思われる。それは戯曲の内容を正確に、全体として翻訳するコンラドなどのいわゆる「文学的」な翻訳の方向と、上演や演技の技術を部分的に吸収していくメイエルホリドなどのいわゆる演出による摂取の方向の両極であるという意味ではない。

メイエルホリドに見る歌舞伎の曲解に基づく部分的摂取、つまり「真正」なるものを吸収しようとして逆にそれを喪失するものとしての西欧近代はこの時代既に広く西欧演劇を覆っていたが、同時に、近代はその「真正性」へ弛まず接近していくものでもあり、それはコンラドの日本研究や歌舞伎研究の質の高さがよく示している。つまり両者は表裏一体なのである。演劇の外国での公演（受け入れ側からすれば招聘公演）は、とりわけ伝統演劇の公演の場合、その起源として持っている「真正性」を再認識するよう誘い、それを保証する根拠を持とうとする。しかし同時にこの「真正性」への接近は、近代のもう一つの傾向、つまりどのような文化産物にも「真正性」を読み取ろうとする性癖を活性化させる。そのことで「真正でない」文化（そもそも文化とはその種のものだが）を文化的遺産へと転置してしまうことの危険性には留意しておく必要があるだろう。結局のところ、左団次のソヴィエト公演が明るみに出しているものは、歌舞伎についての「真正性」を生み出し、保証していく演劇を巡る（つまり舞台上の上演作品それのみではなく、送り出す側と受け入れる側の制度、経済、政治的方針その他文脈を含む）「メカニズム」なのではないか。

これは斎藤慶子の論文「一九世紀末ロシアにおける歌舞伎受容――バレエ『ミカドの娘』を例に」でも具体的にかつ明瞭に論じられている一九世紀末の異国趣味的歌舞伎受容が、北村・サヴェリの論文では「異国趣味にすぎなかったはずのものが、正真正銘の本物への志向」へと展開しているという推移によく読み取ることができるだろう。左団次のソヴィエト公演は、この点において、異文化圏における演劇摂取の「真正性」を巡るメカニズムが赤裸々な形で明るみに出た、演劇史上でも典型的な例と見ることができる。

4

実際のところ、ソ連の批評を読んでまず気がつくことは、その批評の多くが「作品に即した構造」的な着想についてて述べているということである。これはマリコワの論文によればソ連当局の十全な学習による情報のコントロールゆえだということでもあるが、確かに同時代の日本の伝統演劇への他の外国人による批評と比べると顕著な違いに読める。一例を挙げれば、フランス人ポール・クローデルはよく知られているように外交官として日本に一九二一年から一九二七年まで赴任しており、歌舞伎や能などの日本の伝統演劇を深く愛した。それはその後の彼の作品世界に反映されており、退任後の一九三〇年に日本の歌舞伎について行った有名な講演で述べている。「そこで私は劇の音楽とは何かを理解したのであります。すなわち、作曲家ではなく劇作家によって用いられた音楽、音響的な一場景を作りだすことをせず、純粋にリズムのみの、あるいは打楽器だけの手段により、言葉よりさらに直接的でさらに荒々しい方法によって、我々の感動に衝撃を与え、運びを進めることを狙った音楽なのであります。(8)〔略〕」。この講演に先立つ一九二六年には能についても言及している。「打楽器はそこにあってリズムと運動とを与え、物悲しい笛の音は、間を置いてわれらの耳に届く時の流れの抑揚であり、役者の背後からなされる時と刹那との対話である。〔略〕それは広大な空間と隔たりの異様かつ劇的な印象を与え、いわば夜の広野を渡る声、自然の無形の叫び声、あるいはまた、動物の発する咆哮が闇の中で人間の声に変わろうとする盲目的な企て、発せられては絶えず裏切られる声の営み、絶望的な努力、苦々しく茫漠たる証言でもあろうか(9)」。これらのクローデルの表現は、演劇の構造分析的なレベルというより、歌舞伎や能の音の衝撃を詩的に語るものと理解できる。これは一九三一年にパリの植民地博覧会でバリ舞踊を見て決定的な啓示を受けるアルトーの受け止め方をむしろ思い出させるもので、そこでアルトーは音が言葉として分節される以前の原始的な状態を語っていた。

これに対して左団次のソヴィエト公演についての批評では、たとえば一九二八年八月一〇日付の『イズヴェスチヤ』紙でチェモダノフの批評はより分析的である。ここでは、肉声に合わせて絶えず楽器の伴奏が付随していることを認めたうえで、歌舞伎においては「音楽はたんなる音響芸術ではなく、積極的に働きかけてくるものであり、ある局面では芝居にリズムを与え、別の局面では芝居をある種の情緒的な色調に染上げる」ことを見て取っている。また、三味線についても俳優の演技を伴奏する時と、歌なしで単独で演奏される時があり、三味線は「上演における唯一の真の演出家」であるが、「日本の歌唱の手法は、それ自体がきわめて独特である。声は喉の奥から出され、それによってわれわれには馴染みのない音のニュアンスが付与される。もっとも、この歌唱においては呼吸法が順守されている」と批評している。もっともこれらの音は「ヨーロッパ人の耳には、その音は聴き慣れず、ときとして不快でさえある」と述べてはいるが。

おそらくこのような批評の中でもっとも独創的かつ有名なのはエイゼンシテインの批評「思いがけない衝突」であろう。よく知られているように、ここでは『仮名手本忠臣蔵』の「第四段　城明け渡しの場」についての考察があり、由良之助が城を明け渡す場面で、背景に描かれる城門が徐々に「ロング・ショット」になると、次には定式幕が下り、花道に出ると三味線が響き始めるというくだりを、空間の移動と、背景の絵画の変化、そして音による、視覚と聴覚の対位法による「一元的アンサンブル」として描いて見せている。これは二〇世紀を通して、とりわけ映画の領域ではいわゆる「ソヴィエト・モンタージュ」という独特の方法論と世界観を構築したことでもよく知られている。もちろん演劇においても、その後の実験的な上演に歌舞伎のこの種の多元性がしばしば取り入れられている例は枚挙に暇がない。これについては、鴻英良の論文「アルカイズムは未来主義を刺激する——エイゼンシテインと歌舞伎」において、エイゼンシテインのこの一元的アンサンブルと、同時代のブロッホの思想とが共鳴していることを、またこの共鳴は時代を経ても連鎖し、グロトフスキ、鈴木忠志、観世寿夫らに繋がっていくことを論じている。

鴻の言う共鳴はいわば世界に遍在しており、たとえば戦後の米国ではサミュエル・レイター『コーカサスの白墨の輪』（一九六四年）のブレヒトを歌舞伎風に演出する例や、ソンドハイムとハロルド・プリンスのミュージカル『太平洋序曲』（一九七六年）などに歌舞伎の構造的な摂取が実現されている。たとえば、幕末にペリーが日本に開国を迫る際のジョン万次郎たち日本側の混乱と運命を描く『太平洋序曲』では、その第一幕九場のペリーが上陸した後の、アメリカと日本との交渉場面で、交渉場面自体は表現せず（閉められた障子の中で行われている設定）、屋敷の庭の大きな木に登った者とその交渉部屋の床下に潜った者が、それぞれ木から見えるもの（視覚像）と床下で聞こえるもの（聴覚像）を歌唱によって再現することで、交渉場面そのものを表現している。[10] 前者には様子は見えるが会話は聞こえず、後者には会話は聞こえるが様子を見ることができない。Someone in a Tree というこの場面は、このような視覚像と聴覚像による対位法でエイゼンシテインの言うところの「一元的アンサンブル」を生み出していると見ることができる。

それに対して「真正」な歌舞伎のアメリカ公演は一九六〇年六月〜七月にニューヨーク、ロサンゼルス、サンフランシスコで行われた。中村勘三郎、尾上松緑、市川歌右衛門といったスターを揃えて『忠臣蔵』『勧進帳』をはじめとする七作品を公演している。これに先立ついわば「真正でない」公演もあったことも知られている。一九五四年に十五代目羽左衛門の娘吾妻徳穂の「吾妻歌舞伎」がブロードウェイで『娘道成寺』『土蜘蛛』『船弁慶』などの他、新作舞踊を携えて公演し、喝采を浴びる。批評もそれなりに出ており、終戦後日本で占領軍の歌舞伎検閲の担当者の一人であったフォービアン・バワーズによれば、「アズマ・カンパニー」の技術の高さを認めつつ、ブロードウェイで見せたのは「歌舞伎ではなかった」と批評している。[11] この五〇年代には、そのバワーズの歌舞伎検閲の際の上司であったアール・アーンストは帰国してハワイ大学のアジア演劇の教授ポストに就き米国での歌舞伎研究を先導していく。その著 ***The Kabuki Theatre***（一九五六年）を嚆矢とする歌舞伎についての本格的な研究書もこの一九五〇年代に出版され始めるのに加えて、アメリカ人による上演も行われていく。アーンスト自らが自身の訳・演出で行った『寺子屋』（一九五一年）、『白波五人男』（一九五三年）や、そのハワイ大学での後継者たるジェームス・ブランドンの『勧進帳』（一九六三年）なども演劇史においては記憶されるべきだろう。このような一九五〇年代の歌舞伎の「真正性」への接近の先に一九六〇年のアメリカ公演がやってくる。

ハロルド・プリンスが一九六〇年の歌舞伎公演を見て、『太平洋序曲』の演出を着想したと考えるのは素朴に過ぎるが、一九二八年の左団次のソヴィエト公演は、現在でも活発に行われる伝統演劇の異文化圏での公演一般の意義や、その構造的摂取の実験性を問い直すばかりではなく、そこに生じる「真正性」構築のメカニズムをも再考させる、またとない実例であり続けている。

（1）大隈俊雄編『市川左団次　歌舞伎紀行』平凡社、一九二九年。
（2）Соловьев Вл., "Учитель Бубус у Мейерхольда," *Мейерхольд в русской театральной критике 1920-1938*, Артист.Режиссер.Театр, 2000, с. 167
（3）Мейерхольд, *Статьи, письма, речи, беседы.* Ч.2, 1968, сс. 80-91
（4）В том же.
（5）Кутель, "Тер Бубус," *Мейерхольд в русской театральной критике 1920-1938*, с. 161
（6）太田丈太郎「レニングラードの織田信長（1）（2）」『「ロシア・モダニズム」を生きる――日本とロシア、コトバとヒトのネットワーク』成文社、二〇一四年。

（7）太田丈太郎、同書、二四〇―二四一頁。
（8）ポール・クローデル「劇と音楽」渡辺守章訳、『今日のフランス演劇5』白水社、一九六七年、四一―四三頁。
（9）ポール・クローデル「能」渡辺守章訳、同書、二五頁。
（10）Sondheim S. & Weidman J., *Pacific Overtures*, Theatre Communications Group, 1991, pp. 54-64
（11）Faubion Bowers, "Concerning Kabuki", *Saturday Review* 36, February, 1954, p. 25

I　一九二八年歌舞伎ソ連公演を読み解く

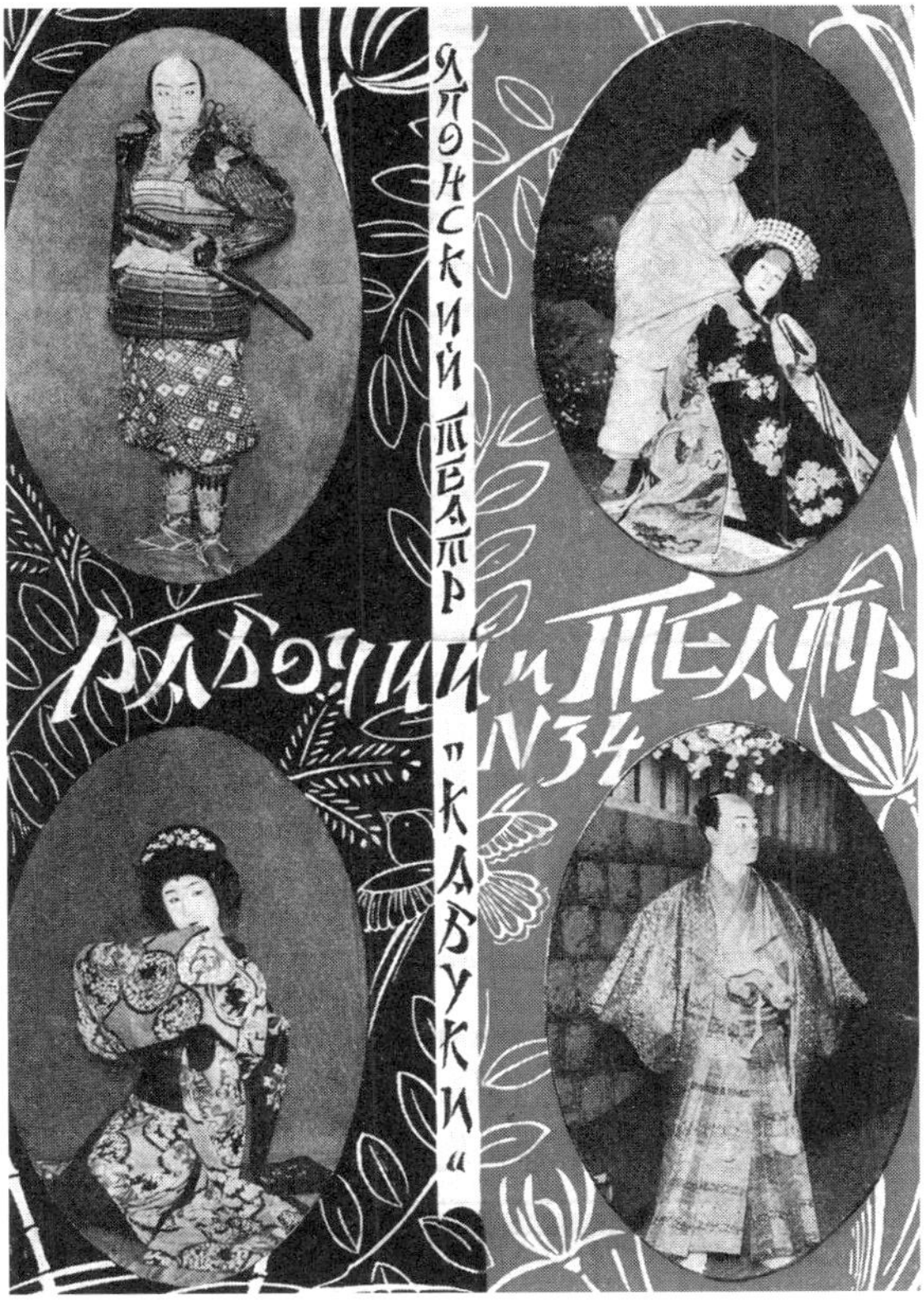

『労働者と演劇』第三四号（一九二八年八月）表紙（「二世市川左団次ソビエト公演記録貼込帖」早稲田大学演劇博物館蔵より）

1

一九二八年のソ連が見た歌舞伎

上田洋子

はじめに――「もの」の時空

早稲田大学演劇博物館の収蔵資料に「二世市川左団次ソビエト公演記録貼込帖」がある。一九二八年、歌舞伎がソ連公演に行った際にソヴィエト側から一座に贈られたもので、その後演劇博物館に寄贈されている。貼込帖とはすなわち、スクラップ・ブックのことである。実物は縦三六センチ、横五三・五センチ、厚さ一一センチの大きな革装丁のアルバムで、ずっしりと重い［図1・2］。表紙には「КАБУКИ В СССР（ソ連における歌舞伎）」と書かれた構成主義のタイポグラフィーが、スタイリッシュに配置されている。アルバムを開くと、影が効果的に用いられた、いかにも非日本的な歌舞伎俳優の写真の数々、そしてソ連各地から集められた新聞・雑誌の切り抜きが、四六頁にわたって貼り込まれている。写真は全部で六五枚で、そのほとんどが映画監督セルゲイ・エイゼンシテインの監督のもと、報道機関「ルスフォト」の主任カメラマン、アブラム・シテレンベルグが撮影したものだ。写真の中には、歌舞伎俳優と並んでエイゼンシテインの姿も見える。そこに収録されている記事は、実際に公演の行われたモスクワ、レニングラードをはじめとする二九の都市で発行されていた新聞・雑誌に掲載されたもので、その数は写真のみのものを合わせて二七五本におよぶ。

この「二世市川左団次ソビエト公演記録貼込帖」（以下、「貼込帖」とする）は、歌舞伎研究者のあいだではその存在が知られていたが、内容がすべてロシア語であるため、これまで本格的な紹介や研究はあまりされてこなかった。二〇一〇年、演劇博物館で「二世市川左団次展」が開催され、この「貼込帖」も出品された〔図2〕。そして、この展示をきっかけに、ロシア演劇研究者および歌舞伎研究者による研究グループが立ち上った。その後、グループは日露演劇交流に関する研究会を重ね、また貼込帖にスクラップされたすべての記事を日本語に翻訳した。本書はこの研究会の成果である。

この論考では、「貼込帖」を手がかりに、歌舞伎初の公式の海外公演である一九二八年ソ連公演の意義を再考する。現在では歌舞伎は日本を代表する伝統舞台芸術として世界で評価され、大規模な海外公演が何度も行われ

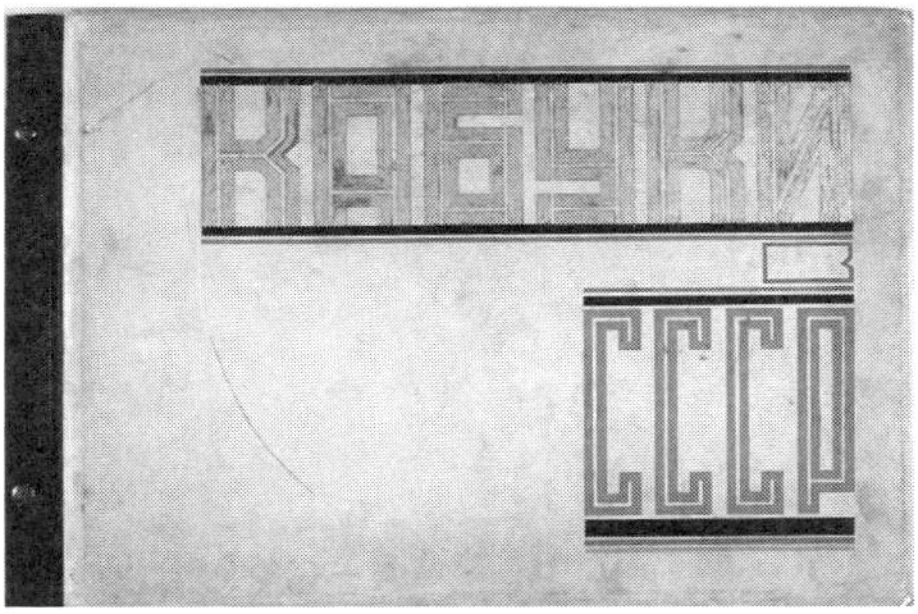

図1 「二世市川左団次ソビエト公演記録貼込帖」（早稲田大学演劇博物館蔵・16819）

図2 早稲田大学演劇博物館「二世市川左団次展」（2010年）での「貼込帖」の展示。ケースに入っているのが実物（写真提供：早稲田大学演劇博物館・16819）

ている。ではその黎明期にはどのように開催され、どう受け止められたのか。じつは、歌舞伎の最初の海外公演がこの時期のソ連で行われたのには意味がある。一九世紀末から二〇世紀初めにかけてのロシア・ソ連では、スタニスラフスキーとネミローヴィチ＝ダンチェンコによる一八九八年のモスクワ芸術座創設から、二〇世紀初頭のメイエルホリドによるモダニズムとアヴァンギャルドの実験的演劇、そしてソ連時代初期の、革命の熱狂の中で育った労働者演劇と、世界に影響を与える演劇の改革が行われていた。一九二八年の歌舞伎ソ連公演は、ロシア演劇の実験と改革が社会主義リアリズムの理念に絡め取られる直前に実施されている。全体主義の台頭により、その成果が具体的な影響を持つことはほとんどなかったが、需要の段階では、単なるオリエンタリズムとしてではなく、普遍的な方法論を持った演劇として芸術批評の中で検討されていた。「貼込帖」に残されたいくつかの実りある批評に関しては、本書に翻訳を収めた。

歌舞伎の訪ソはロシア・ソ連における演劇の隆盛と実験精神に要請されたものであった。そして訪ソ公演に際しては、その実験の中で培われていた方法論と照らし合わせ、歌舞伎に対する独自の分析が行われた。本稿では貼込帖を手がかりに時代の転換期に起こった歌舞伎とソ連演劇の出会いを紐解いていこう。

1　歌舞伎訪ソのいきさつ——小山内薫のソ連訪問と東西文化交流

1　小山内薫——歌舞伎とロシア演劇の交点

演出家・劇作家の小山内薫は、西洋演劇を日本に導入した人物として知られている。彼は同時に歌舞伎の演出家でもあり、西洋演劇と東洋演劇を行き来しながら生涯を過ごした。じつは小山内個人が持っていたネットワー

図3　千田是也旧蔵モスクワ芸術座アルバムより『どん底』舞台写真（写真提供：早稲田大学演劇博物館・千田 E52-6）

クが、歌舞伎ソ連公演を実現させたと言っても過言ではない。

歌舞伎ソ連公演の一座を率いた俳優・二代目市川左団次は、一歳年下の小山内薫とは一〇代の頃からの友人であった(1)。若いふたりが知り合ったのは劇場ではなく俳句の会だったが、その後、生涯にわたって、歌舞伎と新劇の両方で共同作業を行うことになる。小山内は新劇のみならず、歌舞伎の演出や台本の提供を行い、左団次は新劇俳優としても活躍した。

一九〇六年、二六歳の二代目市川左団次は、劇作家の松居松葉《しょうよう》の案内のもと、欧米演劇視察の旅に出た。フランス、イタリア、スイス、ドイツ、イギリス、米国の諸都市を八ヵ月かけて歴訪し、サラ・ベルナールやヨーゼフ・カインツら、当代の名優の芝居を見てまわった。イギリスでは演劇学校にも通い、西洋式の演技術を身につける努力をした(2)。

その三年後の一九〇九年、左団次は小山内薫とともに自由劇場を結成する。そして同年、小山内の演出、左団次の主演でイプセンの戯曲『ジョン・ガブリエル・ボルクマン』の西洋式上演を行った。一九〇六年から始まった坪内逍遙の文芸協会のシェイクスピア上演に続く、ヨーロッパ戯曲を日本風に翻案せずに上演する試みで、当時の日本では新しいものだった。翌一九一〇年には、ゴーリキーの『どん底』を『夜

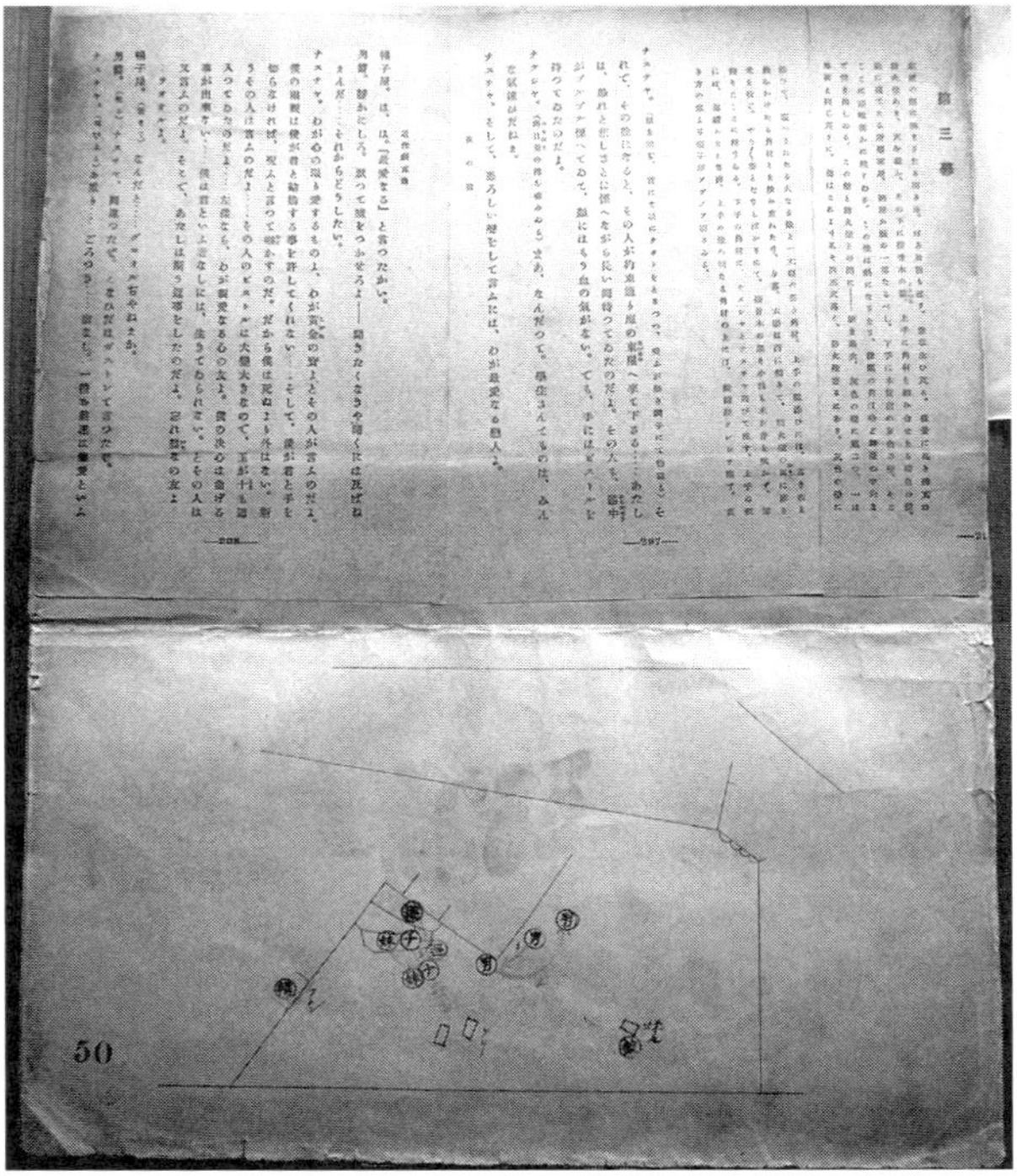

図4　小山内薫自筆『夜の宿』演出台本（第三幕の一部）（早稲田大学演劇博物館蔵・06755）

の宿』のタイトルで上演した[3]。この上演は、モスクワ芸術座の上演［図3］を真似たものだったが、実際には見たことのない舞台を真似るために小山内が用いたのは、写真などの二次的な資料だった。スタニスラフスキーとネミローヴィチ＝ダンチェンコの共同演出による『どん底』は一九〇二年の初演で、モスクワ芸術座の代表作である。芸術座の『どん底』は初演から大成功で、戯曲はすぐに各国で翻訳された。社会の底辺を描いたこの群像劇は、本国ロシアでは検閲に抵触した。ゆえに、一九〇五年まではこの作品の上演で高い評価を得ていた芸術座のみが上演を許され、他の劇団が上演することはできなかった。

小山内が同時代の西洋演劇を見るために現地に赴いたのは、左団次から遅れること六年、一九一二年から一三年にかけてである。この旅で小山内がもっとも期待をしていたのは、モスクワ芸術座の訪問だった。小山内は一九一二年一二月二七日にモスクワに到着し、翌々日から芸術座に通い詰め、スタニスラフスキーや芸術座の俳優たちとも交流の機会を持った[4]。帰国後の一九一三年、小山内は自由劇場の『夜の宿』を、自分が芸術座で見てきた『どん底』に近づけるべく、アップデートして再演した。演劇といえばすなわち歌舞伎や能、人形浄瑠璃で、西洋式の自然主義・リアリズムの経験をほとんど持っていなかった当時の日本演劇において、西洋式リアリズム演劇の模倣による新しい潮流の導入は画期的だった。なお、小山内による『夜の宿』の演出ノートも、やはり演劇博物館に収蔵されている〔図4〕。

自由劇場は一九一九年に幕を閉じるが、左団次と小山内の協力関係は続く。小山内は左団次一座でゴーリキーやヴェデキンドらの翻訳劇、鶴屋南北らの古典劇や谷崎潤一郎らの同時代の劇、そして自身の戯曲も含めて多くの作品を演出し、また新しい戯曲や脚本を執筆した。一九二二年には、京都の知恩院境内で野外ページェントを上演するなど、西洋演劇の方法を用いて日本の伝統演劇をリニューアルする試みも、左団次と共に行っている。左団次と小山内は、日本の近代化の中で演劇を更新しようと共に努力した同志だった。一九二五年の対談「劇壇種々相」で、ふたりはそれぞれのヨーロッパ体験を振り返りつつ、ヨーロッパ再訪の希望を述べ、海外公演の候補地としてロシアを挙げている。[5] この時ロシアの名が挙がった背景には、小山内が抱いていたロシア演劇への思いのみならず、同年の日ソ基本条約締結により、両国の文化交流が活性化していたことがあった。

実際、歌舞伎ソ連公演開催の端緒を開いたのは小山内だった。一九二七年一一月、小山内は十月革命一〇周年記念祭に国賓として招かれ、二度目のモスクワ訪問を果たしている。小山内はモスクワに二〇日間滞在し、メイエルホリド演出『検察官』（一九二六年）、ヴァフタンゴフ演出『トゥーランドット姫』（一九二二年）、同じくヴァフタンゴフ演出で名優ミハイル・チェーホフが主演した『エリク一四世』（一九二一年）など、当時の傑作とされる上演を含む一九本の芝居と一本の映画を見ている。[6] このときスタニスラフスキーと再会し、またメイエルホリドやタイーロフら、当時のもっとも重要な演劇人たちとも交流の機会を持った。

歌舞伎ソ連公演を実現したいという小山内の思いは、ソ連滞在中に確固たるものになっていく。小山内の写真

図5　『ラビス』48(90)、1927年12月13日号（早稲田大学演劇博物館蔵・P001-401）

が表紙を飾った、芸術労働者組合（ラビス）の機関誌『ラビス』一九二七年一二月一三日号〔図5〕には、「日本からの客人、演出家小山内」というインタビューが掲載されている。この雑誌の編集長で演劇批評家のエマヌイル・ベスキンによるもので、小山内はそこで、今回の滞在で見た芝居を引き合いに出し、「メイエルホリドの『検察官』で、できごとが演じられる場となっている小舞台も、モスクワ府職業組合劇場の『叛逆』で客席に渡してある橋も、日本のもの、日本演劇のものですよ」と、当時のモスクワの劇団による日本伝統演劇の手法の導入を指摘する。そして「モスクワで日本の伝統演劇、せめて東京の「歌舞伎」でも、そっくり見せることができたらいいでしょうね」と発言している(7)。

帰国後、小山内は友人の左団次に歌舞伎ソ連公演の話を持ちかけ、左団次の所属会社である松竹との合意の上、公演を実現させることになる。つまり、歌舞伎の国外進出という歴史的な事業は、日本の演劇界に西洋演劇を取り入れて演劇の近代化を図った演出家・小山内薫の着想と人脈から生まれたのだ。国家事業としての歌舞伎ソ連公演成立の過程については、本書所収の内田健介氏の論文に詳しい。しかし、小山内はなぜソ連で歌舞伎を上演すべきだと考えたのだろうか。

2　ソ連演劇における歌舞伎の手法

一九二七年のソ連滞在中のメモからなる小山内のエッセイ「滞露日記摘要」には、次のような文章がある。

図6　メイエルホリド『堂々たるコキュ』（写真提供：早稲田大学演劇博物館・F63-00277）

メイエルホリド座に『吼えろ支那』を見る。
歌舞伎の手法の著しき利用を認む。
モスクワ府職業組合劇場に『叛逆』を見る。
〔略〕
この座には花道あり。柿黒青の歌舞伎の定式幕を用いたるは一驚せり。(8)

ここで言及されている二作品のうち、『吼えろ支那』（一九二六年）は、フォルマリズム作家セルゲイ・トレチヤコフによるルポルタージュ風の戯曲を、メイエルホリドの監修のもと、助手のワシリー・フョードロフが演出したもので、実質的にはメイエルホリドの作品と言ってよい。『叛逆』（一九二五年）は、ビリ＝ベロツェルコフスキー作、リュビーモフ＝ランスコイ演出の愛国劇。ともに革命をテーマとする、当時の現代演劇である。前者はロシア・アヴァンギャルドの実験精神を受け継ぐもの、後者は社会主義リアリズムの先駆的な作品だった。

　メイエルホリドは、『堂々たるコキュ』［図6］に代表される、ロシア・アヴァンギャルドの非自然主義の演劇を生み出した、二〇世紀演劇改革の立役者として知られている。メイエルホリドはそもそもモスクワ芸術座の旗揚げ時からのメンバーで、スタニスラフスキーの弟子であったが、一九〇二年には芸術座を離れ、独自の演劇活動を始めた。ロシア革命前は、自然主義に取って代わる演出や演技の新しいメソッドを開発するため、スペイン黄金時代やイタリアのコメディア・デラルテなど、世界演劇のさまざまな方法論を研究していた。その一環として、おもにドイツの文献を手がかりに日本演劇を学び、廻り舞台、花道や後見、道具の使い方や見得など、歌舞伎や能の方法を独自のやり方で演出に取り入れていった。世界演劇のメソッドを折衷して新しい演劇を作るこうした最初の試みのひとつに、帝室アレクサンドリンスキー劇場での演出作品『ドン・ジュアン』（一九一〇年）がある。この芝居には黒塗りの黒人の少年たちが登場し、小道具を運ぶなど、歌舞伎の黒衣《くろこ》と同様の機能を担った。メイエルホリドは、帝室劇場での仕事と並行して、一九〇八年頃から私設スタジオを運営し始めた。演劇の教育や実験はそこで行われた。

　ロシア革命直後の一九一八年から一九年、メイエルホリドはペトログラード（現在のサンクトペテルブルク、一九二四～九一年はレニングラード）で、演出家および俳優志望者向けの連続セミナーを開催している。現在、受講生が書き残した講義録が出版されているが、これを見ると、一九一八年七月一日の「古い劇場の舞台」というレクチャーで、歌舞伎の花道の構造や廻り舞台が紹介されているのがわかる。(9) 日本演劇の方法はメイエルホリドを経由してロシア演劇界に広がり、ソ連時代には多くの舞台で応用されていった。

　モスクワ滞在中の一九二七年一二月六日、小山内はメイエルホリド劇場に招かれ、日本演劇に関する講演を行った。このときの速記録が、ロシア国立文書館所蔵のメイエルホリド劇場アーカイブに残されている。この記録によると、小山内は同時代の日本演劇を能、歌舞伎、新劇の三つに分類して論じたようだ。さらに小山内は、日本における東洋演劇再評価の必要性について、次のように述べたとされている。

あなたの劇場では、まさに古い歌舞伎の手法が多く用いられ、重要な役割を果たしているのを見た。ここロシアでは歌舞伎に大きな興味が持たれている。この事実によって、私は自分が捨てたものがなんだったのか、熟考を余儀なくされた。古い歌舞伎には多くの興味深いものや必要なものがあると感じた。西欧の演劇は死んだものに成り果てているため、再び甦らせることが必要だ。活性化の道は、日本、中国、インド、ロシアといった東の国々の芸術をヨーロッパの芸術と融合させ、新しい調和を見つけることにある。演劇はこの道を進まねばならない[10]。

西洋演劇の革新のために、すでに二〇年近く前から日本や中国の演劇の手法を演出に取り入れていたメイエルホリドからすると、小山内のこの発言はあまりにも自明のこととして響いただろう。実際、この邂逅で小山内とメイエルホリドの間で有意義な意見交換がされた形跡はない。当時の日本ではまったく新しいものとして外部から流入した西洋演劇と、歌舞伎などの伝統演劇は別物として考えられていた。両方のジャンルで活躍していたとはいえ、小山内がこういったことを実感するには、すでに東西演劇の融合を実践しているソ連演劇という「外の目」と出会うことが重要だった。

小山内と同じく革命一〇周年のソ連に招かれていた文学者の秋田雨雀《うじゃく》によると、モスクワの小山内は、帰国前夜のシンポジウムでも、「日本演劇とその将来」と題して同様のことを論じていたという[11]。さらに、彼が晩年に行った「日本演劇の将来」と題された講演でも同じ主旨のことが述べられている[12]。小山内は一九二八年、二度目の訪ソの翌年に四七歳の若さで病死してしまったため、東西演劇融合の理念は発展させられることがなかった。しかし、歌舞伎それ自体をソ連に持っていき、その手法を応用している人々にオリジナルを見せるという彼の望みは生前に実現した。ただし、病身の小山内はこの公演に同行することができなかった。

3　ソ連人の見た歌舞伎と、日本人の見たモスクワ芸術座

実のところ、小山内と「外の目」との出会いは訪ソの前にすでに起こっていた。一九二七年に来日して歌舞伎論を書いた、芸術批評家ダヴィド・アルキンとの出会いである。『改造』一九二七年七月号には、日ソ文化交流の一環として来日していたソ連の文化人たちによる日本見聞録が掲載されている。東京で開催された「ソヴィエト芸術展」に合わせて来日したアルキンは、そこに「日本の演劇に関する一露人看客の所見」と題した文章を寄稿した。アルキンはこの論考で歌舞伎を肯定的に評価し、それが文学・音楽・美術など、他の芸術に依存しない自立した演劇であり、西洋演劇が失った「演劇性」を保持していると論じている。[13] 小山内はこの論考に「デ・アルキン氏の日本演劇観」と題した論文で応答し、「アルキン氏の文章は、日本人たる私に、多くの「気づかずにいたこと」を注意し、多くの「忘れていたこと」を思い出させてくれた」と述べている。[14]

「デ・アルキン氏の日本演劇観」において、小山内は歌舞伎を理想的な芸術であると見るアルキンの論を、自分自身が実際に関わっている同時代の歌舞伎と比較し、「現代の歌舞伎役者に、一人でも新しい生命力をモオタ〔モーター〕として「伝統」を生かし動かしている俳優があろうか」[15]と、革新されずに古びていく伝統の弱さを指摘する。同時に、歌舞伎の理想型を見て取ったアルキンを評価しつつも、「はじめて歌舞伎劇を見たヨーロッパ人」[16]の目には見えないものがあると、批判的な見方を示している。ここに、はじめてヨーロッパを訪れた際に、モスクワ芸術座の芝居に惚れ込んだ小山内自身の姿が重ね合わせられていると考えるのは、穿った見方であろう

か。小山内が最初のロシア訪問でモスクワ芸術座に盲目的なまでに心酔したのは、すでに述べたとおりである。いずれにせよ、アルキンによる歌舞伎礼賛が、小山内に異文化交流の意味を再考させたことは間違いない。そして、同年の訪ソの際、歌舞伎的なものが現代演劇の手法として確立し、ロシア演劇にとけ込んでいるのを目の当たりにして、東西文化の融合への想いを強くしたのではないか。

先述のとおり、小山内はソ連からの帰国後、左団次にソ連公演を提案、左団次からも彼の所属先の松竹からも色よい返事を得て、それらの返答を在東京ソ連大使館に伝えた。こうして交渉が始まり、約七ヵ月後には公演が実現した。他方、アルキンは歌舞伎ソ連公演の際、歌舞伎にまったく触れたことのないソ連の観客に、その見方を提示するいくつかの論考を提供し、批評家として重要な役割を果たすことになる。

2　一九二八年歌舞伎ソ連公演とその報道

1　一九二八年歌舞伎ソ連公演

二代目市川左団次率いる歌舞伎ソ連公演は、一九二八年八月一日から二六日まで、ソ連の新首都モスクワと帝政ロシア時代の旧首都レニングラードの二都市で開催された。すでに述べた通り、これは歌舞伎初の公式な欧米公演であり、日本文化の世界進出を考えるうえできわめて重要なできごととして位置づけられる。もちろんこれ以前にも、たとえば一八九九年に始まる川上音二郎一座のアメリカ・ヨーロッパ公演のように、日本人アーティストの海外公演は行われている。歌舞伎でも、たとえば日露戦争後に多くの日本人が暮らすようになった満州への巡業はすでに行われていた。けれども伝統演劇の公式かつ大規模な公演で、しかも完全に外国人の観客を想定

図7　歌舞伎の絵看板を掲げたモスクワ第二芸術座（「二世市川左団次ソビエト公演記録貼込帖」所収／早稲田大学演劇博物館蔵・16819）

したものは一九二八年のソ連公演が初めてだった。

他方、受け入れ側のソ連は、歌舞伎招聘を国家事業として行った。公演のための費用の多くはソ連側が負担している。招聘にあたったのは全ソ対外文化連絡協会（ヴォクス）で、その会長はトロツキーの妹オリガ・カーメネワであった。カーメネワがヴォクスのトップを務めていた一九二六年から二八年の間には、[17] 建築家ル・コルビュジェのソ連訪問などの重要な国際文化交流が行われており、歌舞伎来訪もそのひとつだった。そもそもカーメネワは、革命直後の一九一八年にロシア・ソヴィエト教育人民委員部演劇部門をあずかり、メイエルホリドとともに革命演劇の創出に尽力したひとである。すでに述べた通り、メイエルホリドはその頃行っていた演出家ワークショップのレクチャーで、日本の伝統演劇の方法が持つ演劇的効果について語っていた。

松竹の統計によると、このときの公演数は、モスクワ、レニングラードを合わせて二三回だった。[18] 八月一日から一八日のモスクワ公演は、モスクワ第二芸術座で行われた。これはボリショイ劇場のすぐ隣の建物で、当時は作家チェーホフの甥、ミハイル・チェーホフ率いる人気の劇場だった［図7］。現在この建物はモスクワ青年劇場になっている。八月一八日の追加公演では、収容人数の大きいボリショイ劇場が会場となった。ボリショイ劇場では花道の設置が難しいため、この日は花道を使わずともよい演目だけが上演された。公演後、一行は夜行列車でレニングラードに移動し、八月二〇日から二六日の七日間、レニングラード国立オペラ劇場（現在のミハイロフスキー劇場）で上演を行った。
会場選定のために、公演の二ヵ月前に左団次の甥、若き俳優でプロデューサーの浅利鶴雄がモスクワに赴いた。松竹側の要望に従って、廻り舞台があって花道が特設でき、また歌舞伎の「格」にふさわしい劇場が選ばれた[19]。公演に際しては、大道具スタッフが劇団本隊の二週間前にモスクワに入り、準備にあたった。

歌舞伎ソ連公演の一行は総勢四七名で、団長は松竹副社長の城戸四郎、俳優は市川左団次、市川松蔦《しょうちょう》、市川莚升《えんしょう》、市川荒次郎、河原崎長十郎ほか合計二〇名、それに文芸顧問として劇作家の池田大伍が、病を得て参加できなかった小山内薫の代わりに参加した。さらに映写技師の佐々木太郎も同行していたが、日本側が撮影したフィルムや写真が残っているという情報はない。

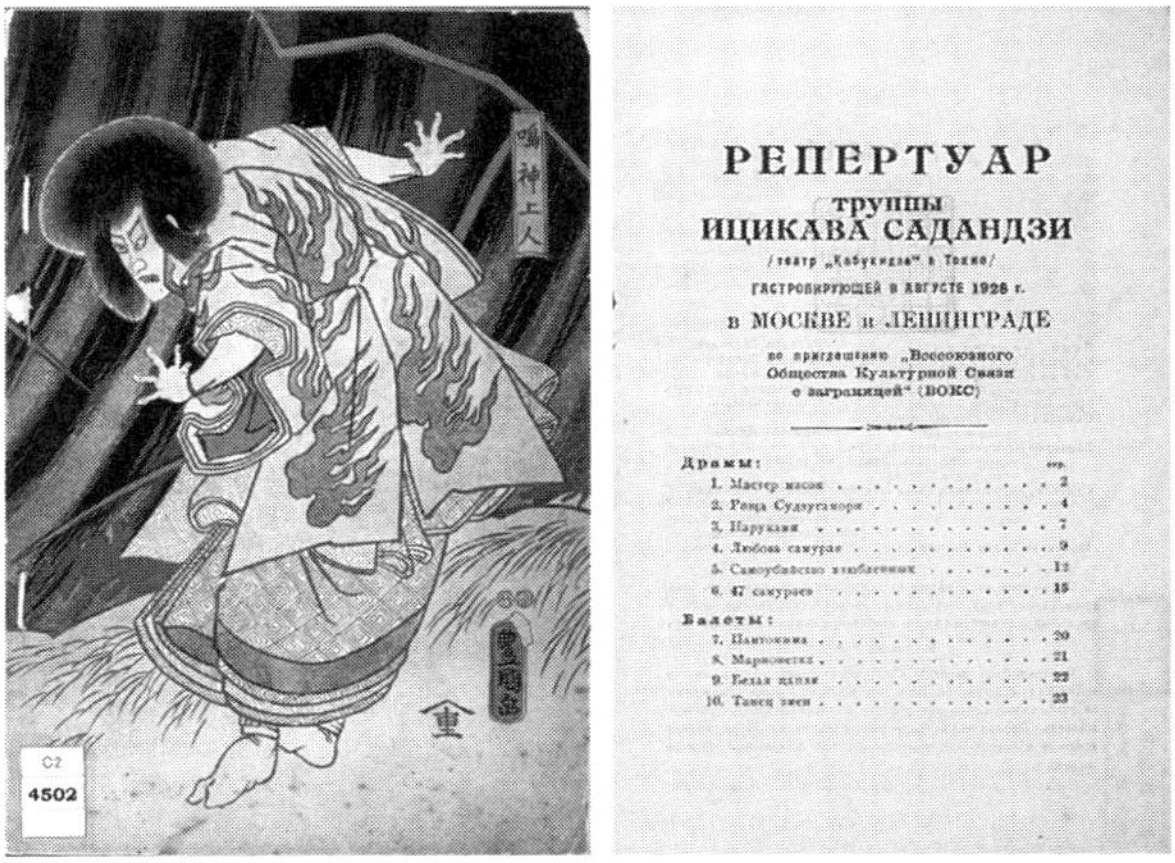

図8　公演プログラムの市川左団次一座の演目（早稲田大学演劇博物館蔵・C002-4502）

上演された演目は『仮名手本忠臣蔵』『京鹿子娘道成寺』『番町皿屋敷』『操三番叟』『鳴神』『だんまり』『鷺娘』『修禅寺物語』『元禄花見踊』『鳥辺山心中』である［図8］。定番の『仮名手本忠臣蔵』や左団次が復活させた荒事『鳴神』、そして外国人にもわかりやすいであろう舞踊の演目や、岡本綺堂脚本による新歌舞伎など、歌舞伎の多様性を十分に示す、バラエティに富んだラインナップとなっている。江戸時代の封建社会が物語の背景となる作品については、そうした社会状況が当時のソ連からすると「相容れない」ことが、あらかじめ新聞・雑誌の論考で議論されていた。しかし、身分の差が主題となる『番町皿屋敷』や『鳥辺山心中』も上演されているところを見ると、イデオロギーによる作品の選別はそれほど行われなかったようだ。

なお、この時代のソ連を代表する演劇人は、残念ながらだれも歌舞伎のソ連公演を見ていない。メイエルホリドはこの年ヨーロッパに長期滞在しており、スタニスラフスキーもモスクワを不在にしていた。八月は演劇がオフシーズンのため休暇で街を離れている演劇人も多く、また、巡業に出ている劇団もあった。もっとも、「貼込帖」には、カーメルヌイ劇場のタイーロフや、公演が行われた第二芸術座の俳優たちから初日に届いた祝電が貼り込まれており、この公演がソ連の演劇界でそれなりに注目されていたことがわかる。

2 プロパガンダの中の歌舞伎

建国一〇年目の新興イデオロギー国家である当時のソ連で、歌舞伎という日本の伝統演劇を受け入れさせるために、メディアの力は不可欠だった。プロレタリア革命によって労働者が国の主人公になり、ブルジョワ的なものは悪とされ、国家建設にとって有用なイデオロギーが芸術表象の核でなければならないとされていた国である。共産主義のイデオロギーとはなんの関係もない、武家社会の倫理や町人の日常を扱った歌舞伎をわざわざソ連に招くことが、なんらかのかたちで国民に対して正統化される必要があった。

たとえば『イズヴェスチヤ』紙の六月一三日の記事では、歌舞伎公演のチケットは労働組合が買い占めたと報道されている。すでに述べた通り、公演の時期はちょうど八月の劇場オフシーズンで、街に残っているひとは多くはなかった。しかし逆に、オフシーズンゆえに娯楽の絶対数も少なく、歌舞伎は注目の的となり得た。歌舞伎公演に関しては、かなり力の入った宣伝がなされていた。当時ソ連に留学していたロシア文学者・野崎韶夫《よしお》は、この公演を回想して、「かなり前から啓蒙活動をやっていたから、一般のひとにもある点まで理解できた」と述べている。[20] 野崎によると「映画館のニュースで、日本とソビエトの地図が映し出され、日本海に船、シベリアに汽車が走って、大行李がモスクワにつくと、そのなかからサムライが躍り出て、立回りを始めるアニメが上映されたりしたもんだから、切符はたちまち売切れ」た。[21]

当時の主要なメディアには、新聞・雑誌などの紙媒体の他に、宣伝映画やラジオもあったが、残念ながらこうしたフィルムや音源は残されていない。新聞・雑誌に関して言うと、ソ連では一九二〇年代、教育人民委員部の指導のもとに文盲撲滅政策が遂行され、これが一定の成果を収めたため、識字率は比較的高かった。歌舞伎がソ連にやってきた頃には、都市部で八〇％を超える識字率があり、[22] 紙媒体のメディアは音声・映像メディアとともに大きな宣伝機能を有していた。

3 メディアが煽るまだ見ぬ歌舞伎への期待

「貼込帖」にスクラップされた二七五本の記事は、記名記事（イニシャルを含む）だけでも約七〇名の著者がおり、掲載媒体の数は五一におよぶ。[23] 実際に各媒体を調査すると、スクラップから漏れてしまっているものもいくつかあるようだ。とはいえ、一九二八年歌舞伎ソ連公演に関する記事の大半は、ここに網羅されていると言ってよいだろう。

記事は大きく分けると、次の四つのタイプに分類できる。

一、公演情報
二、一座の旅の行程に関する情報
三、観客の事前教育を目的とした解説記事

四、劇評および歌舞伎訪ソ公演の総括

劇評や解説、公演の社会的意義の総括が興味深いのはもちろんだが、一座の動向が逐一報道されているのも面白い。この時代の移動手段はシベリア鉄道で、まずは船で敦賀からウラジオストクに出て、それから一〇日間鉄道に乗って、やっとモスクワに到着する。七月一四日に東京を出た一行は、七月一六日に船でウラジオストクに到着する。七月一七日付のウラジオストクの『クラースノエ・ズナーミヤ（赤旗）』紙によると、一行は一一時に港に到着後、何台もの車に分乗し、ウラジオストクをパノラマ観光。少し休息を取った後、市内の劇場で行われた歓迎式典に参加。そして夜の一〇時半には鉄道でモスクワに向けて出発した。

ウラジオストクへの歌舞伎一行の到着は、共産党機関紙『プラウダ』、ソ連政府の公式紙『イズヴェスチヤ』などの中央紙でも報道された。その後もイルクーツク、ノヴォシビルスク、クラスノヤルスクなど、一行が大きな都市を通過する際には地元の新聞に情報が掲載され、各駅で歓迎セレモニーが催された。先に「日本とソビエトの地図が映し出され、日本海に船、シベリアに汽車が走って、大行李がモスクワにつくと、そのなかからサムライが躍り出て、立回りを始めるアニメ」の宣伝映画があったことを紹介したが、遠い国からやってくる日本の劇団へのエキゾチズムに満ちた期待は、メディアが率先して演出していたと言っていい。モスクワに到着した際、歌舞伎一行は羽織袴の正装で駅に降り立ち、オリエンタリズムに対するソ連のメディアの期待に応えた。モスクワの地方紙『ヴェチェルニャヤ・モスクワ（夕刊モスクワ）』は、駅に降り立った一行の写真を一面で紹介している［図9］。

歌舞伎とはなにか、事前の紹介は、『プラウダ』『イズヴェスチヤ』などの全国紙のみならず、ノヴォシビルスクの『ソヴィエトのシベリア』紙、チフリス（現在のジョージアのトビリシ）の『赤い戦士』紙、ニージニー・ノヴゴロドの『ニジェゴロド・コミューン』紙などの地方紙でも大きく取り上げられている。チフリスの『東の

Цена № 5 коп.

Пятница, 27 июля 1928 г. № 173 (1883)

Вечерняя Москва

В последнюю минуту

ОТ РЕТОРТЫ ДО СТАНКА

10 МИЛЛИОНОВ РУБЛЕЙ НА ЗАВОДСКИЕ ЛАБОРАТОРИИ

На каждом заводе — лаборатория

НА ТРИБУНЕ КОНГРЕССА

Тов. КОПЛЕНИГ.

ЖАНДАРМЫ —

ВОКРУГ ПОЛЯРНЫХ ЭКСПЕДИЦИЯ

„ВЕЛИКИЙ И ЧУДЕСНЫЙ СПАСИТЕЛЬ"

„КРАСИН" ВЕДЕТ СПАСАТЕЛЬНЫЕ РАБОТЫ

(От нашего специального корреспондента)

ЯПОНИЯ ЗА „ПОЛИТИКУ СИЛЬНОЙ РУКИ"

Дипломатическое сражение в Китае

КТО РАСПОРЯЖАЕТСЯ КИТАЙСКИМИ ДЕНЬГАМИ?

ТЕАТР КАБУКИ В МОСКВЕ

Артисты театра Кабуки на Ярославском вокзале.

НА КОНГРЕССЕ КОМИНТЕРНА

ТЕХНИЧЕСКАЯ РЕВОЛЮЦИЯ И РАБОЧИЙ КЛАСС

(Из речи тов. Варги)

図９　『ヴェチルニャヤ・モスクワ』紙 1928 年 7 月 27 日付の第 1 面。右に歌舞伎一行の到着時の写真が見える（ロシア国立図書館蔵）

暁』紙には、当時『プラウダ』紙の芸術部門主任だった芸術批評家のヤコフ・トゥーゲンホリドによる大きな劇評が掲載された。さらに、八月一二日にはウクライナ社会文化対外交流局がハリコフ、キエフ、オデッサでの公演を要請するというニュースもあり、歌舞伎への関心はソ連全土に拡散された。

歌舞伎とはなにか、どう見ればよいのか、それらを人々に啓蒙するための記事は、『改造』の論考で小山内薫に歌舞伎の価値の再考を促した美術批評家ダヴィード・アルキン（『イズヴェスチヤ』六月二四日、本書所収、および七月二六日、モスクワ）をはじめ、演劇批評家のグリゴーリー・ガウズネル（『プラウダ』七月二七日、モスクワ、本書所収）、日本研究者のニコライ・コンラド（『クラースナヤ・ガゼータ』七月一八日、レニングラード、本書所収）ら、訪日経験のある批評家たちが担当している。歌舞伎ソ連公演を前に、それを紹介する論考が掲載されたのは、『プラウダ』と『イズヴェスチヤ』、そして文学や芸術の情報を多く扱い、インテリ層からの支持の高かったレニングラードの地方紙『クラースナヤ・ガゼータ』などだった。

アルキンは歌舞伎を「当時としては貴族的なジャンルであ

った「能」、すなわち封建貴族階級のアマチュア演劇に対抗するかたちで、新興の都市ブルジョアジーの民主的な舞台芸術として生まれた」と位置づける。そして現在の歌舞伎を、明治時代に起こった文化の西欧化に屈せず、むしろ独自の方法論やシステムを確立し、さらに団十郎、菊五郎、左団次といった名優たちによって日本文化の中でももっとも価値の高いものになり得たと評価する。そのうえで、ソ連の観客が注目すべきはなによりも俳優の優れた演技であるとし、舞台の構造や音楽性、衣裳や小道具の使われ方など、歌舞伎の見どころや見かたを列挙して説明している。「民衆文化＝歌舞伎」対「貴族文化＝能」という構図を提示し、労働者対ブルジョワジーという共産主義のイデオロギーにすりあわせるアルキンのやり方は、歌舞伎訪ソ公演を擁護・支持する論においてもっともよく用いられたものだ。俳優の芸が優れていることに関する指摘も、反対派を含め、歌舞伎訪ソ公演を論じたほぼすべての論者で一致した見解だった。

ガウズネルもだいたい同じ論調であるが、「時代物」「世話物」などの個別のジャンルを解説し、また左団次がヨーロッパ劇でも活躍していることを紹介するなど、はじめて歌舞伎に触れる観客に親近感を持たせる努力がうかがえる。また、「日本の都市には映画館がまる一街区を占めるほどあるが、歌舞伎は今日に至るまで映画に引けを取らないほどの人気がある」（本書二〇四頁）など、日本文化における歌舞伎の位置を、映画との比較によってわかりやすく示している。

他方、歌舞伎来訪に備えて小冊子『日本の演劇』の編纂を行うなど、ソ連の歌舞伎受容の基盤を固める役割を果たした日本学者のコンラドは、歌舞伎ソ連公演をエキゾチズムやオリエンタリズムの枠を越えたものと位置づける。コンラドの考えではソ連に来訪する歌舞伎は伝統ある正統なもので、他の芸術から自立した演劇性を持っている。コンラドは、歌舞伎訪ソ公演とオリエンタリズムの文脈との差異を示すために、貞奴や花子[24]といった、二〇世紀初頭のヨーロッパで大人気を博し、ロシアでもよく知られた日本の舞台女優たちを引き合いに出している。彼によると、彼女たちを基準に日本演劇を評することは、「大阪の一〇階建鉄筋コンクリート「ビルディング」をもって伝統的な日本建築を評するに等しい」（本書二九八頁）。

国際的に活躍した女優、貞奴と花子は、日本では評価されていなかった。かつてモスクワでスタニスラフスキーに貞奴のことを聞かれた小山内薫は、「あんなのは芸術ではない」という趣旨の答えを返している。それどころか、彼から花子についても質問を受けたことに対しては、「私はもういても立ってもいられません。私は日本中の恥を一人で背負って立ったような気がしました」と極端な憤慨を述べている。[25]いっぽうコンラドは、革命前の一九一四年から一七年に東京大学に留学していたため、日本の事情にかなり詳しく、また彼自身が伝統を重んじる保守的な論客だった。貞奴と花子の評価は、おそらく日本で耳にした評価の受け売りではなかろうかと思われる。当時の日本では、芸者出身の彼女たちが芸術家として高く評価されるはずもなかった。

歌舞伎に関する啓蒙は、新聞のみならず、雑誌でも行われた。アルキンは教育人民委員部発行の『ソヴィエト芸術』誌六月号に論考「歌舞伎の形象」[26]を寄稿。『クラースナヤ・ガゼータ』編集部発行の政治文化誌『クラースナヤ・パノラマ』の八月一〇日号では、歌舞伎来訪に備えた日本文化特集が組まれ、コンラド（本書所収）の他、教育人民委員のルナチャルスキーも日本演劇についての論考を寄稿している。レニングラードの総合芸術誌『芸術生活』では八月一九日号で歌舞伎ソ連公演特集が組まれ、当時レニングラードに留学していた作家の宮本百合子（当時は中條百合子）による左翼的立場からの歌舞伎批判や、エイゼンシテインによる名高い論考「思いがけぬ接触」が掲載されている。一九二七年に小山内薫にインタビューをしたエマヌイル・ベスキンも、『ラビス』（七月一〇日）に紹介記事を書いている（本書所収）。

歌舞伎ソ連公演が決定してから実現までの約半年の間に、ソ連側ではできる限り周到な準備がなされた。だれもが読む主要な新聞・雑誌、パンフレット、そして演劇専門誌でも、ソ連人の歌舞伎への関心を高め、理解を深めるための数多くの論考や記事が発表された。チケットは労働組合が押さえるなどして早いうちに売り切れになった。

4 ソ連人が見た歌舞伎

では、ソ連人は歌舞伎の公演をどう見たのだろうか。

歌舞伎ソ連公演は国家事業だったこともあり、劇評は大半が好意的だった。とはいえ、物語や劇団のあり方に対するイデオロギー的な疑念が提示されたり、観客の不理解や初めて歌舞伎を見た批評家の戸惑いがそのまま現れているような文章もある。

歌舞伎ソ連公演評を書いているのは、じつは錚々たる顔ぶれである。来日経験があり、それまでに歌舞伎を見たことのある批評家たちが大きな役割を果たしたことはすでに述べた。彼らのうちガウズネルは一九〇七年生まれの二一歳、アルキンは一八九九年生まれの二九歳、ベテランのコンラドも一八九一年生まれの三七歳と、全体に若い存在の活躍が目立つ。ガウズネルはメイエルホリド劇場の関係者、また、優れた俳優論を書いたウラジーミル・ソロヴィヨフは、革命前、メイエルホリドとともに雑誌『三つのオレンジへの恋』を発行していた。やはり革命前にメイエルホリドの演劇スタジオで学んでいた演出家で演劇批評家のコンスタンチン・トヴェルスコイは、同じ演劇の現場の人間として、公演の成否をシビアに分析し、同時代のソ連の演劇人が歌舞伎のどこに学ぶことができるのかを検討している。歌舞伎の方法を映画のモンタージュの方法と結びつけて分析した映画監督のエイゼンシテインもメイエルホリドのもとで演出を学んだ弟子である。すでに述べたように、ロシアでの歌舞伎の紹介はメイエルホリドによるところが大きいためか、執筆陣にはメイエルホリドに近い人物が多かった。

演劇批評家だけでなく、音楽や舞踊、美術の批評家も興味深い仕事をしている。執筆陣にはレニングラード・フィルハーモニーの芸術監督で、ショスタコーヴィチの親しい友人であった音楽批評家のイワン・ソレルチンスキーやバレエ研究のヴィクトル・イヴィングも加わっている。また、『現代演劇』誌で総括論文を書いた演劇批評家のボリス・グスマンはボリショイ劇場の副支配人でもあり、一九三〇年代にはプロコフィエフのソ連への帰国に尽力した人物である。

「貼込帖」に貼られた記事のいくつかは、公演終了後すぐに日本語に翻訳され、一九二九年、ソ連公演の翌年に刊行された書籍『市川左団次　歌舞伎紀行』に収録された。同書は初の歌舞伎海外公演の様子を、旅の日記、参加者の所感、劇評から記録する、伝統演劇の文化交流の歴史を考えるうえで重要な本である。以下、同書に含められたものと含められなかったものをあわせて、「貼込帖」の評論記事を検討していこう。

1　方法論はいかに解釈されたか

まずは俳優の演技を論じた記事を取り上げよう。演技論の典型的なものとして、ウラジーミル・ソロヴィヨフの論考が挙げられる。V・S名義で『クラースナヤ・ガゼータ』紙夕刊に掲載された、松蔦が演じた『仮名手本忠臣蔵』の顔世御前を論じたエッセイである。これは『市川左団次　歌舞伎紀行』にも収録されているので、既訳で紹介しよう。

松蔦の先ず何よりも余計な瑣末事を避けた、シックリと舞台についたその演技は驚くばかりに細かく、優しく自分の夫を慈しむ夫人の一般的典型《タイプ》を創っている。初めて『花道』に出現するや、伝統的な婦人の物腰を守り、同時に自分が創った舞台上の型に従って、叙情的な原則を第一義として演じている。松蔦は揚々とした威儀を保ちながら床の上に腰を下ろし、長い間自分の着物の折り目を正すのである。〔略〕師直の恋の告白をきいて、恰も抗議の踊りを韻律的な手の動作で伝えるようにする場面は、名匠松蔦の最初の演出に於ける最高潮点である。〔略〕寡婦の愁嘆は、まつげの動きと瞬時の啜り泣きとによってのみそれと解るだけで、それも直ぐに忍耐的な緊張した落付き《〔ママ〕》に変わってしまう。[27]

ソロヴィヨフは歌舞伎と同じく「型」の演技を持つイタリアの演劇、コメディア・デラルテの専門家である。ここでも、動きとそれが役者に付与する感情、それによって創り出される役の像という、コメディア・デラルテと共通する歌舞伎の要素が取り上げられている。ソロヴィヨフの分析によると、主人公には「花道」への登場の瞬間から、すでにその「物腰」によって「叙情的主人公」という性格付けがなされている。『市川左団次　歌舞伎紀行』において、訳者の大隈俊雄が「物腰」と訳している«походка»は、本来「歩き方」という意味の語である。実際、ソロヴィヨフを驚かせたのは、「物腰」というような総体的な概念ではなく、まさに足の運び方の細かいコントロールであるだろう。彼はさらに、「着物の折り目を正す」「韻律的な手の動作」「まつげの動きと瞬時の啜り泣き」など、役を形づくる細かい要素を指摘し、役の人物像を描き出していく。ある特定の所作によって生きてくる役の「典型」に関する指摘は、現代日本文化にも脈々と続く「キャラクター」の概念とも通底するだろう。[28] ソロヴィヨフは他にも「三人の俳優」(『クラースナヤ・ガゼータ』夕刊、八月二五日、『市川左団次　歌舞伎紀行』二七二―二七四頁)、「歌舞伎公演を終えて」(『クラースナヤ・ガゼータ』九月一日、本書所収)で俳優論を展開している。

次に、『芸術生活』八月二六日号に掲載された、音楽批評家のソレルチンスキーによる劇評「歌舞伎　第一プログラム」を見てみよう。エイゼンシテインらが寄稿した『芸術生活』歌舞伎特集号の次の号に掲載されたこの論考では、ソ連の観客の想像を遥かに越えた歌舞伎の特殊な形式への驚きが論じられている。そこには、ヨーロッパ演劇の規則に慣れ親しんだ観客が、歌舞伎のどこに戸惑ったのかが如実に示されているのだ。これもやはり『市川左団次　歌舞伎紀行』に訳出されているが[29]、多少意味が損なわれているため、原文より新たに訳すことにする。

歌舞伎の第一回公演は意表をついた……。理由は、小道具を持って音も立てずに舞台を行き来する黒衣の見えない小間使い「クロンボ《ママ》」や、平土間が変形した「花道」あるいは「花の小道」、よく知られた、「猫の鳴き声」のような意味の不明な日本語の台詞、三弦のギターである三味線が奏でる不協和音の撥音、そういったものにはまったくとどまらなかった。意表をついたのは上演概念それ自体で、舞台のイリュージョンの法則を完全に拒絶している。長年にわたる左翼的演出術の開発にもかかわらず、ソ連のわれわれがまだ捨てきれていないものが、完全に拒絶されていたのだ。

（本書三四三—三四四頁）

「舞台のイリュージョンの法則」とはすなわち、舞台上で「真実らしさ」を確保するための仕掛けのことである。歌舞伎では、男性はみずからの性を自明のものとしつつ女性を演じる。また、舞台脇ではナレーター、すなわち義太夫節が舞台で起こっていることを第三者の視点から解説する。「猫の鳴き声」とはつまり、義太夫節の声のことである。解説にはさらに伴奏があり、観客の視点は否応なしに多元的にならざるを得ない。要するに、歌舞伎では物語の整合性よりもスペクタクルの効果の方が優先される。場面転換などの舞台裏の部分も、芝居に組み込んで見せてしまう。観客にまったく没入を許さない歌舞伎のこうした特質に、ソレルチンスキーは驚愕したのである。

では、ソレルチンスキーは歌舞伎をどう見るべきだと言っているのだろうか。同じ論考から引用する。

そもそも日本演劇では、特別な演劇の見方、見たり聞いたりする特別な仕方が求められる。われわれが演劇を見るやり方を土台から覆すことが求められるのだ。登場人物が、表情で演技をする俳優と、竹の幕の後ろで語る歌手の声に二分されるという状況に、われわれは慣れていない。緊張の高まりや盛り上がりの山場のある劇の急展開を追うのに慣れた身からすると、歌舞伎は構造が根本的に異なる。われわれは演劇の音楽は挿絵的であるか（「音による記述」）、あるいは心理的な展望を示すか（「気分」）、どちらかだと思い込んでいる。しかしここでは音楽が、視覚面でも出来事を組織し、俳優の動きを主導するという、第三の可能性が発明されているのだ。日本演劇の美学を映画の法則と比較したエイゼンシテインが正しいかどうかは、彼の判断に任せよう。だが、歌舞伎においては実際に、視覚的・音響的・運動的感覚の有機的かつ未分化な結びつきが達成されており、三味線の助けを借りて「身振りを聞き、音を見る」ことができるのである……。

（本書三四四頁）

たしかに日本の伝統的な演劇では、たとえば三味線や笛による登場人物の気分の演出など、音楽が俳優を先導することがしばしば起こる。また、歌舞伎では、西洋の自然主義やリアリズムの演劇のように、役になりきった俳優同士が内的葛藤を直接ぶつけ合うといったことはほとんど起こらない。ソレルチンスキーが述べているように、黒御簾（竹の幕）の向こうから効果音が発せられたり、義太夫節が語りを担当したり、またできごとや感情が型の身振りや踊りを通して伝達されたりする。そもそも音楽と身ぶりの要素に重きが置かれているという観点から見ると、歌舞伎は狭義の演劇よりもオペラなどの音楽劇に近いと言えるだろう。しかし、舞台上の歌手たちとオーケストラという二つのチームからなるオペラと、俳優、ナレーター兼歌手、オーケストラの三者からなる歌舞伎では、関係性がいささか異なる。舞台上の出来事とは隔絶された状況で物語を語る義太夫節は、「第三者」として、観客の視線を分散させる。観客は物語に没入するのではなく、劇を構成する複数の「技」に目を向けるのである。

引用部でソレルチンスキーが言及しているエイゼンシテインの論考「思いがけぬ接触」では、歌舞伎においては舞台上の諸要素がすべて等価で、総合的な効果を持っていることが指摘されている。エイゼンシテインによれば、「音響・動作・空間・声は、歌舞伎の場合、相互に伴奏し合うのではなく〔略〕、同じ重要さを持つ諸要素として扱われている」[30]。そして、こうした歌舞伎の諸要素が、それぞれ「アトラクション」であると言うのだ。「アトラクション」とは、一九二三年、まだ映画ではなく演劇を活動の場としていたエイゼンシテインが、理想の演劇を論じる際に提示した「演劇のあらゆる攻撃的契機〔モメント〕」を示す概念である。つまりアトラクションとは、

知覚する側に一定の情緒的なショックを与えるよう綿密に計算され経験的に選りすぐられた、感覚的ないし心理的作用を観客に及ぼす要素のことである。そしてこの情緒的なショックが集積して、提示されるものの思想的側面、つまり究極のイデオロギー上の結論が受容できるようになるのである（〝情念の生き生きした戯れを経て〟認識に至る道こそ演劇の特質だ）[31]。

知覚に大きな刺激を与える自立した諸要素が自由に「モンタージュ」されてこそ、サーカスのようなスペクタクル性を持ってあらゆる人を惹きつける作品が可能になる。映画におけるモンタージュ論の先駆けとなるのが、

ここに引用した論考「アトラクションのモンタージュ」である。歌舞伎を論じた「思いがけぬ接触」では、『仮名手本忠臣蔵』の一場面が、まさにこの「アトラクションのモンタージュ」が機能している例として分析されている。

歌舞伎の輝きは伴奏にではなく、転換の手法を明るみに出すことのなかにある。それは観客に働きかける基本的目論見の転換であり、一つの素材からもう一つの素材への、あるいはある〝刺激〟のカテゴリーからもう一つのカテゴリーへの転換である。

〔略〕われわれは実際に〝動きを聞き〟、そして〝音を見る〟。

次のような例がある。

大星由良之介〔ママ〕が包囲された城を捨てる。そして舞台奥から最前部まで歩いてくる。すると突然、実物大の門のある背景（クロースアップ）が取り去られる。第二の背景が見える。この背景には小さな門が描かれている（ロング・ショット）。これは由良之介がさらに城から遠ざかったことを意味している。由良之介は道行きを続ける。背景は褐色〔柿色〕、緑、黒の縞模様の幕〔定式幕〕で覆われる。つまり、城が由良之介の視界から消えたのである。さらに数歩あゆんで、由良之介は〝花道〟に出る。その時新たに遠ざかったことを強調するもの、それは〝三味線〟、つまり音なのである。(32)

歌舞伎が持つ非リアリズムの様式には、現実の時間や空間を効率的に圧縮するための方法が隠されていた。その際、視覚的要素と聴覚的要素は等価のものとして自由に横断される。視覚情報が耳をそばだてることを促し、音楽は注目の焦点を操るのだ。エイゼンシテインは歌舞伎ソ連公演に通い詰めた。この公演でエイゼンシテインと親交を結んだ俳優の河原崎長十郎は、彼が「座席の真ん中」で「一生懸命メモをとりながら舞台稽古をみて」いたり、「キャビネの組み立ての暗箱で、舞台を写したり、楽屋へも写場をこしらえて、自分が監督しながら、ああこうというポーズをとらせて、俳優のスチールを撮影[33]」するなど、歌舞伎研究に余念のない様子を伝えている。エイゼンシテインは、歌舞伎における空間的・視覚的要素と音の要素の組みあわせをひとつの基盤として、映画のモンタージュ理論を発展させていくのである。

2 批判的視点

最後に、批判的な意見を紹介しておきたい。批判的な論調が現れてくるのは、歌舞伎ソ連公演も終わりに近づいた時期である。

そのほとんどは、時代錯誤、あるいは同時代のソ連人にとっての有用性のなさを断罪するものだった。たとえばＴＵＲとサインした人物は「消えてしまった星の光」（『クラースナヤ・ガゼータ』八月二三日）という論考で、「歌舞伎の芸術は死んだ星の美しい光である。観客席の大半を占めているものと舞台で起こっていることの間にはあまりにも大きな乖離があって、どこか魅力すら感じてしまうほどである。〔略〕観客と、観客が観照している古代の星との間には、莫大な時間的距離が存在する」と論じている。星の光にたとえることで、歌舞伎の舞台が持つある種の魅力は認めながらも、歌舞伎の時代錯誤を指摘し、理解の不可能性を示した形だ。

他方、演出家のコンスタンチン・トヴェルスコイは、歌舞伎を「現在機能している演劇システムのうち、〔略〕もっとも反動的」「未来を見据えたいかなる運動も持たない」「とっくに死んでいる」と断罪する（『労働者と演劇』八月二六日、本書三四七頁）。そして、おそらく『芸術生活』誌の歌舞伎特集にエイゼンシテインの論考とともに掲載された宮本（旧姓・中條）百合子の論考「日本の若者が語る「歌舞伎」」を根拠に、「歌舞伎はその故郷ではとっくに正体を暴かれ、権威を失墜している」（本書三四八頁）と、日本におけるアクチュアリティのなさを主張する。さらに、レニングラード初演が観客を熱狂させることはない、すべてはフォルマリズムの形式的手法に過ぎないと、歌舞伎を断罪している。しかし、歌舞伎の手法に関しては、「リズム的・音楽的基盤、演技する俳優の完全な解放、ときに極限にまで達する独特の芸、舞台上で機能している事物の露呈、こうした概念はすべて、わが国の演劇でもかなり前からすでに用いられており、現代演劇理論の「ＡＢＣ」である」とする。さらに、歌舞伎の芸を「閉鎖的ではあるが高度な芸」と評価しつつも、歌舞伎俳優は「理論を知らないまま、いかに理論が実践になるのかを示している」と述べ、ソ連の文化的優位を強調するのである（本書三四九頁）。

注目すべきは「リズム的・音楽的基盤、演技する俳優の完全な解放、ときに極限にまで達する独特の芸」など、他の論客も指摘している歌舞伎の長所がすべて、ロシア現代演劇の基本概念として定着しているとされている点である。演劇の現場で働く演出家のこのような意見は、当時の読者にとっては信憑性のあるものに思われたのではないだろうか。実際は、こうした歌舞伎の手法を意識的にロシア演劇に取り込んだのは、メイエルホリドだったことを思い出そう。繰り返しになるが、トヴェルスコイはメイエルホリドのスタジオ出身者である。そして、スタジオでは他の古典演劇と並んで、日本演劇の原理が現代演劇に有効なものとして教えられていた。スタジオ時代のメイエルホリドは一時、「日本人のようだ」という言葉を俳優に対する最大の賛辞として用いていたという。[34]トヴェルスコイにしてみれば、歌舞伎ソ連公演では、若い頃に学校で文献を介して学び、実践の中で応用してきたことのオリジナルをついに目の当たりにしたようなものだろう。そして、エイゼンシテインの言う「アトラクションのモンタージュ」として有機的に機能するはずの諸要素が、いささか古くさい古典の様相をしていることにがっかりしたのではないか。

「日本の俳優の芸それ自体はしばしば、われわれにはどうしても受け入れられない原理に基づいている」と、トヴェルスコイは言う。たとえば長唄で用いられているような発声はヨーロッパ人の喉には不可能だ。音声面で西洋演劇が歌舞伎から何かを取り入れることができるとしたら、それは「舞台上の音楽的・リズム的語りという原則のみ」である。トヴェルスコイの考えでは、「いずれにせよ「歌舞伎」の上演は、死んだ、われわれとは無縁の形式であるが、外面的には「純粋な」演劇性の輝ける極致である」。彼は「社会評論的潮流や素朴な自然主義の潮流」が席巻し、演劇性が忘れられがちなソ連では、歌舞伎の持つ「舞台上の音楽的・リズム的語り」だけは見習うべきだ、と結論づけている（本書三五〇―三五一頁）。

この、もはや褒めているのか貶しているのかも曖昧な論調の中に、われわれは何を見るべきか。ここで思い出しておきたいのは、小山内薫が一九二七年にモスクワを訪れた時のメイエルホリドとの邂逅である。西洋演劇と東洋演劇の融合に演劇の未来を見ようとする小山内に、メイエルホリドは特に共感を寄せるわけでもなかった。メイエルホリドの日本演劇に対する関心の起点を、仮にサンクトペテルブルクでスタジオ活動を始めた一九〇八年と考えたとして、小山内との邂逅までには二〇年の時が経過している。その間に日本演劇的なものはメイエルホリドを経由して、ロシア、そしてソ連の多くの舞台で見られる一般的なものとなっていた。トヴェルスコイの論考が裏付けているのはこのことだ。

『市川左団次　歌舞伎紀行』には、トヴェルスコイのもののような否定的な論調の記事は翻訳されていない。しかし、伝統演劇をそのまま現代演劇に取り入れることはもちろん不可能であるから、その古さをきちんと認識しつつ「舞台上の音楽的・リズム的語り」という応用可能な部分を指摘するトヴェルスコイの分析は、むしろ優れていると言えるのではないだろうか。現代演劇に通じる演劇の方法を獲得しているにもかかわらず、古さに覆われ、魅力が減少しているという指摘は、歌舞伎側でも肝に銘じるべきものであっただろう。

おわりに

一九二八年、ソ連では部分的に資本主義が導入されたネップ（新経済政策）が完全に終了し、第一次五ヵ年計画が始まる。スターリンが政敵たちを追い落とし、独裁の道を歩み始めるのがちょうどこの頃である。この時期、ネップ期に見られたアヴァンギャルドの自由な空気はあっという間に消えていく。歌舞伎ソ連公演が報道されていた時期の新聞でも、ボリショイ劇場のオペラが旧態依然としていると糾弾されたり（『ヴェチェルニャヤ・モスクワ』一九二八年六月二六日）[35]、メイエルホリド劇場の閉鎖が論じられたりしている（同、七月二六日・九月一八日）[36]。ソ連国家への貢献度によって芸術家の存在意義が測られる厳しい時代が、まさにこの頃に到来するのである。この時期に開催された歌舞伎ソ連公演で、「なんのために歌舞伎をソ連に招くのか」「歌舞伎はソ連の芸術になにをもたらしたのか」という議論がなされたのは当然であるだろう。それが、八月が終わると、新聞・雑誌での歌舞伎の議論はぱったりと止んでしまう。社会主義リアリズムが国家の芸術方針として公式化される一九三四年まで、まだ五年以上の時間があるが、時代の潮流はすでに明確に方向付けられていた。ソ連における歌舞伎のアクチュアリティは公演終了と同時に消えてしまった。

美術批評家のボリス・グロイスは、全体主義社会では、貨幣の代わりに言語が交換価値として機能すると述べている[37]。実際、ソ連社会においては、労働や成功は金銭的な報酬には直結せず、主に言葉で評価されていた。歌舞伎ソ連公演も日露ともに金銭面での成功があったわけではなく、一九二八年に初めての海外公演がソ連で華々しく行われたという事実が残ったにすぎない。おまけに、日本でもソ連はその後、共産主義国として忌むべき対象となり、また戦後は冷戦の敵国となって、一九二八年歌舞伎ソ連公演も再評価の機会を失っていった。しかし、

「貼込帖」にスクラップされ、現代まで届けられた記事たちは、公演に対するソ連式の対価＝言葉に託された価値を体現しているだろう。それらは最初の歌舞伎ソ連公演がもたらした驚きと戸惑い、そしてその後に紡がれた思考を現代に伝えている。グローバル化の中で、一見国際交流に慣れたかのようなわれわれだが、それぞれの論客が厳しい社会状況を鑑みつつ論じた異文化論には、文化間のコミュニケーションがいかに個別の文化にも還元され得るかを学ぶことができる。

メイエルホリドが革命前にまいた、普遍的な演劇の技法としての歌舞伎の応用という種は、確実に歌舞伎訪ソの際の議論の土台になっていた。公演に通った彼の弟子のエイゼンシテインは、ソ連の演劇界ですでに流通している日本演劇的なものからは距離を置き、実際の生の舞台から歌舞伎の構造を再考した。そして、伝統文化が培った人間に作用する機能が、映画という新しい芸術に応用可能であることを見極めている。たとえば映画評論家のナウム・クレイマンは、一九二八年九月、歌舞伎ソ連公演から一ヵ月以内に書かれたエイゼンシテインのメモを挙げ、エイゼンシテイン晩年の作品『イワン雷帝』（一九四四―四六年）における、登場人物が左右の目を別の方向に向ける演技が、歌舞伎の見得に想を得ていることを論証している[38]。メイエルホリドもエイゼンシテインも、歌舞伎という、西洋演劇や映画からすれば外部の要素を分析し、論理的に再構築して自分のジャンルに利用し、演劇や映画の革新に成功している。歌舞伎は二人の前衛芸術家を経由し、構成主義の新しい芸術原理に活かされていくのである。

他方、日本側に対する直接の影響はあまり見えてこない。唯一、一座に参加した河原崎長十郎や市川荒二郎が中心になって一九三一年に結成された前進座には、ソ連公演で得たものが受け継がれたのかもしれない。先述した通り、河原崎長十郎はエイゼンシテインと個人的に親交を結んだ。歌舞伎公演終了後、欧州見聞の旅に出かけた長十郎は、帰りにふたたびモスクワに滞在し、エイゼンシテインの新作『古きものと新しきもの』（一九二九年）の撮影現場を訪れたり、夏の公演を見逃したスタニスラフスキーらのために歌舞伎のデモンストレーションを行うなど、演劇・映画界と交流の機会を持っている[39]。一九三六年には前進座演劇映画研究所が設立されるが、団員の住居と創作の場を兼ねたこのセンターは、明らかに共産主義芸術の理念に影響を受けた共同体だった。
一九五九年、美術家の岡本太郎がはじめて沖縄に渡航した際のこと、彼が宴席で泡盛を頼むと、地元の人に不思議がられたという。彼らが飲むのは主にビールやウィスキーで、泡盛を飲む人はいなかったそうだ。それが、調査を終えて帰る頃には状況が変わってきたという。

私がうまいうまいとさかんに泡もりを愛用したので、つきあっていた沖縄の人たちもだんだんつられて、しまいには「泡もりってのはなかなかいいですよ。酔い心地がさっぱりしているし、こいつは翌日には残らない」なんて、沖縄の味を再発見したり、ちょっぴり愛国心をヒレキするようになったのは愉快だった[40]。

「外の目」の介入は、伝統的な価値観や慣習に変化をもたらす。こうした変化の中でこそ、文化・芸術はダイナミックに動いていくのだ。歌舞伎ソ連公演の影響は、時代の制約により大きく可視化はされなかったかもしれないが、小山内、エイゼンシテイン、そして多くの論客たちを通じて、ソ連と日本の文化の伝統・慣習を揺るがした。「貼込帖」には、一九二八年歌舞伎ソ連公演がもたらしたエネルギーが閉じ込められているのだ。

（1）小山内薫は一八八一年生まれ、市川左団次は一八八〇年生まれ。
（2）左団次の外遊に関しては、次の論考に旅程や観劇情報がまとめられている。東晴美「二代目市川左団次の訪欧と『鳴神』

――一九〇七年のヨーロッパ演劇と一九一〇年の日本文壇の関わりから」『日本研究』国際日本文化研究センター、二〇一一年、三〇七―三一四頁。

(3) 『夜の宿』はドイツ語から翻訳されたタイトルである。ゴーリキー自身、戯曲のタイトルをつけるのに迷ったようで、最終的に『どん底 На дне』に落ち着くまでにいくつか変遷を経ているが、『夜の宿 Ночлежка』はそのひとつであった。

(4) 小山内はこの旅のうち、北欧とロシアに関するエッセイを単行本『北欧旅日記』（春陽堂、一九一七年）にまとめている。なかでも「ロシアの年越し」には、スタニスラフスキーの自宅の年越しパーティに招かれたときの様子が生き生きと描かれている。

(5) 小山内薫「劇壇種々相」『小山内薫演劇論全集』第五巻、未来社、一九六八年、一九五―一九八頁。

(6) この時に小山内がモスクワで観た芝居に関しては下記を参照。小山内薫「モスコオ劇壇の現状」「ロシアで見た空気饅頭」「滞露日記摘要」「『シニヤヤ・ブルウザ』を見る」「ミハイル・チエホフ」「ロシアに於ける子供の為の劇場」『小山内薫演劇論全集』第三巻、未来社、一九六五年、二六六―二八七頁。

(7) Рабис. №48 (90). 1927. С. 5-6. この記事は「貼込帖」には収録されていない。

(8) 小山内薫「滞露日記摘要」『小山内薫演劇論全集』第三巻、二七四頁および二七五頁。モスクワ府職業組合劇場（ＭＧＳＰＳ劇場）は、現在のモスソヴィエト劇場。一九三〇年に改称された。

(9) Лекция № 3. Старинные сцены //В. Э. Мейерхольд. Лекции: 1918-1919. М.: ОГИ, 2001.С.51-66.

(10) Российский государственный архив литературы и искусства (РГАЛИ), ф. 963, оп. 1, д. 344. 963.1.344.

(11) 秋田雨雀「モスクワにおける小山内薫君」『舞台新声』一九二九年二月号、一一頁。

(12) 小山内薫「日本演劇の将来」『小山内薫演劇論全集』第五巻、一〇五―一一三頁。

(13) デ・アルキン「日本の演劇に関する一露人看客の所見」『改造』一九二七年七月号、一〇二―一〇六頁。

(14) 小山内薫「デ・アルキン氏の日本演劇観」『小山内薫演劇論全集』第三巻、二六〇頁。

(15) 前掲書、二六二頁。

(16) 前掲書、二六二頁。

(17) カーメネワの兄トロツキーも夫のカーメネフも、レーニンの死後はスターリンと対立。ともに権力闘争に敗れ、一九二七年に共産党を除名されている。カーメネワ自身ものちに粛清された。

（18）茂木千佳史編『歌舞伎海外公演の記録』松竹、一九九二年、四六—四七頁。

（19）浅利鶴雄「海外公演準備日誌」、大隈俊雄編『市川左団次　歌舞伎紀行』平凡社、一九二九年、七—二八頁。他方、こうした劇場の選択には、ソ連側の別の思惑が働いていたことについては、本書所収のマリコワ「レニングラードの文脈における一九二八年歌舞伎公演」に詳らかにされている。

（20）野崎韶夫・芹川嘉久子「レニングラードの演劇留学生」、芹川嘉久子編『露西亜学事始』日本エディタースクール出版部、一九八二年、二一一頁。

（21）前掲書、二三頁。なお、歌舞伎ソ連公演にあてられた高額の宣伝費については、本書所収の北村有紀子とダニー・サヴェリによる「異国趣味の正当化」を、ソ連政府が指示した歌舞伎プロパガンダの方針についてはマリコワの前掲論文を参照されたい。

（22）歴史学者のB・N・ミロノフによると、一九世紀末から二〇世紀前半のロシア・ソ連における識字率は次の通りである。

一八九七年　二八・四％（農村部二三・八％、都市部 六六・一％／男性 四〇・三％、女性 一六・六％）

一九二〇年　四四・一％（農村部三七・八％、都市部七三・五％／男性五七・六％、女性三二・三％）

一九二六年　五六・六％（農村部六七・三％、都市部八〇・九％／男性七一・五％、女性四二・七％）

一九三九年　八七・四％（農村部八四・〇％、都市部九三・八％／男性九三・五％、女性八一・六％）

Миронов Б.Н. Развитие грамотности в России и СССР за тысячу лет. X-XX. //Studia Humanistica. 1996. СПб., БЛИЦ, 1996.

http://annales.info/rus/small/gramotnost.htm

（23）記事の詳細は本書巻末の「新聞・雑誌評リスト」を参照。

（24）川上貞奴（一八七一—一九四六）は、夫の川上音二郎とともに一八九九年からアメリカやヨーロッパで公演し、たいへんな人気を博した。最初のロシア公演は一九〇二年。太田花子（一八六八—一九四五）もやはりオリエンタリズムを武器にヨーロッパで活躍した女優。一九〇九年にはじめてロシアで公演。ロダンの彫刻のモデルを務めたことでも知られる。

（25）小山内薫「ロシアの年越し」『小山内薫演劇論全集』第三巻、三三二頁。

（26）*Аркин Д.* Образы Кабуки—Из заметок о японском театре // Советское искусство. 1928. 6. С. 12-21. なお、この記事は「貼込帖」には収録されていない。

（27）『市川左団次　歌舞伎紀行』二七〇—二七一頁。

（28）歌舞伎が伝統的に人物を類型で捉えて戯画化してきたことは、浮世絵などからも見て取れる。よく言われるように漫画の源流が江戸時代の出版文化にあるなら、アニメなどのキャラクターの類型的な人物造形には歌舞伎との共通点を見ることもできるだろう。

（29）『市川左団次　歌舞伎紀行』三三六―三四二頁。

（30）セルゲイ・エイゼンシュテイン「思いがけぬ接触」鴻英良訳、岩本憲児・波多野哲朗編『映画理論集成』フィルムアート社、一九八二年、五四頁。この論考は『市川左団次　歌舞伎紀行』三三一―三三八頁にも、大隈俊雄による「「歌舞伎」私観――不思議な総合よ！」と題された翻訳がある。

（31）セルゲイ・エイゼンシュテイン「アトラクションのモンタージュ」浦雅春訳、岩本憲児編『エイゼンシュテイン解読』フィルムアート社、一九八六年、四〇頁。

（32）「思いがけぬ接触」五四―五五頁。

（33）河原崎長十郎「エイゼンシュタインの歌舞伎論」『ふりかえって前へ進む』講談社、一九八一年、一三六・一三八頁。なお、同エッセイでは、「思いがけぬ接触」で論じられている内容が、長十郎とエイゼンシテインの私的な会話として記述されている。

（34）*Уварова И.* Иллюзия истины по-японски, или Мейерхольд и японский театр // Мир искусств. Альманах. – Вып.4. – М.: Алетейя, 2001. С. 486.

（35）*БОР.* Довольно «Вампуки» революция оперного искусства // Вечерняя Москва. 26 июня 1928.

（36）Театры – на полную самоокупаемость. Слухи о закрытии театра Мейерхольда беспочвенны. // Вечерняя Москва. 26 июля 1928. Театр им. Мейерхольда расформировывается // Вечерняя Москва. 18 сентября 1928.

（37）*Гройс Б.* Посткоммунистический постскриптум. Пер. Фоменко А. М.: ООО «Ад Маргинем Пресс», 2014. С. 8.

（38）*Клейман Н.* Глаза Каварадзаки // Киноведческие записки. № 75. 2005. С. 62-77. なお、この論では一九二八年の歌舞伎ソ連公演に関して、上演作品が『仮名手本忠臣蔵』ではなく、真山青果の『元禄忠臣蔵』であるとする誤りがある。また、大石内蔵助（『仮名手本忠臣蔵』の大星由良之助）役を河原崎長十郎としているが、これも誤りである。これは一九四一年の映画版『元禄忠臣蔵』の情報である。こうした事実誤認は、おそらく、一九二八年九月一八日のエイゼンシテインのメモの中で、見得の技法が「河原崎の目」と呼ばれていることに由来している。

（39）河原崎長十郎「エイゼンシュタインの歌舞伎論」一四一―一四三頁、「ソビエトと欧州の旅」『ふりかえって前へ進む』一八六―一八七頁。長十郎は歌舞伎のデモンストレーションをエイゼンシテインの企画の下でも行っている。同書一四七―一四九頁参照。

（40）岡本太郎『日本の最深部へ　岡本太郎の宇宙4』山下裕二・椹木野衣・平野暁臣編、ちくま学芸文庫、二〇一一年、二三頁。

2

日ソ国交回復前後の文化交流とその政治的背景

内田健介

一九二五年一月二〇日の日ソ基本条約成立により、一九一七年の革命以降途絶えた日本とロシアの国交が回復した。しかし、共産主義のソヴィエト連邦と帝国主義の日本という体制の異なる両国のあいだでは、当然のことながら国交が回復しても表立った政治的交流は控えられた。そこで両国の友好関係の構築のために用いられたのが、文化交流という手段である。もちろん、ソ連側はこの文化交流を通じてロシア文化の紹介だけでなく、間接的に共産主義を日本国内に宣伝しようと試みており、国交回復から盛んとなる日ソ間の文化交流には政治的な思惑も渦巻いていた。

本稿では日ソ国交回復前後から一九二八年の歌舞伎ソ連公演にいたるまでの日ソ関係の黎明期の文化交流を、日ソ友好に尽力した人物や組織などに注目し、また両国の史料館に残されている当時の記録からその足跡を追っていきたい。

1　後藤新平による国交回復までの日露・日ソ外交

二〇世紀初頭、日本とロシアは一九〇五年の日露戦争により対立したが、一九〇七年から一九一六年まで四度にわたって更新された日露協約の成立など安定した関係を保っていた。(1) しかし、一九一七年の革命によってロマノフ王朝が崩壊したことで協約も効力を失い、一九二〇年のシベリア出兵によって日ソは敵対する関係に置かれた。こうした状況下、両国の関係改善のために活動したのが後藤新平である。(2) 初代南満洲鉄道総裁、東京市長、内務大臣などを歴任し、政治家として数多くの功績をもつ後藤新平だが、日露・日ソ関係においても多大な貢献をし、左団次のソ連公演にも少なからず関係した人物であった。

ロシアと日本の協力体制を作るという政治思想を持っていた後藤は、ソヴィエトロシアの成立以前から積極的にロシアとの関係作りに動いていた。後藤は南満洲鉄道株式会社の初代総裁を務めた経験からロシアとの関係の重要性を痛感し、特に中国を巡って日露の関係が重要になると確信していた。一九〇八年、後藤は初めてロシアを訪れ、皇帝ニコライ二世、首相ストルイピン、前首相ウィッテらと会談。滞在中に蔵相ココフツォフと親しくなった後藤は、交流を深める第一歩として首相・伊藤博文との会談を取り付けた。だが翌一九〇九年、会談がハルビン駅でまさに始まろうという瞬間に伊藤は凶弾に倒れる[3]。後藤の待ち望んだ日露交流は伊藤の暗殺により実現目前で絶たれたのだった。

一九一二年、後藤は再び日露の政治家同士による直接交流を目的にロシアを訪れた。このときは桂太郎や若槻礼次郎らを伴い、首相となったココフツォフとペテルブルクで会談を行った。だが、当時の後藤らは政府の要職ではなかったために成果は乏しく、さらに明治天皇の病状悪化の知らせにより早期帰国せざるをえなくなった。

こうして日露の提携強化をはかる後藤であったが、一九一七年に日露関係は大きな曲がり角を迎えた。十月革命により帝政ロシアが崩壊、日露協約が効果を失い国交が途絶えたのである。このとき寺内正毅内閣の外務大臣を務めていた後藤は極東地方における勢力圏の拡大を画策し、反革命政府を支援するためにシベリア出兵を支持した。後藤は革命政府と対決する道を選んだのである。だが、このシベリア出兵は巨額の経費、国際社会の信用、そして多くの兵士の命を失っただけの大失敗に終わった[4]。

日ソ関係は第一次大戦終局以降もシベリアに駐留し続ける日本軍へのソ連側の反発や、尼港（ニコラエフスク）事件[5]の影響により両国の国交は断絶が続いた。ソ連側の働きかけにより、一九二一年に大連会議、翌年に長春会

図1　後藤新平とヨッフェ（『国際写真情報』1923年3月号）

議(6)と日本軍のシベリア撤退と日ソ間の国交回復に向けた交渉が行われたが、シベリアの既得権益の保障を求め撤兵を認めない日本と速やかな兵の撤退を求めるソ連のあいだでは意見がまとまらず交渉は決裂した。

このような行き詰った状況を打開するために後藤新平は再び動いた。後藤はシベリア出兵を指示したように共産主義体制のソヴィエトロシアに対して対立姿勢を取ったが、ネップ（新経済政策）導入により姿勢を変化させた。ネップにより資本主義経済の機能を取り入れたソ連であれば提携可能と判断したのである(7)。

一九二三年、後藤は長春会議のソ連代表だったアドリフ・ヨッフェを病気療養の名目で日本に招き寄せ、日ソ国交回復に向けた非公式の交渉を開始する［図1］。この私的な交渉には政府も冷淡な態度を取り、右翼勢力の妨害にあい、後藤宅は二度も襲撃された(8)。だが、当時革新倶楽部や憲政会などの野党はソ連との関係回復を議会で主張し(9)、国交断絶前から交易を営んでいた人々やウラジオストクの日本居留民らも国交回復を望んでいた(10)。

後藤の招きに応じたヨッフェは熱海に滞在し後藤との会談を重ねた。このとき診療には後藤の娘婿の佐野彪太《とらた》（演出家・佐野碩《せき》の父）があたっている(11)。この交渉によりオホーツク海で漁業再開をするための査証の発給が函館で再開されるなどの進展はあったが(12)、あくまで私的な交渉であり後藤に正式な決定権はなかった。そのため交渉はポーランド公使の川上俊彦《としつね》に引き継がれた。川上は伊藤博文とココフツォフの会談時の通訳を務め、伊藤が暗殺された時に自身も銃弾を受け重傷を負った人物である。川上は外交官の中でも特に親ソ的であり、[13]さらに交渉で障害となっていた尼港事件の賠償請求の放棄を外務省に提言していたため、[14]事態が進展するかと思われたが再び交渉は難航。ヨッフェが神経痛の悪化により帰国し、交渉は中止された。[15]その直後の九月一日、関東大震災が発生。日本は交渉どころではなくなり、後藤は震災翌日に組閣された山本権兵衛内閣の内務大臣として東京の復興にあたった。

その後、翌一九二四年に中国公使・芳沢謙吉とソ連代表カラハンによる公式交渉が北京で再開。[16]一九二五年一月二〇日に日ソ基本条約が調印された。国交断絶から約七年、後藤のヨッフェ招待から二年の月日を経て日ソの国交回復は実現した。後藤は国交回復後も日ソ親善のための活動を継続し、特に一九二七年の年末から一九二八年一月にかけて漁業問題の解決に向けた特使としてモスクワを訪れ、日ソ漁業条約の成立、スターリンと会談し中国における日ソの協調を提案するなど最後まで日ソの関係改善に尽くした。一九二九年に後藤が亡くなると、ソ連外務人民委員部から日本政府と遺族に公式の弔意が送られ、後藤の功績に対する感謝の言葉が捧げられた。[17]また、後藤の死後刊行された追悼文集では、ソ連大使トロヤノフスキーが後藤の日ソ親善活動に対する功績をたたえる文章をよせている。[18]

2 外事警察資料から見る日ソ国交回復直後の来訪者たち

一九二五年の国交回復以降、ソ連から貿易関係者や外交官などが続々と入国した。これらは外国から入国する人々に目を光らせていた内務省警保局外事課によって詳細に記録されている。まず二月二五日には函館にソヴィエト連邦貿易部極東代表シチェーリンが木材と農産物の輸出入事業の経営および密輸入の監視のために来日。[19]そ

図2　1925年9月、東京駅にレプセが到着する際に集まった大勢の警官たち（『国際画報』1925年11月号）

の一週間後にはソ連大使館開設[20]のために一等書記官のクズネツォフ[21]らが三月一二日に下関に到着した。三月二〇日には極東貿易局石油総支配人ロッセルが神戸に到着するなど[22]、石油や木材などの貿易やオホーツク海近海での漁業の準備は大使館開設前から既に始まっていた。正式な外交より先に貿易・通商関係の方で日ソ間の交流は始まったのである。

初代駐日ソ連大使ヴィクトル・コップが下関に到着したのは四月二三日であった。既に着任していたクズネツォフに出迎えられたコップは翌日東京のソヴィエト大使館に入り、初仕事として外務省で幣原喜重郎外相と挨拶を交わしている[23]。査証業務は五月六日に開始され、日ソ国交回復を記念した祝賀会が繰り返し開催された[24]。国交回復を喜ぶ声はロシアとの貿易港であった敦賀や神戸、大阪や小樽でも上がり、各都市から領事館を早く開設するよう要望書が送られている[25]。

そして、国交回復から半年が過ぎるとソヴィエトから日本を学ぼうとする留学生たちが入国を始めた。まず七月二四日にモスクワ外国語学校日本語学科のゲオルギイ・キバルチンが初めてのソ連からの留学生として日本に入国し[26]、九月五日にはウラジオストク極東大学日本語学科からコンスタンチン・ポポフが訪れた[27]。この大学は大使館の通訳官で全ソ対外文化連絡協会（ヴォクス）日本担当であったスパルヴィンが教鞭をとっていた学校であり、左団次の通訳を務めたテルノフスカヤもこの大学の出身であった。

こうした当時のソ連からの渡航者を知ることができるのは、皮肉にもソ連からの渡航者に内務省警保局の外事警察による厳しい監視が行われていたおかげである。だが、この厳しい監視は一つの事件を引き起こした。一九二五年九月二〇日、ソ連の労働組合代表であるレプセが日本の労働団体の招きで来日することになった。この情報を事前に察知した内務省は外務省にレプセの入国拒否を要請するが、既に中国の日本大使館で査証が発行されたあとで入国を防ぐことはできなかった。そこで警保局は東京駅に到着したレプセたち四人を五〇〇人以上の警官で出迎えるという対策を取るのである〔図2〕。そして、レプセは行く先々で警官を引き連れ、警官は彼に近づく者を誰彼かまわず手あたり次第に検束するなど、レプセは労働者や学生と交流どころではなかった。

この過剰な監視体制にたいし、レプセから報告を受けたソ連政府が大使館を通じ外務省に正式に抗議をしたため[28]、外交問題へと発展してしまった[29]。このとき内務省はレプセが日ソ基本条約の宣伝禁止条項（共産主義を日本国内で宣伝しないよう求める条項）に抵触するという主張をしたが、外務省側には受け入れられず事態は日本側の謝罪によって決着している。

3 日ソ文化交流を主導した三つの団体

1 日露協会

当時日本には日ソ文化交流の受け皿となった日露協会、日露相扶会、日露芸術協会という三団体が存在していた。一九〇二年に発足し、他の二団体に比べ歴史も古く規模も大きい日露協会は、帝政ロシア時代から交流を行っており、組織の大半を占めていたのは政治家や軍人などの有力者たちであった[30]。協会はハルビンに商品陳列館や日露協会学校を開校してロシアとの交流拠点を設立する活動のほか、雑誌『日露協会報』を発行し、日本国内にロシアの政治・経済情報を発信した。一九二〇年からは後藤新平が会頭を務め、国交回復以降は一九二五年二月五日に国交回復を祝う修交祝賀会、六月四日には来日したコップ大使の歓迎会を開催している。そして、一九二六年一月に大阪でロシア展覧会を開催(31)、一九二七年に四〇〇点以上の絵画を出展した新露西亜美術展覧会の開催に協力し、一九二八年一〇月にはソ連で開催される日本児童書展覧会のために児童書を収集・発送も行った(32)。こうした活動の多くは会頭であった後藤新平の働きかけによるもので、民間団体のため資金の乏しい日露芸術協会や日露相扶会では不可能な大規模の活動はしばしば日露協会の後ろ盾によって行われた。

2　日露相扶会

日露相扶会は、一九二三年六月二日にヨッフェの来日を歓迎する日露交歓会が築地精養軒ホテルで開催されたのを機に、代表の内藤民治《たみじ》を中心に発足した団体である(33)。この日露相扶会に関する記録や資料はほとんど残っておらず、活動実態や会員など不明な点が多いため、日ソ間の取り締まりをしていた外事警察は、日露相扶会が名前だけの存在であると報告書(34)で結論付けてさえいるほどの謎の多い団体である。

しかし、日露相扶会の代表・内藤民治は国交回復前の一九二四年にソ連に向かい、モスクワではスターリン、トロツキー、ルナチャルスキーといったソ連の有力者と会談するほどソヴィエト側からの信頼を得ていた［図3］。内藤が約半年のソヴィエト滞在からの帰国途中、北京で地元紙の『北京週報』に寄稿した文章には、トロツキー、ルィコフ、カリーニン、ブハーリン、チチェーリン、ルナチャルスキー、と錚々たるソヴィエトの大物たちの名前が並んでいる(35)。

なぜ政治家でもない内藤がこうした人物たちと会談が可能だったのか。それは内藤がかつてアメリカ留学中に

図3　中央左が内藤、右がルナチャルスキー（『北京週報』1923年8月17日号）

片山潜と深い親交があったためである[36]。そして、内藤は片山とだけでなく、日本の有力者たちとも繋がりを持っていた。一九一七年、アメリカから帰国した内藤は、文芸雑誌『中外』[37]を出版。この雑誌は当時の代表的な小説家や知識人、芥川龍之介や坪内逍遙、後藤新平などの文章を掲載するほどの雑誌であった。

この活動を資金面で支援していたのが堤商会（現マルハニチロ食品）の社長・堤清六であった。『中外』の裏表紙には必ず堤商会の広告が掲載されており、堤が雑誌出版を援助すると同時に自社の宣伝も兼ねていたのであろう。そして、この堤は後藤新平の支援者の一人なのである[38]。

後藤新平がヨッフェを日本に招こうとしたとき、堤の関係者で、片山潜と親交があった内藤は連絡役にはうってつけの存在だった。こうして内藤はヨッフェの来日のために日本共産党員の田口運蔵と共に活動し、さらに日露相扶会を立ち上げヨッフェの歓迎会を開催したのである[39]。日露協会には政治家が多く、あくまで私人としてヨッフェを招いた後藤にとっては、別団体を創設した方が都合が良いと考えたのではないだろうか。この実績により、内藤はソ連側だけでなく、日本の有力者からも信頼を得ることができたのである。

ロシアに渡った内藤の活動は、『イズヴェスチヤ』紙上で確認ができる。一九二四年三月一二日には日露相扶会の紹介が、四月二四日紙上には内藤とチチェーリンやルナチャルスキーとの会談が掲載され、そこでは日ソ芸術交流構想、翌年に東京でロシア美術展覧会を開催する計画について報じられた。また、六月一八日には内藤とトロツキーの会談「ソヴィエトロシアと日本」が掲載されている。

図4　左より、内藤民治、パステルナーク、エイゼンシテイン、オリガ・トレチャコワ、リリヤ・ブリーク、マヤコフスキー、ヴォズネセンスキー（外交官）、野村明（通訳）

こうした活動のほか内藤はソヴィエトの芸術家たちとも顔を合わせている。パステルナーク、エイゼンシテイン、オリガ・トレチャコワ、リリヤ・ブリーク、マヤコフスキーとこちらも錚々たるメンバーである。内藤はこのときパステルナークと関東大震災の様子を語っている。マヤコフスキーの手帳には一九二四年五月一一日に内藤と会ったことが記されているため、この写真はおそらくそのときに撮影されたものであろう(40)［図4］。まるで貴賓のような扱いを受ける内藤だが、内藤の素性をつかみ切れていない外事警察にはそれが不可解だったらしく、内藤が相扶会を日本唯一の有力な団体だと宣伝し、ソヴィエト政府に巧みに取り入ったのではないかと推測している(41)。

内藤が帰国した翌年、国交が回復すると、相扶会は早速活発な活動を開始した。まず、一九二五年二月七日に、ソヴィエト文化を紹介するポスター展覧会を銀座松坂屋で開催(42)。このとき展示されたポスターは内藤がソ連滞在中に収集したものであった。続いて二月一五日には日露国交回復記念会を上野精養軒で開催し、大使館開設のために来日したクズネツォフの歓迎会を三月二三日に同じく上野精養軒で開催している。また、コップ大使来日を記念し七月五日に帝国ホテルで歓迎会を開催した。こうした祝賀会には後藤新平、秋田雨雀《うじやく》、憲政会代表・中野正剛《せいごう》、政友会代表・田中義一《ぎいち》らが祝辞を述べるなど多くの有力者が参加しており、日露相扶会は国交回復直後には日ソ関係における重要な役割を果たしていたことがうかがえる(43)。

その後も相扶会は、一九二六年四月二五日にロシア民謡の歌手イルマ・ヤウンゼンのコンサートを主催、八月二一日に開催されたロシア大使館展覧会にも協力するなど活発な活動を続けた(44)。ところが、これを最後に日露相扶会は表舞台から消えてしまう。なぜ日本からもソ連からも信頼を得ていた日露相扶会が突然に表舞台から姿をけしたのか。残されている資料を見れば、相扶会が活動を停止した原因が会のずさんな経理にあったことは疑いえない。監視していた外事警察の報告によれば、相扶会はソ連から人が来るたびに祝賀会を開催していたが、華々しいパーティの裏では事務員に給料をまともに払えないような状況であった(45)。そもそも祝賀会の開催自体が参加者から資金を集めるためで、歓迎会の開催時点で内藤の手に金はなく、会場の帝国ホテルや精養軒には集めた会費で後払いをするどころか利用料を支払っていなかったのだ(46)。にもかかわらず、内藤はまったく悪びれもせず一九二六年一月一四日に参事官ヤンソンが来日すると、再び歓迎会を精養軒で開催する計画を立て新聞社に通達している。だが精養軒への料金は未払いのままで、当然ながら歓迎会は開催されなかった(47)。こうした料金の踏み倒しや借金、さらに大使館の活動を批判する文章を送りつけて大使のコップを激怒させたことも重なり、相扶会はあらゆる方面からの信頼を完全に失った。

その後、日露相扶会の名が登場するのは、内藤が警察に拘束されたという一九二七年五月一二日の新聞記事が最後である(48)。内藤はこの直前シベリアで漁業や材木利権に関する交渉をソ連側としており、ヨッフェを頼って相扶会の運営資金の金策を試みたが、これも失敗に終わった(49)。それ以降の内藤の活動は不明だが、国際日本協会という団体を立ち上げ、役者の上山草人《かみやまそうじん》がソ連の映画祭に参加する際にエイゼンシテインへの紹介状を書くなど、日ソ交流活動を続けていた(50)。

3 日露芸術協会

日露芸術協会は、芸術家を中心に組織された団体で、前述の二団体が政治的・経済的な交流をしていたのに比べ、ソ連から来日する作家や芸術家を受け入れるといった文化交流に携わった。協会は一九二五年三月一五日、芝公園協調会館で創立総会を開催した。発起人は秋田雨雀、小山内薫、尾瀬敬止《おせけいし》で、会員には土方与志、米川正夫、中村白葉《はくよう》、昇曙夢《のぼりしよむ》、湯浅芳子、村山知義といったロシア研究の第一人者が顔を揃え、日露相扶会の内藤民治も参加メンバーであった。(51)

協会の最初の活動は三月二二日(~二八日)に九段画廊で開催した日露芸術文化展覧会で、このときはソヴィエト側からの協力はなく、個人所有の絵画作品を借りるなどして開催された。展示はブブノワ作成の版画、バリモントの原稿などで、日露相扶会も写真を提供して協力している。(52)だが、個人の所有物に頼っていたために、展示の規模はかなり小さく、入場者も少なかったようである。(53)

その後、日露芸術協会はソヴィエト文化を紹介する研究会の開催や、月刊の雑誌『日露芸術』の創刊といった定期的な活動を開始している。(54)そして、協会にとって最初の大きな日ソ交流イベントとなったのが、作家ピリニャークの来日であった。作家ボリス・ピリニャークとフセヴォロド・イワーノフが来日する予定があることを知った協会は、さっそく『日露芸術』誌上でピリニャークとイワーノフの経歴や作品を紹介し、受け入れの準備を始めた。(55)その後、イワーノフの来日が中止となりピリニャークのみが一九二六年三月一三日に来日したが、日本滞在中には秋田雨雀ら協会員がホストを務め歓迎会を開催するなどした。ところが、ピリニャークには常に警察の監視の目があり、滞在中の過度に思われる警察の厳戒態勢は協会側を困惑させた。(56)こうした過度の警戒が敷かれた背景には、ピリニャークをGPU《ゲーペーウー》(内務人民委員部付属国家政治局)の高級勤務員だと警察が考えていたためである[57]。もちろんピリニャークはただの作家でGPUとは無関係なのだが、こうした誤解は当時の日本の警察がソ連からの訪問者にたいして非常に過敏になっていたことを示している。

そして、翌年の一九二七年五月に東京、大阪、名古屋で開催された新露西亜美術展でも日露芸術協会は積極的に活動した。展覧会はロシアの現代画家の絵画約四〇〇点以上が展示されるほどの大規模なものであった[58]。協会はこの美術展に合わせて来日した美術批評家プーニン、アルキンの歓迎会を五月二二日開催し、会には歌舞伎訪ソ公演の際に左団次の通訳を務めたテルノフスカヤ、後藤新平の孫でのちにメイエルホリド劇場で演出助手となる佐野碩、ガウズネルらも参加した[59]。その後、日本学者のコンラドが妻のフェリドマンと共に日本を訪れ、このときも日露芸術協会は歓迎会を神田万世橋の瓢亭で開催している[60]。このとき秋田雨雀、米川正夫、小山内薫、尾瀬敬止の四人が革命一〇周年記念に招待され、後藤新平の推薦で湯浅芳子と中条百合子もソ連入りする運びになった。

そして、この革命一〇周年記念に小山内がソ連を訪れたことが、歌舞伎訪ソ公演が実現するきっかけとなった。ソ連での歌舞伎の公演の前には、協会は歌舞伎に親しみのない一般客のために、ロシア語による歌舞伎の作品や役者の解説パンフレットを作成する活動を行った。しかし、この訪ソ公演が実現に向かうなか、日露芸術協会は危機的状況を迎えることになった。一九二八年三月一五日、政府は治安維持法に基づいて共産党の一斉検挙を行い、全国で一六〇〇人近い人物を拘束したのである。この拘束者には共産党関係者だけではなく、関連が疑われる組織や人物も含まれていたため、ソ連と交流を持つ日露芸術協会もその捜査対象となった。協会の会報誌『日露芸術』には「三月十五日の創立満三周年を機会に、何か記念すべき催しを計画していたが、委員に事故頻出のために五月に延期することにした[61]」とある。この一斉検挙では嫌疑不十分の人間までも検束されたため、日露芸術協会の会員にも捜査や拘束が行われたと考えて間違いはないであろう。これ以降、協会の活動は急速に失速し、一九二九年一月に『日露芸術』は休刊した。おそらく同時期に日露芸術協会も活動を停止したと思われる。そのため歌舞伎ソ連公演という大きなイベントがあったにもかかわらず、日露芸術協会は一切それに関して活動をすることなくおわってしまった。唯一、城戸四郎の「左団次一座のロシア興行」[62]が『日露芸術』に掲載されているが、これはロシアの新聞紙上に発表したものを再掲しただけで、協会の解散によりソ連公演後の反響などが小山内らによって論じられることはなかった。

4　日ソ両国の政治的状況と歌舞伎ソ連公演成立

一九二五年の国交回復以降、ソ連から作家や芸術家が来日し、東京や大阪などで数々の展覧会が開催されるようになった。ただこれらの文化交流はすべてソ連側からの積極的な働きかけによるものである。一九二六年五月、チチェーリンは対日文化交流の強化を命じ、全ソ対外文化連絡協会（ヴォクス）に対して日本での活動をさらに活発にすること、科学アカデミーを通じた学術交流、産業博覧会の東京開催の計画を進めるよう指示するなど、国家戦略として指導されていた[63]。一方で日本政府側からは自国の文化をソヴィエトに発信しようという動きは乏しく、相互交流が行われているわけではなかった。こうした状況が生まれた理由は、当時日本が関東大震災の復興のために経済的余裕がなかったことに加え、なにより日本政府が赤化宣伝防止のためにソ連と関わることを避けていたためである。

そのため、一九二八年に行われた市川左団次訪ソ公演はきわめて特殊な事例であった。しかも単なる海外公演ではなく、役者と裏方まで含む五〇人近い一座がロシアに渡り、日本の歌舞伎を限りなくそのまま上演しようと試みる壮大な計画である。なぜ、このような壮大な計画が実現にいたったのか。まずは当時の日本とソヴィエトが国際社会の中で置かれていた政治的状況の変化を見てみたい。

公演より一年前の一九二七年、ソ連は国際社会の中で急速に孤立している。二月に中国において蔣介石の北伐軍が南京に入城する南京事件が起こると、蔣介石はそれまで協力関係にあった共産党の勢力を排除し、中国国民党と中国共産党の協力体制（国共合作）が崩壊。これに伴いソ連は四月に中国と国交を断絶する。また、一連の騒動の中で中国でのコミンテルンの活動が明らかになると、翌五月にはイギリスがソ連との国交を断絶する事態にまで発展した。また国内ではレーニン死後の権力争いのただ中にあり、スターリンは国内外において問題を抱えていたのである。

図5　ソヴィエト公演にむかう左団次（右から２人め）らを激励する田中義一首相（左端／『日露芸術』特集号・日本俳優ソ連公演記念、1928年７月）

このような国際情勢の変化の中、日本との友好がこれまで以上に重要性を増してきた。年末には共産主義者以外の政治家と会談を行ったことがないスターリンが、久原房之助や後藤新平という二人の日本人と会談を行ったのは異例中の異例であり、まさに日本との関係強化をはかった好例である[64]。
そして状況の変化は日本でも起きていた。一九二七年四月一七日、南京事件への対応をめぐって若槻礼次郎内閣が総辞職し、二〇日に田中義一内閣が発足したのである。それ以前の加藤高明内閣、若槻礼次郎内閣では、ともに新英派である幣原喜重郎を外務大臣として起用し、その外交姿勢に大きな変化はなかった。だが、新しく誕生した田中内閣では外務大臣を首相の田中が兼務し、国政と同時に外交でも主導権を握ることになった。田中外交の特徴は二度の山東出兵など中国への積極的な介入があげられるが、それまで忌避されていたソ連との関係強化も彼の外交の特色の一つと言える。

田中は日露戦争に参加し、ロシア留学の経験もあり、日露協会員でもあった。第一回普通選挙中の三・一五事件や治安維持法の最高刑を死刑にすることで、日本国内の社会主義運動に対して激しい弾圧を行った田中だが、外交面ではソ連との関係を重視していた。これは田中が首相に就任直後にロシア大使ドヴガレフスキーを官邸に招待したこと、(65) 自らの支援者である久原房之介をソヴィエトとドイツに派遣し、さらに後藤新平に日ソ漁業条約交渉のためソヴィエトへの渡航を要請し、直接スターリンと政治的な会談を行う手筈を整えたことをみれば明らかである。

つまり、一九二七年から二八年という時期は、日本とソヴィエトは両国ともにそれぞれの事情により接近を試みた時期だったのである。こうした中、ソヴィエト連邦で日本の伝統演劇・歌舞伎の初の海外公演を開催するという計画は、まさに日露親善を内外に示す絶好の機会であった。おそらく、これ以外のタイミングでは成立しなかったに違いない。

図6　革命10周年記念に招待された日露芸術協会の面々。左より、尾瀬敬止、1人おいて秋田雨雀、鳴海完造、小山内薫、米川正夫とカーメネワ（『国際画報』1928年3月号）

この企画は、すでにふれたように一九二七年の革命一〇周年記念にソヴィエトに招待された小山内薫［図6］、二代目市川左団次による歌舞伎ソヴィエト公演は、こが、ソヴィエト芸術家労働組合（ラビス）局長のスラヴィンスキーに提案したことがきっかけだった。翌年一月二七日の『読売新聞』と『朝日新聞』には、歌舞伎ソヴィエト公演の計画がかなり詳しく掲載されており、提案に対して好感触を得た小山内は帰国してから間もなく左団次や松竹にこの計画を話したのだと思われる(66)。

一方、歌舞伎公演のソヴィエト側の窓口となったのが、一九二七年一〇月二九日に日本大使館に赴任した参事官マイスキーと、一九二八年一月二〇日に駐日全権代表（大使）に就任したトロヤノフスキーであった。マイスキーはそれまでイギリスで参事官を務めていたが英ソの国交断絶に伴い、日本に前全権代表ドヴガレフスキーと入れ替わりで参事官として派遣された人物で、トロヤノフスキーはスターリンの直接の推薦により日本に派遣されていた(67)。本来、ソヴィエトでは文化交流において、専門機関である全ソ対外文化連絡協会が行うのが通例であったが、歌舞伎公演の交渉はソ連大使館に駐在している全ソ対外文化連絡協会の日本担当であったスパルヴィンではなく、外交官であるマイスキーとドヴガレフスキーによって行われた。このことは、歌舞伎公演が文化交流という枠を超え、政治的に重要な意味を有していたことを端的に示している。すでに、トロヤノフスキーは日本に赴任する以前から歌舞伎招聘についてチチェーリンと相談を重ねており、歌舞伎一座をソヴィエトに招待する計画は一九二七年の一二月時点で政府内に伝えられていた(68)。そして、一二月八日の時点で歌舞伎招待の計画はスターリンに好意的に受け入れられており(69)、その決定に基づいてトロヤノフスキーはマイスキーと共に歌舞伎を招待するための準備に速やかに取りかかったのである。

一月二七日の新聞紙上で歌舞伎ソヴィエト公演について報じられて以降、三月四日に小山内薫と市村羽左衛門がソヴィエト大使館に招かれ、四月九日には小山内薫や市川左団次、松蔦《しょうちょう》、猿之助らが招待されており、この際に公演に関して左団次たちの所属している松竹とのあいだで本格的な交渉が進められたと思われる(70)。こうして歌舞伎の一座を裏方まで含めてソヴィエトに送り出すというスケールの大きい計画にもかかわらず、小山内がソ

図７　握手をするマイスキーと左団次（『国際画報』1928年6月号）

ヴィエトを訪問して歌舞伎公演の提案をしてから半年にも満たない期間で契約はまとまり、八月にはモスクワとレニングラードでの公演が始まるのである。

しかし、わずか半年で実現にまで漕ぎつけたという順風満帆に見える訪ソ公演の契約は、実際にはいくつもの危機に見舞われ、綱渡りの連続の末に成立したものであった。日本では一月二七日に前述したとおり新聞紙上ですでに歌舞伎がソ連公演を行う件について演目や日程について詳細に報道されている。だが一方のソヴィエト側では、一月二三日に全ソ対外文化連絡協会（ヴォクス）内の演劇部門で行われた年間活動に関する会議で、フランスの劇作家同盟などの議題とともに歌舞伎公演についても扱われているものの、協会が正式に政府に歌舞伎の招待の可能性を問い合わせたのは、翌日の二四日のことであった。二ヶ月後の三月四日、日本では大使館に小山内薫が市川羽左衛門とともに招待され、歌舞伎ソ連公演に関する話し合いが進められていたが、ソヴィエト側は公演に対する態度を決めかねていたようで、三日後の七日には協会の代表カーメネワが政府に対して歌舞伎公演の日ソ友好への効果と、交渉にのぞんでいる大使トロヤノフスキーから早急に正式な決定をするよう伝える電報が送られている。そして、二週間後の二〇日、ソ連政府が回答を送って来ないことに痺れを切らしたトロヤノフスキーはカーメネワに宛てて、今から交渉を中断することへのリスクを手紙で送っている。これに対し、カーメネワは翌日トロヤノフスキーに電報で政府が関心を持ったこと、近日中に返事を送れることを伝えてなだめているが、さらにその翌日には政府側、全ソ対外文化連絡協会（ヴォクス）ともに歌舞伎を招待する費用が政治的にも文化的にも見合わないという結論が出されていた。だが、政府からも協会からも歌舞伎公演を中止せよという連絡はなく、いたずらに時間だけが過ぎていった。そして、大使館と松竹のあいだの歌舞伎公演の交渉は着々と進んでいく。四月九日には小山内と二代目市川左団次ら公演を行う人々が大使館に招かれ、翌日にはマイスキーと左団次が握手をする写真が新聞各紙に掲載され［図7］、もはや歌舞伎のソ連公演はすでに交渉がまとまったかのような報道がなされたのだ。

その後、ソヴィエト政府がトロヤノフスキーに契約へのサインを保留するよう連絡したのは、ようやく二週間後の二三日になってからであった。二七日にマイスキーはカーメネワに交渉の詳細を伝え、小山内と話し合って決定した公演の概要やそれにかかる費用の見積もりを知らせている。だが、一〇万円近い莫大な費用を使うことを知った全ソ対外文化連絡協会（ヴォクス）は決心がつかず、外務人民委員部に資金の要請をしたのは約一ヶ月後の五月二四日だった。

ただ日本では交渉はすでに大詰めをむかえており、契約破棄などできる段階ではなかった。五月二五日、業を煮やした大使トロヤノフスキーは契約完了の知らせを電報で当局に送り[71]、大使館の改装費用七万円を公演に使うことを決意。六月一日、当局に無断で契約を完了させた[72]。歌舞伎ソ連公演はトロヤノフスキーが独断で結んだ契約を、ソヴィエト政府が事後承諾で認め成立したのである。もし、このトロヤノフスキーの独断がなかったとしたら、公演中止の可能性もおおいにありえただろう。なぜなら契約成立直後の六月四日に中国で張作霖が爆殺され、日本の山東出兵で緊張していた中国情勢がさらに不穏な情勢となったのである。これらの状況を考えれば、歌舞伎の訪ソ公演が成立した時期はギリギリのタイミングだったといえる。

図８　左団次（右から３人め）らを激励する後藤新平（左／『日露芸術』特集号・日本俳優ソ連公演記念、1928 年７月）

しかし一つだけ問題が残っている。それは松竹が役者たちの出演料として要求していた三万円の出所である。輸送費や宣伝費で莫大な費用を使っていたソ連側にはそれ以上の支払いが不可能だった。出費に関する詳細な記録をみても出演料は含まれておらず、ソ連側は左団次たちの生活費以外は支出していない[73]。そのため最終的には出演料を放棄したとされていた。ところが、左団次一行とともにソ連で舞台に立った河原崎長十郎は、実際には出演料が支払われ、松竹が随分と儲けたのだとのちに暴露している[74]。はたして出演料はどこから出たのか。実はその出所が内藤民治が書いた堤清六の伝記に記されている。ある日突然、後藤新平の秘書が堤のもとに現れ、歌舞伎ソ連公演のために三万円の支出を求められたという[75]。つまり、松竹に支払われた三万円は、後藤新平が（実際には堤だが）一肌脱いで工面したものだったのだ。

その後、日ソの文化交流は日本側の状況が大きく変化する。一九二八年一二月二五日に小山内薫、一九二九年四月一三日に後藤新平と日ソ友好の担い手が相次いで没し、田中義一も張作霖の事件により七月二日に内閣総辞職、九月二九日に亡くなってしまう。これまでソ連との関係構築に従事していた人物が次々に失われたのである。

公演が終わり、東京に戻った左団次は反共主義の極右団体による妨害活動に悩まされることになった。状況の悪化を避けるため、左団次はソ連大使館からの帰朝歓迎会を断り、松竹もこれまでソ連より受け入れていた歌手や演奏者の公演を拒否するようになるなど距離を置くようになった[76]。左団次はソ連公演をまとめた『市川左団次　歌舞伎紀行』を出版するものの、その後は口をつぐんでしまう。日本初の本格的な歌舞伎海外公演となったソ連公演の成果は、左団次本人によって語られる機会も失われてしまったのである[77]。

（1）第一次大戦中の日露の接近については、バールィシェフ・エドワード「第一次世界大戦期における日露接近の背景――文明論を中心として」（『スラヴ研究』第五二号、北海道大学スラブ・ユーラシア研究センター、二〇〇五年、二〇五―二四〇頁）、およびバールィシェフ・エドワルド『日露同盟の時代1914―1917年――「例外的な友好」の真相』（花書房、二〇〇七年）を参照のこと。

（2）後藤新平とロシアの関係については、ワシーリー・モロジャコフ『後藤新平と日露関係史――ロシア側新資料に基づく新見解』（木村汎訳、藤原書店、二〇〇九年）を参照のこと。

（3）伊藤博文とココフツォフの会談をめぐっては、麻田雅文「日露関係から見た伊藤博文暗殺――両国関係の危機と克服」（『東北アジア研究』東北大学東北アジア研究センター、二〇一二年、一―二五頁）を参照のこと。

（4）シベリア出兵に関しては、藤本和貴夫「ロシア革命とシベリア干渉戦争」（『日露・日ソ関係〔200年史〕』新時代社、一九八三年）、金原左門『昭和の歴史1　昭和への胎動』（小学館、一九八三年、一五三―一六七頁）、原暉之『シベリア出兵――革命と干渉』（筑摩書房、一九八九年）を参照のこと。

（5）「日露国交回復交渉一件／大連会議　松本記録」ＪＡＣＡＲ（アジア歴史資料センター）Ref.B06151173900、外務省外交史料館。

（6）「日露国交回復交渉一件／長春会議　松本記録」ＪＡＣＡＲ Ref.B06151182400、外務省外交史料館。

（7）北岡伸一『後藤新平――外交とヴィジョン』中公新書、一九八八年、二〇四頁。

（8）鶴見祐輔『決定版　正伝・後藤新平』第七巻、藤原書店、二〇〇六年、六〇九頁。

（9）猪俣敬太郎『中野正剛の生涯』黎明書房、一九六四年、一八二―一八七頁。

（10）「露国革命一件／出兵関係／在西比利亜本邦人経済援助」ＪＡＣＡＲ Ref.B03051378600、外務省外交史料館。

（11）「日露国交回復交渉一件／東京ニ於ケル予備会議／「ヨッフェ」代表一行ノ動静及状況　第一巻」ＪＡＣＡＲ Ref. B06151188300、外務省外交史料館。
（12）『函館市史』函館市史編纂室、一九九七年、一〇三六―一〇三八頁。
（13）外務省百年史編纂委員会編『外務省の百年』上巻、原書房、一九六九年、八四七頁。
（14）小林幸男『日ソ政治外交史――ロシア革命と治安維持法』有斐閣、一九八五年、一二六頁。ただし資料を見ると実際の交渉では川上はヨッフェに対し尼港事件の賠償放棄を申し出ていない（注11参照）。
（15）ヨッフェの帰国は神経痛の悪化ではなく、アヘン中毒の症状が悪化したためとする見方もある。杉森久英『大風呂敷』毎日新聞社、一九六五年、三七二頁。
（16）交渉の詳細については小林幸男「シベリア干渉の終焉と日ソ修交への道（正）」（『京都学園法学』第二号、二〇〇三年）、および同「シベリア干渉の終焉と日ソ修交への道（続）」（『京都学園法学』第三号、二〇〇三年）を参照のこと。
（17）ワシーリー・モロジャコフ「ロシア人の目で見た後藤新平」菅野哲夫訳、『環』第二九号、藤原書店、二〇〇七年、一〇二―一〇五頁。
（18）トロヤノフスキー「後藤伯爵とソヴェート連邦」『吾等の知れる後藤新平伯』東洋協会、一九二九年、二〇三―二一一頁。
（19）『外事警察報』第三三号、八二頁。
（20）日本大使館は三月二三日、モスクワサヴォイホテル内に開設。初代大使は田中都吉。『外事警察報』第三四号、六三頁。
（21）ニコライ・クズネツォフは、ペトログラードで日本語を学び、軍需品の検査官として東京に一カ月ほど滞在した経験を持つ。春長会議にヨッフェと共に参加。来日時は北京大使館一等書記官、奉天総領事（『外事警察報』第三四号、七三―七四頁）。一九二六年二月二三日に帰国（ＪＡＣＡＲ「在本邦各国大使館員任免雑件・露国人乃部」外務省外交史料館）。
（22）『外事警察報』第三四号、七四頁。
（23）『外事警察報』第三五号、一五七頁。
（24）五月一三日には露領林業組合、六月一七日には婦人参政同盟がコップを招いて祝賀会を開催した。ＪＡＣＡＲ「在本邦各国大使任免雑件・露国之部第二巻」外務省外交史料館。
（25）『外事警察報』第三六号、一二〇―一二二頁。
（26）『外事警察報』第三八号、一二八―一二九頁。

（27）『外事警察報』第四〇号、四八頁。

（28）Москва-Токио: политика и дипломатия Кремля. 1921-1931. Т. 1. М., Наука. 2007. С. 692-693.

（29）「外国人の取締に関し非難又は講義を受けし事例」JACAR Ref.A04010498000、国立公文書館。

（30）日露協会の活動についての詳細は、富田武『戦間期の日ソ関係』（岩波書店、二〇一〇年）、同「日露協会と後藤新平」（『環』第三〇号、藤原書店、二〇〇七年、三一〇―三二七頁）、内村剛介「ハルビン学院とロシアフォークロア」（『露西亜学事始』日本エディタースクール出版部、一九八二年）を参照のこと。

（31）「本邦展覧会関係雑件　第一巻」JACAR Ref.B12083267300、外務省外交史料館。

（32）日本児童書展覧会については、尾瀬敬止『日露文化叢談』（大阪屋号書店、一九四一年、一五九―一六三頁）、および沼部信一「旅する絵本たち1928・1929」（『窓』第一三三号、ナウカ、二〇〇五年）を参照。

（33）『外事警察報』第三一号、三一、五九頁。

（34）「在内外協会関係雑件／在内ノ部　第三巻」JACAR Ref.B03041019200、外務省外交史料館。報告書には配布された『文明を大道を建設せよ』の実物も含まれている。内藤自身は会員が八五〇人以上と述べている。

（35）内藤民治「労農露国巨頭の印象」『北京週報』一九二三年八月一七日、一八日。

（36）「忘れられた男・内藤民治回想録　上」『論争』第二〇号、論争社、一九六七年。

（37）『中外』ついては、芳井研一『環日本海地域社会の変容』（青木書店、二〇〇〇年、一四一―一四五頁）、岩井忠熊「第一次大戦期のロシア革命論――雑誌『中外』と内藤民治の言論活動」（『立命館大学人文科学研究所紀要』第四三号、一九八七年、三―二八頁）を参照のこと。

（38）堤清六と後藤新平の関係については、駄場祐司『後藤新平をめぐる権力構造の研究』（南窓社、二〇〇七年）を参照のこと。

（39）ヨッフェの招聘に関しては、芳井研一「日露相扶会による日ソ国交回復活動の位相」（『環東アジア研究センター年報』第四号、二〇〇九年、一三一―一三二頁）を参照のこと。内藤とともにパイプ役を務めた田口運蔵は著書『赤い広場を横ぎる』（大衆公論社、一九三〇年）でニューヨーク時代の片山潜やヨッフェ招待について触れているが、そこに内藤の名前は一切登場しない。

（40）РГАЛИ. Ф.2577. Оп.1. Дело. 1176л.15а.

（41）『外事警察報』第三一号、五九頁。

(42)『都新聞』一九二五年二月四日。

(43)『外事警察報』第三一号、一二、一二三―三一、四三―四五頁。記念会ではカラハンやチチェーリンらソ連の重役からの祝電が読み上げられている。

(44)『朝日新聞』一九二六年四月二五日、八月一七日。

(45)「在内外協会関係雑件／在内ノ部　第三巻」ＪＡＣＡＲ Ref.B03041019300、外務省外交史料館。

(46)「在内外協会関係雑件／在内ノ部　第三巻」ＪＡＣＡＲ Ref.B03041019400、外務省外交史料館。

(47)「在内外協会関係雑件／在内ノ部　第三巻」ＪＡＣＡＲ Ref.B03041019500、外務省外交史料館。会報を発行して販売しようとしたが印刷費が払えずに印刷物の受渡を拒否されたという報告もある。

(48)「昨夜は遂に留置さる　疑われた内藤民治氏」『朝日新聞』一九二七年五月一二日（朝刊）。

(49)「本邦ニ於ケル反共産主義運動関係雑件」ＪＡＣＡＲ Ref.B04012987100、外務省外交史料館。

(50)一九三四年四月一二日『読売新聞』に国際日本協会に関する記述に内藤民治の名があるのだが、活動実態は不明である。ただ、一九三五年に上山草人がソヴィエト映画祭に向かう際、内藤が上山を紹介するためにエイゼンシテインに書いた英文の手紙がエイゼンシテインのアーカイブに残されている（РГАЛИ. Ф. 1923. Оп. 1. Дело. 2001.）。

(51)ただし、外事警察による創立総会の監視報告には、日露芸術協会の発起人には無承諾の人間が含まれ、ロシア関係者からは「竜頭蛇尾の会」とみなされ評判はすこぶる悪いと記されている。「在内外協会関係雑件／在内ノ部　第三巻」ＪＡＣＡＲ Ref.B03041021600、外務省外交史料館。

(52)『朝日新聞』一九二五年三月二八日。

(53)「在内外協会関係雑件／在内ノ部　第五巻」ＪＡＣＡＲ Ref.B03041028500、外務省外交史料館。

(54)第一回研究会は四月一九日に神田青年会館で開かれ、富士辰馬「労農文化の新印象」、村山知義「構成派の原理とその進展」、茂森唯士「ロシア革命における芸術の役割」の発表があり、第二回は六月二八日に小山内薫「メイエルホリドの歩いた道」、中根弘「ロシア音楽について」、尾瀬敬止「芸術戦線の展開」といった発表が行われた。

(55)『日露芸術』第二号、一九二五年、八頁。

(56)『日露芸術』第九号、一九二六年、三二頁。

(57)『外事警察報』第四七号、五〇〇頁。

（58）展覧会については、五十殿利治「「新ロシヤ展」と大正期の新興美術」（『スラヴ研究』第三五号、一九八八年）を参照のこと。
（59）『日露芸術』第一五号、一九二七年、三七—三八頁。
（60）『日露芸術』第一八号、一九二七年、三三頁。
（61）『日露芸術』第二〇号、一九二八年、八〇頁。
（62）城戸四郎「左団次一座のロシヤ興行」『日露芸術』第二二号、一九二八年、三九—四一頁。
（63）富田武『戦間期の日ソ関係』五三頁。
（64）ゲンナーディ・ボルヂューゴフ「後藤新平とスターリン」富田武訳、『環』第二九号、藤原書店、二〇〇七年、八八頁。
（65）「頭は頭、口は口。首相のロシヤ宴」『朝日新聞』一九二七年五月一二日（朝刊）。
（66）「左団次がこの八月招かれてロシヤへ」『読売新聞』一九二八年一月二七日、「一門をつれ左団次ロシアへ」『朝日新聞』一九二八年一月二八日。
（67）寺山恭輔「駐日ソ連全権代表トロヤノフスキーと一九三二年の日ソ関係」『東北アジア研究』第五号、東北大学東北アジア研究センター、二〇〇〇年、六八頁。
（68）*Крутицкая Е.И. и Митрофанова Л.С.* Полпред Александр Трояновский. М., Политиздат. 1975. С. 109.
（69）Москва-Токио: политика и дипломатия Кремля. 1921-1931. Т. 2. С. 260.
（70）「左団次、いよいよロシア行き決す」『朝日新聞』一九二八年四月七日、「ロシアと日本お芝居の仲よし」『朝日新聞』一九二八年四月一〇日、「ロシアへ行く歌舞伎」『読売新聞』一九二八年四月一六日。
（71）Документы Внешней Политики СССР. Том 11. М., Политиздат, 1966. С. 338.
（72）*Торояновский О.* Через годы и расстояния. М., Вагриус. 1997. С. 43-44.
（73）РГАЛИ. Ф. 5283. Оп. 4. Дело. 37.
（74）河原崎長十郎「ある歴史の流れ」『新劇の四十年』民主評論社、一九四九年、一七三—一七六頁。
（75）内藤民治編『堤清六の生涯』曙光会、一九三七年、九五五—九五六頁。
（76）「在本邦各国大使館関係雑件蘇連邦ノ部大使館状況雑報一」外務省外交史料館。
（77）日本で歌舞伎訪ソ公演について語られたものとして、尾瀬敬止「ロシヤ人の歌舞伎観」（『歌舞伎』第二八号、歌舞伎出版部、一九二八年）、公演直後にソ連に渡った昇曙夢による回想（『ろしあ更紗』鎌倉文庫、一九四七年）、当時レニングラードに留学し歌舞伎公演にも協力していた野崎韶夫《よしお》による回想（「レニングラードの演劇留学生」、前掲『露西亜学事始』二一一―二一五頁）がある。またごくわずかながら、杉本良吉「除村吉太郎教授にソヴェート演劇の近況を聞く」（『テアトロ』第三六号、テアトロ社、一九三七年、三八頁）には梅蘭芳と左団次を比較した反応が書かれている。

3

異国趣味の正当化

一九二八年訪ソ歌舞伎公演をめぐって

北村有紀子、ダニー・サヴェリ／翻訳＝堀切克洋歌舞伎が一体どれほどの感銘を与えるか、貴方がたが知っていたら……
（イワン・マイスキーからレフ・カラハンへの書簡、一九二八年九月一四日付）

コンスタンチン・スタニスラフスキー（一八六三―一九三八）は、アレクセーエフ演劇サークルの団員たちが、当時起居を共にしていた日本の軽業師たちの存在からどのような刺激を受け、ひとつひとつの身ぶりを真似ながら、扇を用いた所作によって醸し出される情感を表現しようとしていたのかを、独特のユーモアをもって詳しく振り返っている。[1]このエッセイ集のなかで、ロシアにおける日本の影響について書かれた頁に登場するのは、一九世紀最後の数十年間、すなわちサーカス巡業に帯同していた軽業師たちを通じて［図1］、日本の舞台芸術が（ロシアを含む）ヨーロッパで次第に知られていった時期のことである。その後、一九〇二年に貞奴、一九〇九年には花子という二人の元芸者が、ヨーロッパを席巻したのちにロシアの舞台でも成功を収めることになるわけだが、彼女たちの踊りは、能や歌舞伎と直接的に結びついていたとはいえ、あいかわらずヨーロッパ人たちの日本趣味に迎合したものにとどまっていた。[2]

つまり、ロシアでは一九二八年にいたるまで、そうしたヨーロッパの観衆たちに向けられた模造品を介してしか、本物の歌舞伎のイメージは得られなかったのである。そうでなければ、旅行者による報告や[3]「定めなき世《モンド・フロタン》」を描いた木版画（浮世絵）に頼るほかはなかった。浮世絵は、一九世紀末にセルゲイ・キターエフがモスクワやサンクトペテルブルクで広めたことで、アレクサンドル・ベノワ（一八七〇―一九六〇）やワレーリー・ブリューソフ（一八七三―一九二四）といったような芸術家や演劇理論家たちを虜にして、熱心なコレクターを次々と生み出していたのである。

　このような状況を考慮にいれるならば、一九二八年夏のロシアの舞台でまがいものではない歌舞伎作品が上演されたことによって、歌舞伎とはいかなる演劇かということが根底から覆されたとはいわないまでも、さまざまな憶測を実際の目で確かめ、人々が共有していたイメージと突き合わせ、「本物」とのちがいを見定め、考え方を刷新することがようやく可能になったといってよい。ゲオルク・フックス（一八六八―一九四九）の言葉を借りるなら、「演劇を再演劇化する」[4]ための新たな目標に向かって前進することができるようになったのである。実際にこの目標へと進むためには、歌舞伎について刊行されていた指折り数えるほどの専門書[5]よりも、ひとつの本物の舞台作品の方がはるかに大きな影響力をもっていたことだろう。

図1　劇団《ドラゴン》による日本の軽業芸（『イリュストロヴァンナヤ・ガゼータ』1868年2月22日）

　ただし、このように当時のロシアが日本演劇に対して抱いていた期待について手短に触れたからといって、ロシアの演出家たちに対して歌舞伎が与えた影響をテーマとして研究したいわけではない。わたしたちの目的は、その点にはないのである。この論文で指摘したいのは、以下のような問いなのだ――「初の歌舞伎海外公演」[6]がソヴィエト連邦で行われたのは、なぜなのか。階級闘争を強く求めていた国家が、一九二八年に国費を投じてまで「奴隷の服従、血なまぐさい報復、一族への忠誠、個人の信念――つまるところ〝武士道〟を擁護するもの」[7]を発揚するような演劇を招聘することになったのは、なぜなのか。そのような封建的な価値体系を支持する演目と、革命の価値体系に沿って形成された「新しい人間」である民衆との間の生じる――本来であれば、絶対に乗り越えがたいはずの――矛盾は、何によって解消されることになったのか。さらに、これらの問いを通じて、歌舞伎の巡業公演をめぐる数々の具体的な側面（歴史的文脈など）について考えてみるとき、地理的な異国趣味の拡大をイデオロギー的に正当化するために、ソヴィエトの政治家、演劇批評家、日本学者たちはソヴィエトの演劇界に対して、どのような理論的旋回を行うことになったのか。

1　外交 vs イデオロギー

俳優・二代目市川左団次（一八八〇―一九四〇）一座のクレムリンからの招聘は、芸術的な出来事よりも政治的な出来事と結びついていた。すなわち、一九二五年一月二〇日に締結された北京協定（日ソ基本条約）である。日本側の働きかけによって、ソヴィエト連邦との外交関係が正式に樹立されることになったのだ。とはいえ、経済的な思惑に加えて、アメリカとの潜在的な敵対関係を孕んでいた東京の側も、東方に位置する隣国と良好な関係を再建したいと考えていたモスクワの側も、この新しい友好関係に幻想を抱くことはなかった。日本では「危険思想」に対抗するべく、日ソ基本条約の流れのなかで治安維持法が制定され、共産主義者たちは次第に厳しい状況に置かれるようになっていったからである。そのため、日本国内のプロパガンダには一切手を貸していなかったものの、日本のプロレタリア政党に対して影響力の拡大を図りたいと考えていたソヴィエト連邦にとって、行動の余地はごくわずかなものにとどまっていた。だからこそ、このような状況下での「日本との関係改善を図るための数少ない方法のひとつは、文化交流である」と、一九二八年六月にアレクサンドル・トロヤノフスキーは明確に見通していたのである。(8)

文化的な攻勢を着実に推し進めるために、ソヴィエト連邦が活用したのは、同じ一九二五年に設立された全ソ対外文化連絡協会（ヴォクス）である。全ソ対外文化連絡協会は、東京の代表者であった日本学者の精鋭エヴゲーニー・スパルヴィン（一八七二―一九三三）を通じて、さまざまな文化事業を実現させていく。つまり、この機関は当初から、小さな窓口を通じて、両国間の関係の悪化に歯止めをかけようとしていたのであった（日ソ両国の関係が完全に悪化するのは、一九三一年九月一八日の満洲事変以降のことである）。(9)

このような政治的文脈を背景として、文化交流は東京からモスクワへという方向ではなく、モスクワから東京へという方向で進められていく。しかしながら、スパルヴィンの後任となった東洋学者モイセイ・ガルコーヴィチ（一九〇二―一九三七）は、一九二八年のモスクワとレニングラードにおける歌舞伎公演こそが、一九二五年から一九三一年にかけての交流事業のなかでもっとも先導的なイベントとなると考えていた。(10) 歌舞伎の巡業公演がこのように名指されているのは、この公演がソヴィエトの外交的成功を第一に意味するものであって、日本の文化的成功は付随的なものにすぎないということを物語っている。というのも、ソヴィエトは日本文化を公然と迎え入れることができる懐の深さを見せつけることで、日本の世論を惹きつけようと考えていたからである。

詳しくは後にまた触れることにして、まずはこの前代未聞の巡業公演の具体的な側面について検討してみることにしよう。そののちに、異国趣味という概念をめぐる戦略が最終的にどのような結末を招くことになったのかを明らかにしていきたい。

2 日本人演出家、一九二七年のモスクワへ

歌舞伎がソヴィエトという国家に招待された背後に、政治的利害にかかわる問題があったということに疑問を差しはさむ余地はないとしても、その主導権は外交官たちが握っていたわけではなかった。この点を理解するためには、日本の俳優や演出家たちがロシアを中心としたヨーロッパの演劇に強い関心を抱いていたという状況を思い起こしておく必要があるだろう。一九三〇年代までのあいだに——場合によっては、筆舌に尽しがたい災難によって——、日本の俳優や演出家のうちの何人かは、ロシア人のもとで勉強するために海を渡ったが[11]、しかしスターリンの恐怖政治時代よりもずっと以前に、日本における演劇の潮流を根底から改革するべく、モスクワ芸術座に心酔していた人物がいた。小山内薫（一八八一—一九二八）である。小山内がモスクワに滞在していたのは、一九一二年と一九一三年のことだ。小山内は、かつて歌舞伎を排斥してリアリズム演劇を重視することを声高に唱えていたにもかかわらず、ソヴィエトにおける左団次一座の巡業公演の舵取り役を果たすことになる。このような事態が起こりえたのは、「新劇」のリーダー的存在であった小山内が、歌舞伎出身の俳優たちと仕事を共にしていた過去があったからであり、何よりも歌舞伎という形式の演劇と複雑な関係を保ちつづけていたからにほかならない。一時期はすっかり歌舞伎から遠ざかっていたものの、一九二六年頃になると、小山内はふたたびそこに戻ることになっていた[12]。

小山内は、十月革命から一〇周年[13]にあたる一九二七年にモスクワへと招待されたとき、「芸術家労働組合の地方〔原註：ラビス〕局長」に対してソヴィエト連邦における歌舞伎の巡業公演のプランを提案した[14]。プランに目

を通してみれば、この突拍子もないアイデアが小山内から持ち出されたのは、まったくもって会話の成りゆきであったように思われる。小山内自身、本当に実現するとは思っていなかったようにも見えなくもない。しかしながら、一九二八年の夏に、ソヴィエトにおける歌舞伎上演は小山内がモスクワに出発するよりも前から考えられていたことであったと二代目市川左団次がほのめかしているのだ。つまり、小山内は巡業公演をあらかじめ計画していたということになる。(15)

小山内が巡業公演に対して、本当に期待をよせていたかどうかを明らかにすることはむずかしい。というのも、小山内は一九二八年の夏の時点で病床に伏しており、ふたたびソヴィエトの地を踏むことなく、同年末にこの世を去ってしまうからだ。ただひとつわかることは、小山内が一九二七年にモスクワで、日本演劇の未来は西洋の伝統と東洋の伝統、とりわけ歌舞伎の伝統と合流することで生まれるだろうと断言しているということである。(16)小山内が以下のように公言しているのは、一九二七年末に日本に帰国した折のことだった。

日本演劇は、東洋に於けるあらゆる芸術の伝統、例へば印度、支那、朝鮮、シャム、南洋のあらゆる芸術的蓄積が日本の演劇運動に合流され、その運動が西ヨーロッパの伝統と合流してそこに新しい芸術を創造して行かなければならない。そして又その合流の基本となるものは日本に於いて数百年の間に完成された歌舞伎のスチール〔スタイル〕其のものでなければならない。(17)

小山内は明らかに、東西の演劇のみならず、さまざまな演劇の伝統を組み合わせることが演劇の改革には有効であると考えていた。

仮にも小山内の発言が、具体的な見通しを欠いたものであるとしても、かれの構想がすぐにソヴィエト政府の同意を得たということは、まぎれもない事実であった。一九二七年秋のこと、スターリン[18]、外務人民委員ゲオルギー・チチェーリン（一八七二―一九三六）、外務人民副委員レフ・カラハン（一八八九―一九三七）、人民委員会議議長アレクセイ・ルイコフ（一八八一―一九三八）、さらには全ソ対外文化連絡協会の活動的な女性議長オリガ・カーメネワ（一八八三―一九四一）まで全員が、小山内の提案したプランを快諾したのである。しかし、おそらくかれらは歌舞伎の何たるかをまったく知らなかったがゆえに、計画にかかる総費用を正確に見積もっていた者は誰もいなかった。かくして、予算上の問題が明らかになった時点では、小山内がすでに準備を先に進めており、ソヴィエト側が撤回するというわけには、もはやいかなくなっていたのであった。

なぜこのようなことになったかといえば、モスクワから東京へと戻った小山内は、ソヴィエト大使館に対して事前に相談することさえなく、公の場で巡業公演についての話をしていたからである。この件は、「新聞報道を通じて瞬く間に知られる[19]」ことになったのだ。その直後から、ソヴィエト大使や、代理大使として東京で「歌舞伎関係」の担当者であったイワン・マイスキー（一八八四―一九七五）の口から状況が語られることになる。

そうこうしているうちに、われわれの意志とは関わりのないところで、歌舞伎にかんする交渉事が新聞紙上における論争のテーマとして火がついてしまったのです。政治的傾向に関係なく、新聞各紙はこの計画を熱狂的に歓迎しました。外務省も後援を惜しみませんでした。著名な歌舞伎俳優たちは、計画への関心を最大限までに示し、実現に向けて最大限の努力を行いました。もちろん、ソヴィエトで歌舞伎一座の巡業公演を行うというようなことは、日本の演劇の歴史のなかで前例のない計画でした（日本の演劇が国外に行くということはこれまでに一度もありませんでした）ので、役者、劇作家、作家たちのあいだに即座に広まることになりました。〔略〕一言でいえば、ソヴィエトに歌舞伎がやってくることは、当時の衝撃であり、誰もがそれについて語り、関心を寄せている事業であったのです。[20]

実際に、一九二八年三月には、全ソ対外文化連絡協会と一座のあいだの契約が、ほぼ合意に達していた。[21]契約書への署名は六月八日に、ソヴィエト側のスパルヴィン[22]と松竹合名社の城戸四郎（一八九四―一九七七）によって行われている。松竹は、一九一二年以降に市川左団次の一座のマネージメントを行っていた権威ある演劇制作会社である。

3　巡業公演の障壁

一民間企業によって組織された巡業公演が、日本の政界において大きな議論の対象となるまでには、それほど時間がかからなかった。比較的歴史も浅く、そもそも民衆の芸能だったはずの歌舞伎が、能楽と同等の国家的演劇という地位を得ることになったのは、明治時代（一八六八―一九一二）末期以降のことにすぎない。当時はすでに極右の支持者たちが敵意を剝き出しにしていたため、歌舞伎が「ソヴィエト人たちの国」へ向かうことは、些末事ではすまされなかった。深刻な疑義が呈され、さらに抵抗までも引き起こされたことは、松竹の設立者のひとりで社長を務めていた大谷竹次郎がのちに回顧している。

左団次一座は赤化するのではないか、ソビエート・ロシヤの赤化運動の傀儡に使われるのではないかとの心配が社会の一部の人々の間に興ってきた。[23]

「ボリシェヴィキによる汚染」の可能性が、日本の超国家主義者たちとって、実に深刻な問題であったことは疑いえない。海外巡業公演を「日本文化史における一大事業[24]」のように考えるのとはほど遠く、かれらはソヴィエトによる策動であると見なしていたのである。役者たちの苦労は、想像以上のものだった。六月末には、左団次の自宅が、警察の厳重な警備下に置かれることになったのである。[25]どちらかといえば左翼的であることで知られていた役者に対する脅迫は冗談めかしたものなどではなかったようだ。マイスキーはこのように証言している。

日本のファシストたちが、歌舞伎のモスクワ巡業に介入してきています。かれらは巡業公演に反対し、劇場の中に来てまで騒ぎを起こしていますし、左団次に対しては、殺害まで含めて、いずれ天罰が下るであろうと脅しをかけています。役者たちも神経質になって不安がっており、募りつづける不安の矛先は、われわれにも日本の当局にも向けられています。当局は保護することを約束していますが、ファシストたちは一向に静まりません。もちろん、役者たちはソヴィエト連邦に出発はできるでしょうが、しかしかれらは日本国内でまたいろいろと不快な思いをすることになるはずです。[26]

最終局面では、巡業公演を妨げようとする迷惑行為を防ぐために、公式には七月一四日と決まっていた一座の出国が、実際にはその前日に実施されることになった。しかしそれでもなお、役者たちを襲撃のリスクから守るために、東京駅には警官隊が配備されることになったのである。[27]

このような緊迫した状況のなかで、トロヤノフスキーは慎重にならざるをえなかった。この巡業公演が担うはずだった政治的な意味は、演劇史上、異例の公演であるという性格が強調されるのと反比例して、次第に失われていくことになる。そして、「田中首相も含めて、あらゆる人々が興味を抱いている[28]」「国家的事業」となっていったのである。そのために、トロヤノフスキーはチチェーリン、カラハン、ルイコフ、ルナチャルスキーが、歌舞伎役者たちのもとを訪問することを明確に望んでいたにもかかわらず、「役者たちを難しい状況に置く」ことを避けるべく、ソヴィエトで行われる公演に「政治的な性格を付与」しないようにと説得したのであった。種を明かせば、大使が案じていたのは、役者たちの身の安全ではなく、むしろ「かれらが、日本の右翼勢力によるさまざまな攻撃に対して、政治的潔白を証明するような行動をとらないようにする」[29]ことの方だったのである。

しかしながら、超国家主義者たちが義憤を抱いていることは、ソヴィエトの報道のなかであからさまに伝えられることになった。たとえば、『現代の演劇』誌七月号では、リッソ協会――その構成員のほとんどは日蓮宗に属していた[30]――が、一座に執拗な脅迫を行っていることが報道されている。一座は「ファシストの主導者であるトウヤマ・ウチダ」のもとを訪れ、かれに仲介役を買って出ることを頼みこんだものの、万策尽きて国家当局のほうにすがりつくことになったのだと[31]。

このような過激な反応に対する対応は、巡業公演の宣伝活動の一部だったのだろうか。あるいは、非常に保守的だと見なされていた演劇を擁護するためだったのだろうか。もしカーメネワが述べているように、巡業公演が「ファシストたち」[32]の目に「非常に革命的」な色合いを帯びた文化事業として映っていたとすれば、事実上はあらゆる人々にとっても同じだったのではないのだろうか。そうであれば、ソヴィエト国内で歌舞伎が正当化されないかぎり、上演は実現されなかったはずである。実際に、一座と極右のあいだの揉めごとについては、なるべく正確に伝えるようにと、マイスキー自身がソヴィエト国内の報道機関に対して命じていたのである[33]。

しかし、小山内の計画は、ソヴィエト側からきわめて重大な反論を受けることになった。理由は、費用上の問題である。事実として、巡業公演にかかる費用の全額を負担することになっていたのは招聘する側のソヴィエトの方であって、その費用はとてつもなく多額だったのである。小山内はこの問題を解消するために、まず役者たちが出演料を放棄することを取り決めた。[34] 左団次がそれを受けいれたのは、ソヴィエトで歌舞伎を上演したいという思いが強かったからである。[35] しかし、出発の日が迫ってくると、一座のなかでも人気を誇る役者たちが長期間日本を離れることによって多額の損失が生じることを松竹が主張しはじめることになった。[36] 一九二八年末当時の大谷竹次郎による説明では、役者たちは松竹の儲け損について納得しておらず、経費上の問題が本当に「海外公演の重大なる障礙[37]」となるとは思っていなかったという。松竹は複数回の交渉を行い[38]、予定されていた二四日間の上演に対して、三万円の前払金を取りつけた。レニングラードで計画されていた追加公演が、松竹の三千ルーブルの要求によって中止に追い込まれることになったことが示しているように、出演料の要求はきわめて多額なものだったのである。[39]

しかし、この巡業公演にかかる総費用をもう少し細かく見てみると、問題となっていたのはどうやら役者たちの出演料だけではなかったようだ。この計画には、四七名[40]の――いうまでもなく大所帯の――一座の招聘だけではなく、舞台全体の移動もまた含まれていたからである。ソヴィエト側は――貞奴や花子のような歌舞伎風の舞台ではなく、本物の歌舞伎を観客に見せるために――、何が何でも舞台装置が必要だと考えていたのだが、これには当然ながら費用がかかる。この点について、『ジャパン・アドヴァタイザー』紙の抜粋を読んでみると、以下のような見解を見つけることができる。

> ロシアでも、東京で行われる上演と同じものが上演されるだろう。舞台装置の全体がロシアに移され、ここ〔日本〕で行われている独特な方法にしたがって利用されるはずである。劇場のなかには花道も組み立てられるので、本物の〔歌舞伎の〕上演が果たされることだろう。舞踊のために用いられる日本の床さえも設置される予定である。[41]

したがって、東京でデザインされた一〇種類にわたる舞台装置は、船と列車で運搬すれば済むという話ではなく、歌舞伎が上演される予定だった第二芸術座（モスクワ）や国立歌劇場[42]（レニングラード）の舞台まで移送しなければならなかったのである。そのため、七月の初旬には、指物師一名と舞台装置家二名が日本から塗料を持参して、モスクワへと渡ることになった[43]。舞台空間は拡張され[44]、花道も組み立てられ、床面もきちんと設置され[45]、そして定式幕——歌舞伎で用いられる黒、緑、茶色の縦線が入った幕で、舞台の裾に向かって開く——までもが備えつけられたのである[46]。

このような舞台設置は、通常では考えられないが、しかし不可欠なものであった。もちろん、装置にかかる費用に加えて、旅費、食費、宿泊費、宣伝費がかかることになる。トロヤノフスキーは総額で数十万ルーブルの経費がかかると見積もっていた[47]。

この天文学的な数字を前にして、外務人民委員の意見はひとつだった。すなわち、この計画の「政治的＝文化的[48]」な価値は、投じられる全体の金額にまったく見合わないというものである。この意見には、全ソ対外文化連絡協会までもが賛同していたほどだった[49]。

ここでは少しだけ横道に逸れて、後世から振り返ってみると見逃しかねない重要な点についても触れておこう。それは、計画にかかる経費が厖大であったことに加えて、モスクワでは文化的側面、さらには経済的側面にかんしても、この巡業公演が「失敗は避けられない[50]」と一刀両断されていたということである。アーカイブの資料に当たってみれば、この点についてはまず疑いようがない。これは、ヨーロッパにおいて日本演劇が、政治的な目論見をはらんだものとして受容されていたことを示している点で重要である。今日においては歌舞伎が、ヨーロッパの劇場における前売券興行による上演を保証されているとしても、一九二八年の時点では、何ひとつ保証がなかったのだ。さらに、公演の保証があまりにも少なかったことに加えて、巡業開始の三か月前になって、計画の断念を通告する公電がモスクワから東京の外交官のもとに届くことになった。しかしながら、巡業公演を中止に追いこむには、あまりにも遅すぎた。それは小山内の準備が早かったこと、そして遠慮がなかったことに加えて、ソヴィエトの行政側の動きが緩慢であったことにもよる。トロヤノフスキーは、近年公刊されたスターリン宛の書簡のなかで、次のようにはっきりと述べている。

〔略〕昨年〔一九二七年〕一二月、東京へ向かう直前に〔原註：歌舞伎について〕討議していたのです。外務人民委員会ではカラハンと、内務人民委員会ではルイコフと、さらにはルナチャルスキーやカーメネワとも、他にもさまざまな方々と話しあいました。わたしが日本に到着したときには、モスクワから戻ってきた小山内という演出家によって、この問題が掻き立てられておりました。かれはモスクワで一通りこの件についての話をして、合意を得ていたのです。三月末に長い交渉を行い、二七日になって、わたしはモスクワの外務人民委員会に、われわれが至っていた合意について電報を打ちました。このときわたしは、前向きかどうかにかかわらず、すぐに返事がほしいと伝えたのです。この時点で、問題は急を要しておりました。総じて、ソヴィエト政府に対しては、状況がきわめて緊迫していたのです。芸術家たちは神経質になっておりましたし、契約内容を詰める必要がありましたから、先方もなるべく早く返事がほしいといっていたのです。それなのに、二か月が経過しても、明確な返事は得られませんでした。たしかに、四月二三日には、合意の署名には中枢部の指示が必要であることを伝える電報を受け取りました。しかし、わたしが主張したことに反して、すぐに打ち切ることが無理なことは火を見るよりも明らかだったのです。最終的には、莫大な金額の賠償金や逸失利益を請求され、政治的にとても難しい時期に巨大なスキャンダルを招く危険を前にして、わたしはみずからの責任の下で合意に署名をしたのです。この巡業公演を放棄しなければならないこと、それを検討する案件から外すことを知らせる返信を受けとったのは、その翌日のことでした。(51)

通常であれば、上下関係を超えてスターリンに堂々と直接連絡をとっていたトロヤノフスキーもこの件にかんしては、上層部を非難するような軽々しい行動には出ないようにと考えている。これらの正確な説明については、改めて問題にする必要はないだろう。なぜなら、マイスキーもまた以下のように述べているからである。五月三日の説明によれば、「もっとも深刻な政治的結末」を招きかねない「大スキャンダル」(52)が勃発する危険があるといわしめるほどに、大使館側が言い逃れをすることはもはや不可能な段階に到達していた。事実として、両国の関係はふたたび緊張状態に達していたのである。一九二八年三月には、日本の警察によって共産党員が大量に検挙された直後であり、日本による満洲の植民地化があからさまな現実となっていた。六月四日には、満洲の統治者であった張作霖が関東軍将校らに襲撃されて命を落としたのである。

もはや巡業公演を中止に追いこむことができない以上、ソヴィエトの側としては緊急措置に訴えざるをえなかった。新たな建物をつくるための在東京ソヴィエト大使館の資金を歌舞伎に充当させることが提案され(53)、また上方歌舞伎のスターであった初代中村鴈治郎（一八六〇―一九三五）の巡業公演と、左団次の公演を抱き合わせることも検討された。もっとも、秋にドイツ公演を準備していた中村鴈治郎が、左団次とはべつの一座の座長であったことは理解されていたが(54)――それでもなお、計画の実現を望んでいた全ソ対外文化連絡協会にとって、ベルリン公演が中止になったのは本当に幸運なことであった(55)。さらに、二大都市で行われる一二回の公演の客席が埋まる見込みがあるならば、巡業を地方都市にまで広げることも――もちろん、八月に公演を行うための準備は何ひとつされていなかったが――、検討されていた。カーメネワはウクライナでの公演も検討していたが(56)、カラハンはレニングラードでの公演回数を減らし、ミンスク、キエフ、ハリコフ、場合によってはオデッサでの公演を行うことを想定していた(57)。

しかし、このような提案には、日本の役者たちがすぐさま反対した。たび重なる移動によって引き起こされる疲労にかんしても、地方の劇場における環境にかんしても、かれらは危惧していたのである(58)。さらに、ボリショイ劇場における上演を要望していた左団次が、実際に予約されたのはモスクワ第二芸術座(59)であると聞いたことで受けたショックは、おそらく不安を増幅させたことだったろう。もし、それほど威信のない地方の劇場に出向くとすれば、歌舞伎自体も自身の才能も本当の価値を認めさせることはできないだろうと思ったはずである。左団次は、自国では当時気鋭の役者であったから、ソヴィエト側の招聘者たちは歌舞伎が大当たりすると単純に思い込んでいるのではないかと、即座に思い至ったのではないだろうか。

だからといって、日本人たちが公演の成功を確信して出発したと考えるのは、正しいとはいえないだろう。ヨーロッパで歌舞伎を上演するという実験は、これまでに一度として試みられたことがなかったのだし、左団次自身も「外国人たちが、われわれの作品を理解することができる(60)」かどうか、確信がもてずにいたのである。疑念を抱いていたのは、大谷竹次郎もまた同じだった。

然るに愈々一行をソビエート連邦に送って了った時、更に第三の不安に襲われずにはいられなかった。それは一行が果してモスクワ並びにレニングラード両都の公演に於いて成功するや否やの問題である。国情を異にし、言語相通ぜず、風俗習慣を全く別にする面も最初の海外公演として成功を期することは至難とせざるを得ない(61)。

作品がどのように受けとられるかということは、公演に必ずついてまわるものだが、海外公演を前にしての不安はそれにとどまるものではなかった。飛行機ならば東京とモスクワが一〇時間ほどで結ばれている現在から考えると、もはや思いもよらないような多くの物理的側面にも及んでくるからである。たとえば、大谷が心配していたのは、俳優たちを取り巻く気候条件や食事のことだった。東京にいるソヴィエトの外交官たちは、両国の違いを肌で感じていたから、このような不安を実感できたし、モスクワの同僚たちに実用的な助言を与えることができた。たとえば、「日本の食べ物に近い」[62]ものを準備しておくこと、持ち物には注意すること、役者たちが風呂に入れるようにすること、移動手段は公共交通機関ではなく自動車を用いること[63]――といったように、当時の日本とソヴィエトの都市環境のレベルの差について具体的に語っていたのである。

4 歌舞伎の発見の「組織化」

在東京ソヴィエト大使館が懸念していたのは、文化的・外交的な観点のみならず、財政的な点からも確実に巡業公演を成功させられるかという点であった。カーメネワよって提案された活動計画は、以下のようなものである。

最後になりますが、とても重要なこととして、日本の演劇がソ連にやってくることにかんしては、集会、講演会、研究発表などを開催したり、報道機関を使ったりするなどして、可能なかぎり大規模なキャンペーンを行わなければなりません。同僚であるルナチャルスキーが、このキャンペーンに積極的に携わることがとても重要なことであります。日本の演劇をめぐる人々の関心を引き起こさなければなりません。興行収入の

面から、この巡業公演を確実に成功させるためには、それ以外の方法はありません。(64)

興行の宣伝に投入された二万ルーブルは、巡業公演にかかる総額の二〇パーセント近くにも及ぶ。(65) 宣伝は、さまざまな手段を通じて行われた。まずは映画である。一座の到着はフィルムに収められ、モスクワ市内のすべての映画館で上映されることになった。(66) さらには、アニメーションのフィルムまでもが準備された。(67) 演目のあらすじを掲載したイラスト付きのロシア語の冊子は東京で印刷され、六月に左団次の甥である俳優・浅利鶴雄によって運ばれ、モスクワとレニングラードで配布された。(68) 宣伝キャンペーンにおける啓蒙的な側面は、欠かすことのできないものだったのである。いわば、観客が日本の演劇人たちに「組織的な方法《オルガニゾワノ》」(69)で出会うようにすることが重要であり、いいかえれば、観客たちが戸惑うことのないようにすることが大事だったのだ。このような理由から、観客を準備するという仕事に積極的な参加を促されることになったのは、日本学者たちである。

トロヤノフスキーの要請によって巡業公演中にあらたな戦力として加わったのは、ニコライ・コンラド（一八九一―一九七〇）である。各日の公演前には、場合によってはルナチャルスキーと並んで、コンラドが観客に対して演目の紹介を行った。(70) コンラドはまた、歌舞伎にかんする二冊の小冊子の編集者ともなった。ひとつは三〇頁ほどの小冊子であり、もうひとつは論集であるが、後者には、日本学者オレグ・プレトネル（一八九三―一九二九）や芸術史学者ダヴィド・アルキン（一八九九―一九五七）らも参加している。かれらもまたコンラドと同じように、日本に滞在したことがあったため、歌舞伎とは何かを知っていたのである。(71) さらに、何本もの記事がソヴィエトの定期刊行物において発表されることになったが、それらのクオリティの高さには目を見張るものがある。記事の執筆陣は、日本に滞在していた経験をもつ者や、日本学者や演劇関係者であり、かれらこそが日本演劇にかかわる根本的な欠落を、編集作業を通じて埋めていくという役割を果たしたのである。またかれらによって知らされたのは、ニコライ・コンラドという人物を起点として、レニングラードに日本学の重要な拠点が生まれているということだった。そこでは、セルゲイ・ラドロフ（一八九二―一九五八）やウラジミール・N・ソロヴィヨフ（一八八七―一九四一）といった芸術家たちが、伝統的な手法にしたがって日本の正統な作品を演出する試みを行っていたのである。(72)

巡業公演を前に公然と展開された啓蒙活動に加えて、主催者側が心がけていたのは、観客たちを魅了するようなプログラムをつくることであった。「動き、マイム、踊りがたくさんあって、台詞がほとんど含まれていない演目を上演するようにと助言を与えました」とマイスキーは述べている。(73) 全ソ対外文化連絡協会と松竹のあいだに結ばれた契約に明記されていた通り、演目の選定は東京で行われ、大使館側と合意に至っていた。「知的な面においてソヴィエトの観客たちを苛立たせる(74)」ような演目が含まれてはならず、大使館側の責任者は以下のように説明している。

> もちろん、歌舞伎によって上演される作品が、わたしどもの観客にとってイデオロギー的にそれほど受け入れがたくないかどうかに注意を向けることでしょう（宗教的な性格を帯びた作品などは排除しようとするはずです(75)）。

にもかかわらず、『忠臣蔵』（一七四八年）――主君の汚名を晴らそうとした四七人の侍が、一七〇三年三月二〇日に命じられた切腹を描いた歌舞伎の古典である――が、演目として選ばれることになった。この作品を提案したのは城戸四郎であったが、選ばれたことにかれは驚き、後にそれが大当たりとなったことに改めて驚いた。(76)
浅利鶴雄は、主君に対する武士の絶対的な忠誠と従順を前提とする規範、いわゆる「武士道精神」をロシア人たちが好むということの証を目撃したという(77)。このような展開は、一九四五年に『忠臣蔵』がアメリカを中心とした占領軍によって国内の舞台での上演が禁じられていたことを思い出せば、いっそう奇妙な話である……。

図2　レニングラードにおける市川左団次一座の公演ポスター（© サンクトペテルブルク国立演劇音楽博物館）

『忠臣蔵』という歴史を主題とした作品（「時代物」）は、三段目と大詰が演じられ(78)、番組のなかには、これに加えて『鳴神』（一六八四年）という古典作品と、岡本綺堂（一八七二―一九三九）によって発表された『修禅寺物語』『鳥辺山心中』『番町皿屋敷』という新歌舞伎の作品が選ばれた。これらの作品は三つとも、一九一一年から一九一六年のあいだに左団次によって制作されたものである。これらに加わったのが、半ばパントマイム的な性格をもつ『鈴ヶ森』、そして『だんまり』『娘道成寺』『鷺娘』『操三番叟』といった踊りによる幕間狂言（「所作事」）であった。提案された三種類のプログラムは、どれもが歌舞伎の芸術的な多様性を映し出し、舞踊と演劇が循環するようなかたちで構想されている。日本人の観客とちがって、ソヴィエトの観客たちが作品のあらすじを知らない以上、重要なことはかれらを退屈させないようにすることだった。同様の理由から、作品の時間は短縮され、上演時間は三時間以内に収められることになった［図2］。

5　ロシアにおける歌舞伎

当初の予定とは異なって、一座はふたつの経路に分かれることなく、全員が七月一四日に敦賀から船に乗りこみ、二日後にウラジオストクに到着した。[79] 一団は、そこから列車でモスクワまで進むことになった。チタからザバイカリエ〔左団次はそこで公演を行いたいと考えていた〕を辿って、モスクワに到着したのは、七月二六日の午前中である。「通行証《プロプスク》」をもっている者だけが、役者たちを歓迎するヤロスラブリ駅のプラットホームに入ることができた。資料によれば、役者たちは衣裳をまとって列車から降りてきたという。かれらの着ていた「ハオリ」〔大きな袖の上着〕と「ハカマ」〔大きなズボン〕が、歌舞伎の衣裳と取りちがえられたかもしれないということが、ヨーロッパにおける歌舞伎に対する誤解を示している。[80]

八月一日、モスクワ第二芸術座で最初の上演が行われた。このときには、ルナチャルスキー、ルイコフ、カラハンに加えて、ソヴィエト中央委員会書記官にしてボリショイ劇場とモスクワ芸術座の主席アドバイザーであったエヌキーゼ（一八七七―一九三七）、商工人民委員であったミコヤン（一八九五―一九七八）、そして数多くの外交官やジャーナリストたちが列席していた。[81]

公演は、心配されていたような混乱もなく順調に進んでいった。唯一、『東京日日新聞』の特派員だけが、老練な批評眼によっていくつかの問題点を取りあげている。

たとえば、由良之助〔原註：『忠臣蔵』の登場人物〕が「ハラキリ」の場面に急いで向かっていくところでは、「花道」に筵が置かれていなかった。また、〔原註：『道成寺』のなかの〕寺の鐘は、若い娘が桜の下で踊っているところに、二度も落ちてしまった。[82]

ダヴィド・アルキンは、日本で何度も歌舞伎に足を運んだことがあったがゆえに、「舞台美術は、東京や大阪での演出の壮麗なものとはかけ離れていた」[83]と指摘していた。芸術史家のヤコフ・トゥゲンホリド（一八八二―一九二八）は、モスクワ第二劇場の舞台が手狭だったこと、「歌舞伎演劇の非常に特徴的な」廻り舞台がなかったこと、照明が貧弱だったことなどを口惜しんでいた。[84]とはいえ、日本国内の公演と比較するという観点を提供できた批評は例外だったといってよい。

歌舞伎がソヴィエトの観客たちを魅了したことは、どの公演を通じて明らかになったのであろうか。それに答えるのは、容易なことではない。モスクワに俳優たちが到着した翌日以降に『プラウダ』紙が、一四回のモスクワ公演と、一二回が予定されていたところ八回だけとなった（実際には、七回しかなかった）レニングラード公演について報じている。[85]一座が到着する直前には、モスクワでの公演回数をもっと増やすべきだというほど、人々は歌舞伎に熱をあげていたのである。八月七日付の『東京朝日新聞』は、前売券は全公演完売となって、モスクワ第二芸術座の夜公演を五回も追加するほど、観衆が押し寄せることになったと報じている。[86]とにかく、巡業公演がいったん終わると、ソヴィエト側の主催者たちにとって、歌舞伎は単に大当たりをしただけではなく、あらゆる期待を超えるものであったと判断せざるをえなかった。

観客たちは〔原註：歌舞伎という〕演劇に対してわれわれの想像を超える歓迎をしておりました。われわれの側としても、できることはすべて実行に移しましたけれども、外国の劇団によって上演された二四回の公演によって、とりわけボリショイ劇場に断られたことによる大規模なコストを埋め合わせることができるなどとは、もちろん誰も思っておりませんでした[87]

と、カーメネワは告白している。松竹と合意をした当初から歌舞伎の成功を確信していたトロヤノフスキーやマイスキーにとっては、モスクワで優勢を占めていた悲観的な見解に対して率直に不満を述べる絶好の機会であった。すでに引用した一九二八年一二月六日のスターリン宛の書簡のなかで、トロヤノフスキーは以下のように書いている。

ふたを開けてみれば、歌舞伎公演は大成功を収めたわけですが、外務人民委員会の者たちが根拠もなく悲観していたということが明らかになりました。かれらがしたことはといえば、チケットの値段を愚かなまでに引き下げたことだけです。そのせいで収入がかなり減ってしまったわけで、巡業公演のほうでは財政的な損失は起こらなかったか、あっても最小限で済んだはずなのに、結局のところは赤字になってしまいました[88]。

ただし、トロヤノフスキーの非難の言葉を理解するために、労働組合組織に対して販売されたチケットが割引額であったことを明確にしておこう（レニングラードでは、八割ものチケットがこの区分に該当していた[89]）。マイスキーもまた、カラハンに対する書簡のなかで、歌舞伎に対する観衆たちの熱狂とはかけ離れた同様の悲観主義的な態度を嘆いていた。

われわれには、モスクワのさまざまな団体が、歌舞伎の巡業公演を冷ややかな目で見ていたように思えました。多くの人々は明らかに、歌舞伎の公演などまったく成功しないだろうと思い込んでいたのです。これについては、六月初旬に受け取った電報の話をしなければなりませんが、その時点では、全ソ対外文化連絡協会が大部分の公演は地方でやりたいといっていたのです。〔略〕歌舞伎がどれほどの感銘を与えるかを貴方がたが知っていたら、モスクワ第二芸術座ではなく、ボリショイ劇場を一座に提供したことだったでしょう。

それは、財政的な問題とはまったくべつの話だったはずです。[90]

6 さまざまな目論見

一八六八年に王政復古を果たしてから、国家イメージは日本の権力者たちの主要な関心事となっていたが、六〇年が経過しても相変わらず、それは変わっていなかった。事実として、外国へと向かった市川左団次一座は、かれらが望むかどうかにかかわらず、国家の評判を落とさないという任務を担っていた。しかもかれらは、敵対関係になったばかりの国家（日本のシベリア占領からそれほど時間が経過していなかった）であり、かつ「もっとも洗練された演劇芸術の形式に深く慣れ親しんでいる[91]」国家で、そうした期待に応えなければならなかった。最終的に、一座はソヴィエトの国境線を越えてからも日本の立場を堅持した。松竹の副社長であった城戸四郎が認めているように、モスクワとレニングラードは歌舞伎が国際的に認知されることに向けての最初のステップにすぎなかった。[92]巡業公演の日程が終了すると、城戸はヨーロッパに残っていた数名の俳優たちとともに、この海外公演を利用して、歌舞伎を迎え入れてくれるヨーロッパの国々と接触を試みたのである。一九二八年九月二四日には、城戸は左団次とともにローマでムッソリーニ（一八八三―一九四五）によって歓迎を受けている。また、二六日にはミラノのエデン劇場で左団次を歓迎するパーティが催され、そこにはムッソリーニの弟が出席していた。[93]

かくして吾等は、北なるロシヤより南なる伊太利へ、思想の北極より南極にかけて歌舞伎を紹介し、日本の存在をして明らかならしめるに資するところあったことを信じて疑はない[94]

と、城戸は書きつけている。ソヴィエトへの遠征がイタリアにまで拡張されたのは、一九二八年末の日付の文章のなかで強調されているように、城戸がおそらく松竹とファシスト国家の親近性を強調しようと思っていたからだろう。これは、超国家主義者たちの攻撃に対するカムフラージュだったのだろうか。しかしながら、一〇月末になって左団次が東京に戻ったのちも、攻撃が止むことはなかった。一例を挙げるなら、一座による公演が行われたとき、客席に二〇匹近くの蛇が放たれたこともあった[95]。

ここまで見てきたように、ソヴィエト側にとってみれば、争点となっていたのは外交である。このように強調しているのは、後にふたたび触れることになるように、巡業公演が実現された「舞台裏」に存在していた政治的操作がほとんど見えにくくなっている今日において、文化が与える衝撃をめぐる応酬があったということを、わたしたちが見逃しかねない事実として強調しておくためだ。つまり、モスクワとレニングラードで行われた歌舞伎公演は、ソヴィエトの観衆に向けられていたというよりもむしろ、日本の世論に対して向けられていたということである。この点において、イワン・マイスキーは実に明快だ。かれは四月の時点で、カーメネワに対して次のように打ち明けているからである。

どのようなものであれ、何らかの法的拘束力によって形式上の義務は負わないにせよ、この計画が失敗に終わったら大きな騒動が起こってしまい、日本の進歩主義的なサークルがわれわれから離れてゆき、政治的には深刻な損失を負うことになるでしょう。相対的に歌舞伎の巡業公演に関わるような決定を行う際には、どうかそのことをお忘れなきよう切によろしくお願いいたします[96]。

トロヤノフスキーの場合、歌舞伎の成功は日本にいるソヴィエト連邦の敵対者たちに対して大きな勝利となる

図3 『新しい観客』第29－30号（1928年）の表紙（© ロシア国立図書館、モスクワ）

だろうとカラハンに述べているところを見ると、マイスキーよりもさらに明快である［図3］。

> ここではわれわれに対して敵対的な勢力による深刻な抵抗を押さえ込まなければなりませんし、このような抵抗を食い止めて、緊張関係をなくすためには、もてるものはすべてもたなければなりません。歌舞伎役者たちの巡業公演は、その一助となるでしょうが、そこで一歩間違えれば、深手を負うことになるでしょう。[97]

このような流れのなかで、俳優たちの「連邦からの帰還」は、ソヴィエト側が画策する誘惑の明らかな要素のひとつであった。マイスキーはカーメネワへの書簡のなかで、そのことを明確に表明している。

> 俳優たちが良好な印象をもってソヴィエトを去るようにするには、すべてのことを秘密裏かつ戦略的に進めていく必要があります。〔略〕日本においては、芸術家たちが一般的に大きな尊敬と人気を集めていて、市川左団次のような名の知られた芸術家は、国民的な英雄なのです。かれらがソヴィエトにかんして話すことは、文化的な面だけではなく、政治的な面においても重要な影響力をもつことでしょう。[98]

このような点からいえば、役者たちが操作されているのではないかと疑っていた日本の国家主義者たちは、けっして間違っていなかったわけである。一言でいうなら、手ぐすねは引かれていたのだった……。

外国文化を受け入れることのできる懐の深さを胸を張って見せつけることもまた、ただちにソヴィエトのプロパガンダになってしまう。革命的メシア思想の重要な要素としてソヴィエトが切望していた普遍性の擁護は、歌舞伎の来訪時において突如として甦りを見せた異国趣味に対する批判のなかで表明されることになってゆく。

7 革命的メシア思想か、異国趣味の再検討か

巡業公演が外交上の大きな賭けであったとすれば、そこで懸念されていたことは、日本演劇におけるもっとも論争的なイデオロギー的側面を、定期刊行物のなかで巧みに回避できるかどうかであった。[99] このため、六月初旬に刊行された『ヴェーチェルニャヤ・モスクワ』誌にあるひとつの記事が発表されたことで、政府幹部は動揺することになる。そこには、歌舞伎のレパートリーや観客が「中流階級《プチブルジョワ》」であると形容されている一方で、小山内は『ムツソリニ』という作品を理由として、ファシストのシンパであると告発されていたのだ。[100] 実際には、いくつかの例外をのぞけば、ソヴィエトにおいては歌舞伎に対して敵意を剝き出しにした文章は見つからない。その例外のなかでも、在東京大使館の初代補佐官であったゲオルギー・アスタホフ（一八九六／一八九七—一九四二）の文章は、アーカイブ内に保管された未刊行の内部資料であるとはいえ、ここで入念に検討する価値があるだろう。

四月、ソヴィエトで歌舞伎の巡業公演を実施する可能性について相談を受けたアスタホフは、この計画についてはっきりと反対意見を表明している。巡業公演ではなく、日本の一般的な生活をめぐるドキュメンタリーの

――費用も安く、政治性も低く、かれによればソヴィエトの人々の求めているものに合致した――映像上映にすべきだと提案していたのである。

本稿では、この提案の問題点について細かく語ることはしない。また、歌舞伎が「商売人や上品なプチブルたち」に向けられた演劇であり、日本においても時代錯誤的な芸術様式であるという評価のあやまちについても措いておくことにしよう。ここで紙幅を割きたいのは、この報告のなかで表明されているあるひとつのロジックである。すなわち、歌舞伎を上演すれば、あたかも日本が「サムライやハラキリの国」であるかのような印象を与えてしまうという考えである。アスタホフの説明によれば、それらは誤った印象なのであり、ヨーロッパ的で帝国主義的な日本理解の名残にすぎない。歌舞伎は、「アングロ＝アメリカ人の旅行者たち」による「時代遅れの異国趣味の名残にして、植民地的な不健全な捉え方[101]」を強化するものであると、アスタホフは確信していたのだった。このような考えは、ソヴィエトの――『芸術生活』誌のなかで書かれていた「そのような〝文明主義的〟な高慢さを原則的に排除[102]」するという――見解と対極にあるものだ。

アスタホフが擁護している立場は、異国趣味に対する批判を徹底化しているという点で、追随を許さない。かれの考えはこうだ。日本という国家は明らかに、みずからのことをみずから判断できないところまで、外部のまなざしに隷属してしまっている。つまり、日本は自国のことを異国として捉えてしまうまでに、みずからの内に偽りのまなざしを仮構してしまっている。対してソヴィエトは、偽りの表象のなかにみずから迷い込んでしまった日本という国家に、真実の姿を教えることが可能なのだと主張できる。ここで前提とされているのは、ソヴィエトは日本以上に日本の「内部的な」――つまり、異国的ではなく、日本的な――存在だということである。

アスタホフによる報告からわかるのは、この一年前にオレグ・プレトネルがボリス・ピリニャーク（一八九四―一九三八）のエッセイ『日本印象記』に対して行った徹底的な批判と同じように[103]、ソヴィエトにおいて異国趣味的な観念が、好ましからざるものではあるが、一般的に用いられていたという事実である。つまり、異国趣味は《他者》の完全な否定と同義であり、そうであるがゆえに、異国趣味を非難することは反ソヴィエト主義の、ひいては裏切りの類義語となってしまうと考えられていたのだ。

しかし同時に、アスタホフの報告がわれわれの関心を引くもうひとつの理由は、独特なロジックによって書き進められていたはずの議論が、一九二八年の夏になると、外交的な要因を背景として骨抜きにされてしまうという点である。事実として、いくつかの文献に目を通してみれば、アスタホフの議論は定式化され、歪められてしまっていることがわかる。モスクワとレニングラードで上演されるプログラムは、「日本における真の劇芸術を映し出すものであり、「アメリカ＝ヨーロッパ風のまがいものではない」(104)という言葉に見られるように、これらの文献は、歌舞伎の訪ソ公演を正当化して、さまざまな点でマルクス＝レーニン主義的な価値観の対極にあったはずの歌舞伎を逆評価するために用いられている。つまり、異国趣味にすぎなかったはずのものが、ここでは正真正銘の本物への志向へと逆転してしまっているのである。それだけではない。ヨーロッパにおいて、歌舞伎に対してあらゆる先入観を排除した視線を投げかけることができるのは、ソヴィエトの観衆たちだけであるとまでアスタホフは断言するようになるのである。

歌舞伎という演劇が来訪するのは、歌舞伎にとっても最良のタイミングです。連邦を訪れる日本の芸術家たちの目の前には、信頼を寄せることのできるソヴィエトの観客たちがいるのですから。かれらは、ヨーロッパ文化にありがちな表面だけを理解するという態度をとることなく、日本の高邁な芸術をしっかりと評価してくれるからです。観客たちは、歌舞伎が珍しいからといって、西洋的な異国趣味の対象だと見なすことはしないでしょう。日本、中国、インドの民衆文化は、基本的にわれわれにとって、ヨーロッパの文化と等しい価値をもっているものなのですから。[105]

さらに、ソヴィエト連邦における巡業公演は、日本演劇にとってもみずからの価値を把握するための機会だと考えられている。[106] つまり、歌舞伎は日本演劇の将来にとって、どのような点で有益なものとなるかを知るためのチャンスだと見なされていた。[107] ただし、「異国趣味《エキゾチシズム》」という用語を歌舞伎に対して当てはめるのは、適切さを欠いているといわねばならない。この言葉は、あくまでも『芸者』や『蝶々夫人』といったヨーロッパでつくられた作品を指すためのものであったからである。もっとも、手短に付け加えておくと、当の日本人たちはこれらの作品を評価してはいなかった。[108]

歌舞伎という保守的な演劇を正当化するためには、最終的に観客に対し保守とは真逆の評価を与えなければならない。そこで、ソヴィエトの批評家や評論家たちが強調したのは、日本で歌舞伎が認められるようになった背景には、特権階級による迫害に抵抗したことがあるという点であった。歌舞伎は、本質的に民衆のための芸能という性格を有しており、コンラドの言葉を借りれば、それは「第三身分の演劇[109]」でさえあるというのである。そして、歌舞伎を正当化するためには同時に、俳優たち——少なくとも、ソヴィエト連邦を訪れる一座の俳優たち——にも保守とは真逆の評価を与えなければならない。左団次という看板役者には、政治的な嫌疑がかけられることさえあったものの（しばしば想起されるように、たとえ左団次が小山内の作品のなかで東郷海軍大将の役を演じることができたとしても）、「伝統的な歌舞伎の凝固した技術に新しい特徴を取り入れ[110]」て、ゴーリキーの上演まで行った左団次の型にはまらない経歴には、そうした嫌疑を吹き飛ばしてしまうほどの説得力があった。批評家のなかには、日本には役者の家筋というものが存在していることをほのめかしながら、左団次の家筋は「転覆など思いもよらないような唯一の家系[111]」であると明言していた者もいたというにもかかわらず。

かくして人々は、歌舞伎を愛好してやまないスタニスラフスキーと、日本の演劇からさまざまな借用を行っていたメイエルホリドのことを連想するに至ったのである。[112] 少し時間が経てば、東洋の舞台芸術に対する関心は、ソヴィエトの演出家たちからは排除されてしまうことになるのだが……。

8 ロシア演劇に対する日本演劇の影響

ソヴィエト連邦としては、歌舞伎をイデオロギー的に正当化する必要があったにせよ、批評家たちはこうした退屈で不毛な仕事だけをしていたわけではない。多くの批評家たちが主張していたのは、今回の巡業公演がロシア演劇にとって重要な意味をもつという点である。たとえば、トロヤノフスキーは観客の立場に立って、『プラウダ』紙のなかで「ロシアの芸術家たちは、左団次のような芸術家から学ぶべきことが多い[113]」と述べているし、コンラドは「歌舞伎を通じて、新しいソヴィエト演劇が生み出されるだろう[114]」「われわれが学ぶことができるし、学ばなければならないものを見る[115]」ことができるだろうと予測している。また、批評家のボリス・グスマン（一八九二―一九四四）は、「日本の演劇が実に、実にさまざまなことをわれわれに教えてくれたことは、まるで疑いようがない[116]」と指摘しているし、歴史家のステパン・モクリスキーは「われわれの演劇にとって、日本人たちから学ぶべきことがいくつもあったし、これからも学ぶべきことがあるということが、後になって理解されることだろう[117]」と予測している。演出家のアレクサンドル・ヴェリジェフによれば、歌舞伎はロシアの演劇や演劇学にとって「絶妙のタイミング」でやってきたのであった。[118]

学ぶべきことがいったい何なのかは、依然として曖昧なままであったが、そこにはひとつの非常に明確で絶対的な使命が含まれていた。それは、ロシア演劇が日本演劇から影響を受けたことを、舞台芸術という範囲のなか

図4　市川莚八とセルゲイ・エイゼンシテイン（『芸術生活』第34号、1928年／© ロシア国立図書館、モスクワ／日本の雑誌『芝居とキネマ』1928年10月号にも掲載）

で限定的に定義するという使命である。この問題は、批評家や演出家たちの胸をえぐることになった。これによって、ロシア・ソヴィエトの演劇活動は、文字通りの決算を行わねばならなくなったからである。つまり、一九二八年の巡業公演は、対外的な負債――押しつけられた金額は厖大であった――をはっきりさせるための絶好の機会を提供してしまったのである。この負債は、完全によその国の伝統文化に対して負ったものであったとはいえ、さまざまな局面で疑いようのない影響を及ぼしかねないものでもあった。かくして、日本の伝統と比べることで、ロシア演劇の独自性を明確なものにする機会となったのである［図4］。

　この問題に直面したとき、実にさまざまな立場から意見が交わされることになった。グスマンによれば――もちろん、かれだけではないが――、歌舞伎によって「われわれの先達（メイエルホリド、エイゼンシテイン）が、日本芸術の至宝から多くを参考にしていることがいまや明らかになった[119]」。著述家・日本学者のグリゴーリー・ガウズネルは、メイエルホリドの学校で教育を受けた人物だが、かれによると、歌舞伎を学ぶことは、単にメイエルホリドの仕事を拡張することであるという[120]。しかしながら、ロシア・アヴァンギャルドにおいて日本演劇の影響が重要なものであると認めることは、深い失望を招くという可能性も秘めている。一九二六年の春に日本に滞在していたピリニャークの事例に触れておくなら、歌舞伎と出会ったことによって、メイエルホリド作品の独自性を疑わざるをえなくなったのである。[121] 同じように、演劇批評家のミハイル・ザゴルスキー（一八八五―一九五一）によれば、歌舞伎という「死んだ演劇文化」に対する批評は、メイエルホリドに対する正式な批判となるだろうと書く。[122] ザゴルスキーの記事を出版した雑誌は、註のなかで慌てて執筆者に対する遺憾の意を表明しているが、歌舞伎に対する敵意を剝き出しにした記事のなかで、唯一読むことができたソヴィエトの定期刊行物は、これ以外には存在しなかっただろう。とはいえメイエルホリドは、歌舞伎がソ連にやってくるよりもずっと以前から、すでに槍玉にあげられていたのかもしれない。結局のところは、演劇人どうしの争いにすぎないのではないか。

いうまでもないことだが、誰が誰から何を借用したかについての議論は、誠実な判定を試みようとしてみても、どうやら一筋縄ではいかなかったようだ。エイゼンシテイン（一八九八―一九四八）の今日でも有名な論考を読めば、そのことは一目瞭然だ。かれはそこで苛立ちをあらわにしているからである。

歌舞伎の非情さについて泣きごとをいったり――もっと悪いことだが――左団次の演技に「スタニスラフスキー理論の確証」を発見したりする必要はない！　あるいはメイエルホリドが「まだ盗みとっていないもの」を探究する必要もない！[123]

結論

歌舞伎巡業公演が、東西の類例を見ない邂逅となりえたのは、いくつかの特殊な外交的要因によるものであった。日ソ両国の外交官や演劇人たちは、急進派や敵対派に巻き込まれながらも、短期間のうちに電光石火の協力体制を築きあげていったのである。事実として、巡業公演が実現した背景には、日本の軍国主義的な一派の擡頭や、ソ連の新経済政策（ＮＥＰ）の賛成派と反対派における苛烈な闘争が展開されていた。公演が行われたのは、ソヴィエトの演出家アレクセイ・グラノフスキー（一八九〇―一九三七）やミハイル・チェーホフ（一八九一―一九五五）が亡命した時期であり、メイエルホリドが当時はフランスにいて、やはり亡命を試みようとしているのではないかと疑われていた時期でもあったのである。費用が厖大な額であることから考えても、この公演は常識の範疇には収まりきらないものであり、実現が決定してしまったがゆえに、すんでのところで在日ソヴィエト大使が費用を負担することになりかねないほどであった。(124)

結局のところ、一九二八年に行われた歌舞伎の訪ソ公演は、誰もが予期しえなかった出来事なのであり、いってみれば正真正銘の「狂気の外交」だったのである。ただし、この狂気は一過性のものであった。あと数か月もすれば、この公演のことは誰にも顧みられなくなってしまったように見えるからである。今後、何らかの研究が必要であるとすれば、調べなければならないのは、歌舞伎――まさに一九二八年の巡業公演のような上演形式――がソヴィエトにおいて、当時の外交方針の転換を背景として、過去の遺物としてあっさりと忘却されなかったかどうかである。また、一九三五年にモスクワで公演を行った中国の俳優・梅蘭芳（一八九四―一九六一）が招聘されることになったのは、一九二八年八月に行われた日本との文化事業を忘却させるためではなかったのかと問うてみてもよい。それを考えるためのヒントは、メイエルホリドの発言のなかにある。(125) そこに驚くようなことは何ひとつない。ソヴィエト連邦内におけるプロセスを通じて、日本とソヴィエトの関係は悪化の一途を辿っていくのだから。そして、本論文で言及してきた多くの日本学者、外交官、芸術家たちの運命には、こうした外交上の緊張関係が招くことになる悲劇的な結末が待ちかまえているのだから。

（1）Constantin Stanislavski, *Ma Vie dans l'art*, trad., préf. et notes de Denise Yoccoz, Lausanne, L'Âge d'homme, 1999, pp. 107-108（コンスタンチン・スタニスラフスキー『芸術におけるわが生涯』ドゥニーズ・ヨコッズ編訳、ローザンヌ、ラージュ・ドム社、一九九九年、一〇七―一〇八頁）〔邦訳：スタニスラフスキー『芸術におけるわが生涯』上巻、蔵原惟人・江川卓訳、岩波文庫、二〇〇八年、一八八―一九〇頁〕。

〔スタニスラフスキーの本姓は、アレクセーエフ。アレクセーエフ家は、モスクワの実業家（新興ブルジョワジー）であり、一九世紀なかばに開花したロシア芸術を教養として、家庭内に劇場や演劇サークルを保有していた〕。

（2）貞奴（一八七一―一九四六）や花子（一八六八―一九四五）の舞台が、どれほど日本的なものであったかは、現在も議論の対象である。演劇史家のN・サヴァレスによれば、彼女たちの舞台は歌舞伎の模倣ではあったものの、模造ではなかったという。Nicola Savarese, *Teatro e spettacolo fra Oriente e Occidente*, Rome-Bari, Laterza,1997, 3e éd., pp. 281-283（ニコラ・サヴァレス『東西の演劇と芝居』ローマ-バリ、ラテルツァ社、一九九七年、第三版、二八一―二八三頁）。歌舞伎と新派の境界線は、必ずしも明確なものではない。このテーマについては、Catherine Hennion, *La Naissance du théâtre moderne à Tôkyô,* Montpellier, L'Entretemps, 2009, pp. 107-110, 170-172, 187（カトリーヌ・エニオン『東京における近代劇の誕生』モンペリエ、ラントルタン社、二〇〇九年、一〇七―一一〇、一七〇―一七二、一八七頁）を参照せよ。

（3）セルゲイ・キターエフ（一八六四―一九二七）という驚異の審美家・旅行者にかんしては、B. G. Voronova, «Sergej Nikolaevič Kitaev i ego japonskaja kollekcija», *Častnoe kollekcionirovanie v Rossii*, vyp. XVII, M., 1995, pp. 160-165（B・G・ヴォロノワ「セルゲイ・ニコラエヴィチ・キターエフとその日本美術コレクション」一九九五年、一六〇―一六五頁）を参照せよ。

（4）フックスにかんしては、Léon Moussinac, *Traité de la mise en scène*, Paris, C. Massin, 1948, p. 38（レオン・ムーシニャック『演出概論』パリ、C・マッサン社、一九四八年、三八頁）を参照せよ。

（5）日本演劇にかんする記事がロシアで最初に現れるのは、一八九〇年頃のことである。A. Mejsel'man, «Izučenie japonskogo teatra», *Žizn' iskusstva*, 34, 1928, pp. 9-10（A・メイセリマン「日本演劇研究」『芸術生活』第三四号、一九二八年、九―一〇頁）。実際には、このテーマにかんするロシアで最初の詳細な研究は、一九一四年に日本に滞在していたドイツの演出家カール・ヘーゲマン（一八七一―一九四六）の著作の翻訳である。Karl Gageman, *Igry narodov. Vypusk vtoroj. Japonija*, trad. de l'all. de S. S. Mokul'skij, L., Academia, 1925, 221p.（カール・ヘーゲマン『日本』S・モクリスキー訳、アカデミー出版、一九二五年、全二二一頁）を参照せよ。

（6）一般的には、一九二八年の訪ソ公演が国外初の歌舞伎巡業であると考えられているが、しかしこれは正確ではない。というのも、これ以前に歌舞伎は韓国、台湾、満洲、中国東北地方に巡業を果たしているからである。当時の韓国や台湾については、日本の植民地であったがゆえに、本当の意味で「国外」であるとはいえないかもしれないが、一九二四年八月一日から九月一八日にかけて、二代目市川左団次が満洲で行った歌舞伎と新歌舞伎の公演については、その限りではないだろう。詳しくは、一九二四年一〇月一九日付『朝日新聞』二面および『松竹百年史　演劇資料』松竹、一九九六年を参照せよ。たとえば、北京大学で中国語を教えていた劇作家セルゲイ・トレチヤコフ（一八九二―一九三七）が、左団次一座の公演に立ち会った可能性があることも念頭においておく必要があるだろう。Serge M. Tretiakov, «Le Théâtre asiatique» (*Prožektor*, 21, 1924) in *Id.*, *Hurle Chine ! et autres pièces*, Lausanne, L'Âge d'homme, 1982, pp. 245-246 (trad. fr. de Claudine Amiard-Chevrel)（『戯曲集「吠えろ、中国！」ほか』クラウディーヌ・アミアル＝シュヴレル仏訳、ローザンヌ、ラージュ・ドム社、一九八二年、二四五―二四六頁所収、セルジュ・M・トレチヤコフ「アジアの演劇」『プロツェクトール』第二一号、一九二四年、ロシア語による）を参照せよ。

（7）R. Abix, «Kabuki», *Èkran* (M.), 34, août 1928, p. 12（R・アビ「歌舞伎について」『エクラン』第三四号、一九二八年八月、一二頁）において、歌舞伎のレパートリーはこのような言葉で紹介された。

（8）A・A・トロヤノフスキーからL・V・カラハンへの書簡、一九二八年六月二九日付、ロシア連邦外交政治文書アーカイブ（AVP）、F. 04, op. 49, p. 304, d. 54531, *f.* 23. アレクサンドル・トロヤノフスキー（一八八二―一九五五）は、一九二八年から一九三三年にかけての在日ソ連大使。一九二〇年代末から一九三〇年代初頭における日本とソヴィエトの外交的・文化的関係についてのより詳細な情報については、«Boris Pilniak au Japon en 1926» in Boris Pilniak, *Racines du soleil japonais*, trad. de Barbara Eydely, Paris, Éd. du Sandre, 2010, pp. 155-168（ボリス・ピリニャーク『日本印象記』所収、「一九二六年の日本におけるボリス・ピリニャーク」バルバラ・イドゥリ訳、パリ、サンドル社、二〇一〇年、一五五―一六八頁）を参照せよ。

（9）関東軍は、当時日本企業によって経営されていた南満洲鉄道の線路の一部が爆破されたことを口実に、満洲侵略を行った（実際には、爆破は工作員〔関東軍将校〕によって組織されたものだった）。一九三二年三月になると、完全に日本の支配下に置かれた満洲国が建国される。とくに重要であると目されていたのは、モンゴル人民共和国におけるソヴィエトの支配を牽制することであった。George Alexander Lensen, *The Damned Inheritance. The Soviet Union and the Manchurian Crises. 1924-*

1935, Tallahassee, Florida, 1974, pp. 181-210（ジョージ・アレクサンダー・レンセン『呪われた相続――ソヴィエト連邦と満洲事変　一九二四―一九三五』タラハシー、フロリダ、一九七四年、一八一―二一〇頁）を参照せよ。

（10）«Sostajanie svjazi po linii Voks v Japonii»（「全ソ対外文化連絡協会における日本との関係状態」）、AVP, F. 0146, op. 16, p. 156, d. 78, *f.* 41.

（11）まずは、佐野碩《せき》（一九〇五―一九六六）の名前を挙げておこう。佐野は共産主義を信条として一九三一年にソヴィエトに不法に渡航するが、一九三七年八月には国外追放となって、メキシコで仕事をつづけることになる。一九三三年から一九三七年まではフセヴォロド・メイエルホリド（一八七四―一九四〇）と共同作業を行っている。この点については、I. Uvarova, «Smeëtsja v každoj kukle čarodej», M., RGGU, 2001, pp. 237-238（I・ウワロワ『それぞれの人形のなかで魔術師は笑う』（ロシア国立人文大学、二〇〇一年、二三七―二三八頁）を参照せよ。
同様に、千田是也（一九〇四―一九九四）や、小山内の親友であった土方与志（一八九八―一九五九）などを取り上げてみてもよい。土方は、一九二三年一二月にソヴィエトで、メイエルホリド演出による『なすの夜話』を見て衝撃を受ける。一九三三年にはソヴィエトに渡り、一九三七年八月に追放となるまで、土方もまたメイエルホリドの助手を務めていた。また、エイゼンシテインと親交のあった映画監督の衣笠貞之助（一八九六―一九八二）についても触れておこう。衣笠は、一九二八年の夏のあいだソヴィエトに滞在していた。最後に、演出家の杉本良吉（一九〇七―一九三九）についても言及しておこう。杉本の本名は吉田好正といい、メイエルホリドを賛美していた人物である。かれは、著名な女優である岡田嘉子（一九〇二―一九九二）とともに一九三八年にソヴィエトに亡命した。共産主義のかどで逮捕・拷問されていた杉本にとって、重要だったのは日本を離れることであった。だが、杉本夫婦はサハリンに到着してすぐに逮捕されてしまう。杉本は一九三九年一〇月二〇日に銃殺される（拷問下で杉本が強要された自白は、日本のための諜報活動の容疑でメイエルホリドを告訴するために利用されることになる）。岡田はというと、有罪判決が下されて一〇年間にわたる強制労働が課せられることになった。彼女の日本でのキャリアにかんしては、Josiane Pinon, «La Révolution des actrices dans le cinéma japonais des années vingt» in J.-J. Tschudin& C. Hamon (éd.), *La Modernité à l'horizon. La culture populaire dans le Japon des années vingt*, Arles, Picquier, 2004, pp. 137-139（ジョズィアーヌ・ピノン「二〇年代日本映画における女優革命」（J-J・チューディン、C・アモン編『近代の黎明――二〇年代日本における大衆文化』アルル、ピキエ社、二〇〇四年、一三七―一三九頁）を参照せよ。また、岡田のソヴィエトにおける悲劇的な運命にかんしては、E. Tchekoulaeva, «Le Calvaire de Yoshiko Okada : le

Goulag de Staline en guise de cours d'art dramatique», *La Revue russe*, 16, 1999, pp. 47-59（E・チェクラエワ「岡田嘉子の苦難――演劇講座の代わりとしてのスターリン政権下における強制収容」『ラ・ルヴュ・リュス』第一六号、一九九九年、四七―五九頁）を参照せよ。
〔正しくは、土方が助手をしていたのはメイエルホリド劇場ではなく革命劇場である。また『なすの夜話』は土方の著作のタイトルであり、土方が衝撃を受けた舞台は『大地は逆立つ』である〕。

（12）このような歌舞伎に対する複雑な関係は、Masakazu Hayashi, *Le Théâtre japonais face au théâtre occidental et à la tradition : l'œuvre théâtrale d'Osanai Kaoru (1881-1928)*, thèse de doctorat d'études théâtrales, Paris III, 2010, p. 294 et sq.（林正和「西洋演劇と伝統に向き合った日本演劇――小山内薫（一八八一―一九二八）の演劇活動をめぐって」演劇研究博士論文、パリ第三大学、二〇一〇年、二九四頁以下）に詳しい。この博士論文の二九九―三〇六頁にかけて書かれている要約も参照せよ。
〔林正和の学位論文は、小山内薫の生涯にわたる演劇活動を、歌舞伎を中心とする「伝統」と近代化政策のなかで範として要請された「西洋演劇」の相克として論述したもので、第一章「小山内の活動の軌跡」、第二章「近代性との関係」、第三章「伝統との関係」の全三章から構成されている。ここで言及されているのは、第三章のイントロダクションに相当する箇所であり、林はここで小山内の活動を以下の三つの時期に分類することを提案している。「第一の時期は、最初の洋行（一九一三年）までで、小山内の演劇観は歌舞伎から距離を置くことによって形づくられていく。次いで第二の時期は、一九一三年から一九二六年までで、日付を限定するものではないが、小山内は歌舞伎を再発見して、一九一五年には過去の演劇を研究するサークルを立ち上げ、新劇への橋渡しをしながら、さまざまな考えを歌舞伎から引き出そうと努める。そして最後の段階が一九二六年から死去までである。一九二六年、かれは築地小劇場において初めての国内作品『役の行者』を上演し、一九二八年には『国性爺合戦』の再読をするまでに至る」（二九四―二九五頁）。したがって、ここで一九二六年という年号が挙げられているのは、『役の行者』の上演を根拠にしたものと考えてよいだろう〕。

（13）小山内以外に招待を受けた日本人は、プロレタリア演劇の劇作家である秋田雨雀《うじゃく》（一八八三―一九五二）、その秘書である鳴海完造（一八九九―一九七五）――鳴海はソヴィエトに在留して、八年以上ものあいだレニングラードで日本語の教鞭をとることになる――、スラブ学者の尾瀬敬止（一八八九―一九五二）と米川正夫（一八九一―一九六五）であった。かれらは全員が、ソヴィエト連邦との文化交流の促進を目的として一九二五年に東京で設立された日露芸術協会のメンバーである。

（14）小山内薫「序に代えて」、大隈俊雄編『市川左団次　歌舞伎紀行』平凡社、一九二九年、一六―一八頁。ロシアのアーカイブにおける資料によれば、歌舞伎のソヴィエト巡業公演というアイデアは、小山内によって発せられたものであることが確認できる。

（15）«Irikava Sadandzi o svoej poezdke v SSSR», *Žizn' iskusstva*, 34, 19 août 1928, p. 4（「市川左団次訪ソ公演を語る」『芸術生活』第三四号、一九二八年八月一九日、四頁）。

（16）カトリーヌ・エニオン『東京における近代劇の誕生』前掲書〔註2〕、二六六頁。ただし、著者は正確な文書や資料を明示していない。

（17）この発言は、一九二七年一二月一二日に行われた講演で発せられたもので、秋田雨雀によって報告されている。曽田秀彦「冬のモスクワ　一九二七年」（『小山内薫と二十世紀演劇』勉誠出版、一九九九年、二七二頁）を参照せよ。

（18）スターリン（一八七九―一九五三）が計画に前向きであったことは、さまざまな資料から窺える。たとえば、O・D・カーメネワからA・V・ルナチャルスキーへの書簡、一九二八年四月一九日付（AVP, F. 0146, op. 11, p. 137, d. 65, *f*. 7）を見よ。ただし、モスクワで上演された歌舞伎公演にスターリンが列席していたことに言及している資料はほとんど存在しない。一九二八年八月三日付『東京朝日新聞』に掲載された記事だけが、ただひとつの例外である。しかしながら、N・サヴァレスによれば、スターリンが列席していたのは一九二八年一〇月七日から一七日にかけて行われていた公演であったという。とはいえ、サヴァレスはこの主張を支える資料の出典を明示していない。また同様に、サヴァレスはメイエルホリドが列席していたとも述べているが（実際には一一月までフランスに滞在していた）、いずれも明らかな誤りである。ニコラ・サヴァレス『東西の演劇と芝居』前掲書〔註2〕、四四七頁を参照のこと。これとは逆に、左団次は二度目のモスクワ滞在に際して、西ヨーロッパでの療養から帰国したスタニスラフスキーとともに、カーメヌルイ劇場でアレクサンドル・タイーロフ（一八八五―一九五〇）と面会している。市川左団次『左団次芸談』（東京、南光社、一九三六年、二〇四―二〇九頁）を参照せよ。

（19）M・マイスキーからO・D・カーメネワへの書簡、一九二八年四月二七日付、ロシア連邦政府アーカイブ（GARF）、F. 5283, op. 4, ed. xr. 39, *f*. 9. 水品春樹によれば、巡業公演について日本の新聞で最初に言及されたのは、一九二八年一月二八日付『東京朝日新聞』である（水品春樹『小山内薫と築地小劇場』ハト書房、一九五四年、二二二頁）。「一門を連れ左団次ロシアへ」と題されたこの文章では、一九二八年八月に行われる予定の巡業公演についても触れられている。

(20) M・マイスキーからO・D・カーメネワへの書簡（G・V・チチェーリンおよびL・M・カラハンへの複写書簡）、一九二八五月二八日付、AVP, F. 04, op. 49, p. 304, d. 54531, *f.* 15-16.

(21) A・A・トロヤノフスキーからL・M・カラハンへの電報、一九二八年五月三〇日付、GARF, F. 5283, op. 4, ed. xr. 39, *f.* 5. 東京からE・V・ポルジュードフへの書簡、一九二八年六月、GARF, F. 5283, op. 4, ed. xr. 39, *f.* 19-20.

(22) スパルヴィンは、歌舞伎巡業公演にかんする交渉にほとんど参加していなかったように思われる。一九二八年のはじめ、カーメネワ、トロヤノフスキー、マイスキーは、違反行為に対する罰則を与える可能性を考えるまでに、スパルヴィンは非協力的だったのである。とはいえ、かれらが理解していたように、大使館側にとって、日本語に非常に習熟したスパルヴィンの協力を欠くことはできなかった。スパルヴィンが大使館を離れるのは一九三一年一〇月のことであり、その後は満洲に移住することになった。O・D・カーメネワからA・A・トロヤノフスキーへの書簡、一九二八年二月二九日付、AVP, F. 0146, op. 11, ed. xr. 137, d. 64, *f.* 40.

(23) 大谷竹次郎「歌舞伎海外進出の実現」（一九二八年）〔茂木千佳史編『歌舞伎海外公演の記録』松竹、一九九二年、三〇頁〕。

(24) 一九二八年末時点での日本の文化的環境においては、巡業公演はこのように考えられるようになっていた。M・マイスキーからD・ノヴォミルスキーへの書簡、一九二八年一二月七日付、GARF, F. 5283, op. 4, d. 37, *f.* 81.

(25) 松居桃楼『市川左団次』武蔵書房、一九四二年、二二九頁。

(26) M・マイスキーからO・D・カーメネワへの書簡、一九二八年六月二九日付、GARF, F. 5283, op. 4, ed. xr. 39, *f.* 222.

(27) 松居桃楼、前掲書〔註25〕、二二九頁。

(28) M・マイスキーからE・V・ポリュードフへの書簡、一九二八年六月付、GARF, F. 5283, op. 4, xr. 39, *f.* 20. 一座は、一九二七年四月から一九二九年七月まで首相を務めた田中義一（一八六四―一九二九）、そして皇太子一行の訪問を受けていた。同じように、日露の外交関係を確立するために尽力していた元東京市長の後藤新平（一八五七―一九二九）の訪問も受けていた。

(29) A・A・トロヤノフスキーからL・M・カラハンへの書簡、一九二八年六月二九日付、AVP, F. 04 op. 49, p. 304, d. 54531, *f.* 21.

(30) 元日蓮宗僧侶である田中智学（一八六一―一九三九）の先導によって、国家政治を支えることを目的とした日蓮（一三世紀の仏僧）の教義の読み直しが二〇世紀初頭になってから行われていた。したがって、この新しい宗派の流れは非常に国家主義的な精神を有していて、体制側の政治に協力的な態度を示していた。

（31）«Političeskoe značenie gastrolej», *Sovremennyj Teatr,* 28-29, 15 juil. 1928, p. 491（「公演の政治的意義」『現代の演劇』第二八—二九号、一九二八年六月一五日、四九一頁）。
ここではソヴィエト連邦において日本の極右に一般的に適用されている「ファシズム」という用語の妥当性について詳しく論じることはしないが、関連する知識における誤りをいくつか指摘しておきたい。「ファシストの主導者であるトウヤマウチダ」が、頭山満（一八五五—一九四四）と内田良平（一八七三—一九三七）のことを指していることは確実である。かれらは、日露戦争期を中心として二〇世紀初頭に強い影響力を保っていた日本帝国主義の二大巨頭であった。左団次が、頭山満のもとに出向いたということは、はっきりと確認されている。茂木千佳史編、前掲書〔註23〕四六頁を参照せよ。リッソ協会については、註30でも触れた田中智学によって一八八五年に設立された国家主義的な宗教団体である立正安国会のことだと考えてよいだろう。ただし、この組織は一九一四年に国柱会と改称している。日本のアーカイブによれば、左団次の訪ソ公演に対して反対していた極右団体のなかでは、大行社と愛国社がそれぞれ一九二四年と一九二八年に設立されている。日本国外務省アーカイブ『本邦ニ於ケル反共主義運動関係雑件／一・一般』I—4-5-1-023.
〔実際に妨害したのは、立正安国会とは別の立正愛国会という団体である〕。

（32）Ol'ga Kameneva, «Naši teatral'nye svjazi s zagranicej», *Sovremennyj Teatr,* 28-29, 15 juil. 1928, p. 489（オリガ・カーメネワ「われわれの外国との演劇交流」『現代の演劇』第二八—二九号、一九二八年七月一五日、四八九頁）。

（33）M・マイスキーからO・D・カーメネワへの書簡、一九二八年六月二九日付、GARF, F. 5283, op. 4, ed. xr. 39, *f.* 222.

（34）M・ヤロチェフスキーおよびD・ノヴォミルスキーからA・A・トロヤノフスキーへの書簡、一九二八年二月一一日付、AVP, F. 0146, op. 26, p. 26, d. 65, *f.* 14. O・D・カーメネワからの書簡、一九二八年三月七日の書簡、GARF, F. 5283, op. 4, ed. xr. 39, *f.* 4. O・D・カーメネワからL・M・カラハンへの書簡、一九二八年三月三一日付、AVP, F. 0146, op. 11, p. 137, d. 65, *f.* 24.

（35）「市川左団次訪ソ公演を語る」前掲書〔註15〕、四頁。

（36）I・M・マイスキーからO・D・カーメネワへの書簡、一九二八年六月二九日付、GARF, F. 5283, op. 4, ed. xr. 39, *f.* 222.

（37）大谷竹次郎、前掲書〔註23〕、三〇頁。

(38) A・A・トロヤノフスキーからL・M・カラハンへの電報、一九二八年三月三〇日付、GARF, F. 5283, op. 4, ed. xr. 39, *f.* 5. および、I・M・マイスキーからO・D・カーメネワへの書簡、一九二八年六月二九日の書簡、GARF, F. 5283, op. 4, ed. xr. 39, *f.* 222.

(39) B・M・メリニコフによる報告（日付不明）、GARF, F. 5283, op. 4, ed. xr. 39, *f.* 230.

(40) 一座は、俳優二〇名、義太夫二名、鳴物（囃子方）八名、衣裳二名、床山二名、大道具三名、小道具一名、男衆二名、松竹社員七名から構成されていた。このうち社員は城戸四郎のほか、副社長秘書を務めていた大隈俊雄（一九〇一―一九七八）と浅利鶴雄（一八九九―一九八〇）、秘書補助を務めていた中野誠太、そして文芸顧問の池田大伍（一八八五―一九四二）と狂言作者の竹柴秀一（一八八七―一九二九）、撮影技師の佐々木太郎であった。ソヴィエトに残されている文書では四八名となっているが、これは巡業に随行した左団次夫人である高橋とみを含めたものである。

(41) «First Kabuki Tour Begins this Week», *Japan Advertiser*, 25 juin 1928（「初の歌舞伎海外巡業が今週より開始」『ジャパン・アドヴァタイザー』紙、一九二八年六月二五日付）。

(42) 現在では、ふたたびミハイロフスキー劇場と改称されている。

(43) I・M・マイスキーからI・M・ゲイツマン（ウラジオストク）への書簡、GARF, F. 5283, op. 4, ed. xr. 39, *f.* 29. および、I・M・マイスキーによる電報（複写）、一九二八年六月二四日付、GARF, F. 5283, op. 4, ed. xr. 39, *f.* 53.

(44) «Japono-sovetskij večer sbliženija» (27 juil. 1928)（「日ソ和睦の夜」一九二八年七月二七日）GARF, F. 5283, op. 4, ed. xr. 41, *f.* 23.

(45) «First Kabuki Tour Begins this Week», *Japan Advertiser*, 25 juin 1928（「初の歌舞伎海外巡業が今週より開始」前掲書〔註41〕）。

(46) Nikolaj Konrad, «Pervyj spektakl' "Kabuki"», *Izvestija*, 2 août 1928（ニコライ・コンラド「初の歌舞伎上演について」『イズヴェスチヤ』紙、一九二八年八月二日付）。

(47) *Spravka po voprosu o priezde v SSSR japonskogoteatr*（「日本演劇のロシア来訪にかんする情報」）、GARF, F. 5283, op. 4, ed. xr. 37, *f.* 57. 費用にかんする詳細な一覧については、I・M・マイスキーからO・D・カーメネワへの書簡（G・V・チチェーリン、L・M・カラハンには複写が送付されている）、一九二八年三月二八日付、AVP, F. 04, op. 49, p. 304, d. 54531, *f.* 18を参照せよ。

(48) F・V・リンデおよびM・ヤロフェフスキーからB・N・メリニコフへの書簡、一九二八年三月二四日付、GARF, F. 5283, op. 4, ed. xr. 39, *f.* 13.

（49）F・V・リトヴィノフから外務人民委員会（NKID）の委員たちへの書簡、一九二八年三月二九日付、AVP, F. 0416, op. 11, p. 137, d. 65, *f.* 23.

（50）同書〔註49〕、およびA・V・ルナチャルスキーからG・V・チチェーリンへの書簡、一九二八年五月一一日付、AVP, F. 0146, op. 11, p. 65, *f.* 1. なかでもロシア外務省のトップ級の官僚たちが、公演の失敗を確信していた。この年の初めの時点で、そうではなかったのは、全ソ対外文化連絡協会のM・ヤロチェフスキーとD・ノヴォミルスキーである。一九二八年二月一一日付のA・A・トロヤノフスキーへのかれらの書簡（AVP, F. 0146, op. 26, p. 26, d. 65, *f.* 14）を参照せよ。

（51）G. N. Sevost'janov (éd.), *Moskva-Tokio. Politika i diplomatija Kremlja. 1921-1931*, M., Nauka, (2007), t. 2, pp. 260-261（G・N・セヴォスチヤノフ編『モスクワ―東京――クレムリンの政治と外交一九二一―一九三一』モスクワ、ナウカ出版、二〇〇七年、第二巻、二六〇―二六一頁）所収のA・A・トロヤノフスキーからI・V・スターリンへの書簡（一九二八年一二月六日付）を参照せよ。トロヤノフスキーはきわめて早い時期から革命闘争に参加しており、十月革命以前からスターリンの側近であったということは明確にしておこう。一九一三年にトロヤノフスキーはウィーンの自宅に、N・ブハーリンとともにスターリンを数週間にわたって住まわせ、『マルクス主義と民族問題』を執筆させた。このような長年の関係があったからこそ、トロヤノフスキーは躊躇なく直接スターリンに書簡を送ることが可能だったのである。

（52）I・M・マイスキーからO・D・カーメネワへの書簡（G・V・チチェーリンおよびL・M・カラハンには複写が送られた）、一九二八年五月二八日付、AVP, F. 04, op. 49, p. 304, d. 54531, *f.* 16.

（53）一九二八年六月一日に署名された図面（AVP, F. 04, op. 49, p. 304, d. 54531, *f.* 10）。署名をしているのは、L・M・カラハン、コズロフスキー、モチロツらである。ただし図面が、この建築物のものであったかどうかは断言できない。

（54）I・M・マイスキーからO・D・カーメネワへの書簡、一九二八年五月二八日付、AVP, F. 04, op. 49, p. 304, d. 54531, *f.* 15. 同じように松竹によって企画された初代中村鴈治郎の海外公演にかんしては、«Kabuki is Host to Foreign Groupe», *Japan Advertiser*, 19 mai 1928（「歌舞伎が海外公演へ」『ジャパン・アドヴァタイザー』紙、一九二八年五月一九日付）を参照せよ。これは松竹にとって一九二八年秋になってあらたに起こった問題であるが、今回は一九二九年五月に予定されていた大きな演劇祭への招待であった。「ドイツから招待　鴈治郎出演」『東京朝日新聞』一九二八年一〇月一六日、一一面。

（55）トロヤノフスキーは一九二八年のはじめ頃、早急に契約がまとまらなければ、優れた歌舞伎俳優たちがみなベルリンに発ってしまうのではないかと危惧していた。一方でカーメネワは、モスクワがベルリンよりも先に歌舞伎を迎え入れなければ、「巡業公演の政治的価値が最終的に目減りしてしまう」と考えていた。O・D・カーメネワからA・V・ルナチャルスキーへの書簡、一九二八年四月一〇日付、AVP, F. 0146, op. 11, p. 137, d. 65, *f.* 7.

（56）O・D・カーメネワからL・M・カラハンへの書簡、一九二八年六月二〇日付、AVP, F. 0146, op. 11, p. 137, d. 65, *f.* 24.

（57）L・M・カラハンからソヴィエト連邦外務人民委員会白ロシア代表への書簡、一九二八年六月二〇日付、AVP, F. 0146, op. 11, p. 137, d. 65, *f.* 41-42. および、L・M・カラハンからソヴィエト連邦外務人民委員会ウクライナ代表への書簡、日付記載なし、AVP, F. 0146, op. 11, p. 137, d. 65, *f.* 43-44.

（58）I・M・マイスキーからO・D・カーメネワへの書簡、一九二八年六月二九日付、GARF, F. 5283, op. 4, ed, xr. 39, *f.* 222.

（59）同、A・A・トロヤノフスキーからL・M・カラハンへの書簡、一九二八年六月二九日付、AVP, F. 04, op. 49, p. 304, d. 54531, *f.* 22.

（60）「左団次、モスクワ芸術座に於ける初公演の成功を喜ぶ」『東京日日新聞』一九二八年八月五日付。

（61）大谷竹次郎、前掲書〔註23〕、三一頁。

（62）I・M・マイスキーからO・D・カーメネワへの電報（複写）、一九二八年六月二三日付、AVP, F. 04, op. 11, p. 137, d. 65, *f.* 65.

（63）A・A・トロヤノフスキーからL・M・カラハンへの書簡、一九二八年六月二九日付、AVP, F. 04, op. 49, p. 304, d. 54531, *f.* 22.

（64）I・M・マイスキーからO・D・カーメネワへの書簡、一九二八年三月二八日付、AVP, F. 04, op. 39, p. 304, d. 54531, *f.* 18. および、I・M・マイスキーからO・D・カーメネワへの書簡、一九二八年四月二七日付、GARF, F. 5283, op. 4, ed. xr. 39, *f.* 12.

（65）GARF, F. 5283, op. 4, ed. xr. 37, *f.* 57.

（66）GARF, F. 5283, op. 4, ed. xr. 37, *f.* 131.
契約が結ばれたのは、メジュラブポム・ルーシ（MežrabpomRus'）という映画制作会社であった（GARF, F. 5283, op. 4, ed. xr. 37, *f.* 110）。歌舞伎とモスクワについての映画は、佐々木太郎によって撮影され、日本国内で上映される予定であった。*Izvestija,* 28 juil. 1928 et *Krasnaja Gazeta* (L.), 31 juil. 1928（『イズヴェスチヤ』一九二八年七月二八日号、および『クラースナヤ・ガゼータ』一九二八年七月三一日号）を参照せよ。わたしたちは松竹の大谷図書館にも、早稲田大学の演劇博物館にもあたってみたが、本映画の複製はいずれの機関にも所蔵されていなかった。

(67) アニメ絵の詳細なシナリオがアーカイブ（GARF, F. 5283, op. 4, ed. xr. 37, *f.* 118）に保管されているが、これが上映されたか否かについては把握することができていない。

(68) 三万部にわたるイラスト付の小冊子については、I・M・マイスキーからO・D・カーメネワへの書簡（一九二八年六月二日付、AVP, F. 0146, op. 11, p. 137, d. 65, *f.* 64）のなかで話題となっている。この冊子は、在東京ソヴィエト大使館に研修中に来ていた日本学者エレーナ・テルノフスカヤ（一九〇一—一九三八）によって翻訳された。ちなみに彼女は、歌舞伎一座とともにソ連に帰国して、公演期間中は通訳として働くことになる。また浅利鶴雄は、三田英児という名で知られていた映画俳優でもあった。ロシア内の資料には、双方の名前を見つけることができる。

(69) この言葉は、巡業公演の準備にも参加していた日本学者ニコライ・ポポフ＝タチワ（一八八三—一九三七）によるものである。GARF, F. 5283, op. 4, ed. xr. 40, *f.* 94を参照せよ。

(70) A・A・トロヤノフスキーからL・M・カラハンへの書簡、一九二八年四月二七日付、GARF, F. 5283, op. 4, ed. xr. 39, *f.* 9.

(71) Nikolaj Konrad, *Teatr Kabuki*, L. – M., Academia, 1928, 29 p. et Id. (éd.), *Japonskij Teatr*, L. – M., VOKS, 1928, 59 p（ニコライ・コンラド『歌舞伎劇について』アカデミー出版、一九二八年、全二九頁、およびコンラド編『日本演劇について』全ソ対外文化連絡協会、一九二八年、全五九頁）。小山内は、ダヴィド・アルキンが日本に滞在していた一九二七年に『改造』において発表された日本演劇にかんする記事に関心を示していた。林正和、前掲書〔註12〕、三三〇—三三一頁を参照せよ。〔アルキンは、一九二七年五月から七月にかけて開催される「新露西亜美術展」（東京朝日新聞社主催）に合わせて、美術評論家ニコライ・プーニン（一八八八—一九五三）とともに、一九二七年四月に来日した。ここで言及されている資料は、プーニンの「ヨーロッパ芸術家における浮世絵の意義」とともに『改造』に掲載された、アルキン「日本演劇に関する一露人観客の所見」（一九二七年七月号、改造社、一〇二—一〇六頁）のことである〕。

(72) S. Mokul'skij, «Japonskij Teatr i my», *Žizn' iskusstva*, 34, 19 août 1928, p. 2（S・モクリスキー「日本演劇とわれわれ」『芸術生活』第三四号、一九二八年八月一九日、二頁）。モクリスキーが触れているのは、アカデミー・ドラマ劇場で上演された『織田信長』（岡本綺堂作）と、芸術史研究所演劇実験室で上演された『陽気な葬儀の食事会』（邦題不明）であるが、これらの二作品はともに、コンラドの協力の下で実現したものであった。以下の文献も合わせて参照せよ。N. Konrad, «K gastroljam japonskogo teatra», *Žizn' iskusstva*, 30, 22 juil. 1928, p. 3（N・コンラド「日本演劇の巡業公演にかんして」『芸術生

活』第三〇号、一九二八年七月二二日、三頁)。

しかしながら、東洋学者たちの助言の下でフィルマン・ジェミエ(一八六九—一九三三)が一九二七年に演出した『修禅寺物語』を思い浮かべればわかるように、演劇関係者と東洋学者の協力体制は、ソヴィエト連邦によるものではない。この作品は『マスク』という題名で、アルベール・メイボンとアルベール・ケイムによって翻案されたが、この舞台の装置を手がけたのは、小山内の従弟である藤田嗣治(一八八六—一九六八)であった。この点については、Jean-Jacques Tschudin, *Le Kabuki devant la modernité*, Lausanne, L'Âge d'Homme, 1995, p. 287(ジャン=ジャック・チューダン『歌舞伎と近代』ローザンヌ、ラージュ・ドム社、一九九五年、二八七頁)を参照せよ。

〔レニングラード東洋大学の前身は、一九二〇年に設立されたペトログラード東洋語大学で、コンラドは翌二一年に教師陣に加わっている。この学校は一九二五年に四年制の大学として、レニングラード東洋語大学と改称され(二七年にはさらにレニングラード東洋大学と改称)、「十分な勤労歴のある共産党員」が入学の要件とされた。ただし、コンラドも含めて教師には非党員が多く、註13で触れられているように、鳴海完造もまたこの大学で教鞭をとっていた。詳しくは、以下の論文を参照せよ。梶重樹「レニングラード東洋大学とレニングラード日本学の弾圧」『専修人文論集』第八四号、二〇〇九年、一八九—二一六頁〕。

(73) I・M・マイスキーからO・D・カーメネワへの書簡、一九二八年四月二七日付、GARF, F. 5283, op. 4, ed. xr. 39, *f.* 9.

(74) 同書〔註73〕、*f.* 10.

(75) 同書〔註73〕、*f.* 9-10.

(76) 小林久三『日本映画を創った男——城戸四郎伝』新人物往来社、一九九九年、八九—九三頁。同様の驚きは「歌舞伎大当たり」(『大阪朝日新聞』一九二八年九月五日付)の記事でも示されている。

(77) 「左団次一座の訪問に熱狂するロシア、甥が語る」『大阪毎日新聞』一九二八年六月八日付。「ロシア人たちは、日本の武士道が表すものを理解できた」『東京日日新聞』一九二八年八月五日付英語版にも読むことができる。

(78) 「市川左団次訪ソ公演を語る」前掲書〔註15〕、四頁。

(79) I・M・ゲイツマンからI・M・マイスキーへの書簡、一九二八年七月一七日付、GARF, F. 5283, op. 4, ed. xr. 39, *f.* 73-74. 左団次が、役者たちと朝鮮と満洲を経由してザバイカリエ地方のチタに向かう予定であったのに対して、ソヴィエト側は、張作霖の暗殺による不安から、全員が直接ウラジオストクまで行き、そこからチタを経由して列車でモスクワまで向かうように主張した。

(80) よく知られているように、出迎えにきたソヴィエト側の接待役たちに対する敬意のあかしとして、左団次を含む数名の役者たちはモスクワに到着した際に「ハオリ」と「ハカマ」をまとっていた。『大阪朝日新聞』一九二八年七月二八日付を参照せよ。

(81) «Paradnyj spektakl' "Kabuki"», *Izvestija*, 2 août 1928（「「歌舞伎」の盛大な上演」『イズヴェスチヤ』紙、一九二八年八月二日付）。

(82) «Sadanji Enjoys Triumphant Opening Performance at Art Theatre in Moscow», *The Tokyo Nichi Nichi*（「左団次、モスクワ芸術座に於ける初公演の成功を喜ぶ」『東京日日新聞』一九二八年八月五日付）。左団次の伝記作者によれば、初日の夜公演では他にもさまざまな混乱が起こっていたようである。松居桃楼『市川左団次』（前掲書〔註25〕、二二七頁）を参照せよ。

(83) David Arkin, «Posle gastrolej Kabuki. (Nekotorye itogi)», *Izvestija*, 19 août 1928, p. 6（ダヴィド・アルキン「歌舞伎の公演を終えて（いくばくかの総括）」『イズヴェスチヤ』紙、一九二八年八月一九日付、六面）〔本書三二六―三二九頁〕。

(84) Ja. Tugendxol'd, «Kabuki v Moskve. Pervaja Programma», *Pravda*, 3 août 1928（ヤーコフ・トゥゲンホリド「モスクワの歌舞伎、最初のプログラム」『プラウダ』紙、一九二八年八月三日付）。

(85) «Japonski teatr Kabuki priexal v Moskvu», *Pravda*, 27 juil. 1928（「日本の歌舞伎劇団がモスクワに到着」『プラウダ』紙、一九二八年七月二七日付）。

(86) 「最終日まで売切れ」『東京朝日新聞』一九二八年八月七日付、七面。

(87) O・D・カーメネワからE・G・スパルヴィンへの書簡、一九二八年一一月二〇日付、AVP, F. 0146, op. 11, p. 137, d. 65, *f.* 110.

(88) A・A・トロヤノフスキーからI・V・スターリンへの書簡、一九二八年一二月六日付。G. N. Sevost'janov (éd.), *Moskva-Tokio..., op. cit.*, t. 2, p. 261（G・N・セヴォスチヤノフ編『モスクワ—東京——クレムリンの政治と外交一九二一―一九三一』前掲書〔註51〕、第二巻、二六一頁）所収。

(89) *Izvestija*, 8 juil. 1928 et *Krasnaja Gazeta*, 27 juil. 1928（『イズヴェスチヤ』紙、一九二八年七月八日付および『クラースナヤ・ガゼータ』紙、一九二八年七月二七日付）。

(90) I・V・マイスキーからL・M・カラハンへの書簡、一九二八年九月一四日付、AVP, F. 04, op. 49, p. 304, d. 54531, *f.* 30.

(91) Běčer, «Kabuki v Leningrade. Reč' Sadandzi na poslednem spectacle», *Novyj Zritel'*, 35, 1928, p. 7（ベチェル「レニングラードの歌舞

伎——千秋楽の左団次の談話」『新しい観客』第三五号、一九二八年、七頁）。

（92）城戸四郎「歌舞伎初の海外公演について」、前掲書〔註23〕、三四頁。

（93）この点については、Eligio Possenti, «Da Tokyo a Roma», *Il Corrieredella sera*, 21 sept. 1928（エリージョ・ポッセンティ「東京からローマへ」『イル・コリエール・デッラ・セーラ』紙、一九二八年九月二一日付）を参照せよ。ここでは、左団次のヨーロッパ外遊が、ローマ、すなわちムッソリーニとの面会を目的とした巡礼の旅として紹介されている。モスクワにおける巡業公演についてはほとんど触れられておらず、左団次は小山内の作品においてムッソリーニを演じた俳優として名が通っていた。註100参照。また、*Il Corrieredella sera et Il Popolod'Italia*, 22 sep. 1928（一九二八年九月二二日付『イル・コリエール・デッラ・セーラ』紙、『イル・ポポロ・ディタリア』紙）も参照せよ。

（94）城戸四郎「歌舞伎初の海外公演について」、前掲書〔註23〕、三五頁。

（95）E・G・スパルヴィンからO・D・カーメネワへの書簡、一九二八年一二月五日付、GARF, F. 5283, op. 4, ed. xr. 14, *f.* 164.

（96）I・V・マイスキーからO・D・カーメネワへの書簡、一九二八年四月二七日付、GARF, F. 5283, op. 4, ed. xr. 39, *f.* 11.

（97）A・A・トロヤノフスキーからL・M・カラハンへの書簡、一九二八年六月二九日付、AVP, F. 04, op. 49, p. 304, d. 54531, *f.* 23.

（98）I・V・マイスキーからO・D・カーメネワへの書簡、一九二八年五月二八日付、AVP, F. 04, op. 49, p. 304, d. 54531, *f.* 19.

（99）日本の演劇、歌舞伎座（原註：原文ママ）の招聘にかんする委員会の議事録、コズロフスキーからG・V・チチェーリンに送付、AVP, F. 04, op. 49, p. 304, d. 54531, *f.* 11.

（100）G. V., «Fašizm v parlamente i na cene», *VečernajaMoskva*, 5 juin 1928（G・V「議会におけるファシズム、舞台におけるファシズム」『ヴェーチェルニャヤ・モスクワ』一九二八年六月五日）。小山内は、どちらかといえば左翼寄りの演出家であったと考えられているが、一九二七年にローマでムッソリーニと会談し、帰国後に、ムッソリーニの一九〇二年から一九二二年までの人生を描いた『ムッソリニ』という作品を執筆している。この作品は、東京の主要な劇場のひとつである明治座で一九二八年三月に初演され、大好評を博した。作品は左団次に対して捧げられたものであり、かれがタイトルのムッソリーニ役を演じている。これによって、左団次がイタリアに立ち寄った際に、どうしてムッソリーニが左団次に会いたがっていたのか、説明がつく。註93も参照せよ。

ここで思い起こしておきたいのは、ムッソリーニが当時の日本社会に関心を抱いていて、実際に数多くの書物、映画、演劇について言及しているという点である。小山内もまたおそらく、ムッソリーニの独特な雰囲気を感じ取っていたはずである。しかしながら、かれの作品はムッソリーニの社会党時代を思い起こさせるという理由から検閲にかけられ、何度も劇場での上演を拒否されることになった。山崎允彦「イタリア・ファシズム、その日本における受容と表現形態――『英雄としてのムッソリーニ像』の生成」（関静雄編『「大正」再考――希望と不安の時代』ミネルヴァ書房、二〇〇七年、二四三―二八五頁）を参照せよ。なお、『ムツソリニ』という作品は、小山内の全集（『小山内薫全集』春陽堂、一九二九―一九三二年、全八巻。復刻版、臨川書店、一九七五年、全八巻）には収録されていない。

（101）Georgij Astaxov, «O Japonskom teatre», 27 avr. 1928（G・アスタホフ「日本の演劇について」一九二八年四月二七日）、AVP, F. 0146, op. 11, p. 137, d. 65, *f.* 4-6.

（102）«Privet teatru kabuki», *Žizn' iskusstva*, 34, 19 août 1928, p. 1（「ようこそ歌舞伎劇団」『芸術生活』第三四号、一九二八年八月一九日、一頁）。

（103）Oleg Pletner, «B. Pil'njak. Korni japonskogo solnca», *Pravda*, 24 juin 1927. Trad. fr. in Boris Pilniak, *Racines*..., *op. cit.*, pp. 243-246（オレグ・プレトネル「B・ピリニャーク『日本印象記』」『プラウダ』紙、一九二七年六月二四日。仏訳は、ボリス・ピリニャーク『日本印象記』前掲書〔註8〕、二四三―二四六頁）を参照せよ。

（104）«Soveščanija po voprosu ob osveščenii v pečati gastrolej Kabuki»（「モスクワ歌舞伎巡業公演の新聞報道における紹介にかんするコレクション」）、F. 5283, op. 4, ed. xr. 37, *f.* 28. また、E. Polevoj, «Sovetskij teatr, kak zveno kul'turnoj svjazi s Japoniej»（E・ポレヴォイ「日本との文化関係の一段階としてのソヴィエト演劇」GARF, F. 5283, op. 4, ed. xr. 40, *f.* 81-82）も参照せよ。

（105）N. Konrad, «Gastroli teatra "Kabuki" v SSSR»（N・コンラド「ソヴィエト連邦における歌舞伎劇の巡業公演」）、GARF, F. 5283, op. 4, ed. xr. 40, *f.* 63.

（106）同、*f.* 64.

（107）N. Konrad, «Irikava Sadandzi», *Žizn' iskusstva*, 34, 19 août 1928, p. 4（N・コンラド「市川左団次」『芸術生活』第三四号、一九二八年八月一九日、四頁）〔本書二二九頁〕。

（108）David Arkin, «Posle gastrolej Kabuki..», *art. cit.*, *Izvestija*, 19 août 1928（D・アルキン、前掲書〔註83〕）。『芸者』（一八九六年）は、イギリスの作曲家シドニー・ジョーンズ（一八六一―一九四六）によるオペラ作品。

（109）Nikolaj Konrad, «K gastroljam japonskogo teatra», *Žizn' iskusstva*, 30, 22 juil. 1928, p. 2（ニコライ・コンラド「日本演劇の巡業公演

にかんして」『芸術生活』第三〇号、一九二八年七月二二日、二頁）。歌舞伎の未来、異国趣味、自身の伝える（伝えない）イデオロギーにかんするコンラドの立場は、テクストによって一定しておらず、あたかもこれらの問題に対応することに一種の困難がつきまとっていたかのようである。

（110）Ju. Sobolev, «Gastroli Teatra Kabuki», *Sovremennyj teatr*, 28-29, 15 juil. 1928, p. 529（Ｊｕ・ソボレフ「歌舞伎公演」『現代の演劇』第二八—二九号、一九二八年七月一五日、五二九頁）。また、以下の文献も参照せよ。David Arkin, «Kabuki», *Izvestija*, 24 juin 1928, p. 6 ; *Id.*, «Mastera japonskogo teatra», *Izvestija*, 26 juil. 1928, p.5 ; S. Bogomazov, «Podgotovka k spektakljam v Moskve», *Sovremennyj teatr*, 28-29, 15 juil. 1928, p. 491 ; Nikolaj Konrad, «K gastroljam japonskogo teatra», *art. cit.*, p.2（ダヴィド・アルキン「歌舞伎」『イズヴェスチヤ』一九二八年六月二四日、六頁、アルキン「日本演劇の巨匠たち」『イズヴェスチヤ』一九二八年七月二六日、五頁、Ｓ・ボゴマゾフ「モスクワ公演の準備」『現代の演劇』第二八—二九号、一九二八年七月一五日、四九一頁、ニコライ・コンラド「日本演劇の巡業公演にかんして」前掲書〔註72〕、二頁）。

（111）S. Bogomazov, « Podgotovka k spektakljam v Moskve», *art. cit.*, p. 491（Ｓ・ボゴマゾフ「モスクワ公演の準備」前掲書〔註110〕、四九一頁）。

（112）Nikolaj Konrad, «Gastroli teatra "Kabuki" v SSSR», *art. cit.*,（Ｎ・コンラド「ソヴィエト連邦における歌舞伎劇の巡業公演」前掲書〔註105〕）*f.* 63.

（113）A. A. Trojanovskij, «Kabuki», *Pravda*, 27 juil. 1928, p. 6（Ａ・Ａ・トロヤノフスキー「歌舞伎」『プラウダ』紙、一九二八年七月二七日付、六頁）。

（114）Nikolaj Konrad, «K gastroljam japonskogo teatra», *art. cit.*, p. 3（Ｎ・コンラド「日本演劇の巡業公演にかんして」前掲書〔註72〕、三頁）。

（115）Nikolaj Konrad, «Gastroli Teatra Kabuki v SSSR», *art. cit.*, *f.* 64（Ｎ・コンラド「ソヴィエト連邦における歌舞伎劇の巡業公演」前掲書〔註105〕、六四頁）。

（116）Boris Gusman, «Posle gastrolej», *Sovremennyj teatr*, 34-35, 26 août. 1928, p. 544（Ｂ・グスマン「「歌舞伎」劇団のソ連公演　公演後記」『現代の演劇』一九二八年八月二六日、五四四頁）〔本書二三九頁〕。

（117）S. Mokul'skij, «Japonskij teatr i my», *Žizn' iskusstva*, 34, 19 août 1928, p. 2（Ｓ・モクリスキー「日本演劇とわれわれ」前掲書〔註72〕、二頁）。

（118）A. Veližev, «Čego my ždëm ot japonskogo teatra Kabuki Dza»（A・ヴェリジェフ「歌舞伎座演劇に何を期待しているか」）、GARF, F. 5283, op. 4, ed. xr.40, *f*. 99.

（119）Boris Gusman, «Posle gastrolej», *art. cit.*, p. 544（B・グスマン「「歌舞伎」劇団のソ連公演　公演後記」前掲書〔註116〕、五四四頁）。

（120）Grigorij Gauzner, «Kabuki v Moskve», *Pravda*, 3 août 1928, p. 6（グリゴーリー・ガウズネル「モスクワにおける歌舞伎」『プラウダ』紙、一九二八年八月三日付、六頁）。

（121）この点については、Dany Savelli, «Un témoignage soviétique de 1936 sur le théâtre japonais : «Le Théâtre japonais» de Boris Pilniak», *Slavica Occitania*, n° 33, 2011, pp. 255-261（ダニー・サヴェリ「一九三六年のソヴィエトにおける日本演劇にかんする証言——ボリス・ピリニャーク《日本演劇》をめぐって」『スラヴィカ・オクシタニア』第三三号、二〇一一年、二五五—二六一頁）を参照せよ。

（122）M. Zagorskij, «Iz vpečatlenij. O večnyx samurajax i nevernyx moskvičax», *Sovremennyj teatr*, 32-33, 12 août. 1928, p. 530（M・ザゴルスキー「印象より　忠実な侍と不実なモスクワ人について」『現代の演劇』第三二—三三号、一九二八年八月一二日、五三〇頁）。

（123）S. Ėjzenštejn, «Neždannyj styk», *Žizn' iskusstva*, 34, 1928, p. 9（S・エイゼンシテイン「思いがけぬ接触」『芸術生活』第三四号、一九二八年、九頁）〔セルゲイ・エイゼンシュテイン「思いがけぬ接触」鴻英良訳、岩本憲児・波多野哲朗編『映画理論集成』フィルムアート社、一九八二年、五四頁〕。

（124）トロヤノフスキーに対して要求された懲罰にかんしては、コズロフスキーによる外務人民委員会の委員たちへの報告（一九二八年五月二八日、AVP, F. 04, op. 49, p. 304, d. 54531, *f*. 2-3.）および同委員会宛の証明書（署名なし、一九二八年五月三一日、AVP, F. 04, op. 49, p. 304, d. 54531, *f*. 9.）を参照せよ。

（125）メイエルホリドが一九三〇年のパリで見た歌舞伎〔ピガール劇場で上演された筒井徳二郎一座のこと〕について触れている一九三一年、一九三五年、一九三六年の発言は比較しておく必要があるだろう。一九三一年には、それが完全な啓示的な経験であったとし、一九三五年には「頭のなかをさまよっていた考えについて確証を得ることができた」とし、一九三六年には、これまでにみずからが読んできたものの「正しい上演」であったとしている。一九三六年の文章のなかで強調されているのは、ロシア演劇と中国演劇の協力体制であって、もはや歌舞伎は問題とされていない。Vsévolod Meyerhold,

«La Lutte finale. Extraits d'un entretien avec les participants du spectacle (1931)», in *Id., Écritssur le théâtre. T. III.1930-1936*, trad. de B. Picon-Vallin, Lausanne, La Cité – L'Âge d'homme,1980, p. 99 et *Id.,* «Entretien avec des metteurs en scène de province» (11 fév. 1935), p. 26 et «Sur les théâtres chinois et japonais» (15 février1936), p. 78 in *Écrits sur le théâtre. T. IV. 1926-1940*, trad. de B. Picon-Vallin, Lausanne, La Cité – L'Âge d'homme, 1992（フセヴォロド・メイエルホリド「最後の決戦――公演参加者たちとの対話（一九三一年）」（抜粋）『演劇について』第三巻（一九三〇―一九三六年）、B・ピコン＝ヴァラン訳、ローザンヌ、ラ・シテ―ラージュ・ドム社、一九八〇年、九九頁、「地方の演出家たちとの対話（一九三五年二月一一日）」『演劇について』第四巻（一九二六―一九四〇年）、ローザンヌ、ラ・シテ―ラージュ・ドム社、一九九二年、二六頁、「中国演劇と日本演劇について（一九三六年二月一五日）」、同書、二八頁）を参照せよ。

〔ここに挙げられているメイエルホリドのテクストは、いずれも未邦訳なので少し補足しておく必要があるだろう。まず、第一のテクストは、メイエルホリド自身が演出したフゼヴォロド・ヴィシネフスキー（一九〇〇―一九五一）の『最後の決戦』（一九三一年）に対する批判に応えるものである。ここでメイエルホリドは、具象的な舞台装置に依拠しない俳優の単純で素朴な演技のあり方にかんして、歌舞伎を「このテクニックをもつ世界で唯一の劇団」として取り上げ、チャップリンの演技と並び立てている。それは知識として得てきた歌舞伎とはまったく異なるものであったという。第二のテクストは、「メイエルホリドとスタニスラフスキーは根本から対立する」という主張に対する反論として書かれたものである。論旨は、双方ともに変化しつづけているのであって、固定化して考えることはできないというものだが、メイエルホリドは一例としてパリにおける「歌舞伎」の衝撃について語っている。ただし、三一年のテクストとは異なり、この経験について控え目な表現が選択されていると見ることも確かに可能だろう。第三のテクストは、ロシア国立演劇芸術大学（ギチス）の卒業生に向けて、演劇における動作の重要性について語ったものである。ここでは明らかに、それまでの歌舞伎の探究があったからこそ「正しい上演」を見ることができたと論理が逆転している。メイエルホリドは生涯にわたって歌舞伎に関心を払いつづけていたが、自身の活動に対する影響についての対外的発言においては、政治的な配慮があったと考えることができるだろう〕。

（参考文献）

参考にさせていただいた書物や論文のほとんどは、一九二八年の歌舞伎巡業公演にかんする言及を簡潔なものにとどめている。短いものではあるが、倉橋健の記事と仲万美子の論文（後述）はその例外といえよう。ただし、巡業公演を当時の外交的文脈に位置づけなおすという作業は、そのどちらにおいてもなされてはいない。

以下の書誌では、参考文献のなかでも註として引用を行わなかった論文や書物を示した。ソヴィエト連邦で歌舞伎の巡業公演が行われた時期には、数多くの定期刊行物が日本およびロシアで発刊されていたが、それらについてはここでは示していない。当時のイタリア、日本、ロシアの新聞記事の重要なアンソロジーとしては、大隈俊雄編『市川左団次　歌舞伎紀行』（平凡社、一九二九年、全四八一頁）を挙げておく。

（1）*Bibliografija Japonii. Literatura, izdanaja v Rossii na russkom jazyke c1734 do 1917*, M., Nauka, 1965, 378p.（『日本文献目録——一七三四年から一九一七年までのロシア帝国およびソヴィエトの刊行物』ナウカ出版、一九六五年、全三七八頁）。

（2）*Bibliografija Japonii. Literatura, izdanaja v Sovetskom Sojuze na russkom jazyke c 1917 do 1958 g*, M., Izd. Vostonoj Literatury, 1960, 327 p.（『日本文献目録——一九一七年から一九五八年までのロシア帝国およびソヴィエトの刊行物』モスクワ、東洋図書館出版局、一九六〇年、全三二七頁）。

（3）BRANDON, James R., *Kabuki's Forgotten War : 1931-1945*, Honolulu,University of Hawai'i Press, 2009, 465 p.（ジェームズ・R・ブランドン『歌舞伎の忘却された戦争——一九三一〜一九四五年（*Kabuki's Forgotten War: 1931-1945*）』ホノルル、ハワイ大学出版、二〇〇九年、全四六五頁）。

（4）FISCHER-LICHTE, Erika, «The Reception of Japanese Theatre by the European Avant-Garde (1900-1930)» in S. Scholz-Cionca & S. L. Leiter (éd.), *Japanese Theatre and the International Stage*, Leiden, Brill, 2000, pp. 27-42.（エーリカ・フィッシャー＝リヒテ「ヨーロッパ・アヴァンギャルド（一九〇〇〜一九三〇年）における日本演劇の受容」、S・ショルツ・チョンカ、S・L・レイター編『日本演劇と世界の舞台』ライデン、ブリル社、二〇〇〇年、二七—四二頁）。

（5）藤田洋『明治座評判記』明治座、一九八八年、全七〇二頁。

（6）神山彰「左団次という近代」『歌舞伎』第二九号、二〇〇二年、四四—五三頁。

（7）河原崎長十郎『ふりかえって前へ進む』講談社、一九八一年、全三一七頁。

（8）倉橋健「演劇博物館の珍品——十一—二世左団次のソビエト公演記録アルバム」『悲劇喜劇』第二七巻第一二号、一九七四年一二月、五五—五九頁。

（9）LANINA, T. V. (éd.), Mejerxol'd v russkoj teatral'noj kritike. 1920-1938, M., Izd-vo «Artist. Režissër. Teatr», 2000, 654 p.（T・V・ラ

ーニナ編『ロシア演劇批評におけるメイエルホリド　一九二〇―一九三八年』出版社「俳優・演出家・演劇」、二〇〇〇年、全六五四頁)。

(10) 仲万美子「東アジアの総合芸術に対する異文化理解の意味――二〇世紀初頭の京劇、歌舞伎の海外公演を事例として」『音楽学とグローバリゼーション』日本音楽学会編、二〇〇四年、一三〇―一三三頁。

(11) 中村恵「二代目市川左団次略年譜――明治十三年（一八八〇）―昭和十五年（一九四〇）」『歌舞伎』第二九号、二〇〇二年、五四―五九頁。

(12) 太田丈太郎「歌舞伎のレニングラード――二世左団次と宮本百合子」『Slaviana』第二一号、スラヴィアーナ編集委員会、二〇〇六年、一一三―一三四頁。

(13) OZASA Yoshio, «Le nouveau théâtre japonais» in *Japon des Avantgardes. 1910-1970*, Paris, Éditions du Centre Pompidou, 1986, pp. 220-223.（大笹吉雄「新しい日本の演劇」『日本の前衛芸術　一九一〇―一九七〇』パリ、ポンピドゥー・センター出版局、一九八六年、二二〇―二二三頁)。

(14) ŠAXMATOVA, E.V., *Iskanija evropejskoj režissury i tradicii vostoka*, M., Èditorial URSS, 1997, 157 p.（E・V・シャフマートワ『ヨーロッパの演出家たちの探究と東洋の伝統』モスクワ、URSS出版、一九九七年、全一五七頁)。

(15) SEROVA, S. A., *Teatral'naja kul'tura Serebrjanogo veka v Rossii i xudožestvennye tradiciVostoka (Kitaj, Japonija, Indija)*, M., IV. RAN, 1999, 495 p.（S・A・セーロワ『ロシアにおける銀の時代の演劇文化と東洋（中国、日本、インド）の芸術的伝統』モスクワ、IV. RAN、一九九九年、全四九五頁)。

(16) SOROKINA, Marina & VASIL'KOV, Jaroslav, *Ljudyisud'by. Biobliografičeskij slovar' vostokovedov – Žertu političeskovo terrora v sovetskij period (1917-1991)* SPb., Peterburgskoe vostokovedenie, 2003, 495 p.（マリーナ・ソロキナ、ヤロスラフ・ヴァジルコフ『ソヴィエト時代（一九一七―一九九一）における恐怖政治の犠牲となった東洋学者の文献事典』ペテルブルグ、ペテルブルグ東洋研究、二〇〇三年、全四九五頁)。

(17) THORNBURY, Barbara E., «The View from Japan: The Traditional Performing Arts as Cultural Ambassadors Abroad» in S. Scholz-Cionca& S.L. Leiter (éd.), *Japanese Theatre and the International Stage*, Leiden, Brill, 2000, pp. 213-227.（バーバラ・E・トーンベリー「日本から見た世界――文化外交使節としての伝統演劇」、S・ショルツ・チョンカ、S・L・レイター編『日本演劇と世界の舞台』ライデン、ブリル社、二〇〇〇年、二一三―二二七頁)。

（18）上田洋子「歌舞伎初の海外進出——二世市川左団次一座ソヴィエトへ行く」『二世　市川左団次展　生誕一三〇年・没後七〇年によせて　図録』早稲田大学坪内博士記念演劇博物館、二〇一〇年、四三—四六頁。

（蔵書アーカイブ／註で言及したものを除く）

外務省・日本外交文書デジタルアーカイブ（インターネットでは、国立公文書館アジア歴史資料センターのホームページから検索することができる）

日本語版 http://www.jacar.go.jp/

英語版 http://www.jacar.go.jp/english/index.html

文学、美術及演劇関係雑件／演劇関係十一．市川左団次一行渡欧関係（B04012348200）

文学、美術及演劇関係雑件／演劇関係十三．歌舞伎ニ関シ「ソ」側悪宣伝関係（B04012348400）

（訳者付記）本稿は、Yukiko Kitamura, Dany Savelli, «L'exotisme justifié ou la venue du kabuki en Union soviétique en 1928», in *Slavica Occitania*, 33, l'Université de Toulouse-Jean Jaurès, Toulouse, 2011, pp. 215-254. の全訳である。註や参考文献は断りがないかぎり、すべて原文に基づくが、書誌情報などに関して誤記と思われる箇所は、訳文に訂正を加えた。未邦訳の文献については、原語表記の末尾に括弧書きで訳を加えた。補足が必要と思われる場合のみ、原註のあとに〔　〕で訳註を付け加えた。なお、ロシア語文献の表記および訳註11と31については内田健介氏よりご教示いただいた。ここに感謝の意を表する。

4

レニングラードの文脈における一九二八年の歌舞伎公演

マリヤ・マリコワ／監訳＝上田洋子・翻訳＝内田健介

はじめに

一九二八年夏のソヴィエト連邦における歌舞伎の巡業公演の裏には、政治的にも文化的にも複雑ないくつかの裏の文脈や、ソヴィエト政権による綿密な受け入れ準備のなかで沈黙する重要人物たちなど、様々な要素が隠されている。公演の政治的な文脈は、ダニー・サヴェリと北村有紀子による最新の論文において、日本とソ連の両面から詳細に検討され、この公演の複雑さと多義性に関して、以下のような雄弁な証言がなされている。(1)

一九二五年一月二〇日にソ連と日本の基本協定である北京条約〔日ソ基本条約〕が締結されて以来、日ソ関係の構築は、ソ連の極東政策でも最も重要な要素のひとつと見なされていた。この文脈において、歌舞伎の巡業公演はソ連にとって、なによりもまずロシア・ソヴィエトの文学・演劇に関心を示している日本の知識人・文化人層を通じた、手の込んだ共産主義アジテーションの手段であった。このことは在東京ソヴィエト全権代表部からヴォクス〔全ソ対外文化連絡協会〕にあてた書簡や報告のなかで直截に述べられている。だからこそ、ソヴィエト政府は財政的にも組織面でもあれほど気前よくかつ性急に、ソ連の観客にとってはエキゾチックで時宜を得ない日本の伝統演劇の公演という文化事業を開催したのである。公演の政治的な意味を強調するために、ソ連の新聞各紙は、日本の「ファシスト」が歌舞伎のソ連訪問に反対したことについて書いている。(2)たしかにこれは事実であった。しかし、巡業公演の鍵となる日本側の人物たち、すなわちソ連公演の発案者である日本演劇の革新者・小山内薫、一座を率いる座頭の俳優・二代目市川左団次、公演の日本側の主催者である「松竹」の副社長・城戸四郎にとっては、歌舞伎三〇〇年間の歴史のなかで初めての公式のヨーロッパ公演へ赴くにあたり、劇団が世界的名声を獲得するための二つの磁場として、まずソ連があり、もうひとつの場として一部の西洋知識人を惹きつけるムッソリーニのイタリアがあった。サヴェリと北村の論文では、小山内が一九二七年に戯曲『ムッソリニ』を書き下ろし（この年の終わりに小山内は十月革命の式典のためにモスクワに行き、歌舞伎ソ連公演のアイデアを表明していた）[3]、それが一九二八年五月に東京の主要な劇場のひとつである明治座で上演されて、左団次が（ロシア訪問の二ヵ月前に）タイトルロールを演じたこと、そしてこの出来事に対して（近々歌舞伎がソ連公演を行うことをまだ知らない）ソ連のマスメディアも反応したことが述べられている[4]。また、一九二八年の夏の終わりに歌舞伎がモスクワとレニングラードでの公演を終え、本隊が日本に帰国した後、城戸と左団次はソ連のメディアが伝えたように次の海外公演の準備のためにドイツに向かっただけでなく、イタリアにも赴き、同年九月二四日にムッソリーニと面会している。城戸は二日後の歓迎会におけるスピーチで「北なるロシヤより南なる伊太利へ、思想の北極より南極にかけて[5]」歌舞伎を見せることが重要だと語っている。このような複雑な政治的文脈においては、ソヴィエト政権にとり、マスメディアが歌舞伎に対して好き勝手に反応するのを未然に防ぎ、何をどのように書くのか明瞭な方針を示すことが必要だったのは自明だろう。

歌舞伎ソ連巡業公演は文化的な文脈もやはり複雑で、意味ありげな沈黙に満ち、受容の美的側面にも政治的側面にも、ソヴィエト政権が事前に細かく指示を出していた。そこではじめに、モスクワ公演においてもレニングラード公演においても重要なこれらの基本的な文化的文脈を検討し、次に文化の面でも学術的な面でもより興味深く、イデオロギーの度合いの少ないレニングラードの状況について見ていきたい。

1　ソ連における歌舞伎受け入れの準備――ヴォクスの裏工作

歌舞伎ソ連公演の準備はヴォクスに一任された。ヴォクスは在日ソヴィエト全権代表部、すなわち一九二七年に任命された駐日大使アレクサンドル・トロヤノフスキーと全権代表部参事官イワン・マイスキーの指導と政治方針に従っていた。(6) しかしながら、四八人の日本人の一団をまず海路でウラジオストクまで送り、それから列車でロシア全土を横断するという高コストで難しい運輸事業や(7)（行程には二週間を要した）、モスクワとレニングラードにおける公演とそれに伴う諸行事の準備は、かつてアナーキストとして名を馳せたヴォクスの極東担当官ダニイル・ノヴォミルスキーが認めたところでは、ヴォクスの手には負えぬことだった。こうした事業で必要とされるような「組織力と経済的保証はわれわれにはなく、今後も期待できなかった。実務はすべてヴォクスにのしかかって負担となり、指示系統と資金提供の権利は別のところが握っていた」。「別のところ」とはおそらく外務人民委員会（ＮＫＩＤ）のことで、外務人民委員会は歌舞伎巡業公演の責任者にシュテイゲル（おそらくボリス・シュテイゲルのこと）を任命した。ノヴォミルスキーが憤ってマイスキー宛の手紙に書いているところによると、シュテイゲルは、歌舞伎公演が失敗し、客席を埋めるために毎晩、革命軍事会議に複数の赤軍中隊の派遣を要請するはめになるだろうと予測していた。(8) 財政面では、歌舞伎の招聘はヴォクスにとって赤字であった。外務人民委員会は成功に懐疑的で、ボリショイ劇場ではなく、やや小さめのモスクワ第二芸術座を押さえた（レニングラードでも同様に、当初検討されていたマリンスキー劇場ではなくマールイ・オペラ劇場になった）。チケットは主に労働組合の組織を通じて特別割引価格で販売されたため、争奪戦の大騒ぎになったにもかかわらず、公演は元が取れなかった。また、舞台装置はほとんど日本から持って来ずに、(9) 現地で作ることになったが（装置の質が高くなかったことが、舞台照明の明るさが歌舞伎には不十分であったこととともに指摘された）、そのせいで赤字となった[10]。

もっともヴォクスは、準備期間がきわめて短かかったにもかかわらず、歌舞伎巡業公演の前宣伝をかなり広範囲にわたって行うことに成功した[11]。広告には、二万ルーブル（当時のレートで約九〇〇〇ドル）という、巡演の費用全体の二〇％に相当する莫大な金額が費やされた[12]。東京ではヴォクスの依頼でE・P・テルノフスカヤの翻訳による作品の筋書き「全ソ対外文化連絡協会の招聘により一九二八年八月にモスクワとレニングラードで公演を行う市川左団次一座（東京、「歌舞伎座」劇場）のレパートリー」がロシア語で印刷され、事前にソ連に発送された。俳優たちを乗せた列車の沿線各地では、地元の新聞が情報や写真を掲載し、ラビス（芸術家労働組合）や地方政府の代表が駅で俳優たちを出迎え、集まった一般の人々には、俳優たちが作品のあらすじが書かれたパンフレットを配った。テルノフスカヤの回想によれば、「左団次は後にモスクワでのあらゆるスピーチでこのことに言及し、幅広い層のソ連国民が歌舞伎に関心を持っていることに驚きを表明した。こうした宣伝が非常にうまく組織されていたことは述べておかねばならない。道中、俳優たちは新聞や雑誌を買っていたが、紙面では彼らのことが繰り返し取り上げられ、彼らの写真が掲載されていた」[13]。もちろん、日本の俳優たちを出迎えた地方都市の住民たちは、歌舞伎という芸術について何の知識も持ち合わせておらず、せいぜいエキゾチックな一行の様子を見たいという程度の動機しかなかったことは想像に難くない。

ヴォクスは公演の宣伝だけでなく、受容する内容に関しても準備を整えた。その結果、この巡業公演に特有の、明らかな不均衡が生まれた。公演に先立つ刊行物は、公演に対する批評に比べてはるかに多量で内容が濃く、公演を振り返る分析的な反応の方は、ごくわずかしかなかった。マイスキーは事前に党ソヴィエトの主要な機関紙『中央執行委員会（ＴＳＩＫ）イズヴェスチヤ』の編集者ステパーノフ＝スクヴォルツォフに、今回来訪する日本の劇団に対して「しかるべき注目を示し、この劇団を保護して[14]」くれるよう依頼し、極東の特性に詳しいヴォクスの書記長リンデ（一九二六年から二七年にかけて上海のソ連総領事を務めた人物）には、「わが国の劇評家や批評家たちが勝手なでまかせを書かないように配慮してほしい。日本の俳優たちはあらゆる批評にきわめて敏感で、特にその批評が少しでも粗野な形で書かれていたならば、なおさらである。もちろんわれわれは批評の権利を認めないわけにはいかない。しかし、今回はやはり、批評の形式がわれわれの客人たちをあまり傷つけないようにすることが大切だ。なぜなら歌舞伎の来訪は大きな文化的・芸術的意味を持つだけでなく、相当に重要な政治的意味を持っていることを見のがしてはならないからだ」と説き、さらにニコライ・コンラド教授を「利用する」ことを薦めている。[15]

マイスキーは『イズヴェスチヤ』紙に、歌舞伎の「正しい」受容の仕方を指示する記事を送っている。この日本の伝統演劇の「古く」豊かな文化は「われわれには多くの点で無縁である」が、「その純粋に芸術的な到達点はきわめて偉大であり、ソ連人すらも魅了されるであろう」、ソ連人にとって歌舞伎はなにより「純粋な芸術の技」の部分に価値がある、[16]といった具合である。こうした受容の方針は、「たとえ歌舞伎の演目がソヴィエトの観客を完全に満足させられなかったとしても、左団次の技は〔略〕わが国の観客を感動させるに違いない」[17]とするトロヤノフスキーも共有していた。また歌舞伎巡業の美学的な受容に関する公式なイデオローグたちも同様で、美術批評家・芸術史家のダヴィド・アルキン[18]にとって、歌舞伎とはなによりもまず「俳優の技と圧倒的な演劇性」の演劇であり、[19]西欧主義の文献学者で演劇研究家、一九二七年から三〇年にかけてレニングラードのヴォクス全権代表であったコンスタンチン・デルジャーヴィンは、「われわれの注目は」ソ連の観客にとっては思想的に疑わしい戯曲のジャンルや内容にではなく、「主に歌舞伎の上演の手法と俳優の演技に注がれるであろう」としている。[20]

歌舞伎の受容において、「封建的」「宗教的」「神秘的」な戯曲の内容（すなわち当時のソ連の文学と演劇では検閲によって絶対に禁止されていたテーマ）と俳優の「技」を分離させるという当局から示された美学的方針は、ネップからスターリニズムに向かう「大いなる激変」が、政治や経済、文化においてもすでに始まっていた一九二八年としては、なかなか意表をついたものである。一九二〇年代初頭のソ連文化の基盤には、実際に形式と内容の分離を前提とする「技芸」や「社会的要請」の思想があったが、二八年の段階では、芸術家に要求されるのは、もはや「名人」であることではなく、階級の有機的な一部分であることで、したがって作品の内容と形式はともに、その芸術家が階級としての役割に忠実であるかという観点から検討された。一座が去ったあと、『コムソモーリスカヤ・プラウダ』紙の匿名の劇評家は、明らかに安堵した様子で、いつもの社会主義的（マルクス主義的）な文化現象の評価に回帰し、「このような演劇はわれわれには不要」という結論に達している。演目という観点でも（「歌舞伎の公演の際に配布されたパンフレットを読むと、唖然としてしまう。この演劇の演目がどういうものかというと、侍の名誉という封建的伝統に満ちた、中世の道徳に貫かれた戯曲で〔略〕」、おまけに「約束ごとに基づいた、愛国的な切り口」だ）、誰もがあれほど驚嘆した形式の観点からも同様だった。形式は「階級的」基層と不可分であり、したがって「洗練された」歌舞伎の形式は「カースト的な、狭い集団の演劇のなかで作り上げられ、〔略〕そこにある演技の手法はすべて先祖代々の資本」なのだ。歌舞伎にふさわしいのはせいぜい「博物館」であり、最悪の場合、この「形式は内容以上にわれわれに敵対することにもなり得る。〔略〕なぜならそれは取るに足らない細部を舐めるようにして美的に味わうことや、自己充足的な芸の到達を受動的に愛でることを推奨するからだ。共感や感情の充実といった、演劇の基礎となるものを殺すのである」[21]。反メイエルホリド的な傾向を持つ有名な演劇批評家ミハイル・ザゴルスキーも同じ調子で、だがいくぶん洗練された表現で意見を述べている。歌舞伎の公演において観客は感情が冷めたままであり、いくぶん退屈さえした。なぜなら、「われわれの時代の人間」には「博物館〔略〕で特別に興奮するなど〔略〕ありえるだろうか。〔略〕歌舞伎において、われわれの前に現れるのが真に博物館的な、死んだ演劇文化であること、そのことに疑問の余地はない」。もっとも、問題は「非現代的な」戯曲の内容ではなく、非現代的な演劇の形式にあり、なによりも「ゆっくりと引き延ばされるような、途切れがち」で、ひとりの俳優によるパントマイムの場面が延々と続くというような芝居のテンポにあるのだ。「このような構成は〔略〕われわれの時代全体にとっても、完全に異質なものである」[22]。

歌舞伎の巡業公演に関する報道での政治的・美学的な方針のほかにも、ヴォクスは日本演劇の主な特徴に関してソ連のマスメディアにあらかじめ情報を与えるようにしており、実際にマイスキーの助言に従って、レニングラードの日本学の中心的人物ニコライ・コンラドと、彼が主任を務めていたレニングラードの国立芸術史研究所(GII)の演劇史・理論局(TEO)の東洋演劇部門を、観客とマスコミを事前教育するために「利用」した。コンラドを代表に、デルジャーヴィン、A・A・グヴォズジェフ、N・P・イズヴェコフ、S・S・モクリスキー、V・N・ソロヴィヨフをメンバーとする特別委員会が組織された[23]。委員会のメンバーたちはソ連の定期刊行物における日本演劇に関する報道や、一九二八年にヴォクスの依頼で、この頃国立芸術史研究所に属していたレニングラードの出版社「アカデミア」から刊行された、コンラド編の論集『日本演劇』(表紙は有名な装丁家のニコライとアレクセイのウーシン兄弟による、様式化された「日本風の」ものだった)、およびコンラドによるパンフレット『歌舞伎』にも積極的に参加した。ソ連の観客に日本の伝統演劇の主な特徴を事前に紹介するために、これほどの集中的な努力が費やされていたからには、おそらく新聞を読む人なら、歌舞伎には女性がいないことを知らず、「花道」や「三味線」といった言葉を正確に発音できないような人はいなかったであろうと思われる。鋭い視点のコラムニストで、雑誌『アガニョーク』の影響力のある編集者、ミハイル・コリツォフは、「日本演劇のソ連公演に関するそれなりに見栄えのする自家製の小記事」の皮肉なレシピを提示したほどだ。「作り方は簡単だ。プログラムつきの普通のリブレット(二〇カペイカ)を買い、追加の文章で詰め物をして、日本の封建主義や独特の伴奏に触れ、香りをつけるために「花道」「義太夫」「女形」といった言葉を加えて、労働者や農民の登場場面がないことを軽く非難して味付けをすればできあがり」[24]。

2 作家ピリニャークの不在

イデオロギー的・文化的な規範が入念に準備されたこと以外に、一九二八年のソヴィエト・ロシアにおける歌舞伎の受容は、重要な二人の人物、ボリス・ピリニャークとフセヴォロド・メイエルホリドの不在によって規定されたように思われる。一九二〇年代始めに異常なまでに流行した作家ボリス・ピリニャークは、よく知られている通り、一九二六年の春、ロシアの名のある作家としては一六年のコンスタンチン・バリモントの日本訪問以来初めて、三ヵ月間日本を旅している。このピリニャークの日本滞在は大きな社会的反響を呼んだ。ピリニャークは帰国後の二七年、この時点ですでに事実上国営化されていた共産党の古い出版社「プリボイ」から、印象記『日本の太陽の根源』を出版している。このピリニャークの日本に関する本について幅広く多面的な解説を書いているダニー・サヴェリは、三三年以降日本でヴォクスの代表を務めたモイセイ・ガルコヴィチの意見を引用している。ガルコヴィチによると、一九二六年から三一年にかけての日ソ関係の最も重要な指標として、まずは二八年の歌舞伎ソ連公演、次にピリニャークの日本旅行があげられるという[25]。ピリニャークが、歌舞伎の巡業を含むソヴィエト・ロシアと日本の相互の関心の高まりに寄与しているのは疑いない。彼はモスクワで革新的演出家・小山内薫と会談し、ヨーロッパの戯曲を志向する小山内の築地小劇場について、自らの著書で触れている。また、東京では、有名な劇作家でシェイクスピア翻訳者の坪内逍遙と会っているが、それは逍遙の新作戯曲『牧の方』を上演中の歌舞伎座でのことだった[26]。このほかにも、ピリニャークは自身が見た伝統的な歌舞伎の芝居について、かなり表面的ではあるが記述している。[27] 初版の表紙には、彼のために四代目尾上松助が毛筆で書いた「幸」の漢字が印刷されており、サヴェリは「この本がまるで歌舞伎の旗印のもとにあったかのようだ」と述べている。[28] 歌舞伎の来訪前にもモスクワでの公演中も、ピリニャークはソ連側の日本専門家のひとりとして、またソ連の観客と日本演劇の仲介者のひとりとして姿を現すはずの人物である。ところが、『日本の太陽の根源』と『消えない月の物語』に対するきわめて否定的な評価のせいで、彼の名はついに言及されないままだった。[29]

ピリニャークの本に対する批判のなかでも、『プラウダ』に掲載された日本学者オレグ・プレトネルの強烈な批判は、一九二八年に歌舞伎について書くすべての人々に対して警告の役割を果たしたと考えられる。プレトネルはピリニャークの本に「盲目的愛国主義者の言葉に追従する日本認識と、エキゾチックでおもちゃのような、すべてが「あべこべ」な日本というアプローチの混交」を見出して、「ソヴィエト社会」に対し、この本は「信用できない偽物なだけでなく、害悪でさえある」と警告した。[30] 言いかえれば、歌舞伎について書く批評家たちは、日本に対する度を超えた賞賛という前門の虎と、日本をエキゾチズムとして捉える態度という後門の狼の間を通過しなければならなかったのだ。後者は特に難しかったが、それは一九二〇年代の文化に、東方の異国情緒への「植民地主義的」な関心の痕跡がまだかなり生きていたからである。一九二四年から二七年にかけて、ソヴィエト・ロシアで人気を博した〔ドイツ人作家〕ベルンハルト・ケラーマンの旅行記『菊の国』がロシア語で何度か再版され、二五年には同程度に人気のあったフランス人作家クロード・ファレールの『極東散策』が翻訳された。また、イギリス人〔のち日本に帰化〕ラフカディオ・ハーンによる日本の物語やおとぎ話は、ピエール・ロティの『お菊さん』とともに一九一〇年代頃からロシア語で何度も出版されていた。有名な日本の女優・貞奴〔ネップ時代のロシアでは、国営香水商会テジュが、一九〇〇年代に「A.Ralle & Co」社が製造を開始した「貞奴」というオーデコロン・香水・石鹼を生産し続けていた〕と花子の二〇世紀初頭の公演〔それぞれ一九〇二年と〇九年〕は、多くの人々の記憶に残っていた。コンラドは歌舞伎ソ連公演を前に解釈の指針を示した論文のひとつで、ソヴィエトの観客に対し、「文化的大国主義」の観点からアジアの芸術をエキゾチックなものとして見るようなヨーロッパの視点を持たないよう警告しつつも、情報不足のせいでソ連においても日本の演劇が「エキゾチックな見世物」と受け止められる可能性があることを認めている。「わが国で日本についての真実のなにが知られているだろうか。日本演劇については、なおのことではないか。アンケートをとったなら、もちろん「花子」「貞奴」の二つの名前が挙がるだろう」[31]。アジアの芸術をヨーロッパの芸術の「あべこべのもの」として見る、エキゾチズム化の見方に対し、コンラドは「あらゆるヨーロッパ主義」から自由な、独自性を持った本物の東洋芸術の長い伝統に対する「ソヴィエト的」理解を対比させている[32]。レニングラード公演の初日に出版された、レニングラードの『芸術生活』誌の社説においても、日本の伝統演劇を「単なる楽しくてエキゾチックなおもちゃ」とするヨーロッパの視点と、「そのような「文明」の思い上がりを根本的に持たない」ソヴィエトの態度の対置に大部分が費やされている[33]。

3 演出家メイエルホリドの不在

二人目の重要な不在の人物はフセヴォロド・メイエルホリドである。彼は一九二八年のソヴィエト・ロシアにおける日本演劇の受容の方向を示す力を持っていたが、彼自身は、この年の夏、病気療養とメイエルホリド劇場の来るべき外国公演の準備のためにフランスにいた。もっとも、「演劇の十月」の提言者である彼こそが、日本演劇の要素を自らの舞台に取り入れたのであり、同じくその方法を使用している他の演出家たちとは異なり、それを概念化し、宣言として活字化したのである。メイエルホリドが用いた日本演劇の方法については、特に一九二六年の総括的な論集『演劇の十月』に多くのことが記されているが、この論集の執筆陣のなかには、一九二八年夏にソヴィエトの観客の歌舞伎受容を準備した主導的な演劇研究者たちがいた。アレクセイ・グヴォズジェフはメイエルホリド劇場のイデオローグで史料編修者だったが[34]、国立芸術史研究所の演劇史・理論局主任であり、出版社「アカデミア」の編集者でもあった。彼は一九二三年から二五年にかけて国立芸術史研究所の「東洋演劇」シリーズで、カール・ハーゲマンの三巻本『諸民族の演技』を出版したが、そのうちの第二巻は日本を対象としており、歌舞伎についても触れられていた。ほかにも、前述のコンスタンチン・デルジャーヴィン、演劇研究者で西欧文学史家、そしてハーゲマンの「日本」の巻の翻訳者であるステファン・モクリスキー、またコンラドもやはり論集『演劇の十月』に参加していた[35]。さらに歌舞伎巡業公演の支援のためにヴォクスがレニングラードに設立した特別委員会の参加者である演出家で演劇研究者のウラジーミル・ソロヴィヨフは、一九一〇年代初頭からメイエルホリドのペテルブルグのスタジオにおける近しい協力者で、雑誌『三つのオレンジの恋』の精力的な執筆者でもあった。その後、彼は論集『メイエルホリド劇場の『検察官』[36]』の著者のひとりとなり、また二七年四月にはレニングラードで実験的に日本の戯曲を上演している。

モクリスキーは『演劇の十月』の論文で、メイエルホリドの基本的な「日本の」手法を、最も充実した形で列挙している。平面的な舞台装置の代わりに三次元的な装置を使用したこと。たとえば、『森林』（一九二四年）における「橋」（「花道」）だが、芝居の終幕でアクシューシャとピョートルがアコーディオンの音が鳴るなか、この「橋」を通って去っていく演出がそれにあたる。あるいは『ブブス先生』（一九二五年）における舞台装置は、竹の棒が銅製の輪で一列に吊るされていて、「俳優の登場のたびに、これらの竹の棒があたかも観客に今から起こる場面を予告するかのような特徴的な音を出す、というものであった。こうして最も重要な場面の全てが強調されるのは、日本演劇において同じ目的で使われる打楽器を思い起こさせる」（ここで借用されているのは「事物としての装置ではなく、それが「目指す狙い」である」）[37]。さらに、「作り物の小道具」ではなく「本物」を使用する（『大地は逆立つ』〔一九二三年〕の本物のオートバイ、『森林』の本物の竹馬と家庭用品）。ここでモクリスキーは、日本演劇では偽物の道具を使って演じることは俳優にとって屈辱であるとされているというハーゲマンの記述を、直接引用している。演劇音楽が独自に構成された「音楽喜劇」（『ブブス先生』）は、東洋演劇の独特な叙唱を用い、「間奏曲的ではないという特徴を持ち、場面に対して中立的な背景にはならずに、音楽とせりふの一致という条件のみを遵守しつつ、言葉の素材を組織し、言葉と組み合わさって複雑な楽譜を織りなす」ような音楽を背景として展開する。日本演劇の後見（クロンボ《〔ママ〕》〔黒衣《くろご》〕）に起源を持つ「プロセニウムの小間使い」の使用。メイエルホリドがこれを最初に導入したのは『ドン・ジュアン』（一九一〇年）で、そこではその役割を「アラブ人の子供たち」が担ったが、その後、多くの演出家たちが演出に利用した。「前演技」[38]は「複雑なパントマイムによって観客に台詞への心構えをさせる」もので、同じく日本演劇に起源を持っている[39]。

　歌舞伎の来訪に関する記事のなかで繰り返される「花道」「プロセニウムの召使」「音楽を基盤とする芝居」「前演技」への言及は、ソヴィエトの読者に必然的にメイエルホリドを思い起こさせた。メイエルホリド劇場にも歌舞伎公演の準備にも参加していなかった、経験豊かな芸術研究家ヤコフ・トゥーゲンホリドでさえ、歌舞伎の受容にメイエルホリドの「日本の」方法が影響したことを指摘している。彼は「花道」との関係で「日本演劇の影響の下にメイエルホリドがずいぶん前から夢中になっている、あの、舞台と観客席の「一体化」という原則」に言及している。彼はまた、『鳴神』の主人公が怒りから悪魔に変身する、すべての人を驚かせた場面について、鳴神上人がオランウータンのようになり、まるで猿のように祭壇の柱にしがみついたと書いているが、これには「メイエルホリドの「事物を用いた演技」」を思い浮かべたのである[40]。

　一九二八年の夏、メイエルホリドはピリニャークと同様、批判を受ける立場にあったことを念頭に入れておくべきだろう。『検察官』（一九二六年）や『智恵は悲し』（一九二八年）といった近年の作品における「演劇の十月」の理想からの逸脱に加えて、病気を理由に一年間国外に留まりたいと政府に申し出たばかりであったのもその一因だった。この申し出は、結局ドイツから帰国することのなかったミハイル・チェーホフの同時期の似たような行動と重なったため、「逃亡」の試みとして受け取られ、国立メイエルホリド劇場の閉鎖、さらにはメイエルホリド劇場解体委員会の創設という決定をもたらすことになった。歌舞伎に関して書いた劇評家たちの、アヴァンギャルド演劇、特にメイエルホリド劇場による日本の伝統演劇の手法の使用に関する言及に見られる、不明瞭な、あるいは多かれ少なかれはっきりと表明されたネガティヴな態度は、おそらくこうした状況によってもたらされた。メイエルホリド劇場のイデオローグのひとりであるデルジャーヴィンは、現代の革新者たちが借用した日本演劇の要素について語るさいに、メイエルホリドを常にほかのヨーロッパの演出家たちと同列に置いている。マックス・ラインハルトが導入し、メイエルホリドも『委任状』で使用した廻り舞台、芝居を一定の色彩によって観客の知覚を促すというゴードン・クレイグの創案、「一連の演劇の革新者たち」の実験における舞台上の出来事の観客席への導入（「花道」）などは、日本演劇に起源を持つ、といった具合である。これはおそらく、同時代の演劇ではこれらの方法が舞台機構の補助的な手段にすぎなかったのに対し、日本演劇では上演の有機的な要素のひとつとなっていることを認めなければならなかったためであろう[41]。反メイエルホリド陣営の演劇研究者ミハイル・ザゴルスキーは歌舞伎批判をメイエルホリドへのアンチに直結させた。現代にはそぐわない緩慢で長々しい歌舞伎の舞台構成を描写しつつ、彼が言うことには、「メイエルホリドは『ブブス先生』において、こうした日本演劇の要素に基づいた作品を作ろうと試みた。彼の演出に見られる無感覚性、凝固性、冗長性、不動性がどこから来たのか、また同様に、歌舞伎における木の板の音そっくりの効果を持つ竹の装置、筋の進行の急転換の手法、音楽に合わせた演技、かの有名な「前演技」、各状況のうんざりするほど微に入り細にわたる検討などがどこから現れたのか、今では明白である。まさに『ブブス』から、このかつて猛々しかった巨匠の創造的発展に遅れが始まったのは理由のないことではない。〔略〕時代遅れになった芸術の形式は、それを時宜を得ずに復活させようとする者に対して復讐するのだ！」[42]。

4 コンラドとレニングラードにおける日本の戯曲上演の試み

だが一九二八年まで、ロシアの舞台でメイエルホリドただひとりが日本演劇の方法を用いたわけではなかった。二七年のレニングラードにおいて、メイエルホリドと継承関係を持つ演出家ソロヴィヨフ、S・E・ラドロフ、日本学者コンラドの協力によって、本物の日本の戯曲を日本演劇の様式で上演する試みがなされた。モクリスキーは『芸術生活』誌の歌舞伎に関する記事で、『演劇の十月』で述べたメイエルホリドの「日本的」方法の基本的なものを簡潔に列挙し、またそれらの使用におけるこの演出家のパイオニア的な役割を指摘して、メイエルホリドが「極東の演劇の技術について耳にしたこと」に根拠を置いていたこと、つまり国内のほかの演出家たちと同じように、その技術の「多くを伝聞によって、〔略〕本や論文〔主にドイツのもの〕、日本演劇の木版画や写真の鑑賞、目撃者の話や感想から」知ったことについて指摘している。モクリスキーは次のように続ける。

日本演劇の技術の習得において、レニングラードの先進的な演出家ラドロフとソロヴィヨフは少し先へ進んだ。両人は本物の日本の戯曲の上演を伝統的な日本演劇のやり方で試みた。この種の試みは、ソ連の東洋学最大の中心であるレニングラードにおいてのみ可能だった。アカデミードラマ劇場のスタジオにおける『織田信長』と国立芸術史研究所の演劇研究室における『踊供養』のどちらも、日本演劇の理論的問題に関心を持つ演出家たちと、レニングラードで最も日本演劇に造詣の深い東洋学者コンラド教授の共同作業の成果である。教授は演出家たちが日本の戯曲を上演するにあたり、細部にわたって助言を与えた。〔略〕結果、どちらの場合もなかなか興味深い芝居となり、レニングラードの観客に初めて日本演劇の様式を感じさせることとなった(43)。

実際に、歌舞伎ソ連巡業のレニングラード公演における文化的な文脈は、この街には伝統的に東洋学の拠点があり、コンラドが日本学の中心人物となったソ連時代においてもその伝統が保たれていたおかげで、教養ある観客が日本演劇をよりよく知っていたことによって規定されていたのである。

ニコライ・コンラドは、ペテルブルグ大学東洋学部日本・中国科、および東洋応用アカデミー（ＰＶＡ）日本科で学んだ。一九一四年、彼はペトログラード大学から日本へ、研究出張に派遣された。一七年には危険を冒してロシアに帰国し、日本に残った同僚のＮ・Ａ・ネフスキー宛ての手紙に記したような日本的概念「無為・諦念」（変化のない行動、混乱状況において何もできない状態(44)）の感覚をまもなく克服して、きわめて積極的に学問と組織の活動に身をささげた。しばらくＥ・Ｄ・ポリヴァノフとともに人民委員外務部で働いた後、一九一九年から二二年にかけてオルロフ大学で教鞭を執り、その学長となる。二二年にペトログラードに戻り、レニングラードのすべての日本学センターを指揮するようになった。また、二〇年代の始め、コンラドはゴーリキーの「全世界の文学」プロジェクトでソ連の読者に日本古典文学を紹介する。二三年には同名の出版社「全世界の文学」から彼の翻訳した『伊勢物語』が刊行され、同様に他の日本文学作品の翻訳も同社の後援で刊行されていた雑誌『ヴォストーク(45)』に発表された。さらに二七年、Ａ・Ｎ・エヌキゼ記念レニングラード東洋言語研究所（ＬＩＺＨＶＩＡ）の出版局から著作『例文と随筆で読む日本文学』が出版された。コンラドはレニングラード東洋言語研究所（教育部門の副学長でもあった）とレニングラード大学地理学研究所（一九二六年に教授の肩書を得た）で教鞭を執り、同じく国立芸術史研究所の演劇史・理論局東洋演劇部門を主導した。

グヴォズジェフが長を務める国立芸術史研究所の演劇史・理論局と、彼がこの研究所にいる間に創設されたコンラドの東洋演劇部門はまさに、レニングラードにおける日本演劇研究の中心であった。一九二三年から二五年にかけて、この機関の努力によりグヴォズジェフ編集のもと、国立芸術史研究所の出版社「アカデミア」から（不定期の「東洋演劇」シリーズにおいて）先述の日本演劇の巻を含むカール・ハーゲマンの有名な著作『諸民族の演技』のドイツ語からの翻訳が出版された。演劇史・理論局では定期的に日本演劇についてのレクチャーが行われた（一九二五年六月二日にコンラドの「日本演劇（歌舞伎のジャンル）」、一九二六年一月二六日にはメイセリマンの「日本演劇の発展における基礎的段階」、一二月九日にコンラドの「日本の批評における日本演劇の評価」[46]）。一九二六年三月にはメイエルホリド劇場と共同で比較演劇研究「東洋と西洋」の連続講義が開催され、コンラドはそこで日本演劇に関する講義を行っている。さらにグヴォズジェフ編集の演劇史・理論局の紀要『演劇について』に、能に関するコンラドの論文が掲載された。一九二七年三月、演劇史・理論局のメンバーA・M・メルヴァルトとコンラドの発案で「東洋民族の演劇」の展覧会が開催され、あわせてコンラドの日本演劇に関するものを含め、関連講義が行われた[47]。

一九二七年の夏と秋に、コンラドは、レニングラード東洋研究所（LVI）から日本へ研究出張に行き、演劇史・理論局の報告によると、「日本演劇の舞台裏の生活や日本の俳優たちの日常を研究している数少ないヨーロッパ研究者のひとりとして、現代の日本演劇（主に「歌舞伎」のジャンル）を観察した。コンラドは日本演劇のイコノグラフィーに関する重要な材料を集めた（原註：おそらく、歌舞伎俳優、舞台、東京の歌舞伎座の建物などの数多くの写真で、左団次一座による巡演の前にソ連のあらゆる新聞・雑誌に大量に複製されたのは、コンラドが提供したものだった）」。彼の注文によって、舞台機構を完全に備え、正しい衣裳を着た俳優たちの人形が据えられた日本の劇場の木製模型（能と歌舞伎のジャンル）が日本で製作された。模型は国立芸術史研究所の演劇史・理論局の研究室に保存されている」[48]。

コンラドが日本から戻ったあと、演劇史・理論局東洋演劇部門は、ヴォクスのレニングラード支局と共同で、ソ連とロシアの文化に共感し、一九二七年から翌年にかけてソヴィエト・ロシアに滞在した秋田雨雀《うじやく》のために、同年一二月にイベントを開催した。秋田は日本の詩人であり劇作家、エスペラント語研究者、二五年に日露文学芸術協会（ＩＡＲＬＫＨＯ）設立の鍵となったメンバーのひとりである。秋田雨雀の夕べのプログラムには、コンラドの開会の辞「秋田の文学と演劇の活動」、秋田の一幕物の戯曲『首を切る瞬間』（コンラド翻訳）の朗読劇、そして秋田自身による報告「日本演劇の最も新しい流れ」が含まれていた[49]。その他にも、二七年の終わりから翌年春にかけて、演劇史・理論局でコンラドの「一九二七年の日本における演劇」と「日本の喜劇」、そしてメイセリマンの「能面」の研究報告が行われた[50]。

一九二七年四月四日、演出家ソロヴィヨフがコンラドの翻訳による岡鬼太郎《おにたろう》の幕間《まくあい》狂言（所作事）『愉快な供養』を再現上演したのは、事実上国立芸術史研究所の実践的な演劇研究室であった演劇史・理論局によるものだった（美術Ａ・Ｖ・ルイコフ、音響Ｉ・Ｍ・シェリンゲル）[51]。上演に先立ち、コンラドの「所作事というジャンル」、ソロヴィヨフの「日本の俳優の技術について」、シェリンゲルの「日本の演劇音楽について」という報告がなされた[52]。だが、国立芸術史研究所の記念日に合わせて行われたこの上演は一度だけで、学術的な裏付けが十分なされていたにもかかわらず、広く知られることはなかった。

より大きな反響を得たのが、その半年前にセルゲイ・ラドロフによって上演された歴史悲劇『織田信長』[53]である。同時代の日本の劇作家・岡本綺堂の作品で、同じくコンラドの翻訳であった。岡本の戯曲作品は二八年の歌舞伎ソ連公演のプログラムにも含まれている。上演は二七年一月九日のマチネで、アカデミードラマ劇場のスタジオが母体となり、スタジオで学ぶ俳優たちによって行われた（小道具、彫刻美術S・A・エフセーエフ、美術A・V・ルィコフ、音響V・M・デシェヴォフ）。

これに先行して、初日の五日前に雑誌『労働者と演劇』にコンラドとラドロフの論考が掲載された。コンラドの論考は、あたかも一年半後に開催される歌舞伎公演を先取りしているかのようである（この公演について、コンラドはこのとき知るよしもなかった）。

もし日本の劇団がわが国に来るなら、かつてロシアバレエがヨーロッパに出たときと同じようなことが起こるのではなかろうか。それどころか、もっと大規模になるだろう。日本演劇はわれわれにいっそう大きな驚愕を与えてくれるのではないか。一九一四年には歌舞伎ドイツ公演のための準備が全て整っていたが、戦争が起こり、日本の俳優たちは母国に残ることになった。おそらく今、ソ連でなら、日本の演劇芸術は当時よりももっと時宜を得ているだろう。ソ連の演劇活動家のあいだでは日本の演劇芸術全般に関しても、俳優の技に関しても、それがきわめて高いレベルにあるということについて、既におおよその合意が生まれている。ゆえに、日本演劇に対して真に文化的な受け入れをすることをわが国では保証できる。(54)

だが、コンラドは「これを今実現するのは難しい」と認めている。そして「残されたのは最も抵抗の少ない方法を選ぶこと、つまり演劇それ自体を持ってくるのではなく、日本の戯曲を見せることである。〔略〕『織田信長』は形式とアレンジの面でわれわれの演劇にまったく近い。しかし同時に、真に日本的なものの深奥へと導く戯曲でもある。〔略〕「日本は逆立つ」〔メイエルホリド『大地は逆立つ』のパロディ〕か、と言う人もいるだろう。(55)いや、正真正銘の本物だ。確かに、日本といっても古く、一六世紀の日本である。しかし、そこに見られる心理的深みは今とほとんど変わらない」[56]と述べている。ラドロフは、彼がこの芝居で行った日本の俳優の悲劇的な演技の「接木《つぎき》」に焦点を当て、それまで力を持っていたフランスの宮廷演劇の規範と対比しつつ論じている。「朗読されるのではなく、内的緊張に基づいて語られる言葉、飾り立てたり図解したりするのではなく、意志の働きかけによって決定される身振り」の「接木」は、自分たちが選んだジャンルである「国民の政治悲劇」を舞台で具現化するために不可欠なものなのだ[57]。

上演は高い評価を受け[58]、戯曲の価値の高さと、同時代のソヴィエト演劇にとって国民的・政治的悲劇のジャンルが時宜を得たものであることが指摘された[59]。また演出家、美術家、作曲家による、美学的で異国風な様式化のためではない、鋭く、感情的に実感でき、広い観客に理解される演劇形式を創造するための巧みな歌舞伎の方法の利用にも高い評価が与えられた（不満を呼んだのは、スタジオのアマチュア俳優の未熟な語りの技術だけであった）。

当然ながら、ラドロフによる日本演劇の方法の利用に対する批評では、メイエルホリドの同じような試みとの比較が行われている。レニングラードの有名な演劇批評家シモン・ドレイデンは、「メイエルホリドの演出（『ブブス先生』と『検察官』）で間接的に知られている日本演劇の方法は、ここではそれが元来有している本質において使用されている[60]」とみなした。「テクストのパントマイム的開示（いわゆる前演技）」も、「舞台上の出来事の基本的な進行を強調し、しかるべきときに観客の注意を向けさせる音楽」も、「絶対的な律動性と運動の複雑な展開、集団の塑像性と内的行動、せりふの高揚と緊張[61]」も、オーケストラボックスに降りるというものにすぎなかったとはいえ花道も、どれもラドロフによって使用された。俳優たちは繊細に様式化した日本の衣裳（写真から察するに演劇の衣裳であるとは言い難いが）に、仮面的なメイクで演技をした[62]。舞台美術には日本の屛風が使われ、日本の水彩画のような効果を生み出す影絵の方法が用いられた。オーケストラは独特な民族楽器によって構成された。

この作品は一九二八年の冬にも数回上演されたが（ラドロフのアーカイブにポスターが保存されている）、批評家のあらゆる賛辞にもかかわらず、プロの劇団のレパートリーに入ることはなかった。ある劇評家は、「レパートリー欠乏状態のわが国で」「形式の古典的な明確さと簡潔さに到達していて（略）面白くて魅力的な筋の展開があり、「エキゾチズム」のニュアンスが全くなく、どんな観客が受容するにも分かりやすい、劇作の真の模範である」岡本綺堂の悲劇が、どのレパートリー機関にも採択されなかったのはなぜかと驚いている。[63] コンラドとメイエルホリドの往復書簡から察するに、状況はさらに複雑だったようである。メイエルホリドはコンラドが翻訳したこの戯曲について、ラドロフの上演よりも前に知っていた。他方、コンラドはメイエルホリドの要請に答えて彼に戯曲のテクストを送ることを約束するが、なぜか彼にそれを上演しないよう依頼している。

> どうか私のことを誤解しないでください。私は誰かに対して何らかの義務を負っているわけではありません。この戯曲は誰にでも好きな人に渡すことができます。ですが、私はこの作品をこれ以上舞台では見たくないのです。ラドロフのアカデミードラマ劇場のスタジオでの上演が終わったら、もうそれを最後に封印されてしまえばいい！　これが私の心からの願いです。ですから、もしあなたがこの戯曲をご自分の劇場で上演したいと思われたなら、私と特別な話し合いをもったあとにしていただきたいのです。私はあなたに全ての原因、書斎机の引き出しの一番奥にこの戯曲を眠らせたいと思わせる原因を順序立ててすっかりお話しします。[64]

そのさいコンラドは、日本の戯曲を上演したいというメイエルホリドの望みに対しては「法外な喜び」であるとし、もし『信長』をメイエルホリドが気に入らない、もしくはこの戯曲を上演するべきではないことに同意する場合には、「レニングラードでもモスクワでも誰にも知られていない一連の別の戯曲を」提供すると書いている。そして「私はあなたのために、ともに面白いと合意できるものを特別に翻訳する用意があります。つまり、私が持っている全てをあなたに提供し、あなたの劇場のためだけにじっくり取り組んで仕事をするつもりなのです」[65]と提案している。メイエルホリドによる日本の戯曲の上演という案は実現しなかった[66]。なぜコンラドが自らの『織田信長』の翻訳を「書斎机の引き出しの奥に」眠らせておきたいと願ったのかという問いには、日本学者がコンラド・アーカイブ（АРАН. Ф. 1675. Оп. 1. Д. 176）に保管されているコンラドの翻訳テクストと岡本綺堂のオリジナル・テクストを比較するならば、答えが見つかるかもしれない。

5　レニングラードにおける歌舞伎

このようにレニングラードの観客は、モスクワの観客よりも本物の日本演劇を受容するための準備ができていた。ヴォクスの要請で創設された、コンラドを代表とする歌舞伎公演準備委員会は、モスクワでも日本の俳優たちに同行したとはいえ、重心はレニングラードに置いていた。国立芸術史研究所演劇史・理論局東洋演劇部門のメンバーたちが、常に左団次の一座と交流し、上演の前に講演を行い、「舞台装置や衣裳、伝統的なポーズ、身振り、日本の俳優たちの動きの写生や研究」を行ったのはここであった[67]。レニングラードではこの巡業公演のあまりにも複雑な政治的意義を抑え、文化的な意義にのみ集中するという決定がなされていたと推測することもできるだろう。このことは『クラースナヤ・ガゼータ』の夕刊に掲載された、「党や他の組織の代表による「歌舞伎」祝賀会に関する委員会の結成」についての報道や、公演の開催が外務人民委員会に関係しているという報道を否定して、客人たちの歓迎やチケットの販売はヴォクスのみが司るものだと伝える記事に示唆されている[68]。

劇団のレニングラード入りは八月一五日に予定され、その後一八日に変更になった[69]。さらにその後モスクワで追加公演が決定したため、実際にレニングラード公演が始まったのは二〇日からで、場所はマールイ・オペラ劇場（現ミハイロフスキー劇場）だった。

八月一九日、歌舞伎一行がレニングラードに到着した日に、モクリスキーやコンラドの綱領的論文、エイゼンシテインの有名な論文「思いがけぬ接触」を掲載したレニングラードの雑誌『芸術生活』の歌舞伎特集号が出版された（この号の表紙は、雑誌名に至るまで日本風に様式化されていた）。一九日夜にはヴォクスの主催により、フィルハーモニーの大ホールでソ連と日本の友好の夕べが開催される。[70] 公演期間中、レニングラードのラジオでは「日本の文学、音楽、演劇について」（八月二〇日）[71]、「ロシアの音楽と文学における日本」（二一日）といった特別番組が放送された。[72] 二四日にはレニングラード革命映画協会で日本映画の夕べが開催され、劇団とともにソ連を訪れた映画製作会社「松竹」副社長の城戸四郎、映画監督の衣笠貞之助、撮影技師の佐々木太郎と映画俳優・三田英児（左団次の甥である浅利鶴雄の芸名）らが参加し、同時代の日本の日常生活を描いたドラマ『からくり娘』（五所平之助監督、一九二七年）と、ソ連で佐々木が撮影した公演のエピソード「ソ連における歌舞伎」が上映された。[73] 日本の俳優たちは内務人民委員会（ＮＫＶＤ）とヴォクスに全権を委任されたラビス・レニングラード局を訪問し、そこで俳優たちには芸術労働者の労働組合員バッジが贈られた。彼らはまたアカデミー劇場管理局を訪れて、演劇博物館を見学した。[74] 八月二五日には一行に同行している劇作家・池田大伍が数人の俳優とともに国立芸術史研究所の演劇研究室で「歌舞伎発展の道」という報告を行い、様々な歩き方（武士から庶民まで）や、剣術の場面（儀式的剣術と格調を下げた「日常の」剣術）など、日本演劇の演技法の短いデモンストレーションを行った。[75]

二四日の昼には、公演前にアカデミードラマ劇場で記念すべき出来事が起こった。歌舞伎と、同じく公演のためにレニングラードに滞在していたメイエルホリド劇場との邂逅である。メイエルホリドの俳優たちは、『検察官』の「太鼓腹の瓶の陰で」の場面、『智恵は悲し』の「食堂」の場面、『森林』のアコーディオンの場面、『ブブス先生』の第三幕の一部、『D・E』（一九二四年）の群衆場面を上演し、さらにビオメハニカの原理のデモンストレーションを行った。熟練の演劇批評家シモン・ドレイデンは、メイエルホリド劇場の俳優たちによるデモンストレーションが日本の劇団に一様な感銘を持って受け取られたわけではなかったことをほのめかしている。

公演は、独特の演劇文化を持つ歌舞伎の劇団員たちに、様々な反応を引き起こした。披露されたエピソードに、最も熱のこもった評価をしたのは、「侍の回想」という袋小路からの打開策を模索する〔略〕歌舞伎の先進的なグループを代表する人々であった〔略〕。日本の客人たちに感銘を与えた度合いからすると、ビオメハニカの方法のデモンストレーションが一番であった。見事に訓練されたエチュード「短剣で刺す」は「ハイライト」だった。また、『森林』のエピソードも少なからぬ興味を引き起こした。[76]

興味深いのは、ドレイデンの評価によると成功したという二つのエピソードが、どちらも日本演劇を暗示している点である。有名なビオメハニカのエチュード「短剣で刺す」は、『仮名手本忠臣蔵』の塩冶公の切腹の場面における（家臣・由良之助の役での）左団次の短剣を使った有名な演技に対応するものとして選ばれたのではないだろうか。『森林』のアコーディオンの場面とは、ピョートルとアクシューシャがアコーディオンの鳴るなかをゆっくりと橋を退場していくという、「花道」が使われたと考えられていた終幕の場面である。

ポスターによれば、当初はレニングラードの観客に三つのプログラムを見せることが予定されていた。二〇日から二一日は同時代の劇作家・岡本綺堂の二作品『仮面彫師』（または『仮面職人』〔『修禅寺物語』〕）と『鳥辺山心中』で、その間に俳優のパントマイムのパレード『だんまり』と舞踊『鷺娘』が挟まれていた。二二日から二三日は二つの歌舞伎の伝統劇『四十七人の忠義者たち』（または『四十七人の侍たち』〔『仮名手本忠臣蔵』〕）と伝統的な戯曲『鈴ヶ森』（『御存鈴ヶ森』）で、そのあいだに一幕ものの舞踊『道成寺の鐘』（または『蛇の踊り』〔『京鹿子娘道成寺』〕）。二四日から二五日には岡本綺堂の「市民劇」『侍の恋』（『番町皿屋敷』）、舞踊『人形の踊り』（または『操り人形』〔『操三番叟』〕）、伝統劇『魔法使い鳴神』（または『鳴神』）であった(77)。しかし、女性役の市川松《しょう》蔦《ちょう》が病気のためモスクワを発つことができず、彼のレニングラード入りが他のメンバーより二日遅れとなったためプログラムが変更となり、雑誌の批評から判断するに、二つのプログラムしか行われなかったようだ。二〇日から二一日には『忠臣蔵』と舞踊『娘道成寺』（松蔦の代わりに莚升《えんしょう》が演じた）、二二日と二三日にはおそらく同じプログラムが繰り返されたが、松蔦が出演した。二四日から二五日は第二プログラムとなり、『番町皿屋敷』『操三番叟』『鳴神』が上演された。二六日は特別プログラムでお別れの公演が行われ、第一部の後、観客に対して左団次がスピーチを行い(78)、ヴォクスを代表してデルジャーヴィンがそれに答えた。

　モスクワと同様レニングラードのプログラムも、「新歌舞伎」のレパートリーから岡本綺堂の戯曲が複数上演されるなど、いかにも現代化された歌舞伎だった。この「新歌舞伎」と呼ばれるものの誕生は、ジャンルの特殊性を考慮した歌舞伎のための戯曲でありつつ、同時代の作家によって書かれたものを扱うことで歌舞伎の刷新を図ろうとした岡本綺堂と二代目左団次の功績によるものだった(79)。おそらく、こうしたプログラムが選ばれたのは、それがヨーロッパの観客に最もわかりやすいと考えられたためであろう。しかし、レニングラードでもモスクワでも観客にとって最も印象深かったのは、歌舞伎の伝統的な戯曲『忠臣蔵』と『鳴神』であり、なによりもそこでの左団次の役であった。もっとも、ここでエマヌイル・ベスキンの考えを引用しておく必要がある。彼は〔政治的には〕独立した立場だったが、彼と小山内との会話こそが、日本演劇のソ連公演実施のきっかけとなったというだけでも重要な人物であるだろう。母国では、歌舞伎の演目だけでなく、ソ連の各紙がこぞって書いたとおり、西洋の演目、特にゴーリキーの『どん底』にも出演している左団次の、心理主義の要素を持つ西洋化された演技にベスキンは批判的だった（彼の考えでは、左団次はより完全に伝統的な莚升の演技を受容する邪魔になった）。ベスキンによると、

左団次は近代化されすぎている。彼は日本の伝統芸術が嫌う心理主義的印象主義へと既に大きく舵を切っている。〔略〕莚升は個々の筋肉を誇張するような演技だが、常に偉大な歌舞伎の仮面を付けており、西洋の俳優のような「感情を示す表情」との共通点はない。〔略〕ところが左団次は既にスタニスラフスキー・システムの無秩序な直観を身につけている。〔略〕今日は『どん底』のワーシカ・ペーペルを演じ、明日は『四十七士』の由良之助を演じるなど、代償を払わずにいられるわけがない。この二つは完全に別の演劇のシステムなのだ。(80)

おそらく、少なくとも部分的にはこの意見は正当であろう。批評家たちはなにより左団次の演技の「心理主義」を指摘し、特に岡本綺堂の作品においてはそうだった。たとえばイワン・ソレルチンスキーは、「綺堂の『侍の愛（番町皿屋敷）』〔略〕は、われわれが言うところの「市民劇」に似た、「世話物」と呼ばれるジャンルの戯曲である。〔略〕構成においても俳優の演技においても、西洋の範例に近づいている。〔略〕日常的で私的な室内劇の様式、〔略〕かなり口語に近い対話。派手で儀式めいた演劇的ポーズは、人物表現の心理的なニュアンスに場所を譲っている」と記している。(81)

だが、西洋の観客には身近な、左団次のいくぶん「心理主義的な」演技方法のおかげで、伝統的な歌舞伎の作品でも彼はより分かりやすく見えた。侮辱され自殺した塩冶公の家臣・由良之助の役は、批評にも示されている

ように、外面的には見せ場を欠いているが、極限まで簡潔な身振り、芝居の「最も複雑な交響曲の楽譜」に組みこまれた、ヨーロッパ人には耳慣れない語りのメロディーの規則、音楽のアンサンブル、朗読者の叙唱を伴う、極端に満たされた「磁石のように惹きつける」感情的な人物の描写に集中することを強いた(82)。また、誘惑された僧の物語『鳴神』においても、左団次のスケールの大きな悲劇の気質が開示された。批評家たちをひどく驚かせたのが、舞台の上で起こる主人公の外見の変貌であった。

雄大で端正な姿の神官が（その舞台の同じ場所で化粧と衣裳を変えることによって）野生の猿のような外貌に変化する。堕落した僧が、それまでの落ち着いた明るい色の衣裳の代わりにまとっているのは、炎のジグザグ模様の入った奇妙なもので、僧侶のなでつけた髪は、まるで針のように鋭く逆立った髪の巨大な被りものになる。二つの血の筋が額を区切り、顔全体が、怒りと堕落を示す約束事に基づいた仮面となっている(83)。

また、「リアリズム的」で、ほぼ「西洋化された」前半の演技から、歌舞伎の（より正確には能の）伝統である悲劇的な緊張、象徴的で約束事に基づき、演劇的な後半の演技への左団次のグロテスクな切り替えについては、「猪突猛進で豪快な動きを伴う素晴らしいポーズが、電光石火のごとくに次々と入れ替わっていく。終幕では、彼は力強い腕の動きで僧の人形を舞台の反対側へと投げ飛ばし、人間業とは思えない三度の片足跳びで花道を渡り切(84)」るとある。

左団次の演技の特殊性を日本の俳優の演技全般の例として、西洋の心理主義的演劇との根本的な差異を誰よりも繊細に言い表したのは、おそらくソレルチンスキーであろう。

なによりも目につくのは、大きな内的緊張と律動的な平静状態が、見事に兼ね備わっていることである。日本の俳優は決して大げさな演技をしない。その魅力の秘密は、舞台にいる瞬間は、強い演技をする際にも、全力を使い果たすことがないという点にある。それゆえ、隠されている潜在的な力の方が、発揮されている力よりも必ず大きいのだ。このことによって、完全に熱狂しているかのように見える瞬間でさえも、表現の手法を完璧に操ることが可能になる。これこそ歌舞伎の俳優が、心理的には役に忠実であっても、自然主義的な現実らしさと舞台での演技のあいだに常に距離を保っていられる理由である。人間の生理を模倣することはなく、神経衰弱的になることも決してない。あらゆる舞台上の行為は常に、完成された芸術形式をまとっているのである(85)。

一座が去った後に『芸術生活』誌に掲載された、レニングラードで上演された歌舞伎の両プログラムの詳細な分析を含む、ソレルチンスキーによる批評は、歌舞伎公演のレニングラードの文脈で最も重要な要素のひとつだろう(86)。幅広い教養を持つソレルチンスキーは、文学・音楽研究家で、演劇・バレエの歴史家でもあったが、公式に支持された歌舞伎受容には一切関わりを持っていなかった。彼の批評は、大部分のソヴィエトの演劇研究者がそれを踏まえて歌舞伎を理解した文脈、すなわちソヴィエトの批評に押し付けられたイデオロギー的・美学的な紋切り型から自由で、メイエルホリドを含めた左翼演劇への過度な執着もなく、西洋の教養ある文化史家の模範的な視点を示している。演劇からバレエや音楽にわたる専門的知識のおかげで、ソレルチンスキーは、他の人々よりも、動きと舞踊、音楽の混合という歌舞伎の特殊性を認識することができた。この問題についてはエイゼンシテインも「思いがけぬ接触」で触れているが、その論考の文脈では、他ならぬ歌舞伎の芸術性を理解するという目的からかなり遠く離れてしまっている（エイゼンシテインの興味をひいたのは、歌舞伎とトーキー映画の類似という彼自身の着想であった〉。

一本目の批評においてソレルチンスキーは、事前の準備（「演劇研究のブックレットを入念に調べ、覚えにくい日本の名前を覚え、混乱した封建時代の争いと英雄的な恋愛物語を描くリブレットに精通し、日本演劇の基盤である〈事物を用いた演技〉〈音楽を土台とした劇構造〉〈純粋な演劇性〉などの〈基本事項〉をしっかりと覚えた」）があったにもかかわらず、最初の歌舞伎の公演で「意表をつ」かれ、「分析的な考察をまったく寄せつけな」いことが分かったと認めている。全ての批評が言及している〈クロンボ〔ママ〕〉や〈花道〉、「よく知られた〈猫の鳴き声〉のような意味の不明な日本語の台詞、〔略〕三味線が奏でる不協和音の撥音」のような、より派手でエキゾチックな日本演劇の方法が問題だったのではなく、「舞台のイリュージョンの法則を完全に拒絶している」「上演概念それ自体」と「われわれが演劇を見るやり方を土台から覆すこと」を要求していたことに、なによりも驚いたのである。

> 登場人物が、表情で演技をする俳優と、竹の幕の後ろで語る歌手の声に二分されるという状況に、われわれは慣れていない。緊張の高まりや盛り上がりの山場のある劇の急展開を追うのに慣れた身からすると、歌舞伎は構造が根本的に異なる。われわれは演劇の音楽は挿絵的であるか〔略〕、あるいは心理的な展望を示すか〔略〕、どちらかだと思い込んでいる。しかしここでは音楽が、視覚面でも出来事を組織し、俳優の動きを主導するという、第三の可能性が発明されているのだ。(87)

そして、ソレルチンスキーは、主に音楽と語りの特殊性に注意を向けながら、上演された歌舞伎の全ての作品の基本的な特徴を細かく記している。『忠臣蔵』では、彼は左団次の演劇の技術ではなく、なによりもまず「語り手＝歌い手のきわめて高い技術」に注目し、「悲劇の最初から最後まで、物悲しい叙唱《レチタチーヴォ》や、特に情熱的な場面では霊感に満ちた悲劇的な歌に変化する熱狂的な叫びなどを用いて、声で出来事の伴奏をする。非常に強い印象を与えるのは、舞台上でもっとも緊張が高まるときの早口言葉である」と記している。また、彼は他の批評家たちとは異なり、『娘道成寺』での日本の俳優独特の舞踊の技術も細かく特徴づけている。

神秘的な微笑みが凍りついた雪花石膏《アラバスター》の白い顔、緊張感に張りつめた象徴的な演技を率先する白くて細い手、毒々しいまでに鮮やかな着物の襞に包まれた全身の鳥のような所作などから受ける印象を言葉で伝えるのは難しい。莚升はなにより手で演技をする。〔略〕蛇のようなその手を追って、全身が泳ぐように踊る。そして足だけが、まるで踊りに参加していないかのよう〔略〕である。ところどころで踊り手は奇妙な悪魔的な仮面を被る。すると踊りの動きがとたんに古代めいて〔略〕くる。(88)

そもそも文学研究者であり、西洋文学が専門のソレルチンスキーは、西洋の人間の意識としては当然ながら、歌舞伎を西洋芸術との類似において検討したうえで、歌舞伎の戯曲で具現化された世界観に特徴的な暗さ、古臭さ、深いペシミズムについての言及を避けようとしていない。『忠臣蔵』の作者（ほか二人との共作）である一八世紀の劇作家・竹田出雲を、ソレルチンスキーは「「日本のシェイクスピア」とされる近松門左衛門の門下」と説明しているが、シェイクスピアの名は「おそらく劇作の完成度を測るもっとも高い尺度として抽象的に用いられているにすぎないだろう」と冷静に指摘している。彼によると、この「運命論的な悲劇の類似物をヨーロッパの劇に求めるならば、ある種の類似を見出すことができるのはスペイン人たち、特に華やかで陰気な熱狂者カルデロンだからだ」(89)。西洋の土壌ならマリボーやミュッセのような甘美な喜劇のあらすじになりそうな愛の試練のモチーフ（『番町皿屋敷』）が、ここでは血の結末（侍はその信頼を確かめようと試みた自らの恋人を殺す）を伴う暗い劇になる。『操三番叟』での俳優の踊りによる人形の動きの模倣は、ヨーロッパのバレエ（『人形の精』『くるみ割り人形』『ペトルーシュカ』など）でも馴染みのものだ。しかし日本人がやると、「わが国のバレエの舞台でよく目にするような、人形の気取った身振りや子供っぽい媚はここにはない」。それどころか「不気味なまでに目の当たりに」「精巧だが空虚な自動機械」が示されている。それは、「数秒間とはいえ、いかにも易々と彫像のポーズで完全に静止していられる」ことで、日本演劇に特徴的な「演劇的身振り」の「手法を露呈」するという日本の俳優の演技が持つ特殊性を、一風変わったやり方で思い起こさせると、ソレルチンスキーは付け加えている。(90)また、誘惑された僧についての古い劇『鳴神』を、ソレルチンスキーは「日本版『聖アントニウスの誘惑』」だが、「たいへん悲観的な結末」を伴うと記している。(91)

6 歌舞伎が去った後のレニングラード

コンラド、ソロヴィヨフ、ラドロフのおかげで、モスクワの観客よりも日本演劇に通じていた地元の観客にとっても、またついに本物の「生きた」歌舞伎を見たメイエルホリド劇場の俳優たち（演出家を除く）にとっても、歌舞伎レニングラード公演は文化面でモスクワよりも盤石の体制のもとに行われ、またイデオロギー色は薄かった。それにもかかわらず、一行の帰国後まもなく、歌舞伎についての記事は完全に姿を消した。国立芸術史研究所の職員が作成した歌舞伎俳優や舞台場面の写生画や写真資料の行方も分かっていない。一九二九年に出版された演劇史・理論局の論集『東洋演劇』（第一号）のコンラドの論考「日本演劇」には、岡本綺堂の『尾上・伊太八』の翻訳が含まれているにもかかわらず、(92)少し前の歌舞伎の巡業公演についての言及は一切ない。同年出版の演劇史・理論局の論集『演劇について』（第三号）にも、歌舞伎公演のいかなる研究の足跡も存在していない。

歌舞伎一行のレニングラード滞在中、一九二七年にラドロフの『織田信長』が大成功したあのアカデミードラマ劇場のスタジオで、国立芸術史研究所の教授で演出家のソロヴィヨフ（彼に所作事『踊供養』の演出の経験があることはすでに述べた）が、新シーズンに岡本綺堂の新たな戯曲の上演準備を始めていることが告知されたにもかかわらず、上演は行われなかった。この上演はそもそも「『織田信長』の成功、およびレニングラードにおける日本の伝統演劇の巡演によって生じた日本の劇作家の作品に対する大きな関心」[93]の影響で企画されたものだった。また、日本学者のニコライ・ポポフ＝タチワの告知によると、歌舞伎来訪の三年前、モスクワの東洋民族文化研究所内に創設された東洋演劇研究室で、左団次の演劇を研究するための特別委員会が組織されたとのことだが、[94]研究成果が公開されることはなかった。[95]

ヴォクスが一座の来訪前に盛り上げた歌舞伎に対する関心が、これほど早く消滅したことには、公演がオフシーズンである夏に行われたことや（この頃、演劇の「シーズン制」を取りやめようという試みが実行されてはいた）、このとき大部分の演劇関係者が旅先にいたこと（この公演を演出家のメイエルホリドやスタニスラフスキー、タイーロフは見られず、ラドロフもレニングラードを不在にしてドイツに滞在していた。[96]ドイツ演劇の動向がソヴィエト演劇にとって最も切実な関心であり、著名なモスクワの演劇批評家パーヴェル・マルコフもこのときドイツにいた）[97]、この状況で上演を見に来た観客は、圧倒的に労働組合のメンバーが多かったということとも関係しているだろう。歌舞伎来訪前にヴォクスが熱心に行った人為的操作と、日本演劇の成功への疑念から、小さめの劇場だったことが組み合わさり、チケットは事実上自由な販売ができず、ヴォクス経由で労働組合組織を通じて拡散されたため、客席の大半は知識の乏しい観客で埋まってしまった（モスクワでは一公演のみが演劇関係者のために押さえられたが、他はまるごと『ナーシャ・ガゼータ』紙に買われたり、一万二〇〇〇枚の割引チケットが食品産業労働者に買い占められたりした）[98]。レニングラードでは、チケットは基本的に労働組織奉仕指導部（ＢＯＲＯ）を通して拡散され、その結果、レニングラードの全七公演で九一〇〇〇人が観劇し、そのうちの六〇%以上が労働組合の観客だったことを新聞は誇らしげに伝えている(99)。

しかし、客席にレニングラードの知識人や芸術家がいたことは疑いようがない。〔ロシア文学者の〕中村喜和によれば、客席にはアンナ・アフマートワがいたのである。一九三一年、彼女は日本人の鳴海完造教授に、左団次が「自分の好きな俳優」であり、そもそも演劇全般が好きではないが、『鳴神』の左団次の演技には、それまで経験したことのないような強い印象を受けたと打ち明けている(100)。彼女はこの芝居に芸術研究家の夫ニコライ・プーニンと一緒に行ったと推察される。プーニンは以前から日本の芸術に関心を持ち（一九一五年に著書『日本の版画』を出版社「アポロン」より刊行）、二七年五月にはアルキンとともに、東京で開催されたロシアの新しい芸術家による「新露西亜美術展」に同行している。おそらく今後、一九二〇年代にレニングラードで活動した文化人の書簡や回想録の証言の入念な研究を通じて、彼らと歌舞伎の出会いの足跡を明らかにし、ロシア文化における歌舞伎ソ連公演の反響の広がりを調査することが可能になるだろう(101)。

（1）*Yukiko Kitamura & Dany Savelli.* L'exotisme justifié ou la venue du kabuki en Union soviétique en 1928 // Slavica Occitania (Toulouse). No. 33. 2011. P. 215–254.〔北村有紀子、ダニー・サヴェリ「異国趣味の正当化——一九二八年歌舞伎ソ連公演をめぐって」本書九一—一四五頁〕。ペテルブルクではまだこの雑誌の号が入手できなかった時期に、この優れた論文を利用する機会を与えてくれたダニー・サヴェリ教授に感謝したい。

（2）[*Анон.*]. Политическое значение гастролей // Современный театр. 15 июля 1928 г. № 28–29. С. 491. 一方で巡業の政治面での組織者である東京の全権代表部（ソ連大使館）の代表たちは、ソヴィエトの各紙に対し、日本の俳優たちを困難な状況に置かないため、また彼らが右翼の非難にさらされないためにソ連公演の政治的性格をあまり吹聴しないよう要請した（一九二八年六月二八日にソ連から日本に派遣されたA・A・トロヤノフスキーがソ連人民委員外務部次官L・M・カラハンに送っ

た書簡を参照 // АВП РФ. Ф. 04. Оп. 49. П. 304. Д. 54531. Л. 21. 引用は以下による。*Kitamura & Savelli.* L'exotisme justifié. P. 226〔北村、サヴェリ「異国趣味の正当化」本書一〇〇頁〕。帰国後、やはり左団次には日本の憲兵とのあいだに問題が生じ、彼はソ連大使館を訪問することを避けるようになった（Письмо И.М. Майского Д.И. Новомирскому от 7 декабря 1928 г. // *И.М. Майский.* Избранная переписка с российскими корреспондентами: В 2 кн. / Сост. Н.В. Бойко и др. М.: Наука, 2005. Кн. 1: 1900–1934. С. 332. (Научное наследство. Т. 31); письмо И.М. Майского Г.В. Чичерину от 6 января 1929 г. // Там же. С. 340.

（3）この考えは、雑誌『ラビス』第九〇号（一九二七年）に掲載された、小山内と演劇史家で批評家のエマヌイル・ベスキン（一八九二—一九六九）の会談のなかで生まれた。詳細は以下を参照。*Уэда Йоко.* Первые гастроли театра Кабуки в СССР (по материалам коллекции Театрального музея им. Цубоути. // История театра в архивных собраниях: доклады девятых Международных научных чтений «Театральная книга между прошлым и будущим». / Сост. А.А. Колганова. М.: Российская государственная библиотека искусств; Три квадрата, 2011. С. 203; *Kitamura & Savelli.* L'exotisme justifié. P. 221.〔北村、サヴェリ「異国趣味の正当化」本書九六—九七頁〕。

（4）*Г.В.* Фашизм в парламенте и на сцене (от нашего токийского корреспондента) // Вечерняя Москва. 1928. 5 июня.

（5）*Kitamura & Savelli.* L'exotisme justifié. P. 241〔北村、サヴェリ「異国趣味の正当化」本書一一四頁〕に基づく。この言葉は城戸四郎のスピーチからの引用で、北村、サヴェリの論文では英語で記されている：*Kido Shirō.* On the first Overseas Tour of Kabuki // Grand Kabuki. Overseas Tours 1928–1993. Tokyo: Shōchiku, 1994. P. xxxvii.

（6）特に、ソ連公演の資金調達に関する最終的な政治的判断の採択を早めるために、在東京ソ連大使のトロヤノフスキーは自らのキャリアを危険にさらすはめになった。父と同じく有名なソ連の外交官であった彼の息子オレグは、歌舞伎ソ連公演に関するヴォクスと松竹の交渉について、「どんどん進んでしまい、一座はついに巡業の準備を始めた。だが、大使館の再三の催促にもかかわらず、モスクワからの最終的な合意がなかなか送られてこなかった。そしてなんといっても、この公演のための莫大な資金を送金できるのか確証がなかった。そこで父は大使館の建物を新築するためにすでに受けとっていた資金から、歌舞伎側へ七万円を振り込む決定をした。これは言うまでもなく危険なやり方であり、財務上のルールに違反したものだった。しかし、父はそれを自覚しつつ事態を進めることを決め、モスクワへ既成事実として伝えて、義務の遂行を迫った。のちにイワン・マイスキーは私に対し、ある日の朝、父が彼の執務室に立ち寄ったとき、すっかりはればれとしてまるで肩の荷がおりたように「私は政治局から厳しい叱責を受けたが、公演の費用を補うのに必要な資金は提供された」と言ったのだと話してくれた」と回想している（*О. Трояновский.* Через годы и расстояния. История одной семьи. М.: Вагриус, 1997）。また、以下に掲載された一九二八年のトロヤノフスキーのスターリン宛書簡も参照。Москва–Токио: Политика и дипломатия Кремля. 1921–1931 / Сост. В.П. Сафронов и др. Кн. 2: 1926–1931. М.: Наука, 2007. С. 260–261; *Kitamura & Savelli.* L'exotisme justifié. P. 231.

（7）ソ連を訪れた一団は俳優二〇人、語り手〔義太夫〕二人、音楽師八人、衣裳二人、理髪師二人、舞台監督三人、小道具一人、役者の付き人二人、「松竹」の代表七人で構成され、左団次の妻が随行した。*Kitamura & Savelli.* L'exotisme justifié. P. 228.

（8）Письмо Д.И. Новомирского И.М. Майскому, 30 августа 1928 г. // *И.М. Майский.* Избранная переписка с российскими корреспондентами. Кн. 1. С. 321. 日本からの道中、一行に同行し、また彼らのモスクワ滞在中のソヴィエト全権代表の協力者であったエレーナ・テルノフスカヤ（一九〇一―三八）がマイスキーに伝えたように、旅の日常面での手配は「しくじり」に満ちていた。ウラジオストクまでの海路はひどい揺れで、港に着いたときには皆がホテルでの休息と入浴だけを心待ちにしていたのに、ラビスは俳優たちをパーティに連れ出し、そこでは舞台上で「価値の疑わしい余興が行われ、いつ終わるともないスピーチが語られ、それが昼の二時から夜の六時まで続いた」（Письмо Е.П. Терновской И.М. Майскому от 19 августа 1928 г., из Москвы в Токио // *И.М. Майский.* Избранная переписка с российскими корреспондентами. Кн. 1. С. 315）。その後も、モスクワとレニングラードで日本の役者たちは終わりのない会食、スピーチ、そして「価値の疑わしい余興」〔これはおそらく夏には首都の主要な演劇人たちが旅行中だったためである。歌舞伎の俳優たちのため、モスクワではプロフェッショナルではない労働者演劇「青シャツ《シーニャヤ・ブルーザ》」、レニングラードではアカデミーフィルハーモニーオーケストラの他、工場「赤い三角形」のグースリ合奏団が娯楽を担当した〕付きの「日ソ友好の夕べ」〔ヴォクスではこの種の行事をこう命名していた〕に疲れさせられた。他にも、テルノフスカヤが「歌舞伎のお父様」マイスキーに伝えているところによると、ウラジオストクからの列車は「汚れていてボロボロで、俳優たちの言葉を借りれば日本の三等車よりもひどいもの」であり、南京虫までいた。さらに国家政治保安部との間で日本のカメラマンによる撮影の合意が取られていなかったため、一行は警官たちに尾行されもした。ビャトカ〔現キーロフ〕の駅では責任者の城戸が大金を盗まれ、その後は全員が「自分たちのスーツケースに座るようになった。そしてモスクワに着くまでの話題は泥棒と強盗ばかりになった。列車が襲われないだろうかと尋ねられさえもした」のであった。

（9）*Д. Арк* 〈*ин*〉. После гастролей Кабуки (Некоторые итоги) // Известия. 1928. 19 августа.〔ダヴィド・アルキン「歌舞伎の公演を終

えて（いくばくかの総括）」本書三二八頁〕*В.П.* Сорок семь верных (Театр Кабуки) // Красная газета (вечерний выпуск). 1928. 21 августа. これより先の歌舞伎のソ連公演に関する記事は、ヴォクスからソヴィエト公演の記念に日本の役者へ送られた、首都や地方の新聞や雑誌の批評、また挨拶の電報や写真の切り抜きを貼ったアルバム〔「二世市川左団次ソビエト公演記録貼込帖」。以下「貼込帖」〕から引用している。この大判の重厚なアルバムは、構成主義的様式で装丁されており、早稲田大学坪内博士記念演劇博物館に保管されている。本論の執筆にあたり価値ある資料の利用を許可してくれた協力者・演劇博物館〔当時〕の上田洋子氏に感謝したい。

（10）以下を参照。Письмо И.М. Майского Д.М. Новомирскому от 7 декабря 1928 г. // *И.М. Майский.* Избранная переписка с российскими корреспондентами. Т. 1. С. 332–333.

（11）公演の条件に関する契約は六月八日、ヴォクス（日本代表スパルヴィン）と、日本の演劇・映画製作会社で二〇年代始めに歌舞伎の市場を独占していた「松竹」（城戸四郎）のあいだで締結された（以下を参照。*Л.Д. Гришелева.* Театр современной Японии. М.: Искусство, 1977. С. 91–92; *Kitamura & Savelli.* L'exotisme justifié. P. 224; телеграмма от 30 мая 1928 г. А.А.Трояновского Л.М.Карахану // ГАРФ. Ф. 5283. Оп. 4. Ед. хр. 39. Л. 5; письмо от июня 1928 г. из Токио от Е.В.Полюдова // ГАРФ. Ф. 5283. Оп. 4. Ед. хр. 39. Л. 19–20）。その一日前にモスクワの劇場を選ぶため、一行の役者で左団次の甥である浅利鶴雄が（六月一七日モスクワ到着）、七月二一日には日本から一座全員が派遣され、モスクワに二六日に到着、公演は八月一日に始まった。

（12）*Kitamura & Savelli.* L'exotisme justifié. P. 234 参照（アーカイブ資料は下記を参照。ГАРФ. Ф. 5283. Оп. 4. Ед.хр. 37. Л. 57）。一九二八年にソ連で歌舞伎が知名度のある「ブランド」になったことは、裁判の記録に見出すことができる一つの珍事からも分かる。一九二九年初頭にモスクワで、「集団的暴飲と自由恋愛をめざして」建設者同盟の労働組合の役人たちが作った、ある組織に対する裁判が行われたが、その組織は「歌舞伎」と名づけられていた（以下を参照。П.Р. Дело «Кабуки» // Вечерняя Москва. 1929. 26 января）。おそらく組織員が、歌舞伎によくある主人公が大酒を呑む場面に心惹かれたのであろう。

（13）Письмо Е.П.Терновской И.М. Майскому от 19 августа 1928 г. // *И.М. Майский.* Избранная переписка с российскими корреспондентами. Кн. 1. С. 315.

（14）Письмо И.М. Майского И.И. Скворцову-Степанову от 7 июля 1928 г. // Там же. С. 309.

（15）Письмо И.М. Майского Ф.В. Линде от 13 июля 1928 // Там же. С. 310.

（16）*И. Майский.* Кабуки (Впечатления) // Известия. 1928. 26 июля.

（17）*А. Трояновский.* Кабуки // Вечерняя Москва. 1928. 27 июля.

（18）歌舞伎が来訪する一年前の一九二七年五月、アルキンは新しいロシア絵画の展覧会を開催するために日本に滞在し、日本演劇についての知識を得た。帰国後（二八年一月三〇日）、彼は国立ロシア芸術科学アカデミー演劇部門で「現代日本の演劇」という発表を行った(Бюллетень ГАХН. № 11. М., 1928. С. 45)。

（19）*Д. Аркин.* Кабуки (К предстоящим гастролям японского национального театра в Москве) // Современный театр. 1928. 24 июня.〔ダヴィド・アルキン「歌舞伎（日本の伝統演劇のモスクワ公演によせて）」本書二八五頁〕。

（20）*Конст. Державин.* Японский театр «Кабуки». К гастролям в Ленинграде // Рабочий и театр. 1928. 22 июля.

（21）[*Анон*]. После гастролей Кабуки // Комсомольская правда. 1928. 26 августа.

（22）*М. Загорский.* Из впечатлений. О верных самураях и неверных москвичах // Современный театр. 1928. 12 августа.〔ミハイル・ザゴルスキー「印象より　忠実な侍と不実なモスクワ人について」本書三一九—三二〇頁〕。編集部による注釈では、記事に対し、これは「筆者の主観的な意見」であり、筆者もやはり歌舞伎の俳優の演技が「驚くべき技」であったことを認めていると記されている。巡業公演の受容が、文化的により盤石で、イデオロギー性の低かったレニングラードでは、同じ歌舞伎の教訓が別のレトリックでまとめられていた。たとえば、歌舞伎の芸術は博物館的で封建的であるが、「ソヴィエト政府は、古い時代の記念碑や芸術家の作品で満ちた博物館という、イデオロギー上われわれにはまったく無縁のものを大切に保存してきた」（*Сим. Дрейден.* Кабуки в Ленинграде // Ленинградская правда. 1928. 29 августа〔シモン・ドレイデン「レニングラードの歌舞伎」本書三五二頁〕）という記事や、上演における舞台のテンポは不自然なほどゆっくりであったが、これはなにより場面や主人公の精神状態の解釈における自然主義の克服という日本の俳優の狙いと関係している(*В. Соловьев.* После гастролей Кабуки // Красная газета (утренний выпуск). 1928. 1 сентября) といったような記事である。

（23）以下を参照。Отчет о деятельности Отдела истории и теории театра ГИИИ с 1.1.1926 по 1.10.1928 // О театре (Временник Отдела Истории и теории театра. Вып. III). Л.: Academia, 1929. С. 186.

（24）*М. Кольцов.* Перед занавесом // Вечерняя Москва. 1928. 5 августа. しかし、公演に先んじた専門家による記事のおかげで観客が鍛えられていたとはいえ、実際の歌舞伎のいくつかの特徴、特に伝統的な楽器の音と舞踊を理解することは容易ではなかった。『娘道成寺』の初演の観客は、テルノフスカヤの印象によれば「礼儀正しかったが、冷淡だった。理解されなかった。〔略〕松蔦が退場する際には拍手はなく、コールドバレエ〔群舞〕に拍手が送られた」(*И.М. Майский.* Избранная переписка с российскими корреспондентами. Кн. 1. С. 315)。ヴォクスの代表ノヴォミルスキーも同じように初演に対し、なによりも「ひどく、ところどころ耐えがたい音楽」のせいで「深刻なスキャンダルを起こしかねない予期せぬ笑い声」が起こるのを恐れていたが、無事に終わったと述べている (Там же. С. 323)。

(25) *М. Галкович.* Состояние связи по линии Вокс в Японии // АВП РФ. Ф. 0146. Оп. 16. Папка 156. Д. 78. Л. 41, 以下より引用。*Б. Пильняк.* Корни японского солнца. *Дани Савелли.* Борис Пильняк в Японии: 1926. М.: Три квадрата, 2004. С. 249. ガルコヴィチは次に重要なニュースとしてバイオリニスト、ミハイル・エルデンコの日本巡業（一九二六年）、モスクワでの日本の児童絵画展（一九二七年六月）を挙げている。

(26) *Б. Пильняк.* Корни японского солнца. С. 72–76.

(27) Там же. С. 199.

(28) ダニー・サヴェリによると、モスクワでの公演の際にピリニャークは左団次と会っている (*Дани Савелли.* Борис Пильняк как ключевая фигура советско–японских культурных отношений (1926–1937) //Вестник Евразии. 2002. № 2, 以下より引用。http://www.eavest.ru/archive/2002/savely.html.)。サヴェリは以下より引用したとしている。松居桃楼『市川左団次』武蔵書房、一九四二年、二五頁。

(29) ピリニャークに言及しているのは『イズヴェスチヤ』の記事のみだと思われる。しかもかなり奇妙なことに、著書『日本の太陽の根源』との関連ではなく、日本の雑誌に掲載された歌舞伎の芸術をほめた彼の記事と、この記事に対して歌舞伎を「ラジオや飛行機、階級闘争の時代の申し子であるわれわれを感動させるものは何もない」と主張する日本の団体「日露通信」の雑誌『日本の声』の論争が引用されているのみである (*М.* Гастроли японского театра «Кабуки» // Известия. 1928. 20 июля)。

(30) *О. Плетнер.* Б. Пильняк. Корни японского солнца // Правда. 1927. 24 июня.

(31) *Н. Конрад.* Перед гастролями «Кабуки» // Красная газета (вечерний выпуск). 1928. 18 августа.〔ニコライ・コンラド「「歌舞伎」ソ連公演をひかえて」本書二九八頁〕。

(32) Там же.〔同、二九七—二九九頁〕。

(33) Привет театру Кабуки // Жизнь Искусства. № 34. 1928. 19 августа.

（34）以下を参照。*А.А. Гвоздев.* Театр имени Вс. Мейерхольда (1920–1926). Л.: Academia, 1927 (ГИИИ. Современный театр. Непериодическая серия по вопросам современного театра, издаваемая отделением истории и теории театра. Вып. 1).

（35）もっとも、『演劇の十月』における日本演劇に関する論文で、コンラドは、彼が特によく知っている演劇的方法についてではなく、歌舞伎座の建物の歴史や様式、劇団の内部構造、歌舞伎の芸名のシステムやその他の形式的状況、また役者の役柄について強調して書いている。

（36）ソロヴィヨフの以下の論考を参照。*В. Соловьев.* О гастролях Кабуки // Красная газета (утренний выпуск). 1928. 1 сентября.

（37）コンラドは歌舞伎の特殊な役柄について解説し、プロセニウムの召使以外に、「戯曲の特に重要なある瞬間に、〔略〕床に置かれたよく音の響く木の板をリズミカルに打ち鳴らす。耳をつんざく音の効果によって舞台の状況がきわめて劇的であることや、役者の動きの特にリズムの優れた場面を強調する」「特殊な信号係」についても解説している（*Н. Конрад.* Театр Кабуки // Театральный Октябрь. М.: ГосТИМ, 1926. С. 117)。

（38）このメイエルホリドによる定義（*Вс. Мейерхольд.* Учитель Бубус. Издание ТИМа. М., 1925. С. 14）は、一九二八年の歌舞伎の批評に繰り返し使用されているが、モクリスキーは「多少不正確」であると評価している（*С.С. Мокульский.* Переоценка традиций // Театральный Октябрь. С. 29)。

（39）*С.С. Мокульский* Переоценка традиций. С. 23–29. メイエルホリドにおける日本演劇の手法については、『演劇の十月』の序文でグヴォズジェフも詳しく書いている。

（40）*Я. Тугенхольд.* Токио в Москве (К гастролям театра «Кабуки») // Заря Востока (Тифлис). 1928.12 июля. 〔ヤコフ・トゥーゲンホリド「モスクワの東京（「歌舞伎」の公演によせて）」本書二二四—二二五頁〕。

（41）*Конст. Державин.* Японский театр Кабуки. К гастролям в Ленинграде // Рабочий и театр. 1928. 22 июля.

（42）*М. Загорский.* Из впечатлений. О верных самураях и неверных москвичах. 〔ザゴルスキー「印象より　忠実な侍と不実なモスクワ人について」本書二二〇—二二二頁〕。

（43）*С. Мокульский.* Японский театр и мы // Жизнь Искусства. № 34. 1928.19 августа.

（44）Письмо Н.И. Конрада Н.А. Невскому от 10 июля 1917 г., из Петрограда в Токио // *Конрад Н. И.* Неопубликованные работы. Письма. М.: РОССПЭН. 1996. С. 249.

（45）高名な東洋学者で科学アカデミー会員のＳ・Ｆ・オルデンブルグの編集による雑誌『ヴォストーク』は、極東の文学では主に中国を扱いつつ、トルコやペルシャ、インド文化史に関する資料を中心に刊行していたが、コンラドによる日本古典文学の初めてのロシア語訳が訳者によるまえがきとともに掲載されている。«Рассказы из Исэ» // Восток. Кн. 2. 1923. С. 41–54; отрывок из романа *Мурасаки-Сикибу* «Повесть о Гэндзи, блистательном принце» // Там же. Кн. 4. 1924. С. 12 – 20; *Мурасаки-Сикибу* «Вечерний лик (Югао)» // Там же. Кн. 5. 1925. С. 58–86.

（46）Отчет о деятельности Отдела истории и теории театра ГИИИ // О театре: Сборник статей [Вып. I] (Временник Отдела Истории и Теории тетра). Л.: Academia, 1926. С. 141.

（47）Отчет о деятельности Отдела истории и теории театра ГИИИ с 1.1.1926 по 1.10.1928 // О театре (Временник Отдела Истории и теории театра. Вып. III). Л.: Academia, 1929. С. 186; Театр народов Востока. Путеводитель по выставке, устроенной в большом Конференц-зале Академии Наук, 26 марта –9 апреля 1927 г. Л.: Издательство АН СССР, 1927.

（48）Отчет о деятельности Отдела истории и теории театра ГИИИ с 1.1.1926 по 1.10.1928. С. 186. これらの劇場模型が現在どこに保管されているのかは不明である。

（49）Там же.

（50）Там же. С. 185–186.

（51）Там же. С. 186; Программа празднования юбилея ГИИИ // ЦГАЛИ СПб. Ф. 82. Оп. 3. Ед. хр. 24. Л. 5 (благодарю за это указание К.А.Кумпан).

（52）Отчет о деятельности Отдела истории и теории театра ГИИИ с 1.1.1926 по 1.10.1928. С. 186.

（53）この作品はポスターや広告、批評でも『オダナブナガ』と記載されていることがあるが、コンラド自身の手紙では『オダノブナガ』表記である。

（54）*Н.И. Конрад, С.Э. Радлов.* «Ода Набунага». К постановке в студии Ак-Драмы // Рабочий и театр. 1927. 4 января. С. 10. 引用はラドロフのアーカイブ所蔵の雑誌の切り抜きによる (РО РНБ. Ф. 625. № 237-I. Л.501а)。

（55）ここでコンラドは一九二三年にメイエルホリドによって上演された有名な舞台『大地は逆立つ』を意識している。セルゲイ・トレチャコフはこの作品のためにフランスのマルセル・マルチネの戯曲『夜』のテクストを著しく加工し、扇動ポスター的な反戦の場面を作り出した（このメイエルホリドの上演にはちょうど「花道」が思いがけない形で使われた。観客席の中央に設置された広い足場を通って、本物の自転車やオートバイ、自動車までもが舞台へ走り込んだ）。同様に、匿名で一九二五年にウクライナの出版社「コスモス」から出された有名なパロディの作品集『パルナッソスは逆立つ、犬、ヤギとウェイヴァリーについて』（著者はE・C・パペルナヤ、A・G・ローゼンベルク、A・M・フィンケリ。以下を参照。*Э.С. Паперная, А.Г. Розенберг, А.М. Финкель.* Парнас дыбом: Литературные пародии Сост., подгот. текста и вступ. статья Λ. Г.Фризмана. М.: Художественная литература, 1989) を意識していたと思われ、ここでは有名な子供向けの詩三つ（「坊主が犬を飼っていた……」「おばあさんの家に灰色ヤギさんがいた……」「ウェイヴァリーは水浴に行った……」）が、ホメロスからダンテ、マヤコフスキーまでの様々な詩人の方法で展開されている。すなわち、コンラドは、彼がロシアの戯曲に近いとみなしている『織田信長』は、日本の戯曲の現代語への改変ではないため、パロディとしての印象を呼び起こすのではなく、真の日本を示すものであり続けると述べている。

（56）*Н.И. Конрад, С.Э. Радлов.* «Ода Набунага». К постановке в студии Ак.–Драмы. С. 10.

（57）Там же.

（58）ラドロフのアーカイブ (РО РНБ. Ф. 625. № 237–І.Λ. 441–442, 529, 530, 533) には、以下の劇評の切り抜きが残されている。『クラースナヤ・ガゼータ』一九二七年一月八日（無記名）、一月一一日（E・クズネツォフ）、一月一五日（ポズネエフ教授）。『クラースナヤ・ガゼータ』朝刊、一月一一日（B・マージン）。『レニングラード・プラウダ』一月一一日（S・ドレイデン）、『スメーナ』一月一一日（無記名）、『芸術生活』第三号、一月一八日（A・グヴォズジェフ）、『労働者と演劇』一月八日（K・トヴェルスコイとB・マージンによる二本の劇評と労働者特派員たちによる感想）。また、日本の新聞から切り抜いた劇評もあり、太田丈太郎の研究によると、これはモスクワに滞在していた『大阪毎日新聞』の特派員・黒田乙吉が書いたものであるという（太田丈太郎「レニングラードの織田信長（2）――上演をめぐる新資料」『異郷に生きるV』成文社、二〇一〇年、三〇〇―三〇二頁、参照）。

（59）A・グヴォズジェフはモスクワ第二芸術座の失敗作（グヴォズジェフによると「いつわりの再現」）『オレステス』の劇評で、『織田信長』を古典悲劇の「弁証法的」な徹底的研究としてこれに対置している (*А. Гвоздев.* Трагедия и современность // Жизнь Искусства. 1927. 26 января)。なお、『オレステス』を一九二六年から二七年の冬にモスクワで見たウォルター・ベンヤミンは同様に、上演は「苔むした宮廷演劇のようだった」と指摘した (*Беньямин В.* Московский дневник / Пер. с нем. С. Ромашко. М.: Ad Marginem, 1997. С. 64)。

（60）*Сим. Арейден.* Ода Набунага // Ленинградская правда. 1927. 11 января.

（61）Там же.

（62）某ポズネエフ教授は、それらの衣裳が日本史の大辞典（『国史大辞典』）の別冊を参照したものであろうと権威づけ、「ごくわずかな例外を除いて、それらはとても様式的である」と述べた（*Проф. Позд<н>еев.* Японский спектакль на русской сцене // Красная газета (вечерний выпуск). 1927.15 января）。おそらくこの人物は日本、韓国、中国の歴史家でありロシアで最初の日本の専門家だったドミートリー・ポズネエフ（一八六五―一九三七）である。彼は一九〇六年から一〇年にかけて日本で働く。一〇年から一七年まで東洋アカデミーで教鞭を執り、革命後はレニングラード東洋言語研究所および国立レニングラード大学に所属した。コンラドは九年から一二年に東洋アカデミーで彼に学ぶ機会を得た（以下を参照。Письмо Н.И. Конрада Д.М. Позднееву (не позднее 1 декабря 1913 г.) // *Н.И. Конрад.* Неопубликованные работы. Письма. С. 244）。

（63）*Конст. Тверской.* Ода Набунага // Рабочий и театр. 1927.18 января.

（64）Письмо Н.И. Конрада Вс.Э. Мейерхольду от 3 января 1927 // *Н.И. Конрад.* Неопубликованные работы. Письма. С. 263.

（65）Там же.

（66）一九二八年から二九年にかけての冬、コンラドはメイエルホリドに彼が既に翻訳した別の日本の戯曲、「現代の、日本でプロレタリア作家の一人に数えられている劇作家・中西〔伊之助〕の『武左衛門一揆』を薦めた。時代は一八世紀、物語は農民蜂起、テーマはきわめて革命的なもの」だった（*Конрад Н.И.* Неопубликованные работы. Письма. С. 266–267）。戯曲は上演されず、翻訳は以下に所蔵されている。АРАН. Ф. 1675. Оп. 1. Д. 181.

（67）Отчет о деятельности Отдела истории и теории театра ГИИИ с 1.1.1926 по 1.10.1928. С. 186.

（68）К приезду «Кабуки» // Красная газета (вечерний выпуск). 1928. 17 августа.

（69）以下を参照。*Жизнь искусства.* № 31. 29 июля 1928. С. 14.

（70）友好の夕べでは、デルジャーヴィンが開会の辞を述べ、第一部ではコンラドの日本演劇についての発表があり、第二部ではソヴィエトの知識人を代表して科学アカデミー会長Ａ・Ｐ・カルピンスキーが歓迎のあいさつをし、それに左団次が応答した（スピーチの終わりに左団次は思いがけず、ちょうど亡くなったばかりのアカデミードラマ劇場の俳優Ｒ・Ｂ・アポロンスキーの功績に敬意を表するよう提案した。もちろん左団次は彼のことを知らず、一度も舞台上の彼を見たことはなかったが、同じ職業の仲間の死に哀悼の意を表する必要があると考えたのである）。そして、「松竹」の副社長・城戸の挨拶に対し、ソ連側ではラビスから芸術研究者のＬ・Ｉ・プンピヤンスキー、アカデミードラマ劇場からは支配人の

N・V・ペトロフ、ヴォクスからはデルジャーヴィン、芸術歴史研究所からはソロヴィヨフが応答した。この夕べはコンサートで幕を閉じた。以後、サンクトペテルブルクのロシア文学研究所（プーシキン館）のサイト（http://www.pushkinskijdom.ru/LinkClick.aspx?fileticket=LcbyDIUEeWk%3d&tabid=10460）に公開された、研究プロジェクト「一九二〇年代から三〇年代への移行期におけるレニングラードの文化制度 Институты культуры Ленинграда на переломе от 1920-х к 1930-м годам」のパイロット版資料、N・A・グシコフ（K・B・エゴロワ協力）による「一九二〇年代末から三〇年代初頭のレニングラード文化生活年表作成資料 Материалами для составления хроники культурной жизни Ленинграда на рубеже 1920-х и 1930-х гг.」を参照する。

（71）以下を参照。Ленинградская правда. 1928. 19 августа.

（72）以下を参照。Ленинградская правда. 1928. 21 августа.

（73）Летопись российского кино. 1863–1929. Общая ред. В. И. Фомина, отв. ред. А.С. Дерябин. М., 2004. С. 627. 以下から引用。*Н.А. Гуськов.* Материалы для составления хроники культурной жизни Ленинграда...; Жизнь искусства. № 34. 19 августа 1928. С. 15.

（74）Ленинградская правда. 1928. 22 августа.

（75）Отчет о деятельности Отдела истории и теории театра ГИИИ с 1.1.1926 по 1.10.1928 // О театре (Временник Отдела Истории и теории театра. Вып. III). Л.: Academia, 1929. С. 186; *Сим. Дрейден.* Кабуки в Ленинграде (От нашего ленинградского корреспондента)// Вечерняя Москва. 1928. 7 сентября.

（76）Там же.

（77）サンクトペテルブルク国立演劇音楽博物館のアーカイブが所蔵するレニングラードのマールイ・オペラ劇場における歌舞伎公演のポスターの写真が、北村とサヴェリの論文中に掲載されている。*Kitamura & Savelli.* L'exotisme justifié. P. 237.〔北村、サヴェリ「異国趣味の正当化」本書一一〇頁〕。

（78）以下を参照。*Бэгер.* Кабуки в Ленинграде. Речь Садандзи на последнем спектакле // Новый зритель (Москва). 2 сентября 1928. № 35. С. 7

（79）以下を参照。*Л.Д. Гришелева.* Театр современной Японии. С. 93; *Уэда Йоко.* Первые гастроли театра Кабуки в СССР.

（80）*Эм. Бескин.* После Кабуки // Новый зритель. 2 сентября 1928. № 35. С. 6（この記事は「貼込帖」には収録されていない）。

（81）*И. Соллертинский.* Кабуки. Последняя программа // Жизнь искусства. № 36. 2 сентября 1928. С. 10.〔イワン・ソレルチンスキー

「歌舞伎　最終プログラム」本書三五五頁〕。

（82）*В.П.* Сорок семь верных (Театр Кабуки) // Красная газета (вечерний выпуск). 1928. 21 августа.

（83）*А. Арк<ин>.* Вторая программа спектаклей Кабуки // Известия. 1928. 10 августа.

（84）*И. Соллертинский.* Кабуки. Последняя программа // Жизнь искусства. № 36. 2 сентября 1928. С. 10〔ソレルチンスキー「歌舞伎　最終プログラム」本書三五七頁〕；以下の論考にも左団次の『鳴神』の演技について同様の反応が見られる。*В. Соловьев.* Три актера // Красная газета (вечерний выпуск). 1928. 25 августа.

（85）*И.Соллертинский.* Кабуки. Последняя программа.〔ソレルチンスキー「歌舞伎　最終プログラム」本書三五七頁〕。

（86）*И. Соллертинский.* Кабуки. Первая программа // Жизнь искусства. № 35. 26 августа 1928. С. 6〔イワン・ソレルチンスキー「歌舞伎　第一プログラム」本書三四三―三四七頁〕；Он же. Кабуки. Последняя программа // Жизнь искусства. № 36. 2 сентября 1928. С. 10.〔ソレルチンスキー「歌舞伎　最終プログラム」本書三五五―三五八頁〕（「貼込帖」には前者のみが収録されている）。

（87）*И. Соллертинский.* Кабуки. Первая программа.〔ソレルチンスキー「歌舞伎　第一プログラム」本書三四四頁〕。

（88）Там же.〔同、三四六頁〕。

（89）Там же.〔同、三四四―三四五頁〕。

（90）*И.Соллертинский.* Кабуки. Последняя программа.〔ソレルチンスキー「歌舞伎　最終プログラム」本書三五六頁〕。

（91）Там же.〔同、三五六頁〕。

（92）*Н. Конрад.* Восточный театр // Восточный театр. Сборник статей А.М. Мерварта, Л.А. Мерварт, Б.А. Васильева и Н.И. Конрада под ред. А.М. Мерварта. Л.: Academia, 1929. С. 268–392.

（93）Реорганизация Театра-студии ак-драмы // Красная газета (вечерний выпуск). 1928. 25 августа.

（94）*Н. Попов-Татива.* «О «восточных» постановках в восточном театре» // Современный театр. 1928. 8 июля. ベスキンは歌舞伎巡業を総括する記事において、この東洋演劇の研究室が「存在しているとしても〔略〕あまりに学術的・学問的だったのだろう。さもなければ東洋演劇研究室は歌舞伎がモスクワにいるあいだに、表に出て、歌舞伎の公演に熱心に出かけたものの、舞台で起こっていることをつねに理解できるとは限らなかったソ連の俳優たちとの対話の場を何度か設けることもできたはずだ」と記している（*Эм. Бескин.* После Кабуки // Новый зритель. 2 сентября 1928. № 35. С. 6）。

（95）東洋民族文化研究所のアーカイブ（АРАН. Ф. 677）の調査によって、この研究成果に関する資料が発見される可能性があるだろう。

（96）ベルリンからラドロフが送った以下の書簡を参照。*С. Радлов.* О театрах Рейнгардта // Красная газета (вечерний выпуск). 1928. 23 августа.

（97）以下を参照。*П. Марков.* По театрам Германии. Впечатления // Правда. 1928. 23 сентября.

（98）Пищевик. 1928. 8 августа.

（99）以下を参照。*Арейден.* Кабуки в Ленинграде (от нашего ленинградского корреспондента) // Вечерняя Москва. 1928. 7 сентября.

（100）この情報は日本の雑誌『窓』第二号（一九八九年）に掲載された中村喜和の論文の、ペテルブルク・アンナ・アフマートワ博物館のサイト（http://akhmatova.spb.ru/）上の翻訳による。以下の論文も参照：*Ёсикадзу Накамура.* Анна Ахматова в дневниках Наруми // *Он же.* Незримые мосты через японское море. СПб.: Гиперион, 2003. С. 55–57.

（101）おそらく、ロシア国立文学芸術文書館の、有名な日本語翻訳家ヴェーラ・マルコワ（一九〇七—一九九五）のアーカイブ（Ф. 2841）に興味深い資料が保管されていると思われる。ウェブ上のカタログによると、一九二八年ソ連での歌舞伎巡業公演についての資料が収められている〔実際にアーカイブを調査したところ、資料として保存されていたのはコンラドから送られた歌舞伎公演への招待状と彼の手書きの作品解説のみで、彼女による歌舞伎の感想・批評などは含まれていなかった〕。

（訳者付記）本稿は早稲田大学演劇映像学連携研究拠点平成二三年度公募研究「近代日露演劇交流とその文脈」において執筆を依頼した *Маликова М.* "Ленинградский контекст гастролей театра Кабуки в 1928 году". 2011. の全訳である。この研究の枠内で二〇一二年一月二一—二二日に開催したシンポジウム「一九二八年歌舞伎ソ連公演と日露演劇交流研究の可能性」において代読による口頭発表を行った。

II 文脈としての日露演劇交流史

「貼込帖」の扉頁。「歌舞伎の17公演」と書かれている。写真はモスクワ公演の会場となった第二芸術座（上）とボリショイ劇場（「二世市川左団次ソビエト公演記録貼込帖」早稲田大学演劇博物館蔵より）

5

日露戦争劇『敵国降伏』

歌舞伎の戦争劇と史劇の交点

日置貴之

はじめに

「「戦争劇」という演目群こそは、全く忘れられた明治期のジャンルである」という神山彰の指摘[1]があるように、明治の演劇史とは一面で戦争劇の歴史でもあるように思われる。戊辰戦争に始まり、西南戦争、日清戦争と内戦、対外戦争を問わず、戦いのたびに多くの戦争劇が演じられた。その中でも日清戦争劇の演劇史的な重要性については、多くの指摘がある[2]。それに対して、日清戦争の一〇年後、一九〇四〜五年の日露戦争は日本史上の重大事件であるのみならず、世界史的にも影響の大きい出来事であったにもかかわらず、演劇史上の存在感は日清戦争に比べてはるかに小さい。「日清戦争芝居のごとくに歓迎されなかった[3]」とされ、演劇史の記述において割かれる分量も日清戦争に比べてかなり少ないのが通例である。渥美清太郎「系統別　歌舞伎戯曲解題」（『芸能』一九五九年二月〜八五年二月）においても、上野戦争、西南戦争、日清戦争等を扱った作品が紹介されるのに対して[4]、日露戦争劇は立項されていない。

神山は、日露戦争当時にはすでに「活動写真の時代とな」っており、歌舞伎役者が舞台上で戦闘を演じてみせるという行為が、すっかり「見物の実感から離れていた」と指摘する[5]。日露戦争の実写映画は、必ずしも実際の戦闘の様子をそのまま映したものではなく、また見世物との組み合わせによる興行形態がとられるなど、今日の感覚からするとフィクションの要素を多分に持つものだったが[6]、それでも演劇に比べはるかに人々の「実感」を誘うものであったことは間違いない。日清戦争劇においては歌舞伎を凌駕した新派も、相対的な「実感」を喪失したという点では歌舞伎と同様であっただろう。

だが、戦場の様子などを人々に伝える媒体としての役割は著しく低下したにしても、多くの日露戦争劇が当時上演されたことは事実である。それらの作品を検討することで見えてくるものもあるのではないだろうか。本稿では、歌舞伎における日露戦争劇、特に一般的には日露戦争劇としてよりも、むしろ明治期を代表する名優の一人である初代市川左団次の最後の舞台として知られる『蒙古退治 敵国降伏』（一九〇四年。以下、『敵国降伏』）という作品を通じて、当時の歌舞伎界の状況や、ロシアという西洋国家に触れた歌舞伎がそれをどのように描いたのかを見ていきたい。

1 歌舞伎の日露戦争劇

日露両国間の戦闘が開始されたのは、一九〇四年二月八日、旅順停泊中のロシア艦隊への日本海軍による奇襲攻撃からであった。翌九日に仁川沖海戦があり、一〇日には日本からロシアへの宣戦布告がなされている。最初に日露戦争劇を上演したのは、浅草の国華座で興行中だった佐藤歳三、藤沢浅二郎らの一座（新派）であった。一五日から追加で出幕となった『帝国万歳大勝利』がそれである。国華座では翌月は『満州の吹雪』一本のみの上演で、他の劇場でも、三月四日初日の真砂座『征露の皇軍』（伊井蓉峰《ようほう》他）、同四日初日の市村座『日露大戦争』（児島文衛他）等、新派では戦争劇が続々上演される。三月二七日に決行された第二次旅順口閉塞作戦で広瀬武夫中佐が戦死、四月一三日にはロシア側でも太平洋艦隊司令官のステパン・マカロフ中将が戦死。日本陸軍第一軍が鴨緑江渡河に成功し、第二軍も遼東半島へ送られ始めた五月になり、藤沢、佐藤、児島らが歌舞伎座で江《え》見水蔭《みすいいん》作『潜航艇』を上演するが、一〇日から二二日までの二週間足らずの興行にとどまった。この他にも数多くの日露戦争劇が上演されているが、秋庭太郎によれば「新派で興行成績のよかったのはわずかに真砂座の伊井一座と、四谷の橘座で上演した「戦争余情挙国一致」（一九〇四年四月七日初日）ぐらいにとどまった」(7)という。

一方の歌舞伎を見ていこう(8)。東京の劇場では、二月二七日から東京座で竹柴晋吉作『日本勝利歌《にほんのかちどき》』が上演され、以下、宮戸座（二月二九日初日）の『蒙古退治』と『決死の水兵』、新富座（三月三日初日）の勝進助作『日本軍万歳』、歌舞伎座（四月一日初日）の福地桜痴《おうち》作『艦隊誉夜襲《かんたいほまれのやしゅう》』、明治座（五月二一日初日）の松居松葉《しょうよう》作『敵国降伏』等が続く。大阪に目を転じると、三月一二日より中座で『旅順口大海戦』、三月一日より弁天座で『予備兵』が上演。これらは興行的に成功を収めたらしい(9)。なお、大阪ではいわゆる小芝居ではあるが、この両座や東京の劇場よりも早い二月一五日から松島八千代座で「現世忠臣蔵《げんせいちうしんぐら》」に日露戦争を当込(10)んだという内容で、番付に『仮名手本忠臣蔵』の高師直に相当すると思われる『露国人モロナップ』の他、「大星良雄」「抱車夫寺岡平吉」「社員大高」「弁護士石堂」といった役名の見える『日露チウシングラ』、二三日から稲荷文楽座で『帝国万歳』が上演されており、これ以後もしばしば日露戦争劇の上演が見られる。右に挙げた日露戦争劇のうち、東京座の『日本勝利歌』には中村芝翫（五代目歌右衛門）、片岡我当（十一代目仁左衛門）、市川高麗蔵（七代目松本幸四郎）、初代市川猿之助ら、歌舞伎座の『艦隊誉夜襲』には市川八百蔵（七代目中車）、十五代目市村羽左衛門、六代目尾上梅幸、初代中村吉右衛門、大阪・中座の『旅順口大海戦』には初代中村鴈治郎などが出演している。しかし、大阪の鴈治郎は別として(11)、東京においては歌舞伎の一線級の役者が日露戦争劇を演じ続けることはなかった。

これら歌舞伎の日露戦争劇はどのような内容であったのだろうか。東京のものについて、わかる範囲で見ていこう。劇場で販売された絵本役割番付および筋書(12)によると、東京座の『日本勝利歌』は二幕から成り、複数の兵士とその家族らの別れ、国民による軍資金の献金が描かれた後、仁川港の場で「日本兵露兵大ぜい出て戦争の立廻り」があり、旅順港で日本艦隊がロシア艦隊を撃沈する場面に転じ、最後は日比谷公園で「紳士大ぜい」が「戦争の安否を気遣」うところに日本の勝利を知らせる号外売りが登場、「皆々悦び帝国万歳」を唱えるというものであった。なお、この場面に登場した「紳士大ぜい」は、絵本役割番付記載の配役によると芝翫が「紳士山本栄次郎」、我当が「紳士片岡秀太郎」、猿之助が「紳士喜熨斗亀次郎」など、役者の本名になっている。日比谷公園は明治三五年に開園したばかりで、東京座の初日直後の二月一九日には、海軍の巡洋艦・日進および春日の回航員の歓迎会が二〇〇〇人の来場者を集めて行われている[13]。この場面は東京座の観客にとって身近なものであっただろう。もっとも、現実の戦いにおいて日本が勝利を収めた後に起きた日比谷焼き討ち事件を知る私たちにとっては、皮肉という他ないのだが。

新富座の『日本軍万歳』は五幕で、やはり出征する軍人とその家族の別れを複数描き、「露艦轟沈を文字張越〔ママ〕しに花火仕掛で見せ」たという旅順の海戦場面、日本人の「密売婦」がロシア軍の参謀官舎から地図を盗む件があり、大詰は「仁川市街の衝突」であった[14]。歌舞伎座『艦隊誉夜襲』は、自分の親族にあたる対馬の船頭が上陸したロシア人に殺害される夢を見た「松村少佐」が妻に別れを告げて出征する場面と、海戦中の戦艦三笠等の甲板上、日本の軍人たちによる祝宴という三幕[15]。

これら日露戦争劇が新派も含め、ワンパターンに陥っていたことは当時すでに批判されている。

> 扨此戦争演劇《せんさうしばゐ》といふものは孰《いづ》れ諸新聞紙上の戦事雑報を種として脚色《しくめ》るものには相違ないが、夫にしても狂言作者の意《こころ》なきには惘《あき》れたり。今度の脚色《しくみ》に、密航婦が露国軍人の妾《せふ》と為て敵地の図を奪ふといふ筋は、真砂、新富、国華皆同じ事だ。同じでも脚色によつて替て見せやうといふ精神はないと見える。〔略〕其他出

軍間際に妻が産をするといふのも、真砂、新富、常磐にあつて、予後備《よこうび》の軍人が父母妻子に別れる場は各座一般に脚色れて居た。二回目の戦争演劇は少し考へて出したらよからう(16)。

こうした中、宮戸座の『蒙古退治』は当時の新聞記事でも「毛色が変つて居る(17)」と言われている。記事によってこの芝居の内容を見てみよう。

扨二番目の戦争劇は、序幕が北条館、返しが蒙古退治。是が訥子の役桶屋健吉の夢で、此処へ予備役召集令が来て喜ぶ所。次が清水御門前招集場にて、健吉が子を預ける所、優の事とて女々しからずキビ〳〵として心地よし。其後が陸軍野営の場で、鬼丸《きぐはん》の偽志那人桜木、宗之助の偽志那夫人花子両人が密談の所を露兵に聞かれ、両人とも捕縛される場にて、返しは健吉の塁壁乗越し。廻つて敵地牢獄の場。茲《こゝ》に桜木兄妹が露兵の呵責に遇ひ、兄は牢内へ入れられ、妹は残りて弄《なぶ》られんとする所を日本軍隊の押寄せと聞き、露兵は牢内に火を放ちて逃る。茲へ健吉が来り、桜木兄妹を救ひ、軍隊に遇ひて、日本帝国万歳を唱への幕(18)。

たしかにこの筋は、先に引いた記事で批判されていたような「戦争演劇」の定型からはやや外れている。冒頭を夢の場面としたのは『艦隊誉夜襲』と共通するが、こちらの方が一ヶ月早い。何より、夢の中身が鎌倉時代の「蒙古退治」、いわゆる元寇を描いたものになっている点が目を引く。そして、この『蒙古退治』と日露戦争という取り合わせの戦争劇はこれに留まらなかった。

2 日露戦争劇『敵国降伏』

日露戦争劇でありながら元寇を描いた第二の作品が、一九〇四年五月二三日から明治座で上演された松居松葉作の『敵国降伏』である。初代左団次が座頭として出演するとともに座元を務めた明治座では、これ以前に『悪源太』（一八九九年九月）、『源三位頼政』（一九〇一年一月）、『後藤又兵衛』（〇四年一月）といった松葉の作品を上演している。このうち、『悪源太』は歌舞伎で初めて上演された劇場外部の劇作家による作品とされる。そして、『敵国降伏』は先行する『蒙古退治』以上に異例の日露戦争劇だと言える。すなわち、『蒙古退治』では夢として描かれる元寇の場面に続いて、一九〇四年当時の「現在」の戦いである日露戦争が演じられたが、『敵国降伏』は徹頭徹尾、鎌倉時代の戦いのみを描いているのである。では、なぜそれが日露戦争劇と呼べるのであろうか。

まず、『敵国降伏』の梗概を以下に記す[19]。

【序幕　鎌倉無量寺谷の場・北条館元使引見の場】

鎌倉で厳しい監視下に置かれている元の使者杜世忠《とせいちゅう》らは、密かに鎌倉武士・合田五郎と通じ、日本の地図を入手する。しかし、実は五郎の裏切りは偽りであり、喜んで去って行く杜世忠らを、五郎と北条時宗はあざ笑う。

【二幕目　元忽必烈王宮の場】

元の使者たちは時宗と対面して国交を迫るが、時宗は以前の書状の無礼をなじり、国交を拒む。使者たちは時宗に脅しをかけるが、逆に合田五郎の証言によって日本侵略の野心を暴かれ、処刑される。時宗は元を迎え撃つ決意を表明する。

元の王宮では各国の使者が皇帝・忽必烈《こぷらい》への貢ぎ物を届けており、西洋人マルコポロも参内している。そこへ捕虜となった対馬の漁師・弥藤次が連行されてくる。弥藤次は皇帝との問答で彼をやり込める。感心した皇帝は弥藤次の命を助け、日本の情報を得ようとする。これを拒否した弥藤次は処刑されそうになるが、情け深い皇后の嘆願で救われ、対馬へ送還されることになる。皇帝は右丞相・阿刺罕《あらがん》を軍師として日本へ侵攻することを宣言する。

【三幕目　浅茅ヶ浦弥藤次住家の場／同返し　宗助国討死の場】

対馬の弥藤次の家では、死んだと思われている主の百ヶ日の法要を行っている。娘の花野が父の死により許嫁で宗家の家臣である小太郎義春との結婚が延びていることを嘆く。これを見た母の縄手は二人に固めの盃をさせる。そこへ命を救われた弥藤次が帰宅するが、縄手は彼が元風の衣服を着ていることを咎める。縄手の忠心を確かめた弥藤次は衣服を脱いで元の漁師の姿に戻り、衣服を引き裂いて見せる。弥藤次が小太郎に元の襲来は近いと物語るところへ、早くも元軍の到来が知らされる。

対馬の地頭代である宗右馬介助国の陣所では、助国と家臣らが討死の覚悟を決めている。助国は博多の河野通有に自らの死後の宗家再興を委ねる書状を認め、小太郎に使者を命じる。討死を望む小太郎だったが、説得の末に弥藤次の舟で博多を目指す。

【四幕目　河野通有陣所の場・洲崎浜大合戦の場／同返し　博多沖蒙古大船の場】

元軍が迫る博多の河野通有の陣所では、伯父の通時が夜討を企てている。決死の覚悟の者一〇人が参加を志願し、血書を行う。小太郎は河野の家臣ではないために一度は拒まれるが、決意の固さを認められ参加することになる。

激しい戦闘が行われる中、元の船中では大将の范文虎《はんぶんこ》らが日本から強奪した品々を前に酒宴を開き、捕らえられた花野と縄手は舞を披露させられる。そこへ河野軍の夜討があって大混乱となり、花野は小太郎に救われるが、縄手は海に身を投げる。

【五幕目　伊勢大廟敵国降伏の場／同返し　元寇大敗奇瑞の場】

朝廷と幕府からの使者が伊勢神宮に参拝して願文を読み上げると、俄に風雨が起こり、社殿の内から光とともに多くの白鳩が飛び立つ。

神風によって元軍は壊滅する。縄手の死を知って出家した弥藤次は、海岸で元の兵三人を捕らえる。小太郎は死に場を失ったことを恥じて自害、花野も後を追う。弥藤次は秋田城之介泰盛に元の兵たちの助命を願い、廻国修行の旅へ出る。

主な配役を挙げると、漁師弥藤次が左団次、北条時宗・皇帝忽必烈・河野通有の三役が高麗蔵（七代目幸四郎）、縄手・勅使中御門経任の二役が芝翫（五代目歌右衛門）、合田五郎と夜討の場で奮闘を見せる龍造寺季友が沢村訥《とつ》升《しょう》（七代目宗十郎）などで、左団次の子で後に二代目左団次となる莚升《えんしょう》はマルコポロと小太郎義春の二役を演じた。当初は時宗の役も左団次が演じる予定であったが、当時六三歳で胃癌を患っていた左団次の健康状態はすぐれず、弥藤次のみとなった上、稽古も満足にできない有様だったという。結局、左団次は初日に出演した後は、二日目と五日目に二幕目のみを勤め、他は河野通時を演じていた五代目市川寿美蔵が代役を務めた。そして、ついに舞台に復帰することなく、八月七日逝去したため、本作は九代目市川団十郎、五代目尾上菊五郎とともに「団菊左」と呼ばれる明治の名優・初代左団次の最後の舞台となったのである。

しかし、本作について詳しく見ていくと、単に名優の最後の舞台というだけではない、興味深い点がいくつかあることに気付く。まず、先ほどの、なぜこの元寇を描いた舞台が日露戦争劇であるのかという疑問に答えたい。すなわち、本作は単に鎌倉時代の戦いを劇化しているのではなく、そこに「現在」の戦争を重ねて描いているのである。これについては、松葉自身が出演俳優に対して、本作の作意等を語った演説の中で、「河野通有の夜討の一段は、旅順閉塞決死隊の穴で、血書は勿論林紋平を見せたのだ。敵船の歌舞は、マカフロ《ママ》将軍の観劇で、時宗の国書を割くのは外交断絶、露探も出したし、非戦論者の俤も見せたつもりだ。それから大詰の弥藤次の元の兵卒三人の命乞は、捕虜兵の送還といふ心だ[20]」とその種明かしをしている。

旅順口閉塞作戦は二月二四日、三月二七日、五月二日の三度にわたって決行された。広瀬中佐が戦死した第二次に限らず、閉塞作戦の模様は新聞紙上で再三報じられており、作戦に参加したのが自ら志願した人々であることはよく知られていた。新聞紙上にはたびたび作戦参加の願書の写しが掲載されている[21]。特に戦艦三笠の乗組員である林紋平二等兵曹が血書を提出して作戦に参加したことは盛んに報じられ、血書が天覧を受けたほどであった[22]。四幕目において、河野通有の夜襲作戦の参加志願者らが血書を行うのは、その当て込みだったのである。

「敵船の歌舞」というのは、次のような風説を踏まえたものであった。

●露軍大勝利　在旅順口露国海軍将校が海戦大敗北の報に見物せし芝居の筋書は「露軍大勝利」を仕組《しくみ》しものにて、天下の滑稽之に過ぐるものなしと伝ふる者あり。真偽如何《いかん》は判じ難けれども、兎に角面白し。

（『読売新聞』一九〇四年二月二〇日）

二月八日夜の日本海軍による旅順への奇襲の際、ロシアの海軍将校は自軍の勝利を描いた演劇を観劇中であったというのである。ただし、マカロフというのは松葉の誤りで、この当時の太平洋艦隊の司令官は前任のオスカル・スタルク中将であった。戦争劇の観劇中だったというのは出来すぎた話だが、四月四日の『読売新聞』には「スタルクは観劇マカロフは感激し」という川柳が掲載されているなど、広く知られた俗説だったようである[23]。

「外交断絶」については説明するまでもなかろう。「露探」、すなわちロシアのスパイについては当時新聞でもしばしば報じられており、露探と思われる外国人と内通した日本人が軍事上の機密である地図を売り渡そうとする事件も発生していた[24]。こうした露探のイメージが本作序幕の杜世忠には重ねられている。「非戦論者の俤」は序幕の北条館の場において、鎌倉の御家人たちの間に元への態度をめぐって若干の意見対立が見える場面を指す。「捕虜兵の送還」についても、当時の新聞紙上では捕虜となったロシア兵の名を挙げて、その送還について詳しく報じられている[25]。

これらの当て込みは、新聞報道等で戦況を把握していた観客にとっては、説明の必要などない、自明のものであったに違いない。三木竹二は劇評の中でいくつかの当て込みについて指摘を行った上で、「この当込は必ず一部の見物が受けるであらう[26]」と述べている。やはり元寇を描いた場面のある『蒙古退治』を含め、日露戦争をあくまでも「現在」の出来事のまま舞台に載せる他の日露戦争劇に対して、本作は異色の内容となっているのである。

3　元寇の「世界」

三木竹二は、本作は「元寇を狂言の世界に取つて」いると書いていた。たしかに、作品の骨格となる「世界」と、そこに加えられて筋の斬新さを生み出す「趣向」という伝統的な歌舞伎の作劇法の用語を踏まえると、本作の構造は非常にわかりやすい。つまり、元寇という世界に日露戦争の趣向が加えられているということになる。ここまでは、このうち趣向の部分が、新聞報道等で形作られていたと考えられる、多くの観客が持つ「露探」や「決死隊」、スタルクの観劇等に関するイメージによって成り立っていることを見てきた。では、世界にあたる元寇の筋はどのようにして生み出されたのであろうか。

これについては、先に引いた演説や『都新聞』に八回にわたり断続的に掲載された談話[27]の中で松葉自身が明らかにしている。最初に彼は「僕のは君が何時《いつ》も浄写をしては驚いて居る通り、ほんの一夜漬で、今度もあの通りの始末だッたし、又考へた所で碌なもの丶出来ッ子は無いんで実に冷汗の出るほど拙いものさ」[28]と謙遜してみせる。たしかに、日露戦争の当て込みが主眼となっている内容や、五幕目における小太郎と花野のさして必然性の感じられない自害などを目にすると、本作は「一夜漬」で書かれた安直で「拙い」作であるようにも思える。しかしながら、元寇の史実に対する松葉の調査と、それを戯曲としてまとめあげていく上での工夫は、決して安易なものではない。松葉がどのような材料を用い、それをどう料理することで本作を執筆したのか見ていこう。

記事中で彼は本作創作のために参照した史料として次のようなものを挙げている。『将軍家譜』『鎮西要略』『北条九代記』『日蓮親密伝』『八幡愚童訓』『東国通鑑』『州俗伝』『高麗史』『元史』『元寇紀略注』『元明史略』『九州風俗記』『和漢三才図会』『国史実録』『増鏡』『対馬旧記』『蒙古襲来絵詞』『龍造寺系図』『北肥戦誌』『田尻家譜』『菊池風土記』『伏敵編』。また、戯曲の二幕目には「マルコポロが旅行記の挿図を参酌すべし」という指示がある。これらの書名を見ると、正史（『高麗史』『元史』）から『北条九代記』のような通俗的な軍記、元軍との戦いに参加した御家人の家譜等まで非常に幅広い史料を渉猟していることがわかる。松葉が短期間にこれほど多くの史料を比較・検討できた背景には、熊本出身の元警察官で元寇に関する著作を残している湯地丈雄の協力があったらしく、右に挙げた諸書も、多くは湯地の著作等を通じて触れたものと思われる。しかし、松葉が単に史料に目を通しただけでなく、それらを詳細に検討して劇作に用いたことは、各史料を具体的にどのような場面や登場人物の造形の典拠として用いたかを説明していることから窺い知れる。

将徐賛等一行誅戮の事は、『東国通鑑』に出て居ります。『北条九代記』には将徐賛は龍の口で斬られたことになつて居ります。

（『都新聞』六月二日）

皇后弘吉刺《コーキラ》の仁徳の御方であつた事は、「元明史略」などの様な有り触れたものにもある。国家の初政左右匡正して与《あづか》つて力有りと記され、皇帝に向つて絶えず諌めを入れて居ります。

（同）

討死の龍造寺兄弟、田尻三郎の事は「龍造寺系図」、「北肥戦誌」、「田尻家譜」等に出て居ります。

（同、六月七日）

赤星有隆の事は、「菊池風土記」に出て居ります。その相手の劉相君は、太宰の少弐が弟景資が射て落《おとし》たのでございますが、「北肥戦誌」に依ると、余程強さうですから、わざと赤星の件へ持つて来ました。（同）

右に挙げたのはいずれも脇役に関する言及であるが、重要な登場人物については、より周到に複数の史料の比較を行ったらしい。左団次が演じた弥藤次の場合を見てみよう。

此時生命から〴〵逃れたのは上佐《じやうさ》他四人ですが、弥藤次の攫われたのは、実を云ふと文永六年の三月で、黒的《こくてき》などゝ云ふ元の使が、対馬へ着いても土地の人が上陸させなかつたので、島民弥次郎、塔次郎の二人を虜にして還つたとしてあります。此捕虜は四月に蒙古へ送られ、そこに逗《とゞ》まる事三月、九月の十七日に高麗の使節に送られて対馬へ着いたのです。『鎮西要略』には塔二郎、弥三郎とあり『東国通鑑』には「倭《わゐ》二人を執《とら》へて以て還る」とありますから、兎に角二人は事実かも知れませんが、二人では芝居にするには都合が悪いから、一人の弥藤次にしました。尤も『州俗伝』などには「対州の海賊の長に、弥藤次と号する者あり。其人と成り、長高く色黒く、毛髪《かみのけ》縮れて赤く、眼大にして光り、既に忿《いか》れば即ち洪鐘《おほがね》を撞くが如く、また喜べば則ち太鼓を鳴すが如し……」とあります。之が捕まつたといふ事実もあり、それより三年隔《たつ》た文永九年には宣撫使趙良弼《てうりやうひつ》日本へ使者として来たが、要領を得ぬところから、弥四郎等外十二人を率ゐて、元に連れ行き、偽使者にしたといふ事実もある（東国通鑑、高麗史、元史日本伝等参照）。又、『元寇紀略』には弥四郎は対馬の賤民、良弼嘗て利を啗《くら》はし之を誘つたのであらうとしてある。或ひは弥四郎が弥二郎塔二郎か、それとも弥藤次、弥四郎、弥二郎、塔二郎みな別々か、兎に角私はたゞ是丈の事蹟から、弥藤次なる人物を摘み出したのです。　（同、六月二日）

ここからは、できる限り多くの史料の比較を行って史実を確認した上で執筆を行う、舞台表現としての効果を高めるために創作的要素を加える場合も、史料に照らし合わせてなるべく自然な形をとる、といった執筆方針が窺える。そのような松葉の姿勢は、先に見てきた日露戦争の当て込みを行う場合にも現れている。序幕に元の使者への対応をめぐり御家人たちの意見が対立する、「非戦論者の俤」を当て込んだ場面があることはすでに述べたが、この場面について松葉は、「日蓮を蒙古と内通の噂ある云々と攻撃して居るのは、当時一派の人々が確かにやつた事実で、「真密伝」にもそんなことが書いてあります」（同、五月二八日）と説明している。三瓶達司によれば、松葉の後年の作品『阪崎出羽守』は、作者自身が参照したと述べている(29)『徳川実紀』『藩翰譜』等二〇以上の書物の他に『鳩巣小説』等数多くの文献を参照して執筆されているといい、こうした執筆姿勢は松葉が歴史を題材とした戯曲を書く際にしばしばとっていたものと考えられる。

史実に対する意識は本作の舞台面にも現れていた。二幕目の装置が「マルコポロが旅行記の挿図」を参考にするよう指示されていたことには触れたが、その他の場面も日本画家の久保田米僊が考証に協力し、洋画家の山本芳翠が実際の背景を手掛けており、雑誌『歌舞伎』には米僊による個々の衣裳や装置、小道具に関する詳細な解説が掲載されている(30)。

4　歌舞伎の戦争劇と史劇

こうして見てくると、本作には二つの注目すべき点があるように思う。すなわち、近世以来の作劇法や幕末・明治の歌舞伎における戦争劇との類似性と、本作上演の前後の時期に起こった歌舞伎における史劇上演の動きからの影響である。本作が江戸歌舞伎の世界と趣向という発想に綺麗に当てはまる構造を持っていることはすでに述べた。また、ロシアという異国を元（蒙古）に仮託するという発想も、本作以前から存在する。日露戦争劇においても『蒙古退治』という先行作があったが、近世中・後期の文学の中でロシアの南下を脅威と捉える当時の雰囲気を反映して「ロシアの隠喩としてのモンゴルを登場させ(31)」るものがあったことはすでに指摘されている。松葉が、源義経らが蝦夷地をめぐって蒙古軍と対立する読本『通俗義経蝦夷軍談』（一七六八年刊）等を実際に読んでいたかは不明だが、ロシアの脅威を元寇に重ね合わせるという発想は近世期以来のものであり、松葉以外の当時の人々にも自然なものとして受け入れられたと思われる(32)。

幕末から明治半ばにかけての歌舞伎における戦争劇、特にこの時期を代表する狂言作者であった河竹黙阿弥とその門人の作を見ていくと、そこにも『敵国降伏』との類似性が見出せる。一八七〇年に初演された黙阿弥の作品『狭間軍紀成海録《はざまぐんきなるみのききがき》』は上野の山に立て籠もった彰義隊と新政府軍との戦闘である上野戦争を扱いつつも、表向きは桶狭間の戦いを描いたものとなっている。この芝居が「上野戦争劇」であることは、登場人物の境遇や戦闘場面の天候、銃器の使用といった、観客に共有されていた上野戦争のイメージの当て込みによって理解されるのである。[33] これ以後に上演された黙阿弥の『明治年間東日記《めいじねんかんあずまにっき》』（一八七五年六月）、弟子である竹柴其水《たけしばきすい》の『皐月晴《さつきばれ》上野朝風《うえののあさかぜ》』（一八九〇年五月）といった上野戦争劇や、左団次主演の日清戦争劇『会津産明治組重《あいづさんめいじのくみじゅう》』（其水作、一八九四年一〇月）では、過去の戦争への仮託は行われないが、その一方で主に新聞記事等で当時の人々に知られていたと思われる物事を複数作中にちりばめるという、『敵国降伏』中の日露戦争の当て込みと同様の手法がとられている。『会津産明治組重』の場合でいえば、在日清国人の相次ぐ帰国や、清のスパイの捕縛といった当時の出来事が作中で当て込まれているのである。[34]『敵国降伏』は、こういった幕末・明治の戦争劇の系譜の末端に置かれるべき作品であると言えよう。

しかし、その一方で気になるのは、上野戦争を桶狭間の戦いに仮託した『狭間軍紀成海録』から、上演当時の戦争を時代設定を変えずに描いたその後の作品への流れに逆行するかのように、本作が「現在」の戦争をはるか昔の戦いに仮託しているのはなぜかということである。そこで注目したいのが、この時期の歌舞伎における史劇上演の動きである。ここでいう史劇とは、一八九三年一〇月以降『早稲田文学』に連載された「我が邦の史劇」において、旧来の時代物狂言や、いわゆる活歴を批判して、新たな史劇の方向性を示した坪内逍遥ら、劇場外の文学者による歴史劇である。逍遥は「我が邦の史劇」に続き、史劇の具体的な例として九五年以降、『桐一葉』等の戯曲を発表したが、これらの作品がすぐに舞台に上ることはなかった。すでに述べたように劇場外の劇作家の作が歌舞伎で上演されるのは、九九年の松葉作『悪源太』を待たねばならず、『桐一葉』はさらに遅れて一九〇四年三月東京座において、先に触れた日露戦争劇『日本勝利歌』とともに上演されたのであった。しかし、これ以後、四月に歌舞伎座で森鷗外作『日蓮聖人辻説法』が上演され、翌〇五年には高麗蔵が日本最初の創作オペラとされる『露営の夢』を演じるなど、歌舞伎興行における新しい動きが目立ってくる。『悪源太』をこうした史劇上演の嚆矢とし、『敵国降伏』を初代左団次が松葉とともに取り組んだ史劇の一つに数える場合もしばしばある。[35]しかし、三宅周太郎は松葉を「座附作者なみ」の作家とし、「「史劇」の祖とし、劇壇の先駆者と見る説に反対」[36]しており、中村哲郎も松葉の座付き作者的側面を否定しない。[37]すでに見てきたように、『敵国降伏』にも旧来の歌舞伎の戦争劇との類似性が見えるのであり、そうした評価は頷ける。しかしながら、元寇の史実に対する松葉の強いこだわりは、やはり旧来の狂言作者の創作態度とは一線を画すものと言えよう。また、日露戦争劇を元寇に仮託するという発想の淵源には近世以来のロシアに対するイメージがあることを述べたが、松葉が元寇という題材を用いる直接的な契機となったのは、直前に鷗外の『日蓮聖人辻説法』を観劇したことであったらしい。[38]近世以来の発想や幕末・明治の歌舞伎の戦争劇の特質を受け継いでいるとともに、新しい史劇の動きの中にも位置づけることができるという点に、本作の演劇史的に見た独自性があると言えるだろう。

おわりに

以上、歌舞伎の日露戦争劇、特に松居松葉による『敵国降伏』について検討し、『敵国降伏』がある面では、世界と趣向という江戸歌舞伎の作劇法や近世期のロシア観との共通性を持ち、また幕末から明治にかけての歌舞伎の戦争劇の系譜上に位置づけることができる作品でもあることを指摘した。しかし一方で本作は、坪内逍遙が提唱し、本作上演の前後から実際の上演が見られるようになってきた近代的な史劇の要素も持ち合わせている。いわば、『敵国降伏』は歌舞伎の戦争劇と史劇の交点に生まれた作品だったと言えるのである。

もっとも、新しい史劇の影響を受けたにしても、日露戦争という「現在」の戦争を元寇に仮託するというのは、いかにも古くさい。松葉自身、新派に対しては普通の日露戦争劇を書き与えている。[39]明治座にあえて本作のような作品を書いたのは、一つにはそれまで同座に『悪源太』や『後藤又兵衛』といった史劇を提供していたこともあるが、「帷幕の作者」（座付作者）である松葉から見て、現代劇としての日露戦争劇よりも、『敵国降伏』のような作品の方が座頭の左団次にふさわしいと考えたためではないだろうか。日清戦争の際には、新派に押されつつも、『会津産明治組重』において日本在住の清国人という主役としては特異な人物を描き出した左団次であったが、[40]日露戦争劇という舞台においては、ロシア人を演じることも、新たな人物像を開拓することもなかった。団十郎、菊五郎が没し、残された左団次も死を前に「古くさい」芝居を演じる他なかった。しかし、そうした一つの時代の終焉と同時に、芝翫、高麗蔵、そして莚升らによる新しい時代が訪れつつあったのも確かである。彼の死後、左団次の名跡と明治座を引き継いだ莚升は、ロシア人が執筆した戯曲においてロシア人を演じ（自由劇場による『夜の宿』初演）、さらにはソ連での歌舞伎公演を行うのであった。

（1）神山彰「明治の「風俗」と「戦争劇」の機能」『近代演劇の来歴——歌舞伎の「一身二生」』森話社、二〇〇六年、一六六頁。
（2）河竹繁俊『日本演劇全史』（岩波書店、一九五九年）は、歌舞伎の戦争劇の不評に対する新派の成功が、歌舞伎の古典化の一要因になったとする。神山注1前掲論文ではこの見方を踏襲した上で、歌舞伎俳優の身体と近代的軍隊の動きの齟齬について、さらに詳しく述べている。
（3）『演劇百科大事典』（平凡社、一九六〇～六二年）の「日露戦争物」の項目（秋庭太郎執筆）。
（4）それぞれ、「上野の戦争」「西郷隆盛」「日清戦争」として立項（「西郷隆盛」には西南戦争物とは言えない作品も含む）。
（5）注1前掲書、一七一頁。
（6）上田学「日露戦争期の観客性——実写映画の興行形態から」『日本映画草創期の興行と観客——東京と京都を中心に』早稲田大学出版部、二〇一二年。

（7）注3前掲記事。

（8）以下、初日の日付等は各興行番付および小宮麒一編『歌舞伎・新派・新国劇　上演年表』第六版（私家版、二〇〇七年）、『近代歌舞伎年表　大阪篇』第四巻（八木書店、一九八九年）を参照した。

（9）注3前掲記事。

（10）『大阪朝日新聞』一九〇四年二月一四日。

（11）鴈治郎は一九〇四年四月中座『召集令』『海中の挑戦』、六月弁天座『大日本万歳』、七月同座『二人兵士』、一二月京都・南座『召集令』（再演）と複数の日露戦争劇に出演している。当時の東京と上方における歌舞伎のあり方の相違を示すものとも思われるが、今後考察すべき課題としたい。

（12）いずれも早稲田大学演劇博物館所蔵のものを参照（ロ23-9-66およびロ8-103-202）。

（13）「東京の歓迎会」『東京朝日新聞』一九〇四年二月二〇日。

（14）「戦争演劇　其四（新富座）」『東京朝日新聞』一九〇四年三月二六日。

（15）「戦争演劇　其八（東京歌舞伎両座）」『東京朝日新聞』一九〇四年四月一六日。なお、記事末尾に「（東）」の署名があり、この記事の執筆者は東帰坊こと堂得知と思われる。

（16）注15前掲記事。

（17）「戦争演劇（宮戸座）」『東京朝日新聞』一九〇四年三月九日。

（18）注17前掲記事。

（19）場割は早稲田大学演劇博物館蔵の絵本役割番付（ロ24-18-192）に、内容は上演時に金港堂書籍から刊行された活字本によった。本作の写本は未見であり、活字台本もこの一種のみである。

（20）松居松葉「明治座俳優諸氏に対する作者の演説」『敵国降伏』金港堂書籍、一九〇四年、一四六頁。

（21）『読売新聞』一九〇四年四月一〇日等。

（22）「血書天覧に入る」『東京朝日新聞』一九〇四年四月一五日。

（23）一九六八年に新聞連載が開始された司馬遼太郎『坂の上の雲』でも、スタルクらは奇襲の際パーティーを楽しんでいる最中であったとしている。

（24）「広島の売国奴」『東京朝日新聞』一九〇四年一月三〇日等。

(25)「露国捕虜送還詳報」『東京朝日新聞』一九〇四年四月一二日。
(26)三木竹二「余が見たる五月興行」『歌舞伎』第五〇号、一九〇四年六月。
(27)松居松葉口述、市川高之助筆記「明治座脚本「敵国降伏」(寄書)」『都新聞』一九〇四年五月二四・二六・二八日、六月二・五・七・九・一一日。
(28)注27前掲記事、五月二四日。
(29)松居松葉「『阪崎出羽守』の材料」『早稲田文学』第二三八号、一九二五年一一月。のち同『続劇壇今昔』(中央美術社、一九二六年)に所収。
(30)久保田米僊「蒙古退治の故実」『歌舞伎』第五〇号、一九〇四年六月。
(31)金時徳「義経入夷説と朝鮮軍記物」『異国征伐戦記の世界――韓半島・琉球列島・蝦夷地』笠間書院、二〇一〇年、三四九頁。
(32)なお、一九〇四年五月には、北条時宗に対して従一位が追贈されている。また、一九〇四年一月五日『大阪朝日新聞』の「天声人語」欄では、「桂と時宗とどちらがエライか」と、時の首相・桂太郎と時宗を比較している。
(33)拙稿「上野戦争の芝居――黙阿弥・其水の作品を中心に」『変貌する時代のなかの歌舞伎――幕末・明治期歌舞伎史』笠間書店、二〇一六年。
(34)拙稿「「会津産明治組重」考――其水の日清戦争劇における黙阿弥の影響」、前掲『変貌する時代のなかの歌舞伎――幕末・明治期歌舞伎史』。
(35)たとえば、『明治文学全集85　明治史劇集』(筑摩書房、一九六六年)所収の戸板康二「明治史劇の諸条件」、秋庭太郎「明治の史劇作家」など。
(36)三宅周太郎「史劇と新歌舞伎劇との意義」『演劇巡礼』中央公論社、一九三五年、一三九頁。
(37)中村哲郎『歌舞伎の近代――作家と作品』岩波書店、二〇〇六年。
(38)注30の記事中に、松葉が久保田米僊に対して『日蓮聖人辻説法』を称賛したことが記されている。
(39)本郷座五月興行(川上音二郎一座)の「戦況報告演劇」。三木竹二の劇評(注26)に「此座の「戦況報告演劇」は松居松葉氏の脚色といふ事だ」とある。
(40)注34前掲の拙稿参照。

6

アルカイズムは未来主義を刺激する

エイゼンシテインと歌舞伎

鴻 英良

セルゲイ・ユトケーヴィチはエイゼンシテインの大著『無関心な自然ではなく』の日本語版訳書によせた序文「エイゼンシュテインの『無関心な自然ではなく』について」の中で、エイゼンシテインの最晩年のこの偉大な著作が、歌舞伎についての初期のエイゼンシテインの考察と密接につながっているということを示唆するように次のように書いている。

この著作は何を論じたものだろうか？

その副題はいたって簡素である――「風景の音楽及び新しい段階におけるモンタージュ的対位法の運命」。エイゼンシュテインは映画における映像描写と音（何よりもまず、音楽）の統合の問題にだけ関心を抱いていたように思われる。この問題は、この著書が書かれた一九四五〜四六年当時のエイゼンシュテインにとって、まったく新しい問題というわけではなかった。一九二八年に歌舞伎のモスクワ公演が行われたとき、彼は「思いがけない出会い」という論文を発表し、その問題を初めて考察した。十年後に――「アレクサンドル・ネフスキー」の体験をもとに、「垂直のモンタージュ」を探求するなかで、彼はこのテーマに関する自分の見解を見事に発展させた。そしていま、「イワン雷帝」――それは視聴覚的対位法の新段階だったが――のあと、エイゼンシュテインはこの方面で新しい理論的前進をとげた。そう、彼はこのテーマに「風景の音楽」をつけ加えたのである。何のために？　読者はこの質問への回答を本文の冒頭に発見するだろう。(1)

エイゼンシテインの活動と理論の原点に歌舞伎体験があるとしたこのユトケーヴィチの言説は、おそらく、この序文が、エイゼンシテインの著作の日本語訳刊行に向けて書かれているからだという可能性はもちろん否定できない。しかし、このユトケーヴィチの序文には、一九二八年にエイゼンシテインが見た歌舞伎の衝撃が、エイゼンシテインの最晩年の労作の中に、そして、エイゼンシテインの創作と理論形成の全行程の中に決定的に刻印されているのではないのかということを考えるよう、われわれを仕向ける何かがあるのではないだろうか。

前もって結論的なことを言ってしまうならば、トーキー映画出現の前、つまりサイレント映画の時代にエイゼンシテインが歌舞伎との関係の中で考えたことが「思いがけぬ接触」で書かれたことであり、サイレント映画からトーキー映画への移行の中で、映画はトーキー映画とどのように向き合うべきかということが課題となったときに書かれたのが「垂直のモンタージュ」だったのだと私は考えているのである。さらにその継続性の中で『無関心な自然ではなく』が書かれているのだと私は主張したいのであり、この移行のプロセス全体において、エイゼンシテインの歌舞伎体験は大きな意味を持ちつづけていたと私は考えているのである。

1　連結か、衝突か——モンタージュ理論の核としての歌舞伎

エイゼンシテインが歌舞伎にただならぬ関心を示していたということはよく知られている。それがエイゼンシテインの映画に何をもたらしたのか。このことを考える前にひとつの興味深いエピソードを紹介しておこう。

一九二八年、左団次たち歌舞伎座の一行がモスクワへ向かうよりふた月ほど前、松竹合名社副社長でソヴィエト連邦公演団長・城戸四郎の秘書をしていた浅利鶴雄(2)は先発部隊としてモスクワに向かっていた。そのとき、シベリア鉄道の車中で、彼はソヴィエトを代表する映画監督のプドフキンと出会うのであった。一九二八年六月一

七日のことである。その偶然の出会いについて浅利は「海外公演準備日誌」の中で次のように書いている。

プドフキンという新ロシアの撮影監督に紹介される。ゴリキイの母をものにして有名な人だ、蒙古へジンギスカンのロケーションに行った帰りだそうだ、映画の迫真性を増すために、映画俳優の存在を否定する、エイゼンシュテインの説について話して呉れた。モスクワの現状をいろいろ質問した。非常に面白い議論だと思った。夜、栗原さんは、仏画や、奈良の寺院の建築について絵を見せて説明して呉れた。これもなかなか面白かった。(3)

六月一九日にモスクワに着いてから浅利は慌ただしく公演準備に移り、それからひと月ちょっと後の七月二六日、左団次一行がモスクワに着き、八月一日、初日を開ける。それから八月一八日まで、何日かの休演を挟んで、モスクワで公演が続けられるが、果たして、そのうちの幾つかをプドフキンが見たのかどうかについての記録をいまのところ私は見いだせないでいる。プドフキンの著作集(ロシア語版)にも、歌舞伎の訪ソ公演に対する言及は一切ない。さらに、この公演を見なかったことがはっきりしているソヴィエトの重要な演劇人がいる。それは夏を別荘で過ごしていたスタニスラフスキーと、海外にいたメイエルホリドである。スタニスラフスキーは、体調不良のため今回の歌舞伎公演を見られないのはとても残念だとの趣旨の電報を別荘から左団次たちに送っているので、その公演のことを気にしていたこと、そして実際には見なかったということがはっきりしている。メイエルホリドは歌舞伎の花道に着想を得た舞台装置などを使って演出したこともあり、歌舞伎に興味を持っていたばかりか、かなり詳しかったことは確かなのだが、一九二八年にはすでに彼のポジションは政治的に微妙になっており、亡命こそしなかったが、その時、パリにいたのである。ということは、もしかしたらヨーロッパに新しい活路を求めていたやもしれず、また、多くの人がメイエルホリドに亡命を勧めていたこともよく知られている。だがこの外国滞在は、いわゆる海外旅行であり、その後すぐに、メイエルホリドはソヴィエトに帰還し、幾多の困難を経験した後、一九四〇年に国家反逆罪で処刑された。これは有名な話である。つまり、ソヴィエトのもっとも重要な演劇人の二人は歌舞伎の訪ソ公演を見なかったのであり、そして、きわめて重要な映画監督の一人、プドフキンが歌舞伎を見たのかどうかは定かでないのである。

そうしたなかで、歌舞伎訪ソ公演に密着し、そのことについての幾つかの文章を書いた人物がいた。それがメイエルホリドのもとで演劇を学び、演出家として出発しながらも、後にソヴィエトを代表する映画監督になり、一九二五年に、映画史上の世界的な名作『戦艦ポチョムキン』を作ったエイゼンシテインであった。

エイゼンシテインは八月一九日に発行された『芸術生活』誌に「思いがけぬ接触」という歌舞伎論を発表する。この歌舞伎論は驚くべきほどの深い洞察に満ちており、これから私はその洞察の深さと魅力について「歌舞伎とエイゼンシテイン」という問題系に触れながら書いていこうと思う。つまり、エイゼンシテインのこの論文「思いがけぬ接触」の示唆するものが私の論文のテーマの中心である。

「思いがけぬ接触」が掲載されたこの週刊誌『芸術生活』八月一九日号の刊行日は、モスクワ公演の初日、八月一日から余りたっておらず、印刷などの時間を考えると、おそらく、歌舞伎を見た直後に書かれたものと考えられる。にもかかわらず、これは単なる印象批評などというものではまったくなく、歌舞伎の構造論的な分析でもあり、ということは、実際に歌舞伎を見る前に、エイゼンシテインが歌舞伎に関してかなりの知識を持っていたということが推察される。八月一日初日の『忠臣蔵』、八月二日初日の『娘道成寺』、八月五日初日の『鳴神』などについてこの論文で触れられているので、その数日後に書き上げた可能性がある。私はこのエイゼンシテインの歌舞伎論をあとで詳しく分析するつもりだが、エイゼンシテインの日本文化論を確認することと、歌舞伎に密着したエイゼンシテインの意味について考えるために、まずは、翌一九二九年のエイゼンシテインの論文「枠を超えて――モンタージュと日本文化」の中の、プドフキンとエイゼンシテインの違いについてのエイゼンシテイン自身の分析を紹介しておきたい。というのも、おそらくこの発言の中に、プドフキンは歌舞伎のモスクワ公演を見ていなかったのではないのかという私の推測が論証される可能性が残されているからである。これはエイゼンシテインの側からの、歌舞伎に対するふたりの見方の違いを示すものにすぎないとはいえ、エイゼンシテインが歌舞伎の中にモンタージュの本質を見ていたということを再確認した文章として改めて書いているという意味では決定的に重要な文章である。エイゼンシテインは書いている。


モンタージュを、したがって、その胚種であるショットを特徴づけているのは、いったい何だろうか。

それは衝突である。並び合う二つの断片《ショット》の葛藤。葛藤。衝突である。

私の前に、柔らかそうな少し黄ばんだ紙がある。

そこには神秘的な書き込みがされている。

「連結、――これはP、衝突、――これはE」。

これは、Eつまり私エイゼンシュテインと、Pつまりプドフキンとのあいだで、モンタージュをテーマに（半年も前から）演じられてきた立ち回りの物質的痕跡である。(4)


この文章は歌舞伎の訪ソ公演の後、しばらくしてから、エイゼンシテインとプドフキンとのあいだでモンタージュとは何かについての論争があったということを示しているが、プドフキンはそこで断片の連結としてのモンタージュに固執していたというのである。つまり、プドフキンにとって、モンタージュとは、ショットを煉瓦のように積み上げていくものであり、それが構成する世界は、ショットの連結として実現されるのである。だがこのようなモンタージュは、ひとつひとつ組み立てられていくものであり、ダイナミックというよりは、ある種、スタティックな世界の形成であり、これがエイゼンシテインのモンタージュ理論にとって受け入れがたいことであった。それに対してエイゼンシテインは衝突としてのモンタージュという視点を対置しているのである。そしてここで重要なのは、モンタージュの本質が衝突にあるということをエイゼンシテインが歌舞伎を見ることによって確信したということなのである。歌舞伎の中にある衝突のモンタージュ、それにプドフキンが注目していたかどうかは分からない。プドフキンが歌舞伎の訪ソ公演を見たのかどうかも不明である。一方、歌舞伎一行は、休演日の八月六日月曜日、ヴォクス（全ソ対外文化連絡協会）の招待でエイゼンシテインの『戦艦ポチョムキン』とプドフキンの『母』（ゴーリキー原作）を見ている。この場所にプドフキンがいたかどうかも不明である。

ところで、「枠を超えて」はカウフマンの小冊子『日本映画』（一九二九年）へのあとがきとして書かれたものだが、エイゼンシテインは歌舞伎訪ソ団が携行した映画『からくり娘』（五所平之助監督、一九二七年）を見てこの文章を書いた。この映画を見てエイゼンシテインは、日本映画が衝突としてのモンタージュという日本文化にある表現の特質を見失っているのではないかと感じたのである。そのことを論証するために、エイゼンシテインは多くの日本文化について言及している。

ここでは象形文字（漢字）や俳諧、短歌の中に見られるモンタージュ的思考が詳細に記述、分析されている。ところが、驚くべきことに日本文化の中にモンタージュ的思考がないものがあったと、エイゼンシテインは確認し、衝撃を受けるのである。

そして、「日本映画はモンタージュをまったく知らない。ところがモンタージュの原理は日本の造形芸術の根本原理と見なしうるように思える」と主張するのである。

このような省察が最初に言明されたのが、一九二八年八月のエイゼンシテインの歌舞伎論「思いがけぬ接触」という論文だったのだ。この論文の書き出しはきわめて挑発的なものであった。

牡山羊から乳を搾るだって？　農業にそのような作業はない。牡山羊からは、よく言われるように、毛も乳もとれない。牡山羊にはそれとは別の、ちゃんと確立した名声、別の栄えあるさまざまな機能があるのだ。しかし悲しいかな、このように問題を見ようとしないのが、わがアヴァンギャルドの批評家たちなのである。

歌舞伎がソ連に来ている。これは演劇文化におけるじつに注目すべき現象である。

歌舞伎のまことに豪華絢爛たる演技を誰もが賞賛している。しかし、歌舞伎のなにが注目に値するのかは、全然分析されていない。歌舞伎の博物館的要素が、実際、必要不可欠なものだとしても、注目すべき現象としてこれを評価するためには、それだけではまだ不十分である。文化の進歩に寄与するもの、今日の精神的問題に滋養を与え、刺激を与えるものだけが注目に値するのだ。(5)

（傍点、引用者）

エイゼンシテインは歌舞伎の訪ソ公演に合わせて書かれた無数の文章を、歌舞伎の何が注目に値するのか、全然分析されていないと断罪し、そして、自らの歌舞伎論を書きはじめるのである。エイゼンシテインがこの歌舞伎論を書いたころ、あるいはそれを書く前に、多くの文章が書かれた。そこで書かれたものがどのようなものであれ、われわれは歌舞伎に関してどのようなことが実際に書かれたのかについても確認しておく必要がある。そのことを確認しようとするとき、われわれが翻訳した、市川左団次家が早稲田大学演劇博物館へ寄贈した大部の「二世市川左団次ソビエト公演記録貼込帖」に貼りこまれているソヴィエトで発行された新聞・雑誌の記事がきわめて大きな意味を持つのである。そして、そこに書かれていることとエイゼンシテインの歌舞伎論との違いの中から、エイゼンシテインの芸術論、映画論の特質が浮かび上がってくるのではないのかと私には思われるのである。

さて、牡山羊の役割とは何か。それが何であるのか、この論文の中でそのことについて、エイゼンシテインは具体的には触れていない。だからそれが何であるのかは分からないとも言える。だが、古代ギリシアの「悲劇《トラゴイディア》」の語源が「牡山羊《トラゴス》の歌」であるということを思い起こすならば、牡山羊からは毛も乳も取れないけれども、ポリスの形成の核になる悲劇が、牡山羊からは生成するのだ、とエイゼンシテインが言っているということになるのである。エイゼンシテインは、ソヴィエト社会を形成することになるであろう文化的運動の核となる何か、つまり文化論的本質を、歌舞伎の中に見ないで、歌舞伎について語っている人がいるが、私はこれから別のことを書こうとしているのだと、この論文の冒頭で主張しているというわけである。そして、これがエイゼンシテインのモンタージュ理論の核を構成するものになっていくのである。

それが衝突という概念である。ロシア文化と日本文化の衝突。私は初めその二つの文化の接触が「思いがけぬ接触」というこの論文のタイトルの意味なのかと思ったが、そうではない。もちろん、そのような接触は起こった。だが、たとえば、ショットA（ロシア・ソヴィエト文化）とショットB（日本文化）が衝突するとして、そこから何か新しいものが生み出されるということはもちろんありうる。しかし、エイゼンシテインの歌舞伎論は、もっと内在的なものであり、そのような意味だけでの接触について語っているのではないことが、この論文を読み進んでいくとき明らかになってくるのである。つまり、歌舞伎という日本文化の芸術的活動と表象そのものの中に、その原動力として衝突があるということがエイゼンシテインにとって重要なのである。ショットA（ロシア・ソヴィエト文化）とショットB（日本文化）とはそもそもどのようなものであるのだろうか。エイゼンシテインは歌舞伎について調べ、またその歌舞伎の上演を実際に目撃しながら確信したのだ。この演劇芸術には、ショットの中にある無数の衝突が現実化しているのだということを。ここがこの論文の関心の中心なのである。つまり、ショットAそのものの中にもまた、さまざまな要因があり、それらの諸要因がそこでぶつかりあっている。その衝突の姿の芸術的な表象こそが歌舞伎を作り上げているものなのだ、このようにエイゼンシテインは歌舞伎という芸術を見たのである。おそらく、牡山羊の歌と呼ばれた古代ギリシアの悲劇もそのようなものであったのではないか、エイゼンシテインは演劇の起源をそのように構想したのだ。

　つまり、エイゼンシテインにとっての歌舞伎の衝撃は、歌舞伎という演劇そのものの中にある諸要素の衝突という現象であった。そして、そのようなものが今では古典芸能と呼ばれる日本の江戸時代の歌舞伎、つまり、きわめて始原的な芸能の中に見出されたということである。

　歌舞伎はもちろん近代演劇ではない。しかし、そこにこそ近代演劇の、あるいは、それを乗り越える形で展開するであろう映画芸術の可能性の芸術的原理の根源が、あるいはその意味が秘められているとエイゼンシテインは考えたのである。

> 歌舞伎をわが国の演劇ともっとも鋭く隔てるものは、もしこういう表現が許されるならば、それはアンサンブルの一元論である。
> われわれは、モスクワ芸術座の情緒的アンサンブルを知っている。これは単一的な集団的経験のアンサンブルである。〔略〕
> 歌舞伎では、〝伴奏〟などと言うわけにはいかない。それは歩くとき、走るときに、右足が左足の〝伴奏〟

をしているとか、両足に横隔膜が〝伴奏〟しているなどと言うことが出来ないというのと全く同じである。(6)

エイゼンシテインは芸術表現の根幹にあるのは〝伴奏〟ではない、〝衝突〟なのだと言っているのである。歌舞伎が提示しているその〝衝突〟こそが、これからの映画の原理を体現しているのではないのか、エイゼンシテインはそのように確信したからこそ、歌舞伎の訪ソ公演に密着して、左団次らと行動を共にしたのではないだろうか。

さて、伴奏ではなく衝突であるということはどういうことであろうか。

これについては歌舞伎を見たことのある日本の読者には明らかであろうが、たとえば、これまで自分の思いをしゃべっていた役者が突然セリフを言わなくなる瞬間がある。そのとき、その背後にいる義太夫たちが役者の思いを口にするのである。役者は何も語らない。義太夫たちが役者の気持ちを歌うように語っていく。このとき、役者の身体の動きと義太夫の声とのあいだに激しい緊張関係が生み出される。その緊張感は空間を張り詰め、声と身体との、つまり、聴覚と視覚との間で驚くべき軋轢と結合とが顕在化されるのである。歌舞伎にはそのように世界を生成させていく緊張感が芸術的に表象されている。エイゼンシテインはそれを「思いがけぬ接触」と言ったのだ。異質なものの無媒介的な接続が生み出す劇的な空間、それが劇的緊張を生み出すと言ったエイゼンシテインは、さらに、歌舞伎の持つさらなる特性について問題にしたのである。それは風景であった。

ここに、『忠臣蔵』の最後の場面で、純粋に映画的技法によって作られた例がある。

短い立ち回りの後、〝〔フィルムの〕数メートル〔に相当する分〕の中断〟――人気のない風景――が示される。それからふたたび立ち回り。ちょうどわれわれが、映画で雰囲気を出すために、風景の断片を画面に挿入するのと同じように、ここでは、人気のない夜の雪景色が挿入されているのである。しかし、この数メートルが過ぎると、〝四十七士〟のうちの二人の義士が、悪漢の隠れている小屋を見つける（観客は〔あらかじめ〕このことを知っている）。映画と同じように、この極度に緊張した劇的瞬間には、ある種の制動《ブレーキ》が絶対に必要である。

『戦艦ポチョムキン』（一九二五年）では、シートをかぶせられた水兵たちに向かって「撃て！」という命令が今にも発せられようとするとき、船首、砲口、救命用具など、戦艦の〝無関心な〟部分のフィルムがそこに数メートル挿入される。場面にブレーキがかけられ、緊張が〝ねじで締められる〟。(7)

これから二〇年近く後に、この問題を詳細に分析した著書が書き上げられる。その労作こそ『無関心な自然ではなく』であった。直ちにわれわれは理解するであろう、このタイトルの逆説性を。エイゼンシテインはここで、戦艦の〝無関心な〟部分こそが、この場面の緊張を高めるのだと言っているのだが、そのことは同時に、その〝無関心な〟部分は、われわれの表現にとってきわめて重要なのだとも言っているのである。つまり、それは無関心ではないということなのである。そのようなものとして映画の中に入ってくる風景の重要性について書いたのが『無関心な自然ではなく』であった。そして、その方法はモンタージュとしてすでに『戦艦ポチョムキン』で実現されていたのであり、その方法論的構造は、歌舞伎を見ることによってエイゼンシテインにより具体的な対象とともに確認され、さらに『無関心な自然ではなく』のような大著へと展開していったのである。そして、論文「思いがけぬ接触」の重要性はそうした主張の論拠を提示していることにもあるのである。

さて、音楽的な造形作品としての風景について思考することは、サイレント映画にとってはきわめて重要なことであった。実際、サイレント映画は、実際には音が出ていないにもかかわらず、独自の音楽を表現していた、それは造型の音楽であったというのが、エイゼンシテインの考えである。

当時は、音楽的過程が描写の構造及びモンタージュによって処理された。モンタージュ断片によって、場面の情景的過程だけでなく、場面の音楽もまた組み立てられた。無声の顔がスクリーンから「語った」と同様に、描写もスクリーンから「鳴り響いた」。最も多く「鳴り響く」めぐり合わせとなったのが風景である。というのも、風景は映画の最も自由な要素、つまり、補助的に物語的任務を担うことが最も少なく、気分、情緒的・感情的状態、精神的体験などの伝達に適した最も融通性のある柔軟な要素だからである。(8)

一九二八年八月、歌舞伎を見たときに、エイゼンシテインは多くのことを確信した。その中で重要なことのひとつが風景、あるいは無関心な自然であった。さらに、その風景、無関心な自然は、音楽的であると考えたのだった。歌舞伎において、「われわれは実際に〝動きを聞き〟、そして〝音を見る〟」とエイゼンシテインは書き記すのである。(9)

この風景が時間をわれわれに与え、さらには音楽を奏でるということをモンタージュ理論として展開しながら、エイゼンシテインは『無関心な自然ではなく』において『戦艦ポチョムキン』におけるオデッサ港の霧のシーンを取り上げるのであった。

ワクリンチュクの遺体の喪のシーンの前に、霧の場面がモンタージュされた。水面に重く垂れこめた濃霧の緩慢な運動、濃霧の中から現れる帆船の黒いシルエット、それらの画面は静寂と不安の感覚を生み出したと書いたカメラマンのゴロヴニャの意見にまったくの賛同を示しながら、ゴロヴニャの文章を引用しつつ、エイゼンシテインは、そこから造型の音楽が立ち現われてくると書いたのである。『忠臣蔵』の雪景色のシーンの持つ、風景としてのモンタージュ的特性に関するエイゼンシテインの分析との平衡関係は明らかである。モンタージュのこのような理念の分析はその後幾度もエイゼンシテインによって反復されていくのだ。そして最後に……。

「オデッサの霧」――それはまるで、新しい映画的方法の視聴覚的結合のもつ純粋な映画と音楽との間をつなぐ輪のようなものである。

霧の組曲――それは絵画であるが、独自の絵画である。つまり、現実的継続時間の交替のリズム及び感知し得る時間的な反復系列のリズム――純粋な形では音楽のみに可能な諸要素――をモンタージュによってすでに熟知している絵画である。

それは、独自の「原音楽《プラ》」（前音楽）に移行しつつある「後絵画《ポスト》」とでもいえるものである。

それゆえここで、このような文体様式及び方法が、やがて視聴覚的映画の最も豊かな可能性のなかで発展する過程を記述する前に、その文体様式の過去の伝統――「目のための音楽」――に目を向けることは、まったく理にかなったことである。

「目の音楽」が特に完全な形で隆盛を極めたのは、極東――中国及び日本――の芸術である。(10)

モンタージュがもたらす劇的緊張、それはサイレント映画がトーキー映画に移行するときにも失われていくものでは決してない。それはサイレント映画の骨董的な性格なのではまったくないのであって、トーキー映画はその特質を進歩的な計画の中で発展させていかなくてはならない。そのような映画表現の原理的基礎が歌舞伎のモンタージュ、衝突の理論の中にあるというのがエイゼンシテインの考え方だった。

だから、歌舞伎が描いているのは封建社会の姿であるとか、これは博物館に展示する方がいいとかいった考え方をエイゼンシテインは拒否したのである。むしろ、近代以前の表現様式の中にある未分化性、歌舞伎の始原《アルカ》主義《イズム》を支えるモンタージュ的原理こそが、未来の社会主義的な表現の根幹を支えるものになるであろう、こう考えること、つまり、アルカイズムが未来主義を刺激することが新しい芸術文化の今日的原理になるべきではないのか、そのことを論証するために、中国や日本の近代以前の絵画や演劇を分析したのが『無関心な自然ではなく』であり、こうした原理的思考は、すでに『戦艦ポチョムキン』の中で作品として実現されており、また、歌舞伎を見ることによって、明瞭に理論化されたというわけである。

2 ブロッホ、ルカーチ、そしてエイゼンシテイン、もしくは二〇世紀の精神

さて、私はここでモンタージュとは二〇世紀の精神と思想にとって何を意味するのかということに触れないわけにはいかない。それは新たな世界の生成原理（もしくは、崩壊の原理）と関わるものではないのか。私がそうしたことを改めて考えるようになったのは、一九三五年に刊行されたエルンスト・ブロッホのモンタージュ論『この時代の遺産』（池田浩士訳、ちくま学芸文庫、一九九四年。本訳書は最初、一九八二年、三一書房より刊行された）を読むことによってであった。あるいは、一九五五年に刊行されたルカーチのリアリズム論（『ルカーチ著作集』第八巻、佐々木基一ほか訳、白水社、一九六九年）の中に展開されている表現主義批判を読むことによってであったと言ってもいい。そして、ルカーチがここに収められているリアリズム論を書いたのは一九三〇年代初めから戦争終結までのモスクワ亡命時代のモスクワにおいてであった。それはスターリン時代が確立し、ソヴィエ

ト全土で粛清の嵐が吹きすさびはじめたころであった。その当時、ルカーチがメイエルホリドやエイゼンシテインと交流していたかどうかは分からない。とはいえ、モンタージュ理論やモダニズムの芸術潮流は彼らにとっても大きな問題であった。

そして、エイゼンシテインの歌舞伎論とモンタージュ理論との関係について考えるとき、とりわけ興味深いのは、『この時代の遺産』の中に収められたエッセイ「ルードヴィッヒスハーフェン――マンハイム」（一九二八年）と、ルカーチのリアリズム論を批判した「表現主義についての討論」（一九三八年）、そしてそれに直接関連する幾つかのエッセイである。

ドイツのフランクフルトの南方に位置するマンハイムは選帝侯の住んでいた宮殿のある古い町である。それゆえ、この街には多くの観光客が訪れる。しかも、ここはシラーの町でもあり、演劇においても重要な場所なのである。だが、問題はそのこと自体ではない。ライン川沿いに作られたこの風雅な町のすぐそばに、ライン川を挟んで作られた別の町が何をもたらしたのか。そのことによって起きたこと、その構造論的な歴史こそ、モンタージュの出現と二〇世紀の始まりを文化論的に告げるものだとブロッホは主張するのである。

ライン川の対岸に作られた町こそリュードヴィッヒスハーフェンと呼ばれる町なのだが、ここにバーデン・アニリン・ソーダ工場が作られた。これは一九二五年に創立されたドイツ最大の化学工業会社ＩＧ染色《イー・ゲー・ファルベン》の中核工場だそうである。

王宮とアニリン・ソーダ工場、この異質なものの無媒介的な接合、これを現代社会の特質として捉え、その芸術的な表象として出現してきたのがモンタージュであるとブロッホは言っているのだ。ここにエイゼンシテインの衝突としてのモンタージュという芸術思想との相同関係があることは明らかであろう。しかも、この文章「ルードヴィッヒスハーフェン――マンハイム」が書かれたのが一九二八年、「思いがけぬ接触」と同じ年であるというのは、時代精神の共鳴関係としても読み解くことができるであろう。

　実際、いまでも、フランクフルトから列車に乗ってマンハイムに向かうと、マンハイム到着の少し前に、巨大な化学プラント工場が見えてくる。その風景を見ながら、マンハイムの駅へと到着するのである。われわれは古い街並みの中のホテルへと向かいながら、いま見た化学プラント工場との違いを改めて思い出すのだ。やがて、われわれ観光客はマンハイムの町に繰り出すだろう。そして選帝侯の住んでいた宮殿に辿りつくだろう。皇帝たちやその家族たちの肖像画が飾られた広間を回廊を辿りながら見ていく。あるいは神話から取材した絵画が飾られていただろうか。時空を超えて近代以前の雅な文化に酔いしれていた私は、回廊の後ろの窓から見た光景に愕然とした。そこにはライン川にかかる鉄橋が見え、さらにそのすぐ向こうに、アニリン・ソーダ工場が近代社会の宮殿のように聳え立ち、無数に立ち並ぶ煙突からは白煙が噴き出しているではないか。このような異質なものの無媒介的な接触を生きはじめた人間たちがいた。それが二〇世紀初頭の人たちであるということを、エルンスト・ブロッホは『この時代の遺産』で書いたのであり、そのような世界を生きているということの意味について表現しようとしていた人たちがいた。それが、たとえば、ドイツ表現主義の芸術家たちであったということを論証しようとしたのが、『この時代の遺産』という書物にまとめられる一群のエッセイであったのだ。

　だが、ブロッホはこうした事態を単なる悲惨な光景として描いているだけではない。ブロッホは次のように書いている。

> 叫びを発している零《ゼロ》の地点、冷たくしかも現代的に先へとずらされている混沌《カオス》は、そうした文化像を作った根源にたいしては、これらの像《ビルト》を食堂に懸けられているただ「教養がある《ゲビルデット》」だけのブルジョア階級などよりも、おそらく近いところにいるのだろう。さらに古いものを略奪し、新しいものへと組み立てる《モンタージュ》のは、この

ような都市の位置からするのが最もうまくいく。これらの都市は、それ自身がひとつの結び目なのだ。労働者と企業家が、この結び目を明確に、同時代的に、即物的に、みずからと未来のものとのあいだに結ぶのである。(11)

つまり、こういうことだ。新しい世界に対する希望の原理がモンタージュ的世界像によって確立できるのかどうか、エイゼンシテイン的に言えば、トーキー映画への移行の中で映画が力を持つためには、モンタージュ的思考の本質的な構造を理解し、その理論を展開していかなければならないということであり、そのような形でモンタージュの理念を志向していた人間がソヴィエトの外に、つまり、ドイツにもいたということなのである。エイゼンシテインのモンタージュ論の記述の中には、ブロッホのモンタージュ理論への言及はない。にもかかわらず、彼らの共時性、つまり一九二八年という事実だけではなく、このふたりのあいだにはモンタージュ理論の未来性に関する相同的な関係があるのである。そして、その確信を、ブロッホはリュードヴィッヒスハーフェンのマンハイムとの無媒介的な接続の中に見出したのであり、エイゼンシテインはそれを歌舞伎の中の衝突の原理に見出したのだ。

ところで、一九三三年のナチス政権の成立とともにドイツを脱出し、モスクワに亡命したルカーチは、モスクワで多くの芸術論を書き残したが、そうした中でモンタージュに関しては否定的な立場を貫いていた。モンタージュという芸術的な技法の中に、ルカーチは見せかけの客観主義を目ざす努力の現われを見ていた。その努力は後期リアリズムにあっては、なおしばしば無自覚で、抑圧されていた、非合理主義のもろもろの地下水脈であったのだが、それへの抵抗として表現されてきたものの中にモンタージュの噴出もあったというのである。(12)

この主張は一九三六年に書かれたものだが、こうした思考は、モスクワで発行されていたドイツ語雑誌『言語』(Das Wort)に発表された一九三四年の「表現主義の《偉大さと没落》」の中でも言明されており、ルカーチがこのことを問題化するとき、当時、モスクワに滞在していたルカーチが、ソヴィエトを代表する芸術家、メイエルホリドやエイゼンシテインの活動を念頭に置いていたことは間違いないのである。だがここでルカーチはロシア・アヴァンギャルドを、あるいはロシア・フォルマリズムを批判的に分析しているのではない。ルカーチは、問題をドイツに限定しているのだ。いやむしろ、ルカーチはソヴィエトにおける芸術的現状についての言及を避けていると言うべきであろう。なぜなら、そこに立ち入ることはきわめて危険なことであるからだ。しかし、ルカーチは一九二〇年前後にドイツで猖獗を極めた前衛的芸術運動「表現主義」を、そしてその活動に参加した芸術家たちを、彼らは「表現主義による「世界救済」が失敗した後――資本主義の安定という港に船を着けたのである」と断罪しているのである。(13)

このように断罪するときのルカーチの理念における芸術論的構造はどのようなものか、そのことについてルカーチは、エイゼンシテインと袂を分かつことを言明するかのように次のように書くのであった。

いまやここには表現主義の内部矛盾は創作方法の矛盾となって明るみに出る。第一に露呈するのは極端な(独在論に境を接した)主観主義である。〔略〕本質をとらえること、対象の「至純の」フォルムなるものは、絶対独断の「非対象性」の芸術へと転換する。表現主義の内的空疎、つまり芸術的には本質のない、ただ主観的にのみ意味ありげな、表面の輪郭の集積となって現れ出るそれは、そこでは形式面では(だがたんに形式面でのみ)それと反対の側面からの増進をうける。客体現実から切り離され、内容をうつろにされた純然たる主観の「表現」は、その全体においてはただ空疎な「断片」の集積、見かけの運動のこわばったつぎはぎを、もたらしうるのみである。なぜなら(第二に)表現主義は避けようもなく、全体性の問題を放棄する

ことになる。表現主義の、階級に即応した、世界観上の内部矛盾は、創作方法においては敵対関係となって現れ出る。(14)

「非対象性」、これを幾何学的抽象性へと推し進めたのが、たとえば、『白の上の白』といった絵画を描きつづけたロシアのシュプレマティスト、カジミール・マレーヴィチであった。そしてマレーヴィチとともにロシア・フォルマリストたちを想起するならば、このルカーチの表現主義批判の言説は、直接名指してはいないが、その当時、つまり、一九三〇年代初頭に、ソヴィエトで問題化されていた、ロシア・アヴァンギャルド批判に呼応するものであったと言えるのである。

一九三四年八月に開催されたソヴィエト作家同盟第一回大会の指針「社会主義リアリズム」の理念は、ロシア・アヴァンギャルドのこうした理念を否定していた。メイエルホリドの演劇理念はもちろん、エイゼンシテインの映画理念もそれらは否定するものであった。そして、まさにその同じ年に、モスクワで出版されているドイツ語雑誌『言葉』(Das Wort) において、ルカーチは、このような表現主義批判を展開したのだ。

だが、おそらく、このような論評は、エイゼンシテインのもとには全く届かなかったのではないだろうか。少なくとも私は、このようなルカーチの言説が、エイゼンシテイン、あるいは、メイエルホリドでもいいが、こうした重要なソヴィエトの芸術家のもとに届いたという記録をまったく知らない。

表現主義とロシア・アヴァンギャルドとはもちろん同じものではない。あるいは、表現主義とロシア・フォルマリズムとの違いについても考慮しなければならないと言うべきか。にもかかわらず、このルカーチの主張が重要なのは、ルカーチ自身がブルジョア文化として断罪している一群の芸術運動のひとつにこれらの芸術潮流が包括されているからである。「自然主義からシュールリアリズムにいたるまで、次々と急速に交代していく帝国主義時代の現代文学の諸流派は、作家とその作中人物の目に直接映ってくるままの形で、現実に受け止める、という点で、たがいによく似かよっている」と、たとえば、ルカーチは書いている。(15)

しかし、必ずしもそうではないのではないのか、いやそうではまったくないと主張しているのが、エルンスト・ブロッホであり、また、セルゲイ・エイゼンシテインなのだ。

だが、われわれがここで見誤ってはならないのは、エイゼンシテインは、古いものはいいと言っているのではないということなのだ。エイゼンシテインはアルカイックなものが未来主義を刺激すると言っているのである。なぜなら、アルカイックな演劇活動の中にある一元論的アンサンブルの未分化性の中には、異質なものの無媒介的な結合が実現されているからだ。エイゼンシテインは書いてはいないが、たとえば、日本の能におけるシテの舞いと地謡との関係の中にもこうしたことは見られる。地謡は単に歌ってシテの伴奏をしているのではないとはよく言われることである。地謡はシテの思いを代弁するだけでなく、シテの動きを挑発しているのだ。シテの舞いはそれに拮抗するための動きとして身体で空間を切り裂き、切り閉じる、そのことで地謡の謡いを受けとめ、かつ押しかえし、空間の中に意味を生み出していくのだ。それは音を見、動きを聞くというべき時間であり、まさにモンタージュ的なものの原理がそこには存在している。

鈴木忠志が一九七八年に紹介したことによれば、現代演劇の最も重要な演出家のひとり、イェージュイ・グロトフスキは、日本を訪れたとき、東京、青山の銕仙会能楽堂で観世寿夫の稽古を見て、能の本質は「ブレーキの暴力」だと言ったという。ブレーキの暴力は動きを止めるのではなく、むしろ動きの持つ力を加速させるのである。そして、そのような形で動く身体こそが、演劇的な空間に劇的緊張をもたらすのだとグロトフスキは言ったのだった。「極度の緊張した劇的瞬間には、ある種の制動《ブレーキ》が絶対必要である」とその歌舞伎論「思いがけぬ接触」で書いたエイゼンシテインのことを思い出してほしい。(16)

このような表現の力をめぐる理論的探求と実践が、たとえばソヴィエトと日本とドイツ、あるいは、一九二八年と一九七八年のあいだに拮抗関係をもたらしているのだと考えること、そこにこそ歌舞伎の訪ソ公演について調査し、考察することの意味があるのではないだろうか。そして、同じ時期に、ともにモスクワにいたルカーチとエイゼンシテインとのあいだに、もしモンタージュ理論をめぐっての議論が展開されていたならば、これはより現実的な意味を持ちはじめたのではないだろうか。なぜなら、ルカーチが表現主義を批判したのは、それが現実から遊離している、抽象へと逃避していると考えていたからである。だが、まさにルカーチこそが、現実から逃避しつつ、モスクワで、そこで何が起こっているのかについての言明や批評を避け、ソヴィエトの外にいる人たちと、フォルマリズム論でもロシア・アヴァンギャルド論でもなく、表現主義について論争を展開していたのである。しかも、ルカーチはその論争をドイツ語で展開していたため、ロシア人には、何が議論されているのか分からないという状態であったと言えるであろう。しかし、私はここでルカーチを批判しようとしているわけではない。スターリン体制下のソヴィエトに亡命している人間にどのような発言の自由があるのかを考えなければならない。生き延びるための人間の仕草とはどのようなものかを、あるいはどうあるべきかをわれわれは考えなければならないのだ。ただ、そうした状況のために、たとえば、ルカーチとエイゼンシテインとのあいだで、モンタージュとは二〇世紀における表現活動においてどのような意味を持つのかというような議論が交わされなかったということが、ひとつの不幸であったと私は思うのである。

とはいえ、エイゼンシテインはその歌舞伎論において、ドイツのブロッホとポーランドのグロトフスキ、そして日本の鈴木忠志とのあいだに共振関係を結んでいるとも言えるのである。

歌舞伎の訪ソ公演、これはさまざまな海外公演が新しい文化にもたらす意味を考える契機のひとつなのである。その意味で、その訪ソ公演にあたって書かれた無数の記事や論文、エッセイはきわめて貴重な資料と言えるであろう。

（1）セルゲイ・ユトケーヴィチ「エイゼンシュテインの「無関心な自然ではなく」について――第九巻に寄せて」『エイゼンシュテイン全集』第九巻所収、エイゼンシュテイン刊行委員会訳、キネマ旬報社、一九九三年、三、四頁。私はここで「思いがけない出会い」と訳されている論文を「思いがけぬ接触」というタイトルで別の場所で翻訳したことがあるので（岩本憲児編『映画理論集成』フィルムアート社、一九八二年）、以下、この論文のタイトルは「思いがけぬ接触」と表記する。なお、この論文の日本語訳は、大隈俊雄編『市川左団次　歌舞伎紀行』（平凡社、一九二九年）にも一部省略された形で収録されており、その時の論文名の日本語訳は、「「歌舞伎」私観――不思議な総合よ！」（大隈俊雄訳）となっている。

（2）築地小劇場の設立にかかわった演劇人のひとり。俳優、のちに浅草国際劇場の初代支配人になる。劇団四季の創設者・浅利慶太の父。

（3）前掲『市川左団次　歌舞伎紀行』一五頁。

（4）エイゼンシュテイン「枠を超えて」鴻英良訳、岩本憲児編『エイゼンシュテイン解読』フィルムアート社、一九八六年、七六―七七頁。

（5）エイゼンシュテイン「思いがけぬ接触」、前掲『映画理論集成』五一頁。

（6）エイゼンシュテイン「思いがけぬ接触」、前掲『映画理論集成』五四頁。

（7）エイゼンシュテイン「思いがけぬ接触」、前掲『映画理論集成』五六頁。

（8）エイゼンシュテイン「無関心な自然ではなく」、前掲『エイゼンシュテイン全集』第九巻、一〇頁。

（9）エイゼンシュテイン「思いがけぬ接触」、前掲『映画理論集成』五五頁。

（10）エイゼンシュテイン「無関心な自然ではなく」、前掲『エイゼンシュテイン全集』第九巻、一三―一四頁。

（11）エルンスト・ブロッホ『この時代の遺産』池田浩士訳、ちくま学芸文庫、二六七頁。

（12）ルカーチ「作中人物の知的相貌」菅谷規久雄訳、『ルカーチ著作集』第八巻「リアリズム論」所収、白水社、一九六九年、一三一―一三二頁。

（13）ルカーチ「表現主義の「偉大さと没落」」菅谷規久雄訳、前掲『ルカーチ著作集』第八巻、一五三頁。

（14）ルカーチ「表現主義の「偉大さと没落」」、前掲『ルカーチ著作集』第八巻、三〇六―三〇七頁。

（15）ルカーチ「リアリズムが問題だ」佐々木基一訳、前掲『ルカーチ著作集』第八巻、三七二頁。

（16）このようなグロトフスキの発言は観世寿夫に捧げられた文章の中で書かれた。書いたのは、日本の現代演劇を代表する演出家の鈴木忠志であった。そして、この話を鈴木忠志が紹介したのは、奇しくも、一九二八年の「思いがけぬ接触」からちょうど五〇年あとの、一九七八年のことだった。鈴木忠志は、一九七一年に出版されたグロトフスキの『実験演劇論』の書評を書いている。それもあってか、翌年、日本を訪れたグロトフスキの案内人になった。そのとき、鈴木忠志はグロトフスキを能楽堂に連れていくことを思い立ったのである。詳しくは、鈴木忠志『騙りの地平』白水社、一九八〇年。

（付記）本論のタイトルは、ジル・ドゥルーズ&フェリックス・ガタリの共著『カフカ』の中で言及されているロシア・アヴァンギャルド芸術の特性についての言説「未来主義《フーチャリズム》は始原主義《アルカイズム》を呼び起こす」という言葉のアプロープリエーション（盗用）である。

7

メイエルホリド劇場と日露交流

メイエルホリド、ガウズネル、ガーリン

伊藤　愉

我々の劇場が確かな道を辿っているのは、まさに演技の技術が日本演劇の原則に基づいているからだ。ヨーロッパ演劇への我々の影響は、我々が日本的原則に立脚している故に強い。「私はいつも我々の演劇に歓喜する日本人に言ってきた。《私たちの劇場がそれほどいいのは、あなた方のせいです》と」[1]。（フセヴォロド・メイエルホリド、一九三六年）

二〇世紀前半、ロシアで前衛演劇を牽引したフセヴォロド・メイエルホリド（一八七四―一九四〇）は、その活動を通して世界の演劇史を紐解き自らの演劇実践のなかに取り込んでいた。彼の演出に影響を与えた演劇は様々だが、古代ギリシャ演劇、イタリアのコメディア・デラルテ、スペインの中世劇、中国の狂言などに並んで、日本演劇、とりわけ歌舞伎が重要な位置を占めていたことはよく知られている。メイエルホリド自身、日本演劇については公の場でも頻繁に言及し、その応用を演出作品のなかで実際に試みていたこともあり、当時のロシア演劇界において日本演劇への関心は決して低いものではなかった。

一九二八年には歌舞伎が初の海外公演としてソ連巡業を行っているが、当時の劇評を読んでいくと、「新しいもの」に触れたという内容ではなく、これまで彼らが知識として知っていたものを本物で「確認」したという論調が多い。H・コンラドなど当時を代表する日本文化研究者の紹介によるところも大きいが、こと演劇の実践においては、日本演劇がロシアで広く知られることになった要因の一つにメイエルホリドの活動があったことは確かだろう。メイエルホリド自身は一九二八年の歌舞伎巡業の際は国外にいて、ロシアで観ることは叶わなかった。

しかし、一九三五年に彼は次のように述べている。

私は日本演劇の歌舞伎を本で、北斎の版画で学んだ。私が歌舞伎に興味を抱き、研究したのは、日本の絵画が好きだったからだ。その後、日本演劇を研究しはじめた。だが私にとって決定的だったのは、パリで歌舞伎を観たときだ。このとき私にとって全てが新しい明かりの下に照らし出された。そこで私はとても価値あるいくつかの要素を目にした。私は頭にぼんやりと浮かんでいた考えに対する確証を得た。(2)

こうしたメイエルホリド自身のコメントは、一九二八年のロシア演劇界における歌舞伎巡業の評価と違《たが》わない。一九二八年までの、メイエルホリドの継続的な活動によって、歌舞伎の一定のイメージはロシア演劇界に形成されていた。また付言すれば、メイエルホリドの活動はすでに一九二八年の時点で、三〇年代に激化するアヴァンギャルド批判の対象となり始めており、メイエルホリドの「フォルマリスト的」演出思想の一端を担う歌舞伎に新たな肯定的意義を読み取ろうとする劇評は、実のところそう多くはない。政治的な意味合いを多分に含んだ歌舞伎巡業は、この意味で二〇世紀前半のロシア演劇史において決定的なインパクトを残したとは言い難い。

一方、一九二八年を前後して、ロシア演劇界では日露の文化交流の点で様々な関わりが散見される。日本側からは、小山内薫や一九三〇年代にメイエルホリド劇場で働いた佐野碩《せき》、佐野と同時期にモスクワに滞在した土方与志などの事例が挙げられる。あるいは日本国内における積極的なロシア文化紹介も日露演劇交流において重要な役割を果たした(3)。だが逆に、ロシア演劇側からの同時代日本への関わりは、未だ知られていない事実も多い。たとえば、メイエルホリド劇場演出部の研修生だったグリゴーリー・ガウズネル(一九〇七―一九三四)は、一九二七年の春からおよそ半年間、日本を訪れ、その後一九二九年に『見知らぬ日本』(4)という旅行記を出版している。また、その旅行記を原案に、メイエルホリド劇場の看板俳優だったエラスト・ガーリン（一九〇二―一九八〇）は一九三〇年にラジオ・ドラマで日本を旅するロシア人旅行者を演じた。演劇における日露関係を考えた場合、一九二八年の歌舞伎巡業が大きな出来事だったことは変わりないが、それ以外にも一九二〇〜三〇年代には様々なレベルで両国の関係が認められる。今後の研究の余地が残されている部分は多いが、本稿ではメイエルホリド劇場に関わりのある三人のロシア人を中心に、日露演劇交流の一端を切り取ってみたい。

1 メイエルホリドと日本演劇

ロシアでは、ヨーロッパからの輸入の形で一九世紀末から二〇世紀初頭にジャポニスムの運動が起こり[5]、一九〇四年の日露戦争は、ロシア国内の文化人に対して否応なしに日本への関心を呼び起こした。浮世絵の展覧会も幾度か行われ、そうしたものをメイエルホリドが目にしていた可能性は高い。演劇関係では、一九〇二年の川上音二郎一座のロシア巡業における貞奴の演技や一九〇九年ごろの花子の舞台がメイエルホリドに強い印象を残し、彼は貞奴と花子について後年たびたび言及している。例えば、一九一九年、「サーカスの復活」と題した報告のなかで、サーカスと演劇の関係について語りながら、メイエルホリドは次のように述べている。

サーカス演劇が現代のサーカスの改革者の夢となるのではなく、俳優はサーカスか演劇かという二つに一つの道を選ぶ前に、すでに幼少期の段階で特別な学校を通過していなければならないのだ。その学校は彼の身体をしなやかで美しく、力強いものとする手助けをしてくれるのだ。身体というのは、ただとんぼ返り（salto mortale）のような曲芸のためだけでなく、あらゆる悲劇的な役柄にとってもそうしたものであるべきなのだ

（花子と貞奴を思い出そう）[6]。

ここには、サーカスと演劇を異なるジャンルとしてみるのではなく、身体表現として未分化なもの、同一平面上にあるものと認めるメイエルホリド独特の視点がある。こうした表現の身体性におけるひとつの理想形として彼は日本人の俳優たちを見ていた。あるいは、一九一四年から三年間続いたペテルブルグのボロジンスカヤ通りのスタジオに、日本人の曲芸師が訪れ、見事な手業を披露したことなどもスタジオ生の回想に残っている[7]。メイエルホリド自身が竹田出雲の『寺子屋』を一九〇九年に翻訳していることも、彼の日本文化の理解には大きな影響を与えた。モスクワの国立文学芸術文書館には、メイエルホリドの個人アーカイブが保管され、そこにはメイエルホリドが一九〇〇年から一九一〇年にかけて作成した各国演劇史の参考文献表がある。日本演劇にも一項が設けられ、アドルフ・フィッシャーやベルンハルト・ケラーマン、カール・フローレンツら当時の作家たちによる日本旅行記が数多く記され[8]、革命前からメイエルホリドが、主にドイツ語の文献を通して広く日本の演劇や文化に触れていたことが確認できる。

こうした経験とともに、理論的にメイエルホリドを日本演劇に最も近づけたのは、ドイツ人演劇学者ゲオルグ・フックスの『未来の演劇』（一九〇四年）だった。川上一座の公演から強い印象を受けたフックスの著作をメイエルホリドは一九〇六年頃に読んでいる。彼は当時関心を持っていた象徴主義演劇の思想――詩人を媒介として、舞台と客席を一体化させ、高次の現実を経験させる――[9]を補強するものとして、フックスが提唱するすり鉢状の半円形劇場《アンフィチアトル》の考えに強く惹き付けられた。これは舞台を客席が取り囲む形で構成され、前舞台が客席のぎりぎりまで押し出される構造の演劇空間である。「もともと俳優と観客は、舞台と客席は、互いに対立するものではなく、それらは一つの統一体だった[10]」と述べるフックスの言葉は、その後のメイエルホリドの活動の理論的支柱になった。重要なのは、フックスが演劇の空間性に言及している点だ。フックスは、観客の関心は、演劇の最も深い表現手段、空間における人体の律動的な動きに集中されると指摘し、戯曲優位と考えられていた演劇表現において、その空間的価値を見いだした。その代表的な例として、彼は日本演劇に関して次のように言及している。「日本の舞台演出家は、衣裳や情景の色彩的な構成を心理的な進展に従わせる。〔略〕装置は、戯曲や、役者の姿勢、形姿、配置、衣裳と調和している。この装置は線、形、色彩の「美」である。〔略〕全体の移ろい行くスペクトラムのなかの一本の線として、装置ほど重要なものはなく、それは構成に決定的な要素をもたらす」[11]。その後も『演劇の革命』(一九〇九年)においてフックスは再び日本演劇について言及し、「彼らの演劇〔日本演劇〕は〔略〕決してドラマが空間における身体の律動的な運動だということを忘れない(ドラマ、それは絶え間ないリズミカルな動作だ)」[12]と述べている。空間としての演劇へ意識を促すフックスの言葉は、象徴主義、構成主義と年月とともに変わっていくメイエルホリドの演出理論のなかで最後まで残った。

では、実際にどのようにメイエルホリドは日本演劇の要素を取り入れていったのか。

メイエルホリドと日本演劇に関しては、既にロシアにおいてもいくつかの研究がある。[13]それぞれ、俳優の身体技術の高さ、舞台の簡潔さ、音楽的構成、あるいは、メイエルホリドの戯曲のエピソード化の構造と日本文学(『伊勢物語』や『源氏物語』)の構造との類似の指摘、など様々な要素が挙げられている。もっとも、前述のように、日本演劇に限らずメイエルホリドは各国の演劇史に細かく目を配りつつも、どれか一つに自分の演劇観を委ねていたわけではない。先に挙げた様々な要素も、日本演劇の他に、コメディア・デラルテや古代ギリシャ演劇や各国の民衆演劇にメイエルホリドは看て取っていた。ズノスコ＝ボロフスキーによれば、メイエルホリドは「あらゆる国と時代、スペイン、東洋、イタリア、パントマイム、ホフマン、といったさまざまな演劇に想像を巡らした。あらゆるところにインスピレーションを求め、あらゆるところから彼の気に入った演劇的要素を取り入れた。そして決してそれらを再構築しようとは考えなかった」[14]。逆に言えば、だからこそ、日本演劇にもメイエルホリドが認めた普遍的な演劇的価値を確認することが可能となる。それはこれまでの研究でたびたび言われてきた、メイエルホリドの演劇理論を特徴づける条件性（ロシア語でウスロヴノスチ）の概念および演劇の空間性だろう。

前者の条件性は、演劇というものは一定の約束事の上に成り立つ芸術であるという考え方を指す。たとえば、観客は舞台上の一枚の木板から本物の木を想像することもできる。そうした舞台上の事物、出来事に対する観客側の受容が可能になるのは、演劇が「作られているもの」という条件を舞台と客席が共有しているからだ。そこにこそ演劇の豊かな表現の可能性がある、とメイエルホリドは考えていた。こうした考えを理論的に支えたものの一つが日本演劇の歌舞伎だった。もっとも分かりやすいのは、歌舞伎における黒衣《くろご》の存在だろう。歌舞伎において黒衣は、舞台上に登場しながらも「不在の者」として捉えられ、舞台の進行を阻害しない。こうした舞台上の在り方を、メイエルホリドは、観客と演じる側で取り交わされた約束事の最たる例として理解した。「作者、演出家、俳優についで第四の創造者を演劇のなかに招き入れる。それは〈観客〉である」[15]というメイエルホリドの有名な言葉を思い出してもいいが、これは演劇の基礎となる「約束事」が、観客との関係において成り立つという考えに基づく。メイエルホリドはこうした演劇観を発展させ、空間的な交わりに基づいて演劇の成立要件として観客を位置づけていった。

この点で、メイエルホリド演劇と日本演劇における空間構成ですぐさま思い浮かぶのは花道だろう。メイエルホリドの花道については、『森林』におけるメイエルホリドのスロープの演出がもっとも有名だ［図1］。これは舞台の後方下手近くから、大きな弧を描いて客席の前まで降りてくるものだった。このスロープの演出は、歌舞伎の花道のように客席のなかまで延びるものではなかったが、当時の観客を驚かせるには十分な効果を持ってい

図１　『森林』（1924 年／早稲田大学演劇博物館蔵・F63-01594）

た。[16]

こうした舞台と客席の空間的一体化の試みは革命前から確認できる。たとえば、一九〇六年に演出したイプセン『幽霊』やO・ドゥイモフ『カイン』では通常の舞台の前面に前舞台を設置し、客席のぎりぎりまで舞台を接近させている。あるいは、黒衣的役割として「プロセニアムの召使い」を登場させた『ドン・ジュアン』では、客席の明かりをつけたままにし、舞台と客席の境界を取り払った。こうした演出によってメイエルホリドは、客席とは別の世界に生きる登場人物たちが、客席と空間が同じになることで劇世界というフィルターがはぎ取られることを意識していた。そのために、登場人物ではなく、役者そのものの身体性がきわめて重要となり、革命後のビオメハニカといった俳優の身体訓練へとつながっていく。[17] メイエルホリドは貞奴について「舞台における真の様式化がいかなるものか、身振りを節約し、構成の美しさを余さず披瀝する能力がいかなるものであるかを、サダヤッコは身をもって示した[18]」と述べているが、それは、客席と近接し融合した空間において、なお表現力を失わない演技の特性を意識していたからだと言える。

一方で、メイエルホリドが試みていたのは、観客側の日常的世界に演劇を統合させるのではなく、虚構の劇世界とはまた別の非日常的な演劇的空間を生み出すことだった。『森林』の花道に似せたスロープの演出について、C・モクリスキーは次のように述べている。「メイエルホリドは公式化のために古い日本演劇の手法を用いている。ここから『森林』でみなを驚かせた橋が採用された。〔略〕俳優の舞台への登場と退場、それは舞台という箱では完全に消失している瞬間の意義を強調するものだ。『森林』を観た人は皆、その天才的な終幕を決して忘れないだろう。アクシュシとピョートルが、アコーディオンの音が鳴り響くなか、橋をわたってゆっくりと退場する。このようなものはロシアはおろかヨーロッパの演劇でも見たことがなかった。これはメイエルホリドによる太古の演劇文化の一つの効果的な伝統の応用の良い例だ」。さらに彼は一九二五年の『ブブス先生』〔図2〕について、「日本演劇からは『ブブス先生』の

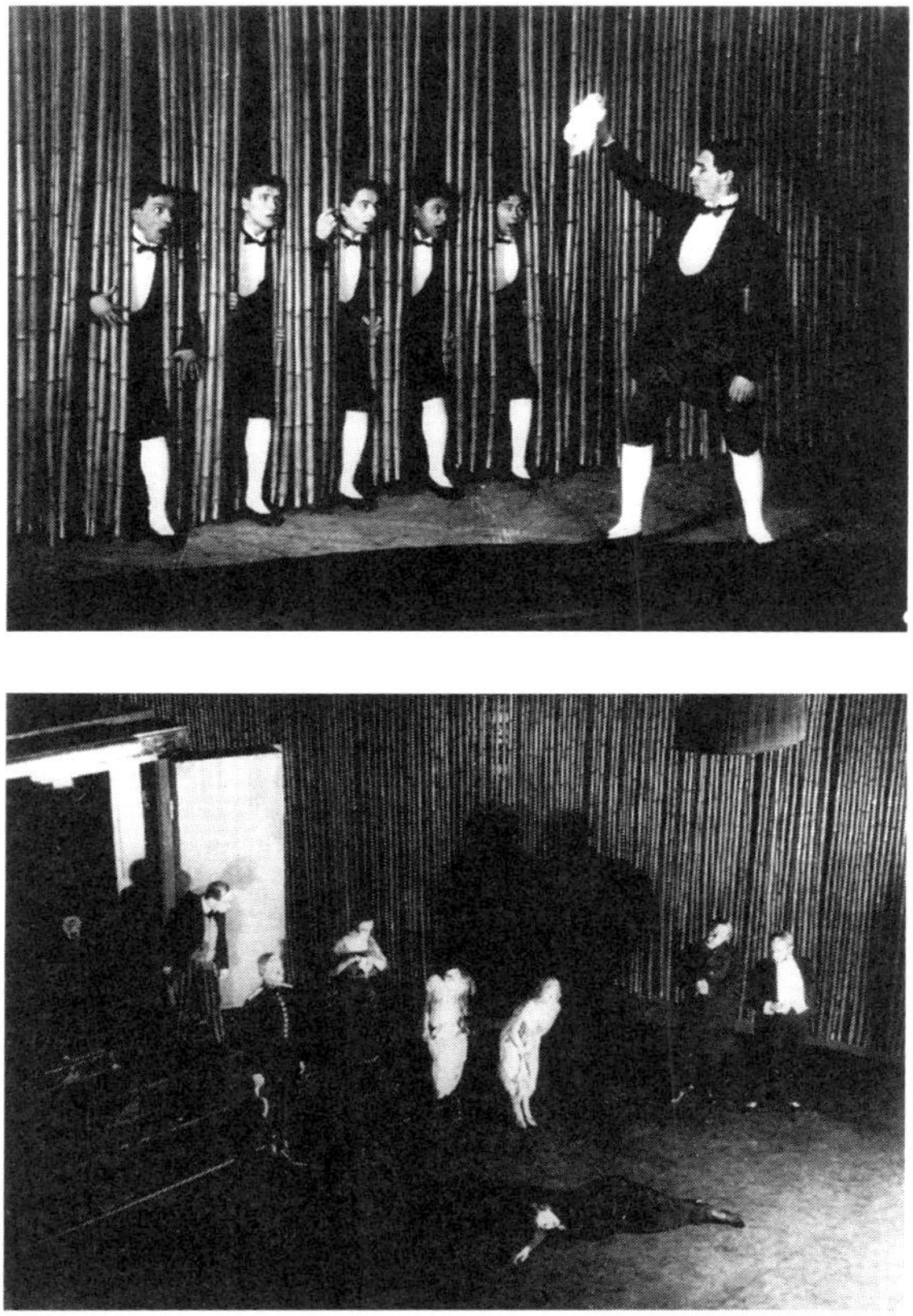

図2 『ブブス先生』(1925年/個人蔵)

構成手法も生まれた。〔略〕舞台面は『ブブス』において銅製の輪っかにつり下げられたインドの竹の列によって取り囲まれていた。俳優が登場するたびに、これらの竹の棒から特徴的な音が弾け、それはあたかも観客に次に来る演劇的出来事を予告しているかのようだった。こうした方法によってドラマの重要な瞬間全てが強調され、それは日本演劇で同様の目的のために利用されている拍子木を思い出させる」[19]。

このように俳優の出入りを強調することで、演劇の区切られた空間をメイエルホリドは作り上げた。これは、先に述べた「作り上げられたものとしての演劇」と一致するものだ。虚構としての劇世界を壊すとともに、演劇の条件性をより強調し、客席を含む演劇空間をより豊かにしようと彼は試みていた。メイエルホリドの同時代人、Эм・ベスキンの花道についての言葉も引用しておこう。「強い資本主義的な洗礼を比較的遅くに受け入れ、まだ完全には個人的ブルジョア主義が浸透していない日本の民族演劇では今日まで「橋」と呼ばれる客席から舞台まで高い位置を通るものがある。この「橋」を通って俳優は舞台に送られ、舞台から退出する。彼が演じる場面が内容と演技にそって観客に相応する感情を呼び起こし、俳優が「橋」で帰るときに、観客たちが騒がしく俳優を迎え入れ、彼を抱擁し、接吻したとしても、これは行為を邪魔せず、演技を続ける俳優の注意をそらすこともない」[20]。

こうしたメイエルホリドと日本演劇との関わりは、メイエルホリド自身も述べているように、当初は間接的なもの、あるいは、個人的な理論の内側に留まるものだった。それゆえ、映画監督のエイゼンシテインを除けば、メイエルホリドの教え子たちのなかで、特別日本に興味を持った人間はいないかのようにも思われてきた。しかし、メイエルホリドが繰り返す日本演劇への言及は、確実に彼の周囲の人間に、日本への興味を呼び起こしていた。

2 ガウズネルの『見知らぬ日本』

一方、日本のロシア文学研究者たちによる積極的なロシア演劇の紹介により、メイエルホリドの名は二〇年代には日本演劇界で広く知られることとなり、彼を求めてソ連を訪れる日本演劇人も出てきた。そのなかで最も重要な人物は日本人演出家の佐野碩である。(21) 一九三〇年代に土方与志夫妻とともにソ連に滞在した佐野碩は、メイエルホリド劇場所属の演劇研究工房の研究員となり、メイエルホリドの劇場に毎日通っていた。一九三一年に国際演劇フェスティバルに参加するために初訪ソ、その後一九三二年に国際労働演劇同盟（モルト）の日本代表の立場で本格的にソ連に入国した。一九三三年にはソ連で外国人に対して劇場での勤務が許可され、メイエルホリドの劇場で研究員として働きはじめる。(22) メイエルホリドを訪れたとき、彼は次のように言ったという。「日本から？　素晴らしい！　どうぞ自由に学んでください、そしてかわりに私に日本の古典演劇の秘密を教えてください！」(23)。佐野碩はメイエルホリド劇場に通ったおよそ四年間、メイエルホリドの演出のミザンセーヌを事細かに記録した。そこには、ロシア語やフランス語に交じって、日本語で「貞奴のように」とメイエルホリドの指示が書き込まれている。晩年になっても日本演劇への関心が衰えないメイエルホリドのもとで、佐野碩は個人的課題として、「メイエルホリド劇場における橋の利用と歌舞伎の花道の比較考察」といったテーマを掲げ研究した。(24) 佐野碩の場合はメイエルホリドと日本人が最も近づいた例と言えるが、もう少し遡ると、二〇年代にもメイエルホリドの周囲では興味深い交流が行われている。

ソ連歌舞伎巡業の前年の一九二七年末、歌舞伎巡業の実現に深く関わっていた小山内薫が革命一〇周年式典参加のためモスクワを訪れた。小山内には式典出席のほか、メイエルホリド劇場視察という目的もあり、このとき計二回メイエルホリド劇場の団員たちと交流している。そこで小山内はメイエルホリド劇場の劇団員の前で、日本演劇に関する短い講演を行った。この事実は尾瀬敬止《おせけいし》著『新露西亜画観』（一九三〇年）や秋田雨雀《うじやく》の日記などで確認できる他[25]、メイエルホリド劇場のアーカイブにも小山内薫の講演の速記録が残っている[26]。この講演で小山内は、冒頭で日本演劇を能、歌舞伎、新しい演劇（ヨーロッパ演劇）の三つのカテゴリーに分けている。ただし、能に関しては、日本人は演劇の一つと看做していないと断った上で、講演の内容を現代日本における歌舞伎と「新しい演劇」に限定した。しかし、実際はほとんどが「新しい演劇」、とりわけ自らの築地小劇場の活動に関しての内容だった。

彼は、日本では歌舞伎は依然人気があり、新しい演劇には観客がそれほど来ているわけではない、新しい演劇は固有の劇場施設をほとんど持たず、自分が設立した築地小劇場が唯一の例外だと述べている。歌舞伎については、その手法は「カタ」と呼ばれていて、舞台上でどのように殺生の場面の演技を行うか、どのように「ハラキリ」を行うか、どのように愛を語るかは決まった形で演じられると説明した。その例として、「ヨーロッパでは愛情が高まったときには抱擁をしますが、日本では逆です。お互いに背を向けて立つのです」と述べた。続けて、現在ではすでに歌舞伎の手法を重視する若者は少なく、彼らはヨーロッパ演劇を模倣することが唯一の道だと考えていると述べ、小山内自身がヨーロッパを回りながら、これまでどのように演劇活動をしてきたかを簡単に説明した。さらに、彼はメイエルホリド劇場に対して次のように発言している。

> 私は目が見開かれました。あなた方の演劇を見て、新しい演劇を打ちたてることができるという確信を得、再び動き始めたのです。あなた方の演劇では古い歌舞伎の本当の手法が非常に用いられ、重要な位置を占めていることを目の当たりにしました。ここロシアでは歌舞伎は非常に注目されている。この事実から、私は

自分が捨て去ってきたものについて考えさせられました。私は古い歌舞伎には、多くの面白いもの、必要なものがあると感じました。落日のヨーロッパの演劇はあまりに活気を失ってしまった。恢復させねばならん。その恢復の道は、東洋諸国――日本、中国、インド、ロシアの芸術とヨーロッパの芸術を結び合わせ、新たな調和《ハーモニー》を見つけることです。この道に沿って演劇は前に進まねばなりません。

小山内はロシアを東洋の一国を看做し、それ故にそこに日本演劇が学ぶべきものがあると考えている。「日本の芸術を発展させるために、なによりもロシアを最も主要な助言者、教師として頼らなければならないのです。私はロシアと日本の演劇が強く結ばれることを望んでいます。そこから演劇界において大きな成果と大きな収穫が得られることでしょう」と締めくくっている。小山内の発言自体は、決して新しいものではなく、むしろメイエルホリド劇場の劇団員への気遣いのようなものさえ感じさせるが、それでも自分の築地小劇場の紹介に努め、ロシア演劇に学びつつも歩調を同じくしているとの発言は、日本の新演劇を牽引する者としての矜持がうかがえる。こうした小山内の発言に対して、メイエルホリドは「われわれが西ヨーロッパから褒められるのは、日本演劇のお陰ですから、この機会に日本人諸君にお礼を述べておきます[27]」と返事をした。

この小山内薫の講演の前、メイエルホリド劇場の演出部に所属していたグリゴーリー・ガウズネルという若者が日本演劇についての講演を行っている[28]。「日本演劇の技術」と題した講演のなかで、ガウズネルは日本の能、人形浄瑠璃（彼は「オニンギョウシバイ」とロシア語で説明している）、歌舞伎、そして左翼演劇について語った。彼はこれまで日本演劇に関する研究はそれほど多くなく、それも基本的には文学的な記述になると述べ、その例として、ドイツ人演出家・演劇学者のカール・ハーゲマンの著作[29]とロシア人であるコンラド教授が論集『演劇の十月』に書いた歌舞伎論[30]などを挙げた。自分の目で見てきたものを頼りに、ガウズネルは、ヨーロッパの古典ダ

図3　『ナーシャ・ガゼータ（我らの新聞）』紙上に記事とともに掲載されたガウズネルの肖像画（『ナーシャ・ガゼータ』1927年7月23日）

ンスがつま先で踊るのと異なり、お能はかかとの踊りだと定義し、またそこには四面を客席で囲まれた空間的特徴があることを指摘する(31)。歌舞伎については、発声方法の特徴、あるいは重層的な平面で構成されるミザンセーヌ、さらに花道の役割などを挙げた。ガウズネルが挙げる能や歌舞伎の特徴は、基本的に、それまでのメイエルホリドの挙げてきた日本演劇の空間性・身体性に過ぎないが、最後にガウズネルは日本の左翼演劇について語っている点は注目してよい。彼は日本の左翼演劇は、「まだ独自の技術は持っておらず、彼らは現在メイエルホリドの道を進んでいる」と述べ、「しかし、まもなく日本の左翼演劇が自国の民族演劇や、中国やインドの古い演劇の源泉への旋回を考察し、来るべき日本演劇の技術が現代的内容を組み込んだお能の技術やお人形芝居の技術の再興となるだろうことを考察する原則はある」と短くまとめている。こうした日本の左翼演劇に関する発言は、ガウズネルの経験に基づいたごく率直な意見だった。

ガウズネルは、小山内薫の日記や、当時訪露中の日本人の日記にもときおり登場するが、彼が一九二七年に半年ほど日本に滞在し、その旅行記を記し出版していたことはこれまであまり触れられてこなかった。既に冒頭で述べたように、ガウズネルはメイエルホリド劇場から日本演劇の調査のための派遣員として、また当時のロシアの新聞の『ナーシャ・ガジエータ（我らの新聞）』の特派員として訪日した(32)［図3］。特派員という立場のため、ガウズネルは定期的にナーシャ・ガジエータ紙に日本での紀行文を寄せ、帰国後これらの記事に大幅に加筆・修正を加え、旅行記として冒頭に挙げた『見知らぬ日本』というタイトルで出版している。若干の脚色があるとはいえ、おおむね事実に沿っていると考えられるこの旅行記は、ドキュメント資料としても貴重なものだが、現在のところ、ロシア国内においても同時代で話題になったほど注目されてはいない。

　ガウズネルは、一九二七年五月四日、彼が二〇歳の年にウラジオストクから敦賀港に入り、その後東京、箱根、名古屋、京都、奈良、大阪と周り帰国した。二〇歳のガウズネルが、遠くモスクワから日本へと旅をして、そこで見聞したものを記述する様は、若者らしい率直な意見と、メイエルホリドの側にいたロシア人ならではの偏りつつも厳しい視線に満ちている。[33] たとえば、彼が東京で当時の前衛左翼演劇「前衛座」で上演されたアプトン・シンクレアの『プリンスハーゲン』（村山知義演出）に訪れた時の記録として「前衛座」という一章がある。ここでは、演出家の佐々木孝丸、村山知義など近代日本演劇史において重要な人物たちが描かれている。彼らはガウズネルに講演を依頼し、それを受けガウズネルは前衛座のメンバーの前でメイエルホリドの演劇に関して話した。[34] 講演の後、ガウズネルは前衛座の面々と宴会に繰り出すが、そこに描かれる日本の左翼演劇人たちの様子はとても瑞々しい。

　宴会が終わりに近づく。木でできたご飯の桶は空になり、すき焼き鍋は女中が持って行った。演出家のササキは別の演出家ムラヤマとなにやら論争を始めている。次第に懇親会の参加者たちは論争者たちの周りに集まり始めた。私は——客人で、外国人で、さらに言えば敬意を表されている私は——忘れ去られ、脇に置かれている。目の前には背中の輪があるだけだ。これは非常に遺憾だ。極めて温和に私はヨシダの肩をたたいた。

　——彼らは何を話しているんですか、ヨシダさん？

――そ、それはその、天気についてです。

彼は都合が悪そうに答え、再び論争者たちの方に向きを変えた。明らかに彼は熱中していた。

一〇分ほど経った。議論は白熱している。ササキは拳で小卓を叩いている。聴衆はなにかを叫んでいる。

――彼らは何を言い争っているんですか、ヨシダさん？

――そ、それは、訳すのが難しいんです。ロシア語があまりわからないので。

彼はロシア語をとてもよく知っている。なにが起こっているのだ？

一週間後、正直者のヨシダは私に白状した。議論はササキの発声によって始まった。私のレクチャーは一面的だったと。私はメイエルホリド劇場の技術的な面についてたくさん話し、そのイデオロギーについてはほとんど話さなかった。一方、彼らはイデオロギーにこそ関心があり、聴きたかったのだ。それから議論が始まった。はたして日本演劇は革命以前なのか革命を目の前にしているのか（ロシア演劇、これは革命演劇だ）。最終的に議論は日本の革命の期日に関するものとなった。

大きな叫び声と小卓を打つ拳を思い出す。私はこの手で日本の歴史に触れてしまったのだ。(35)

一九二〇年代の日本の前衛演劇が、基本的には西洋からの輸入だったことは事実だろう。同年代の若者たちによるそうした作品を目にしたガウズネルは、技術的に評価はできなくとも、親しみを感じていた。

この『見知らぬ日本』のなかで最も興味深いのは、上の引用文中にも登場したヨシダという人物だ。前衛座のメンバーでもあったロシア語を操るこのヨシダはおそらく、一九三八年に岡田嘉子と国境を越えてソ連に亡命を図り、スパイ容疑で銃刑に処せられた杉本良吉（本名・吉田好正）のことだと思われる。彼はヨシダについて次のように記している。

私のところに来たのはヨシダというカサヴォロトカ〔胸が脇開きのロシア風シャツ〕を着てソヴィエト帽を被った二〇歳の学生だった。彼は玄関のセメント床のところでしっかと立ち止まり、竹製の透き通るカーテンの向こう側から私をみて、まったく我々と同じような身振りで帽子のひさしに手をやり、労働者風に手首の高さにまで肘を持ち上げた。彼は習慣として自分の靴を玄関で脱ぎ、靴下だけになって私のところへ来た。我々は座布団に座り、彼はロシアの言葉を口にしたが、それは確固とした重量のある発音であり、あたかも我々の衣服や習慣のように、洗練されていない、素朴な発音でもあった(36)。

ガウズネルはヨシダのことを「新しい世代の、我々と歩みをともにする小さな部隊の日本人」「非常にヨーロッパ的な人物で話が合う」と高く評価している(37)。ソ連入国と同時に捕えられ、メイエルホリド処刑の引き金にもなったとも言われる杉本（ヨシダ）の脳裏には、メイエルホリドや佐野碩らと並んで、同じ年の生まれでありながら既に没していたガウズネルの顔が浮かんでいたのではないだろうか。

こうした日本人との直接の交流を通じて、ガウズネルはその経験をロシアに持ち帰った。メイエルホリド自身にとって新しい情報があったかというと即断は難しいが、ガウズネルの日本との関わりは、その後、別の形で実を結ぶことになる。なかでも注目すべきは、ガウズネルの『見知らぬ日本』が原作となって、一九三〇年にラジオドラマが製作されたことだ。これは次節で紹介するように、日本を旅する一人の青年が主人公のモノドラマであり、演じたのはメイエルホリド劇場の看板俳優エラスト・ガーリンだった（ちょうどこの時期、ガーリンはメイエルホリドとの関係を悪くし、メイエルホリド劇場から一時的に籍を抜いている）。

3 ガーリンの『日本への旅』

ガーリンのラジオドラマ『日本への旅』は残念ながら音源が残っていない。録音技術の発達していないこの時期、ラジオドラマはすべて生放送で行われ、放送のたびにガーリンはマイクの前に立って演じた〔図4〕。このドラマは大反響を呼び、現在でもロシアのラジオドラマ黎明期における重要な作品と看做されている。ガーリンはソヴィエト時代、演劇のみならず映画俳優として名声を博すが、それに劣らぬほどにラジオドラマの俳優として知られていた。その彼がおそるおそるラジオの世界へと踏み出した第一歩が、このガウズネルの『見知らぬ日本』を原案としたラジオドラマ『日本への旅』だった。演出は当時マールイ劇場の演出家だったH・ヴォルコンスキーで、彼はガウズネルが書き記したルポルタージュに基づいて独自の教養ドラマを作ろうと考えていた。一般のソ連市民にとって馴染みのない日本という国を、一人の若者の目を通して伝える試みとしてヴォルコンスキーは番組を位置づけた。しかし、単なる教養番組にするのではなく、ガーリンとヴォルコンスキーは、旅人のイメージを豊かにし、教科書的な内容から物語へと昇華させようと考えていた。ラジオのスタジオでは、マイクの周りに、何台かの蓄音機が設置され、そこから実際に録音された東京や京都の街頭の会話や雑踏の音が流れた(38)。全編生放送は、ガーリンの演劇活動の経験が遺憾なく発揮される場になったが、実際に声がかかった時は、ガーリン自身もどのようにラジオドラマを演じるべきか迷っていた。それは、演劇であるべきはずの観客や共演者といった自分以外の存在が、モノドラマ『日本への旅』では全く考慮できないからだ。共演者の代わりにあるのはマイクという無機質な対象のみ。それは「誰にも向けられていないモノローグ(39)」であった。

ガーリンはメイエルホリド劇場の俳優であるが故に、俳優の創造行為における観客との交流の重要性を強く意識しており、その観客がまったくいないラジオドラマに対してどのように向き合えばいいのか悩んでいた。ガーリンは次のように述べている。「観客からの働きかけによって力づけられることのないラジオでの言葉は自分で受け止め、付加的な重みを付け加える必要があった。言葉は立体的・物質的・効果的にならなければならなかった。言葉は、旅人の途切れない人生、彼の動作の結果とならなければならず、そのとき動作に随伴され、動作を先導する言葉は巨大な表現力を獲得する」(40)。こうした課題を自らに課したガーリンは、その解決法として二つの項目を掲げた。「第一の決まり事——それは「場面の地理的な決定——つまり行為の場」だ。私はラジオのリスナーにとって文学的な語りだけでは不十分であることに気づいた。〔略〕ラジオのリスナーが出来事の現実を納得するためには、正確なミザンセーヌと行為のパントマイムを作り出すことが不可欠だった。パントマイムは、もちろん、聞こえないのだが、それは言葉の働きかけに説得力をもたせる」(41)。

図４　ガーリン『日本への旅』稽古風景。右がガーリン、左は演出のヴォルコンスキー（『モスクワは語る』第 30 号、1930 年 10 月 31 日）

このように、メイエルホリドがかつて日本演劇やその他の演劇から抽出した演劇の空間性および俳優の身体性の規範をラジオに持ち込むガーリンだったが、彼はまた、このラジオの仕事にあたって「歌舞伎俳優たちが非常に役立った」(42)と述べている。これは一九二八年の歌舞伎巡業でモスクワにやってきた河原崎長十郎との交流を指している。河原崎とガーリンを引き合わせたのは、前述のガウズネルだった。河原崎長十郎は歌舞伎巡業のため、七月、八月とモスクワ、ペテルブルグを訪れたが、その後ヨーロッパを周り、一〇月に再びモスクワに戻

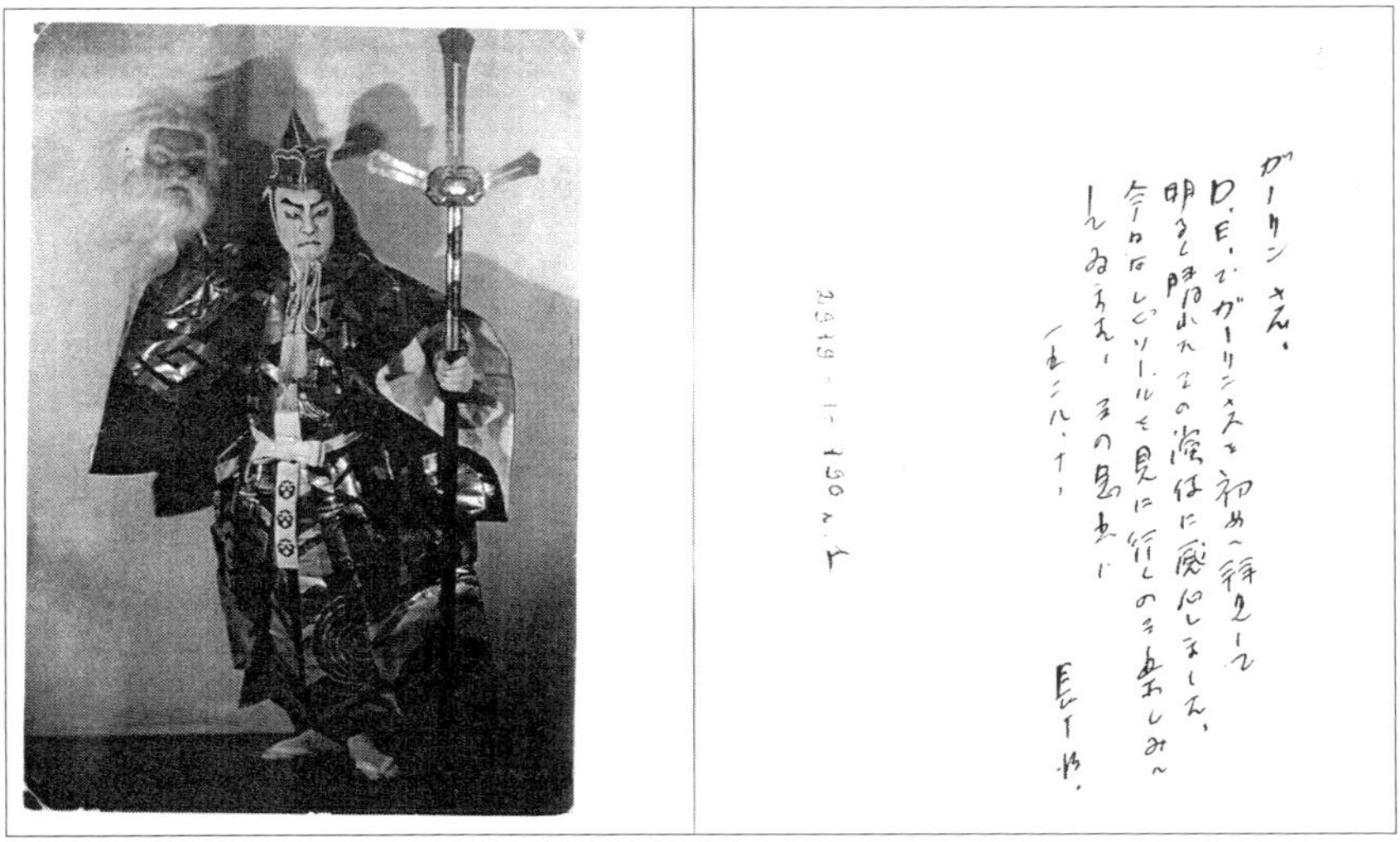

図5　河原崎長十郎からガーリンに贈られたポートレート(ロシア国立文学芸術文書館蔵 РГАЛИ Ф. 2979 оп. 1 ед. хр. 790)

った。この二度目のモスクワ来訪時にガーリンと河原崎は親交を深めた。

　ガーリンは恋人に宛てた手紙のなかで次のように書いている。「ガウズネルが歌舞伎の俳優を連れてきた。我々は身振りで話をした。彼は日本語以外は何も話さない。僕はロシア語だけだ。でも、まったく問題なかった。〔略〕歌舞伎の人もまた満足して、彼はロシア演劇が一番、次にドイツ演劇が好きだと言っていた」(43)（一九二八年一〇月二〇日）。その後もガーリンは河原崎と交流し、彼が披露した歌舞伎の手法にひどく心惹かれていた。「一〇月二八日（日曜日）稽古をキャンセルし、午前中ずっと日本人のところにいた。彼は歌舞伎の手法を見せてくれた。すぐ目の前で、化粧も衣裳もなしで。これははるかに強い印象をもたらした。僕は彼にいくつかの演目の写真をプレゼントした。彼は僕に黙劇『だんまり』の自分の写真をくれ、添え書きをしてくれた。昨夜は『査察官』（『検察官』）に訪れ、その喜びを伝えにきてくれた」(44)［図5］。

　こうした交流が、どのようにガーリンのラジオドラマに影響を与えたのかは定かではない。後年のインタビューのなかでガーリンは「彼ら〔歌舞伎俳優〕はどのようにラジオに関係しているのですか。ラジオはまるで逆で、言葉、言葉、言葉、では……」と質問されている。ガーリンはこれに「問題は、口伝えのものを視覚的にするということだ(45)」と答えるにとどまったが、この口伝えのものを視覚的にする、という考えはメイエルホリドの俳優訓練を逆説的に説明するものだった(46)。

革命前に日本人の身体表現に惹かれたメイエルホリドは、その後様々な演劇文化から要素を抽出してビオメハニカという俳優の訓練方法を作り出した。俳優の演技を身体とそれを操る主体とに分けて考えるこの訓練は、なによりも空間における身体の在り方を俳優が自覚的に考察することを目指したものだった。この点で、メイエルホリド劇場の名優であったИ・イリインスキーによるビオメハニカについてのコメントは示唆的だ。「ビオメハニカの演技システムは、自分の身体を舞台上に最も有効かつ正しい形で配置させる一連の手法に始まり、俳優技術の最も複雑な問題、つまり動き、言葉、自分の感情や俳優としての興奮性のコントロールの問題までを含むものだということはほとんど知られていない(47)」。こうした空間における身体の状態が、言葉や感情にまで作用してくる。つまり言葉の表現もまた身体の状態と密接に関わっている。こうした点から、ガーリンと河原崎の交流は、共通の言語はなくとも、互いに訓練された身体による身振りを通して、言葉の意味を理解し合っていたのだとも言える。

ガーリンはもともと舞台俳優として、言葉と身体の関係を常に意識していた。三〇年代に佐野碩とともに、メイエルホリド劇場の演劇研究工房で働いていたЛ・ルドネヴァは、ガーリンの演技を次のように記している。「ガーリンにはなにかパントマイム的な抑揚があった。これは単なる身振りではない。独特の彼の——生まれつきの——いくぶん奇妙な声は魅力的で、伸びた母音は少し怪しく響いたり、不意の音の連なりを描き出したりした。さらにこの俳優は素晴らしい発声方法を獲得していて、決してテクストに「准じ」たりはしなかった。音調それ自体は一瞬にして変化し、視覚的な音のイメージが立ち上がるようだ」[48]。こうしたガーリンの演技について、佐野碩は歌舞伎との関係のなかで言葉を残している。

> 驚くなよ、ガーリンの技術は生まれつきの名人芸だ。彼の正確な間《ま》は歌舞伎俳優の演技のそれに似ている。でも歌舞伎ではこれは昔から完成されていた！　僕らの〔彼はこのとき日本の俳優たちを念頭においている〕なかでは、間は実に多くのことを意味している。間は観客が俳優の芸術にとけ込む可能性を与える。どんな風にガーリンは最初に舞台に現れた？　彼の退場はどうだ？　最後、彼は深いお辞儀をし、シルクハットを振り上げ、舞台から走り去っていった!?　偉大な日本人たちは最初の登場とそこからの退場がどのような意味をもっているか知っている。〔略〕いや、考えちゃ駄目だ、僕は覚えているよ、エラストが全身でゴーゴリから抜け出ていたことを、これは「科学」でインスピレーションだ。そして彼の行為と演技の鋭さには、彼を歌舞伎の俳優に近づける片鱗がある[49]。

ガーリンは、メイエルホリドが日本演劇から抽出した、演劇における身体と空間のエッセンスを自分のものとしていた。佐野碩が三〇年代にメイエルホリド劇場で観たもの、それは、メイエルホリドのもとでの長年の訓練、歌舞伎俳優との交流、ラジオドラマ『日本への旅』を通じ、二〇世紀前半における日露演劇交流を技芸として昇華・体現したロシア人俳優の姿だったのだろう。

（1）*Мейерхольд. Вс.* К истории творческого метода: Публикации. Статьи. СПб., 1998. С. 68-69.

(2) Творческое наследие В. Э. Мейерхольда. Ред.-сост. Л. Д. Вендровская, А. В. Февральский. М., 1978. С. 87.

(3) この時代の日本におけるロシア演劇研究は、昇曙夢《のぼりしょむ》や八住利雄らによって積極的に紹介されてきた。たとえば、一九二八年には包括的にメイエルホリドの活動を紹介する『メイエルホリド研究』（原始社）が出版されている。また、建築家・川喜多煉七郎は野崎韶夫《よしお》の持ち帰った資料をもとに、メイエルホリドの新劇場案のポスター展示を一九三五年に行っている（この際の川喜多が製作したポスターは早稲田大学演劇博物館に保管されている）。新しいメイエルホリド劇場が依然建築作業中であったことを考えると反応の早さに驚かされる。当時の世界演劇のなかで、ロシアは最先端の国の一つであり、日本の演劇知識人の注目を集めていた。

(4) *Гаузнер Г.* Невиданная Япония. М., 1929.

(5) ロシア国内のジャポニスム運動に関しては、ワシーリー・モロジャコフ『ジャポニズムのロシア——知られざる日露文化関係史』（藤原書店、二〇一一年）を参照。

(6) *Мейерхольд Вс.* «Возрождение цирка» // *Февральский А.* (сост.) Творческое наследие В. Э. Мейерхольда. М., 1978. С. 34. ロシアにおける花子受容は、坂内徳明・亀山郁夫「ロシアの花子」（『日本とロシア：共同研究』早稲田大学文学部安井亮平研究室、一九八七年、一一八—一三七頁）を参照されたい。

(7) *Мгебров А.* Жизнь в театре: В 2 т. / Под ред. Е. М. Кузнецова, вступит. ст. Е. М. Кузнецова, предисл. Г. Адонца, коммент. Э. А. Старка. М.; Л.: Academia, 1932. Т. 2. Старинный театр. Театральная лирика предреволюционной эпохи и Мейерхольд. Пролеткульт. С. 289.

(8) 日本語で読める文献は、アドルフ・フィッシャー『明治日本印象記』（金森誠也・安藤勉訳、講談社学術文庫、二〇〇一年）、ケッラアマン「日本印象期」「さつさ・よ・やつさ」（『世界文学全集（12）——トンネル 他二篇』秦豊吉訳、新潮社、一九三〇年）、ヨンケル『外国人のみたお伽ばなし——京のお雇い医師ヨンケルの《扶桑茶話》』（奥沢康正訳、思文閣出版、一九九三年）などがある。

(9) 当時の象徴主義の演劇思想に関しては、北見諭「ディオニュソスと認識——ヴェチェスラフ・イワノフのニーチェ批判」（『神戸外大論叢』第五五巻六号、二〇〇四年）を参照。

(10) エドワード・ブローン『メイエルホリド　演劇の革命』浦雅春・伊藤愉訳、水声社、二〇〇九年、七八頁。

(11) エドワード・ブローン『メイエルホリド　演劇の革命』七九頁。

(12) *Фукс Г.* Революция театра: История Мюнхенского Художественного театра / Перев. с немецк. Ред. А. Л. Волынский. СПб., 1911. С. 148.

（13）たとえば、*Уварова И.* Иллюзия истины по-японски, или Мейерхольд и японский театр. Мир искусств. Альманах. Вып.4. М., 2001. С. 480-498. / *Шахматова Е.* Искания европейской режиссуры и Традиции востока. М., 1997. / *Ряпосов А.* Режиссерская методология Мейерхольда. Т. 2. Драматургия мейерхольдовского спектакля: мысль, зритель, театральный монтаж. СПб., 2004. を参照。日本語の文献に関しては、イリーナ・ウーワローヴァ「メイエルホリドと歌舞伎」（『テアトロ（3）』カモミール社、一九八四年、一七六―一八五頁）、桑野隆「メイエルホリドについて」（『危機の時代のポリフォニー――ベンヤミン、バフチン、メイエルホリド』水声社、二〇〇九年）、中村緑「メイエルホリドの歌舞伎受容」（『映像演劇』第四八号、早稲田大学演劇映像学会、二〇〇七年）などがある。

（14）*Зноско-Боровский Е. А.* Русский театр начала XX в. Прага. 1925. С. 317.

（15）*Мейерхольд В. Э.* Статьи, письма, речи, беседы. в 2т. М., 1968. Т. 1. С.164.

（16）美術史家のH・タラブーキンは次のように述べている。「〔『森林』では〕舞台の左側から延びる道が歌舞伎の細部を模倣していた。日本人の花道は客席のなかに延び、メイエルホリド劇場では舞台の境界で限定されていた。しかしそれはプロセニアムを越え、直接客席にまで降り、舞台空間と客席を統合していた。まさにこうして、舞台を客席から隔てる境界線が裂け、プロセニアムは砕けた」（Н. М. Тарабукин о В. Э. Мейерхольде. Ред.-сост. и ком. О. М. Фельдман. М., 1998. С. 70-71.）。演劇の約束事の共有という条件に基づけば、芝居の行われる空間は舞台上にのみ限定されるものではなく、客席へ拡張できるというメイエルホリドの考えを体現するものとして、歌舞伎の花道はあった。

（17）メイエルホリドは『ドン・ジュアン』演出に寄せた文章のなかで、日本演劇やスペイン、イタリアの古い演劇の特性を強調しながら、観客席へと接近したプロセニアム・アーチの前に位置する前舞台での演技の重要性を説いている。

周囲を観客から取り囲まれるサーカスのアリーナに似て、前舞台は一つの身振り、一つの動作、一つの俳優の渋面も舞台袖のホコリのなかに消失してしまわないように、観客に近づけられる。この前舞台における俳優の身振り、動作、ポーズ、渋面がいかに考え抜かれた機転か見てほしい。

（*Мейерхольд. В. Э.* «К постановке «Дон Жуана» Мольера» (1910 г.) // *Мейерхольд. В. Э.* Статьи, письма, речи...Т. 2. С. 194）

（18）*Волков Н. Д.* Мейерхольд. В 2т. М., 1929. Т. 2. С. 51.

（19）*Мокульский С.* «Переоценка Традиции» // Театральный Октябрь: Сборник 1. М., 1926. С. 24.

（20）*Бескин Эм.* «На новых путях (Обрывки мыслей) » // О театре. Тверь, 1922. С. 28.

（21）佐野碩の生涯については、藤田富士男『ビバ！　エル・テアトロ！——炎の演出家佐野碩の生涯』（オリジン出版センター、一九八九年）、岡村春彦『自由人佐野碩の生涯』（岩波書店、二〇〇九年）、菅孝行編『佐野碩——人と仕事 1905-1966』（藤原書店、二〇一五年）に詳しい。とりわけソ連時代の佐野碩の活動に関しては、拙論「モスクワの佐野碩——メイエルホリド劇場での経験」（『佐野碩——人と仕事 1905-1966』）を参照されたい。

（22）佐野碩は当初スタニスラフスキーのもとを訪れたという。しかし、演出を学びたいという佐野碩に対して、スタニスラフスキーはメイエルホリドのもとで学ぶことを勧め、佐野はメイエルホリド劇場に入ることに決めた。*Эмилио Карбальидо.* «Актеры, отворите двери своих чувств. (интервью с Сэки)» // Советская Культура. 1963. № 7. М., 1963. を参照

（23）*Эмилио Карбальидо.* «Актеры, отворите двери своих чувств. (интервью с Сэки)» // Советская Культура. 1963. № 7. М., 1963.

（24）РГАЛИ, ф. 998, оп. 1, ед. хр. 1043, л.17

（25）尾瀬敬止『新露西亜画観』（アルス、一九三〇年、一三九—一四一頁）、秋田雨雀『秋田雨雀日記』第二巻（未来社、一九六五年、五一頁）。また小山内薫の訪露に関しては曽田秀彦「モスクワの冬　１９２７年——小山内薫の第二次外遊」（『大正演劇研究』明治大学大正演劇研究会、一九九八年）を参照。

（26）РГАЛИ, ф. 963, оп. 1, ед. хр. 1134, л. 1-2.

（27）尾瀬敬止『新露西亜画観』一四一頁。

（28）РГАЛИ, ф. 963, оп. 1, ед. хр. 1184, л. 12-19.

（29）*Гагеман Карл.* Игры народов. Япония. Выпуск II. Л., 1925. ドイツ語の原書は一九一九年に出版。三巻本のロシア語への翻訳書の一巻目の翻訳はメイエルホリドと親交の深いＡ・Ａ・グヴォズジェフ。二巻目の翻訳は本稿でも引用しているＣ・Ｃ・モクリスキーである。

（30）*Конрад Н.* «Театр Кабуки» // Театральный Октябрь: Сборник 1. М., 1926.

（31）ガウズネルは次のように述べている。

一、お能はかかとの踊り。これはヨーロッパの古典ダンスがつま先で踊るのと逆。お能の踊り手はかかとを軸にして、足をねじって回転する。足の裏全体を使ってすり足を行う。その際、かかとは床から離れない。この踊りの技術は非現実的な印象、上演のお伽噺的な雰囲気を生み出し、お能のお伽噺としての筋に完全に合致している。踊り手の足の裏が見えないと、彼は歩いているのではなく空中をさまよっているように思える。二、二つ目はより議論を呼び起こ

すものだ。お能の技術は四面を観客に囲まれた演劇の技術である。実際その起源には、観客はお能の舞台を取り囲んでいた。俳優をあらゆる方向の観客に見せなければならなかった。

(РГАЛИ, ф. 963, оп. 1, ед. хр. 1184, л. 12-13)

(32) ガウズネルは、一九二七年一一月に日本の雑誌『太陽』に「日本演劇の秘密」と題する記事を寄稿している。そのなかで彼は、演劇の善し悪しは、稽古を見ると分かるといった趣旨を述べ、市村座の尾上菊五郎の舞台稽古の様子を次のように記している。

舞台の上の菊五郎はその舞踊的動作に或は長き、或は短きポーズをつくる。身振りの間につくるこのポーズは悲喜驚愕の感情を表現するものである。これは人格化された音楽である。音楽も亦、心理的気分、悲喜驚愕の感情をポーズと音の急激な動揺によって表すものである。これが菊五郎の舞踊をして心理的と云はしめる所以である。

こうした表現は、身体性から感情を導くと同時に、音楽的なリズムや間(ポーズ)といったものにも、心理的表現があるとするメイエルホリドの演劇観と重なっている。ガウズネルにとっても、メイエルホリドへの歌舞伎の影響を強く感じる旅だったことが察せられる(ゲ・ガウズネル「日本演劇の秘密」『太陽』第三三巻第一三号、博文館、一九二七年一一月一日、二〇九―二一四頁を参照)。また、一九二七年の『新潮』第七号に掲載された「日露芸術家の会談記」では、アルキン、プーニン、ブブノヴァらとならんでガウズネルも出席しているが、このときの彼の立場は「ロシア中央文学協会秘書」と記されている。日本側の出席者はロシア文学者の昇曙夢、米川正夫、蔵原惟人《これひと》の他、小山内薫、広津和郎、芥川龍之介、中村武羅夫《むらお》がいた(「日露芸術家の会談記」『新潮』第七号、一九二七年、二一―一八頁を参照)。

(33) ガウズネルはこの『見知らぬ日本』と一九三四年に出版した『異質なものを探す九年間』(*Гаузнер Г. 9 лет в поисках необыкновенного*. М., 1934)で、ルポルタージュ小説作家としての地位を確立した。彼の作り上げたルポルタージュ小説とは、作家が恣意的に物語を作り上げるのではなく、日常で目にした不可思議な現象を、作家個人の目で切り取る手法と言える。これは「主観的に事実を描く」というソ連時代にあって特異な手法だった。

(34) ガウズネルが行った講演は、日本の雑誌『文芸戦線』一九二七年一〇月号に掲載されている。講演の内容は、『見知らぬ日本』で触れられているように、もっぱらメイエルホリドの演出手法に関するものだったが、日本人の聴衆に向けられた結論は、前衛座の面々にとって手厳しいものだった。やや長いがその部分を引用したい。

ややもすれば、なんでもかんでも「メイエルホリド式」を真似したがる日本の若い新劇団に向かって、特にこのことを云って置きたい。/日本の新劇団は未だ初めの方にいる。諸君の努力はこれからだと思う。/メイエルホリド座の人々は、芸術の為に仕事をしているのではなく、人類の未来の為に仕事をしているのである。これが最も重要な点なのであって、それを忘れたならば、メイエルホリド《ママ》存在の意義は喪失してしまうであろう。／現在メイエルホリド座には五〇〇人の劇場人が働いており、そのうち五割以上は共産党員である。彼らは皆、偉大なる革命事業完成の為に、懸命になって働いている。／最後にこの短い講義を終わるにあたって、私は、日本に於ける唯一の政治的劇団。《ママ》——無産階級の政治的劇団たる「前衛座」の諸君に対して、一言苦言を呈しておきたい。というのは、諸君の劇団は、諸君が表現しようとする唯一の正しいものをもっているにもかかわらず、その大事なイデオロギーを表現するに最も適確した諸君独自の「技術」をもっていないように思われる。即ち諸君の現在は、第一《ママ》九世紀末の一般劇団とは違った意味で、「内容過重」癖に陥っているらしく思われる。これは止むを得ないことに思われるが、「内容」を強くアピールする為には、力強い技術が創り上げられねばならぬ。／同士諸君の一層の奮励を望む次第である。

（『文芸戦線』一九二七年一〇月号、六九―七〇頁）

これに加えて、昇曙夢もガウズネルの日本演劇観を次のように引用して紹介している。

〔略〕日本の新しい演劇体系は如何なるものでなければならないか。私は試みにその形式を予言して見よう。私のこの予言は、世界各国の演劇に於けるあらゆる新劇運動の研究に基づくものである。総てこれ等の革新は何処でも一様に生じている。その外に、私は日本演劇のあらゆる専門的な特殊性にも注意を払った。／1．新日本劇の創立者たるべき天才は、疑いもなく歌舞伎の中心から生まれるであろう。ただ歌舞伎のみが歌舞伎を征服するために必要な技術的蘊蓄を与えることが出来る。／2．新日本劇の創立者は其劇の形式を、ヨーロッパ劇（特にロシア劇）の形式要素と能の形式要素とから建設するであろう。そして彼は、歌舞伎がその本来の伝統を失った事を肯定し、又能の復興が日本劇をその本来の道程に帰すものであろうことを証明するであろう。同時に彼はメイエルホリドとスタニスラフスキーの崇拝者となるであろう。これは免れ難いことである。現代の革新的事業は古代と今日との結合から生まれるものであって、昨日は全然否定される。ところが歌舞伎は日本にとっては昨日である。従って新日本劇の創立者は当然歌舞伎の敵でなければならない。／3．新日本劇の創立者は、同時にまた歌舞伎の創立者名古屋山三郎の如く、戯曲家でもあろう。勿論偉大なる新戯曲家は独立的に現れる事もできる。彼は恰もロシアのチェーホフのように、日本現代の戯曲家となるであろう。彼はチェーホフのように、日本の普通の住民を嘲笑し、日本の暗い灰色の日常生活を嘲笑し、光明なる将来の日本を祝福するであろう。彼は今日人類の胸に波打っているすべての偉大なる思想に共鳴するであろう。彼は諷刺家であると同時に幻想家でもあろう。将来の日本劇はこうした二つの偉大なる性格によって創立されねばならぬ。

全世界にとって新日本劇の価値は、日本人自身が考えているよりも遥かに偉大であろう。日本は然し偉大なる演劇文化を有する国として、将来全世界の上に演劇上の覇権を掌握するであろう。それはもちろん歌舞伎ではなく、私が以上書いた処の将来の日本劇でなければならない。此処に将来の新しい日本劇の偉大なる価値が存する。

（昇曙夢『ろしや更紗』鎌倉文庫、一九四七年、二七〇頁）

（35）*Гаузнер Г.* Невиданная Япония. С. 70-71.

（36）Там же. С. 63.

（37）ガウズネルは、日本滞在中にナガタという人物と多くの行動をともにしたことを記している。ガウズネルが記すには、このナガタは実在しない人物で、二人の日本人を合わせて作り上げた架空の人物だという。だがおそらく『見知らぬ日本』のなかでガウズネルが記しているナガタのほとんどは杉本だろう。ガウズネルは、「ナガタ」と題して杉本の紹介に一章を割き、その章の最後にナガタは二人の日本人を組み合わせた人物だが、ここに記しているのはヨシダのことである、と記している。「未だ父親と子どもが言い争いをすることの少ない日本において、そうしたことができる数少ない人物であるナガタは新しい作法に則った放蕩息子」であるナガタの父親に関して、中等学校の教師と記していることからもこのナガタは杉本良吉で間違いがなさそうだ。ガウズネルが記すところによると、早稲田大学に入学したナガタはそこでロシア式の洋服を着た学生たちと知り合い、レーニンやクロポトキンに馴染んでいった。彼は日本人の大衆と交じりあわず、インターナショナルなコムソモールであった。ガウズネルはしばしばナガタと東京の街を歩き、カフェで話をした。

カフェは若者たちでいっぱいだった。そこに足を運ぶのは、たとえばモボだった。彼らはアメリカナイズした日本のきらびやかな若者たちで、明るい色で編まれたジャンバーをはおり、浅い丸帽を被っている。身軽に背の高い腰掛けに飛び乗り、足をぶらつかせて、強いカクテルを飲み、そのせいで気分が悪くなっていた。また黒い制服に錫の文字を施したつぶれた帽子を被った控えめな中等学校生たちもやってきた。彼らはアイスクリームを注文し、日本の少年の可愛い顔を寄せ合いながら礼儀正しくささやき合っていた。最も多かったのは、簡素な着物やカサヴォロトカに身を包んだ髪の長い学生たちだった。彼らは入るやいなや議論を始めた。このカフェでは〈ロシア〉という単語が〈お茶〉という単語よりもたくさん耳に入ってきた。政治的な議論のなかでは、〈レーニン〉がロケットのように飛び交い、芸術に関する議論のなかでは、〈メイエルホリド〉〔本来、Meierkhold となるところを Meierkholdo と母音を残して書くガウズネルは、母音が付随する日本人の発音を良く聴いていたのだろう〕という単語が日本の俳優たちの名前に交じって出てくる。中等学校生の恭しい沈黙とモボたちのピーチクパーチクしたおしゃべりのなかで、学生たちは東洋の未来について議論をしている。

（*Гаузнер Г.* Невиданная Япония. С. 38-47）

（38）二〇世紀の前半、こうしたレコードは世界中に大量に出回っており、お土産として各国の首都で簡単に見つけることができた。*Шерель А.* «Радиовещание 1920 - 1930-х годов : к проблеме взаимного влияния немецкой и русской аудиокультур» // Советская власть и медиа: Сб. статей / Под ред. Х. Гюнтера и С. Хэнсген. СПб., 2006. С. 106 を参照。

（39）*Гарин Э. П.* С Мейерхольдом: Воспоминания. М., 1974. С. 220.

（40）Там же. С. 220.

（41）Там же. С. 220.

（42）*Шерель А.* Аудиокультура XX века. История, эстетические закономерности, особенности влияния на аудиторию. М., 2004. С. 335.

（43）Ученик чародея. Книга об Эрасте Гарине. Сост. А. Ржановский. М., 2004. С. 151.

（44）Ученик чародея. С. 152.

（45）*Шерель А.* Аудиокультура XX века. С. 335.

（46）このときの二人の出会いに関しては、宮本百合子が『道標』で記している（『宮本百合子全集』第七巻、新日本出版社、一九八〇年、三七二頁）。

（47）*Рудницкий К.* Режиссер Мейерхольд. М., 1969. С. 267.

（48）*Руднева Л.* «В лаборатории артиста» // Ученик чародея. Книга об Эрасте Гарине. Сост. А. Ржановский. М., 2004. С. 286.

（49）Там же. С. 290.

8

斎藤慶子

一九世紀末ロシアにおける歌舞伎受容

バレエ『ミカドの娘』を例に

市川左団次は、訪ソ公演のレパートリーのひとつに歌舞伎の代表的演目である「忠臣蔵」[1]を選んだ。しかし実は左団次たちよりも前に、ロシア人たちが「忠臣蔵」を上演した例があった。

本稿では一八九七年に初演されたロシアのバレエ作品『ミカドの娘』の中で、「忠臣蔵」が劇中劇として上演されていた事例を紹介したい。その上演では歌舞伎独特の演出法を意識していたらしいことさえうかがわれるのだ。この作品とその周辺について調査することにより、一九世紀末のロシアにおけるジャポニスム[2]の意外なひろがりの一端を確認することができる。

ロシアにおけるジャポニスムについては文学や美術、音楽の分野で昨今研究が進みつつある[3]。そこで明らかになったのは、一九世紀末がヨーロッパよりもたらされたジャポニスムの受容期で、二〇世紀に入ってからロシア独自のジャポニスム作品が創られたという傾向である。ところがバレエにおいては事情が少し異なる。日本文化を題材にした作品（以下便宜上「ジャポニスム・バレエ」と表記する）は、現時点で発見されているものはすべて一八九〇〜一九〇〇年の間に上演を終えている[4]。その短期間に、ヨーロッパのジャポニスムの受容からロシア独自の作品の誕生までが速いテンポで展開された。

ここで取り上げる『ミカドの娘』は、主に次の二つの理由により特筆に値する。第一に、『ミカドの娘』における「忠臣蔵」の上演は同作の世界における上演例の中でもかなり早い時期にあたる。「忠臣蔵」の世界での上演例を時系列にまとめたコーエンの研究に照らし合わせれば、一八七七—七八年のシーズンにパリで上演された『ヤマト』（「忠臣蔵」の翻案劇、フランス語訳）に次いで二番目ということになる[5]。第二に、世界で上演されたジャポニスム・バレエ、オペラ、オペレッタの作品群[6]と比べて日本に関する情報が突出して豊富なことに特徴がある。

本稿では当時の新聞・雑誌記事の他、帝室劇場内部資料も利用する。はじめに『ミカドの娘』の基本的な上演情報、続いてロシアでの歌舞伎と「忠臣蔵」の紹介状況を確認したのち、バレエの中で「忠臣蔵」がいかに上演されたかについて検証する。

1 『ミカドの娘』の上演情報

一八九七年一〇月九日、サンクトペテルブルクのマリインスキー劇場で、三幕のファンタスティック・バレエ『ミカドの娘』が初演された。作曲はワシーリー・ヴランゲリ（一八六二―一九〇一）、台本はウラジーミル・ランガンメル（?―一九一〇）、そして振付はレフ・イワノフ（一八三四―一九〇一）が担当した[7]。舞台美術と衣裳は、八万ルーブルという当時として非常に潤沢な予算で一新された[8]。それらを使い回すことも多かった当時の劇場事情としてはまれなことである。主な出演者はマチルダ・クシェシンスカヤ、パーヴェル・ゲルト、エンリコ・チェケッティ、マリヤ・スコルシュクにオリガ・プレオブラジェンスカヤ、クラウジヤ・クリチェフスカヤと当代を代表するダンサーたちで、劇場のこの企画への力の入れようがうかがえる。

『ミカドの娘』は、さらわれた姫をサムライ（ヒーロー）が助けるという、古典的なプロットをもつ三幕のバレエである。台本を執筆したランガンメルはマリインスキー劇場バレエ団の監督をしていた[9]。この作品ではほぼすべての登場人物が日本の歴史上の人物や神話に登場する動物の名前をもち、熊の油を売る薬師や剣を呑む芸人が闊歩し、各舞踊の題名には日本文学の題名や俳句の季語などが利用されている。また最終幕には劇中劇としてパントマイム「忠臣蔵」が挿入されるなど、日本文化喧伝バレエとでも名付けたいほどに日本の風俗が採りいれられている。その日本についての情報量の多さからランガンメルが特定の数冊の書籍によったのではないこと、膨大な資料の複合体がこの『ミカドの娘』の台本を構成していることが明らかである。[10] 以下に台本を抄訳する。

『ミカドの娘』の舞台は日本のミヤコ（京都）とその周辺。

第1幕　ミカドの娘ホタル姫とサムライ・ヨリトモの結婚式。その準備を取り仕切るイッペイダの娘オヘンミは、ヨリトモに横恋慕して式に竜を呼び、ホタル姫をさらわせる。

第2幕　ヨリトモはホタル姫を取り戻しに竜の棲む島へ行く。征伐した竜の首から出た血が、かつて竜によって岩に変えられた人々を生き返らせる。その中にいた浦島太郎が造った舟で人々はミヤコに帰る。

第3幕　主人公たちが帰ってきたミヤコは、ミカドの行幸を期して縁日が開かれていた。そこへ華やかな行列がやってくる。行列が止まり、広場で『浪人の忠誠についての伝説（チュウシングラ）』を演じる。芝居が終わると、行列はまた去って行く。主人公たちとミカドとの再会を祝って踊りの宴が催され、終幕を迎える。[11]

ここでは大部分を省いたが、これが収められているB五判の『帝室劇場年鑑』では一四頁を数えるような本来は長大なものであることを記しておく。込み入った話の筋に、凝り過ぎている民俗的ディテールの描写、『白鳥の湖』の二倍を数えるという踊りの曲数[12]が一因になっている。

2　ロシアにおける「忠臣蔵」

1　ロシアにおける「忠臣蔵」と歌舞伎の紹介

「忠臣蔵」の外国語翻訳の歴史的経緯についてはコーエンの研究によって明らかにされている。そこでは、まずシーボルトが一八三〇年に浄瑠璃のテキストとして「忠臣蔵」をヨーロッパへ持ち込んだこと、その後の伝播の過程が詳しく述べられている。(13) ただしロシアについての記述はなく、論者（斎藤）はブロックハウス・エフロン百科事典を参照した。ロシア語での「忠臣蔵」の出版として最初に挙げられているのが一八七三年の『イスクラ』誌に掲載された「四十七人の浪人たち」である。(14)『イスクラ』は一八五九年から一八七三年までサンクトペテルブルクで発行されていた週刊風刺雑誌である。(15)「四十七人の浪人たち」の報告者ウラジーミル・チュイコ（一八三九―一八九九）は、文学と芸術の批評家で、英語・フランス語・ドイツ語の翻訳家でもあった。一八六九年からはパリに住みついて、ロシアの各紙に記事を提供し、一八七三年には『イスクラ』誌の「外国のニュース」コーナーを担当していた。(16) チュイコの記事の冒頭には、彼が『両世界評論』掲載のアルフレッド・ルサン「日本のドラマ：四十七人の浪人の話」(17) を参照していることが書かれている。記事の中では、討ち入りを果たす家老の名前がホリとされるなど登場人物の名にしばしば混乱が見られる。しかしそれでもコーノ・モーノ（高師直）によるエグナ（塩谷判官）の妻への横恋慕に始まって、一連の事件を辿り、四十七士によるエグナの墓参、切腹、とかなり詳しい筋書きが掲載された。そして「歌舞伎」という言葉やその独特の演出法についての言及はないものの、演劇として上演されていること、さらにはこれがキラ・コセツケ・コ・スケとアッサノ・タクミ・ノ・カミの間に生じた事件についての史実を元にしていることが書き添えられている。

一九世紀半ばの日本開国以降は少なくない数のロシア人が来日しており、歌舞伎を観る機会もあっただろうと考えられる。しかし現在の論者の調査によれば、ロシア人が歌舞伎観劇の記事を発表したのは他の諸外国人と比べてかなり遅くなってからのことで、(18) しかもバレエ『ミカドの娘』上演前までは以下の一例を数えるに過ぎない。

ロシア人が書いたことがはっきりと分かる記事として作家フセヴォロド・クレストフスキー（一八四〇―一八九五）の旅行記『遠い海洋と国々にて』が挙げられる。ロシアの雑誌の特派員として彼が軍艦に乗って来日したのは一八八〇年だったが、雑誌『ロシア報知』に旅行記が掲載されたのは一八八五年からのことで、約三年間にわたって連載された。クレストフスキーは自ら浅草のシバイゴヤに赴いて『寺子屋』を観劇した。建物の特徴、場内のサービスといった細かいところから役者の演技に至るまで非常に熱心に観察している。また、「黒衣《くろご》」という言葉こそ使わないものの、プロンプター兼照明係兼道具係というその役割を把握していた。後述するが、この役割についての説明が『ミカドの娘』台本にも影響を及ぼしているようなのである。そしてまたクレストフスキーも日本人にたいへん人気のある作品として「忠臣蔵」を挙げ、史実を基にしたこの題材が辻の語りや舞台芸術、文学の領域でひんぱんに採り上げられていることに言及している。大名イエネオ・タクミノ・カミとモロナゴ公カツケ・ノ・スケの間の諍いから始まる物語を、前述のチュイコの記事よりも場面によってはさらに詳しく、登場人物たちの対話に注目する形で記している[19]（他にもロシア語で歌舞伎について書いた記事は発表されていたが、報告者が特定できなかったり、外国語からの重訳・編集がほどこされたものだった）。

そのような状況のところへ、一八九七年の九月一四日から一〇月五日にかけて、つまりバレエ上演の約二か月前から、日本の演劇すなわち歌舞伎についての特集記事が『演劇と芸術』誌で四回にわたって組まれた[20]。無記名記事であり、またどういう経路で伝わったものか判断がつきがたい。阿国歌舞伎から九代目団十郎に至るまでの歌舞伎の歴史が詳しく綴られたもので、話は福地桜痴《おうち》の新しい演劇への取り組みに及び、最後には日本演劇における女優のまもない登場を示唆して締めくくられている。一八九三年に改称したばかりの明治座の名が挙がるなど、かなりリアル・タイムな情報ではあったようだ。ここに「忠臣蔵」の要旨が含まれていた。「現在新富座で上演にかけられているもの」として、大名タクミと将軍コチュケ、家臣クラノシュケを巡る話がごく短く紹介されている。ところで、この記事の中で『ミカドの娘』にはひとことも触れられてはいないが、『ミカドの娘』公演後の同誌の評が他と比べて非常に好意的であったことを鑑みると、歌舞伎についての一連の記事もまた宣伝の一環であったのではないかと思われる。バレエの新作が発表されるからといってこのような啓蒙活動は極めて異例のことで、なおさらに目立つ。これらの記事には、バレエの観客に歌舞伎と「忠臣蔵」というものについて多少なりともイメージを与え、関心を呼び起こさせる役割が託されていたと思われる。

2　歌舞伎の再現性の検証

『ミカドの娘』が上演された時点で、まだ日本の俳優はヨーロッパに出ていない。その中でどこまで歌舞伎を再現できたのか、そもそも創作者側に歌舞伎としての意識はあったのか。ここではそれを検証していきたい。舞踊芸術という記録の残りにくい分野であるため、検証と言っても限界はあるが、あえてここで試みることとする。

一八九七年四月一八日付で帝室劇場のサンクトペテルブルク支局演出部宛てにバレエ団監督ランガンメルから報告書[21]が提出された。この報告書の中でランガンメルは作品に必要なダンサーや道具類をリストアップしているのだが、この時点ではまだ劇中劇の題材は「忠臣蔵」に決まっていなかった。第三幕の該当部分については次のように書かれていた。

〔一二人の〕少年たちはミカドのうちの一人かあるいは半神の偉業か何かを上演する。少年のうちの一人、Todori〔頭取〕は、主要な登場人物の登場とパントマイムの開始を二枚の板切れを打ち合わせることで知らせ、最初に簡略にパントマイムの説明をする。この少年たちのうち別の一人、Kurambo〔黒衣〕（パントマイムの主要な俳優のみに付き添う）は主要な俳優たちの傍にいて、全身を黒い衣服で包み、まるでこうもりのように俳優たちの後をついて這い回る。その間に俳優の衣裳を整えたり、帳面に従ってセリフを俳優にこっそりと教えたりしている。彼の装束の表面はすべて黒だ。帽子も、顔にかけているベールも黒い色で、これによって観客には彼が見えていないことになっている。また棒にぶら下がった灯りを両手で持っている。観客は灯りの複雑な動きを追うだけで、その瞬間どこに一番注目すればいいのかわかるようになっている。その中にはたとえば、俳優の顔の表情、彼のポーズや仕草、時には彼の衣裳や髪形の定番のディテールが含まれる。[22]

演目は決まっていなかったが、歌舞伎独特の役割の担い手についての知識はあったことが明白だ。しかも黒衣が面明りを持って歩くなど、現代ではすでに失われているディテールもある。このTodoriとKuramboに言及している部分にたいへんよく似た文面を、クレストフスキーの旅行記『遠い海洋と国々にて』に発見した。ただし「こうもりのように」という特徴的な言葉は確かにクレストフスキーの方にはなく、ランガンメルが他の文献にもあたった可能性が考えられる。

ここからは台本[23]のテキストに沿って検討していく。バレエの冒頭で、ミカドの娘とサムライ・ヨリトモの結婚の宴を準備するイッペイダが出てきて、ヨリトモに横恋慕する自分の娘オヘンミをたしなめる。「宴の準備」という場面設定に加えて以下のイッペイダの言葉が「忠臣蔵」を想起させる。

〔自分の娘の大それた望みに〕驚いたイッペイダは、ミカドの怒りが彼女だけでなく一族全員に降りかかりえることを説きながら、娘を会場から追い出した。[24]

「一族全員」というところに「お家取り潰し」のイメージが重なる。しかしこの後バレエは「忠臣蔵」とはまったく関係のないところで発展していく。「忠臣蔵」に立ち戻るのは最終幕、主人公たちが竜の島から戻ってきた街の縁日の場面だ。そこにやって来た芸人たちの一行が広場で演じるのが『浪人たちの忠誠についての伝説（チュウシングラ）』なのである。しかも「忠臣蔵」から一場面のみ使用、というものではなく、饗応の準備から四十七士の切腹に至るまでの一通りが、帝室演劇舞踊学校の生徒たちによってパントマイムで演じられた。そしてここでも「忠臣蔵」をテキストとしてではなく、芝居の上演として把握していたことがうかがわれる。というのも劇中劇の前に観客役のダンサーが芝居を観ようと籠を乗りつけるところから始まっているのだ。

> 祝祭〔ここでは芝居を指す〕をよりよく見るために都合のよい桟敷席を占めようと急いでいる裕福な女性を乗せた norimono が非常な速さで走っている。

そこへやってくるのが旅芸人の一行で、警備の者がゴングを打ち鳴らしながら先頭を行くその行列を、民衆は膝をついて迎える。

> 行列は近づいて、止まる。街の他の主な広場でそうしたように、ここでも英雄的な内容の芝居を行うのだ。民衆は立ち上がり、非常に集中して、夢中になって俳優たちの様子を目で追いながら見世物の始まりを今か今かと待つ。Kurambo は、主要な登場人物の「演技に付き添う」ために準備し、Todori は芝居の始まりを木片を打ち鳴らして知らせ、「悲劇」の内容を手短に説明し、芝居を始めるよう俳優たちを呼ぶ。

そして始まる芝居では、Kara《ママ》-Kadzuke《ママ》-No-Suke による Asano-Takumi-No-Kami への嫌がらせ、後者の切腹、臣下たちの下野、Oishi-Kura-No-Suke の放蕩、妻子との別れ、敵討ちと四十七人の切腹、といった場面が演じられた。芝居が終わると芸人たちはまた去っていくのだった。『帝室劇場年鑑』によればかなりのディテールにわたって上演することが指定されていた。なかには、言葉なしにいったいどうやって観客に理解させたのだろうと疑問に思ってしまう部分もある。たとえば Oishi-Kura-No-Suke が妻子を自分から遠ざけるくだりである。

〔敵討ちの〕計画に身を捧げたサムライは、熱烈に愛する妻を犠牲にして永遠に彼女と別れることにした。けれど自分の極秘の仕事に彼女を関わらせたくなかったので、酒を飲み、放埒な生活を送り始めた。自分に対する嫌悪感を抱かせるためだった。〔略。元の生活に戻るよう妻に頼まれて〕彼は信じがたいほどの努力で自分の感情を押さえて、彼女とは永遠に別れ、息子も捨てると愛する女性に告げた。

数ある『ミカドの娘』公演評の中でこの劇中劇に言及したのはわずかに二誌。しかも長大な批評文に対してやっと二行という比率だ。

大行列の中の子供のパントマイムも省略が適当だ[25]

〔カットしたほうがいいのが〕パントマイムをともなう子供の踊だ。その踊で小さなダンサーたちは切腹の真似 simulacre を行う。これは美的でないばかりでなく非常に不快だ[26]。

もっとも、バレエの三幕そのものが長すぎて途中で帰った客も多かったそうだが[27]、言及の少なさがかえって当時の人々のとまどいや理解不能を表しているように思われる。

また我々の興味を引くのが、この「浪人たちの忠誠についての伝説」が男子生徒たちのみで上演されたらしいことだ。生徒たちが出演した場合、広告や『帝室劇場年鑑』には通常個人名は挙がらず воспитанники〔男子生徒たち〕、воспитанницы〔女生徒たち〕というふうにまとめて表記される。「浪人たちの……」を演じたのは воспитанники〔男子生徒たち〕のみだった。(28) このことはバレエの創作者たちが歌舞伎の特徴をとらえ、それを実践していたことを示す決定的事実である。

終わりに

本稿では一九世紀末のロシア・バレエ『ミカドの娘』の劇中劇で歌舞伎の「忠臣蔵」が上演されていたことを紹介した。まず基本的な上演情報を確認し、次に当時のロシアにおける歌舞伎と「忠臣蔵」の紹介状況について述べた。そして後半部分では、歌舞伎「忠臣蔵」の再現性について検証を試みた。そこでわかったのは、バレエの創作者たちが驚くほど詳細に歌舞伎の上演形態、「忠臣蔵」の話に通じていたことだった。もちろん帝室演劇舞踊学校の子供たちがどの程度の精度でそれを実践していたかは不明であり、また高い精度は望めないようにも思われる。だが、日本文化に取材するときの真摯な態度は注目に値するのではないだろうか。同時代のヨーロッパのジャポニスム作品はしばしば、「日本文化」を標榜しながらもその情報には不確かなところが多く、創作者たちの想像の産物である側面が強かった。それと比較すると、日本文化についてのそこまで詳細なアイディアをすでに実践しようと試みていた姿勢にロシアのジャポニスムの独自性が認められるのだ。

一八三〇年	シーボルトが「忠臣蔵」をヨーロッパに持ち込む。
一八七三年	チュイコが『イスクラ』誌に「忠臣蔵」の粗筋を掲載する。
一八七七／一八七八年のシーズン	パリで『ヤマト』（「忠臣蔵」の翻案劇）上演。
一八八〇年	クレストフスキーの訪日。
一八八六年	クレストフスキーが『ロシア報知』に歌舞伎観劇の記事と「忠臣蔵」の粗筋を掲載。
一八九七年四月一八日	ランガンメルが帝室劇場に報告書を提出。
同年九月一四日～一〇月五日	『演劇と芸術』誌に歌舞伎の歴史と、「忠臣蔵」の短い紹介が掲載される。
同年一〇月九日	マリインスキー劇場にてバレエ『ミカドの娘』初演。

表　バレエ『ミカドの娘』関連年表

（1）本稿では『仮名手本忠臣蔵』を基本とし、その改作も含めたイメージの総体を考察の対象として、「忠臣蔵」と表記する。

（2）「ジャポニスム」の定義について、本稿では馬渕明子氏による二〇一五年の提案を参照。「ジャポニスム」は「西洋人が日本の文化を元に文化的営為として作り上げたもの、もしくはその現象」であり、しばしば引き合いに出される「ジャポネズリー」は「「日本の物そのものを集めて生活に取り入れたりする趣味。」そこに直接には西洋人の手が加わっていないもの、つまり、物そのものに頼り日本の芸術に対して好意を表現する、興味を表現する、そういう行為全体、あるいは趣旨全体」のことを示す。馬渕明子「［基調講演］ジャポニスムの二つの側面――造形的側面とエキゾティスム」『ジャポニスム研究』第三四号別冊、二〇一五年、六頁。

（3）ロシアにおける各ジャンルのジャポニスムについては次を参照。
【文学】田村充正「ロシアの日本文学――古典篇」『ロシア語ロシア文学研究』第二五号、一九九三年、一―一六頁。ワシーリー・モロジャコフ『ジャポニスムのロシア――知られざる日露文化関係史』村野克明訳、藤原書店、二〇一一年、一八―二九頁。

【美術】上野理恵『ジャポニスムから見たロシア美術』ユーラシア・ブックレット№76、東洋書店、二〇〇五年。福間加容「二〇世紀初頭のロシアにおける日本美術の受容――ジャポニスムの意味」『スラブ・ユーラシア学の構築』研究報告集第二一号、二〇〇七年、七二—八五頁。

【音楽】船山隆『ストラヴィンスキー——二〇世紀音楽の鏡像』音楽之友社、一九八五年、六八—九五頁。伊東一郎「ストラヴィンスキーのジャポニスムの一側面——『日本の叙情歌』からの三つの詩の拍節法について」『比較文学』第三〇号、一九九四年、六三—七一頁。岩田隆『ロマン派音楽の多彩な世界——オリエンタリズムからバレエ音楽の職人芸まで』朱鳥社、二〇〇五年。高橋健一郎「ストラヴィンスキーのジャポニスム再考」『文化と言語』第八三号、二〇一五年、一一一—一三三頁。Поляноская Я. Режиссура в российских постановках Савой-оперы // Ковнацкая Л.Г. (ред.) Русско-Британские музыкальные связи. СПб., 2009. С. 199-225.

（4）『ミカドの娘』の他に以下の作品が確認されている。
一八九〇年バレエ・パントマイム『日本、もしくはミカドの三人のおちゃめな女性たち（仮訳）』（A・l・ヴェラネク作曲、リチャルド・リゲル振付）於チニゼリ・サーカス劇場（サンクトペテルブルク）。

一八九六年四月二八日初演バレエ『ダイタ』（ゲオルギー・コニュス作曲、ホセ・メンデス振付）於ボリショイ劇場（モスクワ）。

一九〇〇年二月二七日初演バレエ・パントマイム『月から日本へ』（キスリンスキー作曲、エンリコ・チェケッティ振付）於ミハイロフスキー劇場（サンクトペテルブルク）。

（5）Aaron M. Cohen, "The Horizontal Chushingura: Western Translations and Adaptations Prior to World War II," in Kevin J. Wetmore, Jr., ed., Revenge drama in European Renaissance and Japanese theatre : from Hamlet to Madame Butterfly (New York: Palgrave Macmillan, 2008), p.156.

（6）前掲、岩田隆『ロマン派音楽の多彩な世界』一三三—一二一〇頁参照。

（7）Ежегодник Императорских театров. Сезон 1897-1898 гг./ Ред. А.Е. Молчанов. СПб., 1899. С.237-250. 参照。

（8）Театральное эхо // Петроградская газета. 1897. 11. 4. №303. С. 3.

（9）この時代の「監督 режиссер」は配役などを決めていた。

（10）以下の拙稿では日本文化に関する情報の出どころを探る試みを行った。「一九世紀末のロシアにおけるジャポニスム——バレエ『ミカドの娘』を例に」『早稲田大学大学院文学研究科紀要　第二分冊』第五九号、二〇一三年、一九三—二〇五頁。

（11）Ежегодник Императорских театров. С.237-250.

（12）Красовская В.М. Русский балетный театр второй половины XIX века - Лен; М: Искусство, 1963. С. 394.

（13）Aaron M. Cohen, "The Horizontal Chushingura: Western Translations and Adaptations Prior to World Wa II," pp. 153-183.

（14）Чуйко В. Сорок семь лонинов: японская драма // Искра. СПб., 1873. № 22. С.1-5.

（15）Ямпольский И. Г. Сатирическая журналистика 1860-х годов [Текст] : Журнал революционной сатиры «Искра». (1859-1873).М.:Худож. Лит., 1964. с. 623.

（16）Ямпольский И.Г. Сатирическая журналистика. С. 426.

（17）Alfred Roussin, «Un Drame japonais. — L'histoire des quarante-sept lonines», in Revue des Deux Mondes (Paris, Tome 104, 1873), pp. 646-668.

（18）少なくとも日本の開国以降から文明開化期までの間については、中村哲郎も著書の中で「北方の大国・ロシアの使節たちが、この時期の歌舞伎に関してのこした文字は、残念ながら一つもない」と述べている。中村哲郎「その五　遣日使節と猿若町」『西洋人の歌舞伎発見』劇書房、一九八二年、四四頁。

（19）Крестовский В.В. В дальных водах и странах. // Русский вестник. М., 1886. Т. 186. С. 9-68.

（20）Японский театр // Театр и Искусство. СПб. 1897. № 37-40. С. 660-661, 678-680, 700-701, 720-721.

（21）РГИА. Ф. 497, Оп. 8, Д. 467, Л. 37.

（22）РГИА. Ф. 497, Оп. 8, Д. 467, Л., 49об., 50

（23）ここで「台本」としているのは『帝室劇場年鑑』に掲載されたもののことである。年鑑は上演のあった翌年に刊行された。

（24）台本からの引用は下記より。Ежегодник Императорских театров. Сезон 1896-1897 гг. С.237-250.

（25）О – ский Н.Л. Театральный курьер // Петербургский листок. 1897.11. 11. № 310. С. 3.

（26）М.Р. Театральное эхо: Балет «Дочь Микадо» // Петроградская газета. 1897. 11. 10. № 309. С. 3.

（27）Там же.

（28）ロシア語の文法では、男女混合の団体を表す場合、男性名詞で代表させるのが規則だが、帝室劇場刊行物では特別に使い分けされていた。男女混合の場合は воспитанники и воспитанницы（男子生徒たちと女子生徒たち）という表記だった。

Японский театр Кабуки. «47 самураев».

Советский Экран

ГАСТРОЛИ ТЕАТРА „КАБУКИ"

Журн. Соврем. Театр.

ПОСЛЕ ГАСТРОЛЕЙ

ДВИЖЕНИЕ И ТАНЕЦ

БОРИС ГУСМАН

「貼込帖」の一頁。左上の影のある写真は『仮名手本忠臣蔵』のワンシーンで、エイゼンシテインの監督のもとに、ソ連公演中に撮影された（「二世市川左団次ソビエト公演記録貼込帖」早稲田大学演劇博物館蔵より）

新聞・雑誌評

■「貼込帖」に掲載された二七五本の新聞・雑誌評のうち、特に重要と思われるもの二四本と、未掲載のもの一本を翻訳・掲載する。それぞれの出典および翻訳者名は各文末に表示し、全体の監訳は上田洋子が行った。なお、「貼込帖」に掲載されたすべての新聞・雑誌評のタイトル等は巻末のリストを参照。

歌舞伎（日本の伝統演劇のモスクワ公演によせて）

ダヴィド・アルキン

まもなくモスクワは、世界の演劇文化のなかでも優れた事象のひとつ、日本の国民的舞台芸術の歌舞伎に直接触れる機会を得る。

演劇の特殊なジャンルである歌舞伎は、昔の封建時代の日本において、当時としては貴族的なジャンルであった「能」、すなわち封建貴族階級のアマチュア演劇に対抗するかたちで生まれた、新興の都市ブルジョアジーの民主的な舞台芸術である。改革とヨーロッパ化が進められたいわゆる「明治時代」には、歌舞伎は新しい西洋の影響と西洋趣味の圧力を前にしても力を失わず、むしろ主要な国民的舞台芸術としての地位を確立した。旅芸人の一座が現れ始めた時代に端を発する歌舞伎の伝統は、一九世紀後半までには厳密に規定された演劇の手法、規範、規則を持つ完成されたシステムを作り上げた。明治時代の名優たち、菊五郎、左団次、特に偉大な団十郎は、歌舞伎の芸を日本文化最大の芸術的価値にまで高め、彼らの名が万人の崇拝の対象になるという栄光を築きあげた。歌舞伎は保守的な伝統演劇であるが、この古いジャンルと並んで、スタニスラフスキーやラインハルト、メイエルホリドを師として、ヨーロッパ演劇の道を辿る新しい若い日本演劇が発展し、力を増しているにもかかわらず、今も社会の幅広い層にわたって現代の観客を魅了し続けている。

　歌舞伎の並はずれた生命力と人気は、なによりも素晴らしい俳優陣に負うところが大きい。歌舞伎の組織が持つユニークな特徴として「俳優一家」、すなわち父から子（もしくは養子になった弟子）へと古い芸術の伝統と手法を受け継いでいく一族がある。歌舞伎では継承の力が非常に強いため、名優が創りだした典型《タイプ》と外見的な役作りは、その俳優の死とともに失われることはなく、彼の名を受け継ぐ後継者によって正確に再現される。歌舞伎の舞台では、今も古い俳優の「家」の代表者たちが演じているのである。ソ連にやってくるもっとも偉大な俳優・市川左団次は、明治時代の有名な俳優のひとりである父の四代目左団次と区別して、五代目左団次と呼ばれている（訳注1）。こうした俳優の一族こそが歌舞伎芸術の伝統を担うものであり、俳優の技を教える生きた学校として、師や祖先の芸の忠実な継承者となる新しい俳優を幼少期から育てているのだ。

　歌舞伎の上演における外面的演出の繊細で複雑な作業は、俳優の技術的完成度に相応するものである。まさにこの特徴によって歌舞伎は、熱烈な日本の演劇ファンだけでなく、日本語も知らなければ、日本の劇の伝統的な筋にもまったく通じていない外国人たちの心をもつかむのだ。歌舞伎、それはなによりもまず俳優の技と圧倒的な演劇性である（訳注2）。歌舞伎では約束事に基づく演劇的身ぶりが肯定される。そうした身ぶりは自然主義的なイリュージョンではなく、生の情熱や葛藤、あるいは状況が凝縮されて演劇化されたものに基づいている。歌舞伎上演のためのすべての技術は、こうした演劇性の本質が観客に与える舞台の作用をあらゆる手段で強調し、強化するためにあるのだ。

　そうした手段のひとつが、歌舞伎の第二の舞台である名高い「花道」、すなわち「花の道」である。一階の平土間を舞台に対して垂直に貫く幅の狭い台が設置されることで、舞台と客席がつながれて、俳優の特に重要な登場や特に緊迫した場面のある瞬間を、観客に至近距離で見せることができる。この独特な舞台と客席の間に架けられた橋こそ、古い芸術である歌舞伎と、ソ連現代演劇の最新の探究を近づけるものである。「花道」はほかにも、集団の登場、また逃亡や追跡などの場面できわめて効果的な展開を可能にする。

歌舞伎の芝居で注目すべき特徴として、演劇に音楽の伴奏がつくということがある。歌い手はオーケストラ（バラライカの一種である三味線、特別な形のタンバリンである鼓などの日本の民族楽器による）とともに、俳優の台詞に伴奏をつけ、場面の盛り上がりを強調するのみならず、独立した司会者ないしは上演の解説者の役割を果たし、ときには沈黙する俳優の代わりを務めることもある。舞台上の出来事の持つ制約性は、黒い服を着て顔には黒いベールをつけた舞台の小間使い、すなわち無言の「クロンボ《ママ》」〔黒衣《くろご》〕の姿によってさらに際立たせられることになる。「約束事として」見えないことになっている彼らは、場面の進行中に舞台上を歩き回り、舞台装置の転換を手伝ったり、俳優たちに必要な小道具を手渡したりする。

舞台装置と衣裳は、歌舞伎の上演を華やかで目を愉しませるものにしているが、そこには日本の芸術に特徴的な、きわめて微細な細部にわたる丁寧な仕事や、人物の性格や場面の雰囲気に合わせた洗練された色彩の組み合わせを見ることができる。こうした色彩は俳優の舞台化粧と同様に、けっして恣意的に選ばれるのではなく、やはり演劇の伝統が持つ、いたって厳格な規範や舞台の制約性の法則によって明確に規定されている。不幸な主人公、もしくは幸せな主人公の眉の曲がり方や、怒り、あるいは苦しみを意味することになる身振りが、それによって定められているのだ。

舞台上に置かれたほぼすべての小道具は、作り物ではなく本物である。歌舞伎では約束事が強調されるにもかかわらず、この点では、紙製の剣や亜麻布に描かれた樹木といった表面的な偽りは許されない。日本演劇の舞台に上がる事物は場面の参加者であるが、それでいてこの場面を背負っている主要な要素である俳優をさえぎることは決してない。

歌舞伎には、われわれが考えるような意味での演出家がいない。歌舞伎の劇団は並外れて統制のとれた集団であり、これまで述べてきたように、演劇的手法の厳しい規定によって、正確で秩序ある上演が達成される。とはいえ、俳優のイメージが厳密に「類型化」されても、この伝統と規範の世界に新しい流れをもたらす際立った俳優が個別に出現してくるのはさまたげられなかった。ソ連にやってくる市川左団次は、そのような革新者の俳優であり、演劇の伝統に対する忠誠を、舞台のリアリズムの力強い息吹と結合しようとしている。彼は日本演劇におけるリアリズムの表現者でもある。歌舞伎の第一線で活躍する俳優のひとりである左団次が、西洋の演目でヨーロッパ式の舞台にも出演しているのだ（シェイクスピアを上演。また、若き日本の演劇を代表する小山内〔薫〕とともに最新の劇作家の上演を試みている）。

歌舞伎でもっとも興味を引くことがないのは、その演目であり、実際、芸術としての複合的な総体において、演目が果たす役割はもっとも少ない。通常、歌舞伎の上演はいくつかの戯曲から構成され、そのうちのひとつは騎士・侍の時代の歴史的・英雄的悲劇「時代物」である。これはすなわち、勇敢もしくは狡猾な「大名」（封建君主）たちの偉業あるいは悪行についての芝居で、英雄的な「民衆」の代表が登場し、複雑極まるたくらみや闘いや陰謀などがこれに伴う。公演のもうひとつの構成部分が「世話物」、すなわち日常の劇もしくは喜劇で、大半がメロドラマであり、もはや英雄的な熱情も高尚なモノローグもないが、「市民劇」の特徴を十分に備えている。さらに、公演には通常、短めのバレエ作品〔舞踊〕が含まれ、歌舞伎俳優が踊りと黙劇の比類なき芸を見せる機会となる。歌舞伎において、戯曲はもっとも弱い部分である。俳優の輝ける技術と独創的で完成された演出の手法を前に、その存在感は薄い。

最後に、歌舞伎のもうひとつの特徴について言及しておかねばならない。歌舞伎のあらゆる役を演じるのは男性であり、この演劇には女性の演じ手はいない。この特性は純粋に歴史的な契機（封建時代の日本における女優の活動の禁止）によってもたらされたものであるが、ときを経るごとに確固たる美学的伝統としての性格を持つようになった。名優たちの「一族」のいくつかが女役を専門とするようになり、この分野における俳優技術の頂点にまでのぼりつめた。こうした有名な「女形」（女役の演者）のひとりが、左団次とともにモスクワにやって来る東京の俳優・松蔦《しょうちょう》である。

歌舞伎は、保守的な芸術的伝統を持つ演劇であり、俳優の技の厳格な規範に基づく芸術であるが、現代の観客に対して、歴史的・「民俗学」的関心のみを引き起こすものでは断じてない。この古い芸術のなかから、最新の演劇は、もっとも大胆な演出手法と、きわめて繊細に練り上げられた俳優の技術という豊かな財産を汲み取ることができる。ヨーロッパの模倣と古い歌舞伎に対する闘争から出発した若い日本の演劇が、今ではこの国民的芸術が持つ莫大な価値に気付き、自分たちのまだ若い探求のためにその芸術的成果を習得しようとしているのには理由があるのだ。

そして、近い将来モスクワで実現する出会いは、当然、非常に強い関心を呼び起こすはずである。これは、今も生き続けている過去の演劇文化のなかでももっとも古く、また完成された日本の国民的舞台芸術と、もっとも若く先進的な現代演劇であるソヴィエト連邦の演劇の出会いなのである。

（『イズヴェスチヤ』モスクワ、六月二四日／斎藤慶子訳）

（訳注1）二代目左団次自身が存命当時しばしば「五代目」を名乗っている。江戸時代にも市川左団次を名乗った役者は複数存在した（国立劇場調査養成部調査記録課編『歌舞伎俳優名跡便覧　第四次修訂版』日本芸術文化振興会、二〇一二年）が、五代目とした根拠は不詳。現在では江戸時代の左団次は代数に含めない。

（訳注2）ここで言う「演劇性」とは、現実を写すことを主眼とする自然主義に対抗して、モダニズム・アヴァンギャルド期のロシア演劇が用いた言葉である。舞台の限られた空間や時間など、演劇というジャンルが宿命的に負う制約を逆手に取り、そうした制約性の上に成立する見世物としての魅力をアピールする。歌舞伎における俳優の芸の見せ場は、まさにそうした「演劇性」の発露の理想的な形としてソ連で受け止められた。以下頻出する「制約性」「約束事に基づく」などの表現（ロシア語ではусловность）は、こうした「演劇性」を規定する条件を意味している。

日本の古典演劇――歌舞伎劇団のソ連公演によせて

エマヌイル・ベスキン

まもなくソ連にやってくる歌舞伎は、日本の古典演劇である。歌舞伎はシステムもその基盤にある技術も、西洋の演劇とはまったく異なる。これはそもそも約束事に基づいた演技を軸とした演劇であり、文学性を重視して心理的な表現を追求する演劇ではない。西洋演劇を規定するのは書物や戯曲であるが、日本の演劇は、演技や動作によって規定されている。西洋の芝居では、観客は本質的に、完全に忠実に舞台化された、できあいのテクストを読んでいるようなものだ。観客は受け身なのだ。それに対して日本の演劇では、観客はともに演じ、積極的に芝居に参加することを強いられる。なぜなら演劇それ自体が自然主義的なものではなく、約束事によって成り立っているからだ。

俳優が左目のところで二度、片手をささっと動かすと、日本の観客にはそれが泣いていることを示しているのがわかる。観客の方を向いて両目を鼻柱に寄せると、それは怒りである。出番を終えた俳優が、舞台の端で凍りついたように動かないでいるときは、彼はそこにいないことを意味している。舞台の小間使いは、物語が進行している最中に舞台上で小道具を取り替えたり、俳優の衣裳を整えたりする。彼は黒いマントを纏っているのだが、日本人はそれだけで約束事を了解し、この人は見えていないと見なす。このように、西洋の観客が芝居への参加からは切り離されているのとは異なり、日本演劇の観客は、間接的であるにせよ、芝居の仕組みに参加し、そこに取り込まれている。

もっとも、歌舞伎はすでにある程度近代化され、ヨーロッパという「ニス」がいくらか上塗りされている。東京の歌舞伎は、素晴らしい西洋建築の劇場で上演されており、そこには袖幕付きの舞台への敬意やこうした劇場への歩み寄りが見られる。たとえば、一階席中央は日本式の構造になっているが、両端には椅子が置かれ、西洋式のボックス席型に仕切られている。完全に古典的な国民演劇は、今ではもちろん純正なままでは日本の観客に受け入れられない。日本の急速な西欧化によって、一方では西洋式の演劇が生じたが、他方では伝統的な古典演劇もある一定の妥協を強いられている。

日本演劇に影響を与えたのは、おもにモンゴル・中国系の演劇である。日本演劇のもっとも古い形式は「能」と呼ばれるもので、黙劇と舞踊をともなう、狂詩曲《ラプソディ》のような、叙情詩的要素と叙事詩的要素をあわせもった劇である。能は、ドラマ的な性質に乏しく、構成要素ごとに分解することも難しい。話の筋としては古い神話や寺院に伝わる伝説や英雄譚などだが、すべてが間断なく続く。能には、登場人物たちの運命について語り、解説する役割の合唱隊と、叙事詩的な語りによってばらばらのエピソードをつなぐ語り手がいる。俳優たちは、観客席と舞台をつなぐ橋（舞台装置はなにもない）からいっせいに登場し、能が終わるまで舞台上に居続けて、その後ふたたび全員で橋をわたって退場する。魂の転生に関する仏教信仰のせいで、この能という演劇は幽霊で満たされた。われわれにとってはいささか不思議な、前ではなく後ろに時間が進むという、高度に発達した場面展開を能にもたらしたのは、幽霊たちの存在である。幽霊が、過去になにがあって幽霊になったのか、また幽霊になる前の姿に戻るにはなにが起こらなければならないのか、自ら説明せねばならない状況が生じていたのだ。約束事に基づいているため、あらかじめ決まっていて決して変更できない歩き方や回転のしかた（たとえば後退は、足先を後ろに伸ばすというわかりやすい動きで、この場合、かかとは上げたり下ろしたりするが、つま先は床から離れない）、それに歌うような語りは、能では鼓（砂時計の形をした小さな太鼓）と日本式のフルートを中心としたオーケストラに伴奏される。小道具から衣裳に至るまで、すべてが約束事に基づいている。たとえば、もし船頭の登場を演じる必要があれば、黒いマントを身に纏った舞台の小間使いが、子供が描いたボートか船の輪郭を思い起こさせるような、白い紙を貼った楕円形の枠を持ってきて、それを舞台下手に置く。

能は今では選ばれた「愛好家」のためだけに純粋な形式を保っているのであって、大衆向けの古典演劇でも能をレパートリーに含むものの、かなり大胆にそれを変形させ、現代日本の観客に近づけている。日本演劇の上演は、西洋演劇のように一本の戯曲から成り立っているのではなく、さまざまなジャンルの戯曲の集合体からなる。

能以外にも、ロマンティシズム溢れる歴史戯曲の「時代物」、歴史的家庭劇の「お家物」、同時代の小市民を描いた「世話物」、情熱に満ちた恋愛悲劇「道行物」、ダンスと黙劇の混成である舞踊作品などがある。かつて、上演は丸一日におよび、そのプログラムにはこれらの演目すべてが含まれていた。今は上演が始まるのは夕方五時頃で、深夜一二時まで続き、四種類以上のジャンルからなっている。

日本の俳優には決まった役柄の設定もジャンルの区別もない。ひとりひとりの俳優が、歌も踊りもできなければならない。日本演劇では歌と踊りは独立した「出し物」ではなく、台詞と同じく「演技」の有機的要素であるからだ。ゆえに、日本演劇では、たとえば喜びはまず動きで表現され、それが踊りになっていくというようなことがありえる。西洋の自然主義的な観点から見ると、これには根拠がないということになろうが、約束事が支配する日本の演劇では、このような方法は完全に正当性を持つ。あるいは、同じ喜びや、はちきれそうな気持ちを軽業の仕掛けを用いて表現することもできる。

日本の観客の目には、西洋演劇の自然主義や「心理主義」は、正当性がなく、なによりも「演劇」ではないと映るに違いない。

日本演劇で有効なメソッドや、その原理に対する興味は実際に存在しており、予定されている歌舞伎ソ連公演の動向は注目され、大きな関心が寄せられるだろう。この公演のおかげで、われわれは初めて日本演劇の技をもっとも完成した形で見ることができるのだ。

（『ラビス』モスクワ、七月一〇日／斎藤慶子訳）

わが国の対外演劇交流（日本の劇団「歌舞伎」のソ連来訪によせて）

オリガ・カーメネワ

ソヴィエト演劇が世界中で高く評価されていることは、まぎれもない事実である。国外の新聞・雑誌における多数の反響がその証言であり、またソ連の劇団の国外巡業公演を見た外国の観客が送る熱烈な拍手がそれを証明している。展覧会ではソヴィエト演劇の舞台模型が一位の座を獲得している。国外の舞台芸術に対するソヴィエト演劇の影響は次第に強まっている。

　政治的な関係がいかなるものであろうと、ソヴィエト演劇には、一部除外される演目もあるとはいえ、あらゆる国への扉が開かれている。

　ソ連と諸外国の文化交流全般が盛んになるにつれて、国外におけるソヴィエト演劇の普及はますます促進されている。ソヴィエト演劇の普及はさまざまな経路を通じて進んでいる。わが国を訪れた外国人の多くが、ソ連での感動的な観劇体験を記録している。演劇の専門家たちは、わが国の演劇を実践的観点から研究し、その経験を自国に持ち帰って、ソヴィエト演劇に関する多くの書物を出版し、公の場で講演している。彼らの情報では、ソ連の演劇については肯定的な意見が必ず圧倒的に勝っているという。ソ連の新聞・雑誌でも名が知られているのは、アメリカの批評家リー・サイモンセン、イギリスの演劇活動家ハントリー・カーター、フランス前衛演劇を代表するラーラ、オッタン、グランジュアン、日本の「築地」劇場の指導者で、十月革命一〇周年記念行事の賓客であった小山内薫、さらに世界演劇連盟代表で、ソ連訪問後にワフタンゴフ劇場を国際演劇祭に招待したフィルマン・ジェミエらである。

　外国の対ソ友好団体はソ連の演劇活動家が来訪する機会を逃さず、講演会を開催している。そうした講演会では、わが国の芸術家たちが、ソヴィエト演劇の歩んできた道や、この分野におけるわが国の成果について報告している。

　多くの人々がソヴィエト演劇と触れ合う機会を持つのに一役買っているのは、数多くの国際芸術展を巡回し、また、国外のソヴィエト博覧会でも出品されてきた展示品である。出発点となったのは一九二五年の装飾美術展覧会（パリ）であった。この展覧会で出品された展示品の一部は、のちにアメリカに運ばれた。マグデブルグ演劇展（一九二六年）にもいくつかのソ連の劇場から展示品が出品された。オペラ作品の模型がフランクフルト・アム・マインの国際音楽展で公開された。ブリュッセル、ベルリン、ウィーン、ニューヨークで開催された十月革命記念展では、ソ連の各共和国の演劇作品を展示した演劇部門が特に評価を受けた。

同時に、ソ連の専門家と芸術系新聞・雑誌は、国外の演劇界の動向や、舞台技術、俳優の技などを注意深く追っている。

しかしながら、情報共有の場の拡大にもっとも効果的な役割を果たしうるのは、諸劇団が直接赴き、実演を見せることであるのは、誰の目にも明白であろう。この夏、わが国は外国との双方向の演劇交流プログラムを実現させた。全ソ対外文化連絡協会は、日本の古い伝統国民演劇に対するソヴィエト演劇界の強い関心を確信し、日本発祥の日本の劇団「歌舞伎」訪ソの企画と実現に向けて動き出した。わが国の演劇界の期待は、予想外の早さで実現されることになった。この夏、歌舞伎がソ連にやって来る。歌舞伎が初めて日本から外に出るということは、強調しておく必要があるだろう。歌舞伎訪ソの事実はあまりに革命的であると見なされたため、新聞・雑誌から判断するに、ファシストたちがきわめて強固な態度で計画実行に反対の意を表明しているようだ。歌舞伎それ自体についてはここで詳しく語るには及ばない。モスクワに住むすべての人は、八月に自分の目で歌舞伎を見る機会を得るだろう。

ソヴィエト演劇でも若い存在にあたるワフタンゴフ劇場が、多くの国が参加したパリの国際演劇祭から帰国したばかりである。ワフタンゴフ劇場は一一公演を行い、大きな成功を収めた。特に大きな注目を集めたのがソヴィエトの演目である戯曲『ヴィリネヤ』で、上演の際には観客が二つの相反する陣営に分かれた。上演中の拍手は意見表明としての性質を帯びた。白軍の亡命者たちによる非常識な行動を遮ったのは、ワフタンゴフ劇場を自国の賓客であると見なしたフランスの観客たちだった。

ドイツからフランスへ巡回してきた国立ユダヤ人劇場が、同時期にパリで公演を行った。この劇団は、民族問題、特に革命によって解放された少数民族の演劇文化に対するソ連の態度をわかりやすく示した。両劇場とも理想的なまとまりを見せ、またしても俳優の芸術に対するソ連政府の手厚い配慮を国外に向けて強調することになった。

わが国と諸外国との演劇生活の結束の道はこのようなものである。関係発展の速度は毎年加速している。諸外国はソヴィエト演劇を愛し、それを研究しながら、演劇を通してソヴィエト文化の全体と触れあっているのだ。

（『現代の演劇』第二八―二九号、モスクワ、七月一五日、四八九頁／斎藤慶子訳）

歓迎！（歌舞伎来訪によせて）

K・カルロフスキー

明日、日本の舞台芸術の第一人者たち、超一流の名優たちをはじめとする歌舞伎一座が到着する。なかには、古い時代のもっとも優れた俳優を創始者とする、約三〇〇年の歴史を持つ有名な俳優の「家《いえ》」の代表もいる。そこで、日本芸術史のいくつかの要点について、また、この演劇を背負っている左団次「家《け》」の優れた代表者たちについて簡単に説明しておこう。

「家」に対するカルト的な信仰は、基本的に日本演劇の発展の歴史によって条件づけられている。これは本質的に、徳川時代の商人・町人階級の産物である。商人・町人階級は封建時代には最下層と見なされ、その演劇も軽蔑すべきものとされていた。武士階級からすると、俳優は乞食であり、俳優に対してはいくつもの制限が存在していた。俳優は色のついた着物を着る権利がなく、夜間は上演も許可されなかったため、公演は一般に日が昇ってから始まり、暗くなるまでに終わった。

もちろん、当時舞台で働いていたのは、金が目当てで演劇の道に入った低い階級の人たちだったが、彼らのなかにも芸を極めることが人生の唯一の目的であるというような人もいた。

それゆえ、名優たちがそれぞれ遺産を伝授し、自ら完成させたものを未来に伝え、自分が築いた役者の称号を守る努力をしたのは当然のことだった。こうして歌舞伎の「家」ができたのである。

この制度は現在に至るまで継続されている。日本演劇では今でも、弟子は自らの師の名字を名乗る。師に息子がいれば、息子が父の後継者となる。息子がいない場合は、弟子のなかからもっとも優れた者が選ばれ、師は自分が到達した芸術の高みを伝授し、自らの名前を与える。事実、日本の俳優たちが、独自の演劇の条件のなかで、実際にこうした芸の頂点に達することは否定できない。

彼らは三、四歳の頃から舞台に立ち、演劇の先人たちのあらゆる成果と精神を根本から学び始めるのだ。

日本演劇にはさらに、同じく封建時代に起源を持つもうひとつの歴史的特徴がある。それは、日本古典演劇において「女形」あるいは「オヤマ」と呼ばれる、女役を演じる俳優の誕生である。

前述の通り、俳優の技がたいへんに優れていたため、しばしば、特に復讐の場面で、劇場にいた侍が激昂して、刀を抜いて舞台に上がり、俳優を殺してしまうことすらあったという。

演劇はこのような制約のなかで発展したため、そこに女性の居場所があるわけもなく、女性が舞台に立つことは法律で禁じられていた。女役は男性によって演じられ、それは偉大な芸術に達した。今では日本の女性は芝居を見るためだけではなく、女性を演じる俳優たちから女性の優美さや立ち居振る舞い、おしゃれのコツまでを学ぶために歌舞伎に足を運ぶ。

そして、今でも有名な「家」のひとつを代表するのが左団次である。彼は一八八〇年に東京に生まれ、今では五代目左団次として、約一五〇年の歴史と、われわれの大切な客人の父にあたる、きわめて偉大な四代目左団次の歴史を背負っている。

今の左団次の父は、非常に早い時期から幼い息子を後継者にするための準備を始めた。五代目左団次が俳優のキャリアを開始したのは満四歳のとき（一八八四年）で、父とともに明治座で初舞台に立った。このとき与えられた芸名はぼたん（牡丹）であるが、左団次家の男の子たちは、みなこの名前から舞台人生をスタートするのだ。

一九〇〇年、左団次は二代目莚升《えんしょう》を襲名した。これも左団次一家が代々用いている芸名で、青年期の芸の領域に到達した若い俳優に与えられる。一九〇六年二月、彼はついに左団次を襲名するが、これによって彼がすでに父に匹敵する芸術に達し、その家を継ぐ名誉を得たことが示されることになる。

もっとも、左団次は日本演劇の革新者でもある。(訳注1)同年、彼はフランス、ドイツ、イギリス、アメリカを訪れ、西洋演劇を真剣に学ぶ。そして、その後まもなく日本で歴史的な事件が起こる。古典演劇である歌舞伎の俳優・左団次が、シェイクスピアの(訳注2)『ヴェニスの商人』を上演し（一九〇七年）(訳注3)、また小山内薫とともに、自由劇場の名のもとに、新しい演劇の運動を始めたのである。左団次が莫大な成功を博し、社会的評価を得たのは言うまでもないだろう。

左団次はその後、歌舞伎の領域でも、新しい演劇の領域でも勉学に励み、自らの芸を完成させる努力をしたため、彼の名声はどんどん高まっていく。一九一九年に、(訳注4)かつて団十郎が演じた有名な戯曲『磁石』(『毛抜』)と『鳴上』(モスクワでの上演演目に含まれている)の上演を行い、左団次は最終的に歌舞伎の偉大な俳優のひとりとして認められることになった。

現在、左団次は有名な劇作家・岡本綺堂の全作品を上演している。綺堂は彼のために作品を書き、そのうちもっとも優れた一〇本を左団次だけが上演できるものとして、他の俳優にそれらの上演を禁じている。この一〇作品のうち、三本がモスクワで上演される演目に含まれている(『修禅寺物語』は『仮面職人』、『番町皿屋敷』は『侍の愛』、『鳥辺山心中』は『恋人たちの自殺』と訳されている)。

左団次という人物は、非常に真面目で勤勉な点が他の俳優とは異なる。彼は寡黙で控え目であるが、その裏には高い技術が隠されているのである。左団次はじつに進歩的で、芸術の改革者と見なされている。

左団次がかつてゴーリキーの『どん底』でワーシカを演じ、大成功を収めたことは特に言及しておくべきだろう。

もうひとりの左団次家の代表者は松蔦で、一八八六年、同じく東京に生まれた。本名は鈴木鉄弥である。彼は、今の左団次と同じく、四代目左団次の弟子であり、一八九六年、満九歳のときに、最初の芸名である左喜松の名で初めて舞台に立つ。一九〇六年に莚若《えんじやく》を襲名し、芸の二つ目の段階に上った。

一九一九年、彼は三代目松蔦を襲名する。松蔦は現在もっとも興味深い女役の俳優で、左団次の欠くことのできないパートナーである。

最後に、三人目の名優が莚升である。本名は高橋道之助。一八九四年に生まれ、現在の左団次の父の養子となった。

莚升が最初に舞台に出たのは一八九八年、満五歳のときで、芸名はぼたんだった。一九一五年に、左団次家に伝統的に受け継がれる現在の名を襲名する。一九二〇年、『絵本太功記』の十次郎の演技に国民文芸賞が与えられ、それ以降才能ある俳優として知られるようになった。

われらの大切な客人に対し、ソ連公演の成功を祈るとともに、ソ連の全社会が彼らを心から歓迎すること、また、評価の際には、日本演劇とそれを率いる名優たちの全特性と発展段階を考慮に入れることを保証しよう。

（『赤旗《クラースノエ・ズナーミヤ》』ウラジオストク、七月一五日／内田健介訳）


（訳註1）左団次の洋行は一九〇六年十二月から翌年八月にかけて。

（訳註2）原文は「シラーの」となっているが、明らかな誤りであるため改めた。

（訳註3）実際は一九〇八年。

（訳註4）実際に左団次が『磁石』を復活させたのは、一九〇九年。また、『鳴神』は一九一〇年である。

「歌舞伎」ソ連公演をひかえて

ニコライ・コンラド

ソ連にやって来る日本演劇「歌舞伎」は、われわれが近年ヨーロッパで見慣れているものとはずいぶん趣を異にしている。ヨーロッパ文化をかなり受け入れた日本人ではなく、芸術においても実人生においても、着るものに至るまで、すべからく日本固有のものを大切に守り育て続けている名人たちを見ることになるのだ。

歌舞伎の来訪という出来事には莫大な意義がある。歴史上初めて、この日本の演劇がヨーロッパに進出するのである。しかも黒人のオペレッタのようなエキゾチックな見世物としてではなく、世界演劇という家族のなかの対等な一員としてやって来るのだ。「歌舞伎」が今のところまだ、もっとも名誉ある地位のひとつを得ていないとすれば、それはヨーロッパの知識不足の所以である。とはいえ、ヨーロッパにおいては単なる知識不足だけが原因ではないのだ。ヨーロッパではいまだに、アジアの演劇や、他のあらゆる「アジアの」ものを格が低いと見なすことを強いる、文化的大国主義の偏見が横行している。一方、ソ連にはこうした大国主義は存在せず、また存在のしようがない。ヨーロッパにおける日本の舞台芸術初の海外公演という名誉をわれわれが手にすることになったのはまさに当然であり、また、われわれはそれを誰よりもふさわしく評価することができるだろう。

残念ながら、この出来事のための準備が、われわれの社会の広い層のみならず、演劇界でもまだあまり進んでいない。わが国で日本についての真実のなにが知られているだろうか。日本演劇については、なおのことではないか。アンケートをとったなら、もちろん「花子」「貞奴」の二つの名前が挙がるだろう。実際、この二人の日本の女優は以前、自分の劇団でロシアを巡演した。だが、日本人に花子のことをどう思うか訊いてみたまえ。彼は驚いて目を見開き、「それは誰ですか」と訊ねるだろう。

貞奴は実際に日本で知られている。だがそれは、演劇を含めてヨーロッパのものを片っぱしから移植しようという流れのなかで日本に登場してきた多数の女優のうちのひとりとしてであるにすぎない。完全に模倣的な日本の新しい演劇では、貞奴にはある程度の知名度があるが、真に日本的な芸術、古くから存在する日本演劇とは、彼女はまったくなんの関係もない。彼女を基準にして、あるいは有名な花子に関してはさらにそうであるが、日本演劇を評することは、ほとんど大阪の一〇階建鉄筋コンクリート「ビルディング」をもって伝統的な日本建築を評するに等しい。

われわれは真の日本演劇を初めて、しかももっとも説得力のある形で見るのである。わが国にやって来る一座は歌舞伎のジャンルを守り、育て続けている。これはすなわち、今度われわれが目にするものはすべて、演劇芸術のなかでもまったく独自で特殊な種類に属するということだ。俳優のどの身振りも、どの動きも、演出のひとつひとつのディテールも、すべてが何百年もの年月を経た伝統を再生している。歌舞伎という演劇それ自体は、すでに三〇〇年以上存在しており、今度ソ連にやって来る劇団の座長である俳優・左団次を代表とする流派は、一八世紀の半ばに生まれている。われわれは、あらゆるヨーロッパ主義と無縁の、色彩豊かな日本文化を十全に体現する芸術を見ることになるのである。確かに、歌舞伎という芸術の出現を導いた文化は封建主義のものである。だが、それゆえますます興味深いのではないか。われわれは、封建主義文化の歌舞伎のなかに、ヨーロッパのブルジョワ演劇がとっくに忘れてしまった自立した演劇性のシステムを見ることになるのだ。

「演劇性」のなかにこそ、歌舞伎の意味のすべてがある。歌舞伎において、戯曲は演劇の邪魔になることはなく、むしろ演劇の前で精彩を失う。俳優の演技と技、きわめて高い洗練度に達した舞台の技こそが第一なのだ。自らの身体、表情、声を自在に操ることにかけて、日本の俳優は最高度の芸に達している。歌舞伎においてわれわれは独特な演出法を見ることになる。音楽に貫かれているのみならず、音楽の上に構築された芝居、わが国のものとは異なる舞台構造を条件として生まれたきわめて独特な演出を見ることになる。

ソヴィエトの演劇も、このような際立った演劇性を志向するのであり、われわれにとって、これらは非常に大きな意味を持っている。われわれの演劇は新しい形式を創造しようと粘り強い努力を続けている。この点でソヴィエト演劇の助けとなりうるのはヨーロッパのブルジョワ演劇よりもむしろ東洋の演劇であり、日本の歌舞伎がそのもっともすぐれたもののひとつであることに疑念の余地はない。

（『クラースナヤ・ガゼータ』夕刊、レニングラード、七月一八日／上田洋子訳）

日本の俳優を出迎え――人気俳優・左団次と同行の共演者たち、ハバロフスクを通過

Str.

ウラジオストクからの急行列車は少し遅れていた。列車の到着を待って、プラットホームにはすでに大勢の観衆が集まっていた。地方執行委員会、外務人民委員、社会団体、マスメディア、そして特にラビス〔全ソ芸術労働者同盟〕の代表者たちである。みなが国際車両のそばに列を作ると、車両からは角ぶち眼鏡にニットのチョッキ姿の、背の高くない初老の男が現れた。

東京のソ連全権代表部の職員であるテルノフスカヤが、「同士諸君、こちらが有名な日本の俳優・市川左団次氏と、その同行者のみなさんです」と観衆に告げた。

この温厚でチャーミングな老人が、普通ににっこり微笑んで固い握手を交しているのを見るのは少し不思議だった。これが数年前、日本の舞台でゴーリキーの『どん底』のワーシカ・ペーペルを演じ、絶大な成功を収めた人物であるとは、なんとも信じ難かった。とはいえ、目の前にいるのは実際に、現代の日本でもっとも偉大な俳優なのだ。演技の技術を極め、四三年間の芸能生活を通じてその演技で何十万人ものあらゆる階級の観客を興奮させ、感銘を与え続けてきた俳優、それだけでなく、革新者でもある俳優だ。市川左団次は、左団次の五代目として、一五〇年にわたって日本の古典劇を演じてきた先祖たちの伝統を継承しつつ、古い演劇の硬直した形式に完全に盲従することなく、新しい理念、熱意、探求を大いに重視したのである。左団次はかつて、日本演劇のもうひとりの重要人物、小山内薫とともに「自由劇場」を設立し、大きな成功を収めた。リアリズムによる作品の上演を最初に始めたのは彼らなのだ。彼らのおかげで、日本の演劇はチェーホフの『桜の園』やゴーリキーの『どん底』、トルストイやイプセンの上演を目にすることになった。当時、この二人の偉大な芸術家が置かれていた条件からすると、こうした仕事は大胆なものだった。左団次が芸術の革命家と見なされるのには理由があるのだ。

左団次はこのような素晴らしい芸術家だが、われわれが実際に見たのは、悲劇の仮面をつけた英雄でも、尊大で傲慢な人間でもなく、知的で透徹した眼差しの、自然体で誠実な人間だった。握手は固く、心がこもっていた。日本の客人と出迎える側のロシア人が密集して輪を作った。日本総領事の川角氏(訳注1)により地方執行委員会や社会団体の代表らの簡単な紹介があった後、短い挨拶が交わされた。

地方執行委員会を代表し、同志ロボフは役者たちに対し、日本芸術の代表者をこの地に迎えられたことをソ連は喜んでいると述べた。ソ連は今、文化の革命時代にあるため、「歌舞伎」のロシア滞在のあらゆる意義を、特に鋭敏に評価するだろう、と。同志ロボフは「みなさんの訪問は、二つの隣国の国民にとって、友好関係のさらなる強化をもたらすだろう」と締めくくった。

左団次氏はこれに答えて、全俳優を代表し、彼らに示された心のこもったあたたかい出迎えに「このような特別な歓迎を受けるとは、予想もしていませんでした。心から感謝いたします」と、感謝の念を述べた。

ラビスと地方ソヴィエト労働組合から短い挨拶があったあと、活発な議論が交わされた。左団次氏はたくさんの質問を受けた。観衆の誰かが彼に「なぜ「歌舞伎」はハバロフスクに滞在することができないのか」、その答えを求めた。

「時間がありません」と、左団次は微笑みながら答えた。「モスクワとレニングラードにも一二日間しか滞在しません。その後、大部分の劇団員は日本に戻り、契約にしたがって芝居に出演しなければならず、私、左団次ほか残りのグループは、ヨーロッパに向かいます」

「いずれにせよ、これが「歌舞伎」初の外国公演です」と、左団次氏は語った。

左団次氏には、彼に当て書きで戯曲を書いている、日本の有名な劇作家・池田銀次郎[訳注2]、妻の高橋登美、劇団第二の巨匠・松蔦（背が高く、驚くほど若々しい彼は女役を演じている）、才能豊かな俳優・莚升、そして約三〇人の俳優と裏方が同行している。

二度目の汽笛が鳴ると、彼らは車両の階段をのぼっていった。そして窓から身を乗り出して、声を合わせてロシア語で叫んだ。

「ソヴィエトロシア、万歳《ウラー》」

「ウラー！」と、別の車両から「歌舞伎」の若い俳優が声を上げた。

（『太平洋の星《チーホオケアンスカヤ・ズヴェズダー》』ハバロフスク、七月一九日／内田健介訳）


（訳注1）ハバロフスク総領事・川角忠雄のこと。外交史料館記録（JACAR［アジア歴史資料センター］Ref. B04012348200）、昭和三年七月二五日、公一六七号にこのときの報告が残っている。

（訳注2）池田大伍のこと。

歌舞伎来訪によせて

グリゴーリー・ガウズネル

まもなく、日本でもっとも優れた俳優のひとり、左団次の率いる日本の劇団・歌舞伎がモスクワにやってくる。左団次は日本で初めてマクシム・ゴーリキーやヘンリク・イプセンの作品を演じた人物でもある。近ごろソ連を訪れていた左派の演出家・小山内薫とともに、彼は日本で最初の近代劇場である築地小劇場を設立した(訳注1)。当時、日本の観客はまだ新しい演目や演技のシステムを受け入れる準備がなく、この事業は失敗する。左団次は古典演劇の歌舞伎に戻ったが、折に触れてイプセンやシェイクスピアを演じ続け、引き続き学生たちに人気の役者であり続ける。現在は、日本で巨額の報酬を得ている左団次であるが、ソ連では無報酬で演じることを申し出た。この素晴らしい役者は、われわれにとっても身近な存在となるに違いない。

歌舞伎は一七世紀に生まれ、古い演劇である能、すなわち日本の貴族の私的な演劇とは対照的な、町人階級の演劇へと急速に発展する。歌舞伎はやがて全国に広まっていく。最盛期には、政府が「女優の軽率な行動」を引き合いに出し、そこに社会風紀への脅威を見出して、歌舞伎の廃止を図る。歌舞伎が禁止されると、等身大の人形を用いて歌舞伎と同じ劇をやる人形劇が生まれ、あっという間に、後にも先にも比類のないような完成の極致に達した。その後、冒険心に富んだある興行主が、女役も男が演じる男性だけの歌舞伎俳優の集団を作る。男性だけの劇団には上演の許可が下りた。そのときから現在に至るまで、歌舞伎の劇団ではすべての役を男性が演じている。再興した歌舞伎は人形劇の経験を取り入れ、一八世紀半ばまでには現在の輝かしい水準に達した。ちょうどその頃、俳優の「家系」すなわち名門俳優の一族が形成され、各家の長男は確実な成功のために幼少期から修業をさせられるようになった。市川左団次もそのような有名な家の子孫である。

歌舞伎で演じられるのは英雄の登場する歴史劇の「時代物」と市民劇の「世話物」である。市川左団次の劇団がモスクワで上演する予定の『仮名手本忠臣蔵』(『四十七人の侍の物語』）は、「時代物」ジャンルのもっとも有名な作品のひとつで、一八世紀の二大脚本家のひとりであり、「日本のシェイクスピア」近松門左衛門の弟子の竹田出雲の作である。一般的に日本の戯曲はあまり力があるとは見なされていない。「時代物」ジャンルの戯曲はシェイクスピアの亜流の戯曲を想起させる。それはすばやく入れ代わるエピソードや不意に移り変わる場面の連なる、情熱的で大げさな独白や粗野な喜劇的場面の連続であり、お伽噺とよく知られた都市の日常との混合で、ターナーやマルローの戯曲よりもさらに古くさい素朴でロマン主義的な戯曲である。「世話物」の戯曲の方はずっと現代に近い。これは市民劇だが、時代設定は大半が一九世紀で、すでにかなり力を持ち成長したブルジョアジーの要求に応えるものだ。「世話物」の登場人物は大部分が町人、職人、商人である。

歌舞伎の世界的な価値は、やはり戯曲ではなく俳優の演技にある。日本の俳優の演技には無駄な動きや身振りはひとつもない。それは舞踊のように計算しつくされている。それはもっとも厳密な意味での古典である。日本の俳優の演技は、わが国とは異なり、途絶えることなくひとつの世代から次の世代へと引き継がれてきた三〇〇年間の発展の結果であり、化石化して忘れ去られた紋切り型の演技ではなく、生きた演技の実り多い文化である。日本の演劇では、しばしばひとりの俳優が台詞のない演技を五分、一〇分と続け、それを劇場にいる全員が固唾を呑んで見守る。左団次や菊五郎が比類のない名演技で行うひとつのさりげない身振りが、劇場全体から拍手の嵐や激励の叫びを呼び起こす。日本の俳優の対話は実に見事に割り振られ配分されている。火山のような迫力の悪漢の独白が、突然女性の甲高い台詞で断ち切られる。舞台裏で拍子木を打ち合わせる高い音が、会話を引き立てる。「時代物」の舞台化粧は戯曲の内容と同様に迫力がある。悲劇俳優の獅子の仮面と女性の真っ白な顔が隣り合わせになっている。「世話物」の劇では化粧はずっと薄い。

日本の劇場の伝統的な舞台の構造は、わが国よりもかなり高度である。日本の舞台には場面を瞬時に転換することのできる廻り舞台が必須である。また「花道」という小さな橋が観客席に渡されていて、俳優はそこを通って舞台に登場する。

日本の都市には映画館がまる一街区を占めるほどあるが、歌舞伎は今日に至るまで映画に引けを取らないほどの人気がある。ごく最近まで歌舞伎の上演は朝一一時に始まり、深夜一二時に終わっていた。今では活発な時代の風潮に大きく譲歩をして、午後の三時に始まり夜一一時に終わるようになった。

歌舞伎の来訪はソ連演劇界にとって非常に大きな興味の的となるだろう。

（『プラウダ』モスクワ、七月二七日／内田健介訳）

（訳注1）実際には左団次が小山内薫とともに始めたのは自由劇場であり、また築地小劇場創設の際のパートナーは左団次ではなく土方与志である。

市川左団次――昨日、「歌舞伎」の公演で

ユーリー・ソボレフ

モスクワでの最初の公演の際、市川左団次は芝居の前に観客に対して『四十七人の忠臣たち』の解説を願い出た。彼が演じるのは、外面的な効果をまったく持たず、完全に日本人が言うところの「内的な演技」から成り立つ役だということだった。

この言葉は、二つの芝居で左団次を見た今となっては、新たな意味を持ってくる。

今やわれわれは、「内的な演技」という考えには深い意味があったことを理解している。

昨日、われわれは左団次が、庶民である女中への侍の隠された愛、いささか高圧的な愛を表現するさまを見た（戯曲『侍の愛』）。身分の違う女奴隷に対する主人からの施しとしての愛。そして、貴族の神聖な誓いが「厚かましくも」疑念にさらされ、「名誉」が汚されたことに対する激発。激烈で容赦ない復讐の怒りが、恋人の血を流

させ、彼女は殺されて、この素朴で一途なお菊に対する優しい感情は台なしになった。

『侍の愛』に続いて、左団次は女性に誘惑された隠者に関する古い伝説『鳴神』で、複雑な感情の彩をあらわにして見せた。ここで左団次は、女性の魅力の罪深い観照によって、厳かな信心が強大で抑え難い情欲に取って代わられてしまうありさまを演じた。

酒と情欲に溺れた隠者は呪いの秘密を明かしてしまうが、われに返って、自分が「聖なる徳」を失い、地上の罪のあらゆる悪徳をまとった姿に変わってしまったことに気づいたときの、鳴神の激怒はいかなるものだっただろうか。

いかに筆舌に尽くし難い力で左団次がこの場面を演じたか！

『四十七人の忠臣たち』の非常に控えめで、あまりにも寡黙な侍の役ではわかりやすい心の動きをほとんど見せなかった左団次が、真に悲劇的な情熱を幅広く駆使する俳優であることが明らかになったのはこのときである。

それはK・S・スタニスラフスキーの理論をわかりやすく解き明かす、律動的な美にあふれた非日常的な身体表現による実践的な教訓であった。

われらが芸術座のスタニスラフスキーは昨日、自らの反映を歌舞伎に見出した……。そもそも「スタニスラフスキー理論」とはなにかといえば、生きた人間の認識に基づき、俳優が到達しうるあらゆる外的な手段によって動的に展開された「内的演技」に他ならないではないか！

左団次はただ「感情を演じる」のではなく、感情を展開する。あの封建的な侍にも、仏教の隠者にもいくばくかの人間性を見出している。だがこれこそが左団次が日本の演目だけではなく、シェイクスピアをも演じる理由なのではなかろうか。彼の芸術は歌舞伎に大きな刻印を残すような新しさを含んではいないだろうか。

かくも人間的で心揺さぶる左団次は、輝かしくも冷たい状態で停滞してしまった演劇「歌舞伎」とはいささか矛盾するとは思われないだろうか。

（『ヴェチェルニャヤ・モスクワ』モスクワ、八月八日／伊藤愉訳）

歌舞伎における音楽

セルゲイ・チェモダノフ

歌舞伎における音楽は、芝居に偶然付随するものでもなければ、たんに場面を解説するもの（たとえばヨーロッパの演劇でそうであるように）でもない。それは芝居の本質のすべてと有機的に結びついた十全たる一要素である。歌舞伎以前、はるか昔の演劇の萌芽期からすでにそうであったのだ。

むしろ日本演劇の基礎にあったのは、いわゆる演劇芸術ではまったくなく、まさに音楽だった。演劇芸術それ自体が音楽から発生しているのである。音楽なくして、また舞踊なくしては、日本に演劇はありえなかったし、現在もありえない。神話や歴史はなんらの矛盾なくこれを証明している。伝統的に日本舞踊の起源と見なされている神話のアメノウズメの舞には、独特の雑多な音からなる音楽隊が伴う。日本におけるあらゆる階級にわたる新旧演劇は、例外なく音楽、声楽、舞踊の三位一体に立脚している。ここでは言葉は音響芸術に付随するものにすぎず、その逆では決してない。特徴的なのは、日本演劇においては、今日に至るまで言葉が現実に即した通常の発話的イントネーションという道を辿らず、声楽的・朗読的なイントネーションをある程度保っていることだ。

日本演劇における音楽はたんなる音響芸術ではなく、積極的に働きかけてくるものであり、ある局面では芝居にリズムを与え、別の局面では芝居をある種の情緒的な色調に染め上げる。これは過去の、封建時代の日本の演劇でもそうであったし、またブルジョワジーの日本演劇、すなわち歌舞伎においても、程度は異なれどもそうであるように見受けられる。

歌舞伎という演劇ジャンルの創始者とされる巫女・阿国は歌を唄い、舞を舞った。歌舞伎という用語そのものが、歌と舞のイメージを秘めている。歌には徐々に楽器、すなわち三味線の伴奏が加わっていった。これは三弦のリュートの一種で、立方体の共鳴体を持ち、骨製のへら（撥）で弦を動かす。注目に値するのは、演劇作品の音楽的エピソードにおいては、固定されたテクストが、俳優特有の即興で演じたいという傾向を尊重して、昔からある種の自由が与えられていた純粋に朗読的な場面におけるよりもはるかに早く立ち現れていたということだ。このように、テクストの形成という点においても、音楽は歌舞伎の歴史において有機的な役割を担っていたのだ。

歌舞伎には、身振り《パントマイム》と音楽の劇として構成された、ほとんど言葉のない一連の演目がある。これは「所作事」(ヨーロッパのバレエのようなもの)と呼ばれ、主要な演目のあいだに挿入され、独特の幕間劇《まくあい》として機能している。こうした幕間劇において、言葉を担当するのは語り手の歌手のみで、彼は三味線(あるいは楽隊全体)の伴奏に合わせて、舞台上で起こっていることを観客にエピソードとして物語る。ここで音楽が担うものも、日本演劇の随所に見られるものと同様、やはりリズムと情感である。

一見言葉が第一義となる別のタイプの演目、すなわち歴史悲劇や市民劇でも同様に、語り手の歌手が存在しないということはまったくない。彼に課された課題は、俳優の演技に伴奏するか、あるいは場面と場面のあいだの舞台上の間《ま》を埋めることで、あるときは独唱、あるときは三味線の伴奏で歌い、また三味線が歌手を伴うことなく演奏されることもある。

このように、歌舞伎はあらゆるタイプの演目において、構成の基盤に音楽を用いているので、しばしば三味線が上演における唯一の真の演出家であるとすら言われるほどである。

三味線と並んで、日本演劇には別の楽器も用いられている。特に豊富なのは打楽器のグループである。砂時計に似た独特のタンバリン(鼓)、短く打ち鳴らされる小さなドラム(太鼓)、断続的な激しい音で芝居の始まりを知らせる拍子木。

打楽器の音は通常、芝居のあいだ響き続けている。なによりも打楽器にこそ、日本の俳優が音楽に期待する機能であるリズムの土台を与える力がある。管楽器のグループを代表するのは、つんざくような音を出す小さなフルートである。日本の楽器のなかでももっとも完璧な、一三本の絹糸の弦を持つ「琴」(ハープの一種)が見られなかったのは非常に残念だった。

音の面だけではなく視覚的にも、歌舞伎の楽隊は芝居の有機的な一部となっている。彼らは観客の目から隠されない。それどころか、あえて露出しているのだ。演奏者や歌手は専用の、われわれからすると制服のようなものを着て、舞台上の特設の高い場所に座っている。演出上の効果が求められる特殊なエピソードにおいてのみ、歌手の声や楽器の音が舞台袖から聞こえてくるようになっている。

演奏者や歌手たちは、自分たちの仕事があたかも聖務執行であるかのように、驚くほど真剣に務めている。芝居のなかでの自分の役割の重要性を認識していることが、まさに彼らの表情に記されている。

日本演劇における音楽の本質とはどのようなものだろうか。ヨーロッパ人の耳には、その音は聴き慣れず、ときとして不快ですらある。しかしながら、われわれが高度な技芸、さらには芸術的完成の目撃者であることは疑いない。

日本の演奏者たちは指揮者や譜面なしで演奏する。それにもかかわらず、彼らの合奏の調和は申し分ない。ときにリズムに合わせて行われるきわめて複雑な作品の進行や、シンコペーション〔切分法〕、難解な修飾といったものにも左右されない。

日本音楽には音の躍動感はほとんどなく、フォルテからピアノへの移行もない。ひとりもしくは少数の演奏者で演奏している場合はピアノで、全員の場合はフォルテであると考えられている。

和声という方法を日本人はほとんど知らない。彼らの音楽はたいてい単旋律で、断片的にのみ多声的な〔多旋律な〕部分がある。テンポにも特に多様性があるわけではない。

日本の歌唱の手法は、それ自体がきわめて独特である。声は喉の奥から出され、それによってわれわれには馴染みのない音のニュアンスが付与される。もっとも、この歌唱においては呼吸法が順守されている。まとまった音のフレーズを歌手は必ず一呼吸で歌わなければならず、卓越した装飾音や非常に長い音があった場合には、ときとして大きな困難を伴うことになる。

独自の運声法を持つ日本の歌曲は変化に富んでいるため、歌唱における困難はさらに極まることになる。複雑な音の装飾の他にも、一オクターブを遥かに超える大きな旋律の跳躍がしばしば起こる。

日本の音楽芸術は、その社会学的性質ゆえにたいへん保守的である。太古におもに中国から借用したものは、現代では独自の国民音楽として発展する傾向にあり、数世紀にわたる伝統の力というものを、いずれにせよ今日に至るまで非常に強く体現している。音楽の技は、俳優の技と同様、世代から世代へと継承される。父に守られてきた技は息子へと受け継がれ、息子は自分が次の世代に引き継ぐために、それを敬虔に研究し、守るのである。

仮に、日本の音楽芸術のあらゆる特徴を体現する歌舞伎の音楽が、わが国の聴衆に対して美学的には多くを語らなかったとしても、他の側面では多くを語りうるだろう。日本における音楽は、たんに演劇の場面を律動的に構成する要素であるのでは決してなく、日本社会によって丹念に保護され、庇護されている、大きな社会的意義を持つものなのだ。

匠の技や表現という意味では、日本の音楽家はヨーロッパの音楽家と競い合うことができるだろう。音楽家や日本民俗学者にとって、歌舞伎の上演は大きな宝である。わが国を訪れた演劇の音楽が、才能ある俳優の演技や独自の演出に勝るとも劣らぬ程度に、聴衆と観客の生き生きした注目を集める権利があるのはそのためである。

（『イズヴェスチヤ』モスクワ、八月一〇日／伊藤愉訳）

歌舞伎という日本の演劇

ニコライ・コンラド

日本最大の商工業都市であり、もっとも「ヨーロッパ的」な街である大阪、その中心の、アスファルトを音もなく走る自動車や、路面電車の音、そして一〇階建の鉄筋コンクリートの「ビルディング」からほんの数歩のところに、あなたをヨーロッパの文明から一〇〇〇マイル離れたところ、何百年も遡ったいにしえの時代へと連れ出す道がある。屋根から屋根へ、道を横切って無数のロープが渡され、色とりどりの小旗や、派手な漢字の横断幕、風に揺れる紙の提灯が飾られている。左右を見渡すと、背の低い木造の建物の正面には、入り口の上部と両脇に道沿いに延々と、風変わりな漢字が連なる数限りないポスターから同じ顔がこちらを見ている。鋭い輪郭線、片側にゆがめた口、眉間に寄せた目。この顔は、様式化された日本の俳優の典型なのだ。この道は、すでに二〇〇年にわたって存在している古い演劇街・道頓堀である。

昼の三時に、あなたはこれらの劇場のうちのひとつ、名高い鴈治郎家が昔から君臨している劇場に入る。歌舞伎はこうした家制度の上に成り立っている。偉大な俳優たちは、数百年にわたって、芸名を自分の家族の内部で守っている。芸名は父から子へ、あるいは養子となった弟子へと譲られるが、たんに世襲されるわけではない。それは若い俳優が一定の芸の域に達したときに、称号として授与されるのだ。たとえばこの劇場では、鴈治郎の息子の扇雀はまだその域に達していないので、父の名を名乗る権利を持たない。

あなたは靴を脱ぎ、靴下で、暗い、磨きぬかれた木の床を歩いて客席に入る。低い木の仕切りのうしろ、四方から区切られた座席の、柔らかくて密度の濃い藁の敷物の上、平べったいクッションに足を縮めて座る。これはいわばボックス席で、このような升目に三、四人が座ることになる。ボックス席は平土間の中央にも、脇にも、桟敷にもある。座席がひとつひとつ分かれているのは最上階の席だけである。

下手側、舞台と同じ高さの台が、舞台から垂直に客席の最後列まで伸びている。これが「花の小道」、あるいは「花道」である。客席後方、この道が途切れるところは幕で隠されているが、幕の向こうはロビーである。俳優の登退場で特に重要な意味を持つものにはこの台が用いられる。

一本目は古い歴史悲劇である。より正確に言えば、ときに何世紀も遡るほど古いものは、筋だけかもしれない。名誉のために命を犠牲にする忠実な侍、自分の君主に対して謀反をたくらむ悪者、意図せず恋人の首を斬り落としてしまった不幸な侍など、そこで用いられる伝承は、ほとんどすべての場合、侍を中心とするものである。こうした筋は劇の形式をまとい、この戯曲を上演しようとする劇場の条件と主な俳優たちの要望に適合するように、劇場お抱えの「劇作家」によって何度も何度も書き替えられる。あなたはこの戯曲の「作家」の名前を知ることすらないだろう。重要なのは戯曲ではない。観客は戯曲の内容には興味がない。観客はそれがどう演じられているかを見に来ている。俳優が目当てなのである。

ほら、花道の端で幕が揺れ始めた。頭が一斉にそちらを向いた。一瞬の間《ま》の後、花道の端に扇雀が姿を見せる。彼は侍の衣裳を着て、その顔は鮮やかに彩色されている。

赤い線の束が額を鼻からこめかみへと広がっている。客席では短い感嘆の叫びが上がる。これは歓迎の声だ。扇雀は一歩進んで、ふたたびじっと動かなくなる。彼が花道を行く様は、一連のポーズからなっている。彼の動きは変幻自在だ。

彼は舞台でじっと動かなくなって、そのわずかに鼻にかかった、律動的で朗誦特有の声の高低のある、格調高い言葉だけが聞こえてくる。身体は不動で、顔の筋肉だけが動いている。口が歪んで、目が眉間の方向に動く。一瞬のあいだ、顔が痙攣的な仮面の状態で動かなくなる――そして扇雀は刀に手をかける。不動の状態、断続的な運動はどこへやら、彼の身体は柔軟そのものだ。四肢をくねらせ、手にした刀が滑らかな線を描く。彼は闘っているのではなく、踊っていて、その動きはきわめて優雅で柔軟性に富み、そして歌舞伎の約束事に基づいている。この場面は、上演全体の力学的な中心となっている。

次の作品は叙情劇だ。あなたは同じ扇雀を、恋する乙女の役で見るのだ！　歌舞伎には女優はいない。女性は男性が演じる。女役を専門としている俳優もいるし、たまに女役を演じる俳優もいる。そしてほら、舞台からはよく知られた少しかすれた裏声が聞こえてくる――扇雀が女性として語っているのだ。伴奏として、叙唱の歌声と三味線の音がするが、これは特別な透ける幕で覆われた舞台両脇のバルコニーにいる音楽家と歌い手による。

次は日常的なメロドラマだ。扇雀は酔っぱらいの職人である。リアリズム的な演技、生き生きと正確に捉えられた模倣的な動き、ほとんど日常会話のようなイントネーション……今日は扇雀の記念興行で、きわめて多種多様な役を鮮やかに演じている。

最後はバレエだ。舞台奥には、舞台幅いっぱいに二〇人の音楽家と歌手が観客の方を向いて並んで座っている。扇雀は踊っている。彼は天上の人々を楽しませるために呼ばれた流星で、実際、身軽でまっしぐらなその動きから、彼を流星と呼ぶことができる。ほら、遊興が始まる。彼は、観客には見えないという約束事になっている黒い衣裳を着た小間使いの手渡す仮面をつける――するとも う、老婆が踊っている。老いて弱々しい、緩慢な足取りの踊りだ。ふたたび「透明人間」に手渡された仮面に付け替えて、今度は頼りない身振りで足下のおぼつかない小さな子供の踊りを踊ってみせている。さらにふたたび仮面を替えると、恐ろしい神、憤怒と残酷の化身の踊りである。また仮面を替えて、ふたたび老婆を踊る。こうしてますます頻繁に仮面を替えながら、扇雀はこれら三人の人物の踊りを、五分ずつ、三分ずつ、二分ずつ、そして一分ずつ見せるが、毎回、異なる形象、それぞれまったく異質の、かつきわめて表現性の強い動きのシステムを提示するのである。天上の人々は満足だ。おそらく地上の観客も！

幕が降りる。演目はすべて終了した。芝居の始めに席で出された茶は冷めて、タバコの火をつけるのに置いてあった壺のなかの灰のたくさん出る石炭の火も消えた。あなたは劇場を出る。時間も時間、もう夜の一一時だ。

そしてこうしたことをすべて、われわれはレニングラードを離れることなく、この地で見ることができるのだ。七月末、名高い日本の俳優・左団次と彼の一座がソ連にやってくる。八月の初め、彼はモスクワで公演し、八月半ばにはレニングラード公演が行われる。

市川左団次の俳優の家系はほぼ二〇〇年間、一八世紀の半ばから存在している。今回ソ連を来訪するのは、現在のこの家の代表者で、英雄を演じる役者のうち、現代日本におけるもっとも優れた人物のひとりである。彼の相手役である松蔦は非常に優れた女役として名高い。左団次の一座はわれわれに日本の俳優の芸に触れ、ともすれば現在の世界に存在しているあらゆる演劇のなかで、もっとも演劇的な日本の演劇を堪能する機会を与えてくれるだろう。

（『クラースナヤ・パノラマ』第三二号、レニングラード、八月一〇日、八―九頁／上田洋子訳）

日本のプロレタリア演劇

ニコライ・コンラド

歌舞伎と日本のプロレタリア演劇のあいだには深淵がある。

プロレタリア演劇は、かなりヨーロッパ的な劇場や内部の設備をはじめ、すべてが歌舞伎とは違っている。ここには固有の観客がいる――左翼系インテリ、学生、そして労働者がかなり多い。自前の俳優もいるが、これは若くて、伝統とのつながりを持たない俳優たちだ。豊かな演劇の経験や技とも、死をもたらす旧套墨守や保守性とも無縁である。ここには俳優の未熟な芸と舞台の規範の不完全さを補う者として、上演を組織し、息を吹き込む演出家がいる。なによりもここには、美学的な関心だけでなく、純粋な社会的関心の面から見ても、それだけで十分な価値を持つ素晴らしい演目が根底にある。

要するに、日本のプロレタリア演劇はあらゆる面でヨーロッパのモデルに従って作られているのだ。芸術的な面でのこうした依存性は、特に二つの点において明らかである。第一に、日本のプロレタリア演劇は、演出家・小山内の努力によって日本の土壌に移植されたスタニスラフスキー・システムの精神において理解されたリアリズムを志向している。第二に、演目は主にヨーロッパの題材からなっており、そのうえ、半分はロシアの戯曲である。ゴーリキー（『どん底』）、ファイコ（『リュリ湖』）、ロマショフ（『空気饅頭』）、ルナチャルスキー（『解放されたドン・キホーテ』）、ヨーロッパの劇作家ではカイザー、トラー、これが日本のプロレタリア演劇のプログラムでしばしば見かける名前である。

もっとも、この演劇は日本の戯曲も軽視してはいない。日本のプロレタリア作家はこの演劇のために興味深い作品を少なからず提供している。藤森〔成吉〕の『磔茂左衛門』と中西〔伊之助〕の『武左衛門一揆』をここで挙げておこう。どちらも一八世紀の農民一揆の歴史を題材にしている。もちろん歴史劇の仮面の下に、ときに明らかなアジテーションのトーンで響くきわめて現代的なテーマが隠れている。

日本のプロレタリア演劇は東京の小さな劇場「築地小劇場」に陣取っている。この建物で演出家・小山内率いる劇団が演じ、ときに「前衛座（アヴァンギャルド）」が客演している。

国全体に小さな劇場がひとつ！ そう、日本のプロレタリア演劇はまだ初期の段階にある。この演劇に過去はない。だが、彼らにはもっといいものがある。その手に未来を担っているのだ。

（『クラースナヤ・パノラマ』第三二号、レニングラード、八月一〇日、一一頁／上田洋子訳）

「歌舞伎」ソ連公演　戯曲と俳優

ユーリー・ソボレフ

モスクワでの第一公演として、「歌舞伎」劇団は歴史もののレパートリーでも主要な戯曲のひとつである『四十七人の忠臣たち』を上演した。これは壮大な歴史物語で、長く続いた封建主義によって立ち居振る舞いのしきたりが規定され、道徳規範が作られているなか、そうした厳格な規則を犯すと非常に複雑な摩擦が起こってしまう、そんな時代の「日本国民の精神構造の図」である。

　しかし、異なる文化と異なる社会道徳を持つ人々の目から見ると、これには驚きと（意図せぬことではあるが）疲労感を味わわされることになる。われわれにとって、こうしたことはすでに死んだものなのだ。こんなことは、どんな巧みな技をもってしても蘇生不可能な懐古主義だと思われる。ところが歌舞伎の芸術は、まさにこの侍をめぐる悲劇に、卓越した名人芸、しかしわれわれにはいささか冷たく見える芸のあらゆる特徴を完全に示すことができる莫大な素材があると見なしているのである。

　歌舞伎の技はもちろん素晴らしい。俳優は完璧に音楽的であり、驚くほどリズム感があるばかりか、複雑な感情を展開するために用いている数少ない外面的手法を適用するにあたっても、数学的に正確であるのだ。

　とはいえ、演じている人物の感情に対する俳優の「共感」、より正確に言うならば「追体験」が、彼らの直接の課題であると考えてはならない。彼らが感情を明るみに出すことは一切なく、ただ演じるだけなのだ。

『四十七人の侍たち』では、感情を演じるのに、石のように固まって目だけが生き続けている顔、古代ギリシャ彫刻の造形性のごとき表現力を持つ腕、衣裳の襞や袴、灰色や黒のマントや素晴らしい色彩の着物、通常の「小道具」とはまったく異なる事物が用いられていたが、それらは人間の声の振動と同じように強く心を震わせるものであると思われた。

　小刀や剃刀、傘や扇は、日本の俳優の軽業師のような手で操られると、俳優自身と同様、登場人物になる。

　つまり、この演劇においてもっとも重要な場所を占めているのはリズムであるのだろう。舞台上の俳優は、芝居全体を包み、雰囲気を形成している伴奏のメロディーが指し示すものを敏感に把握し、気まぐれなリズムの変動に従順に従うのである。

　芝居の音楽的ライトモチーフを担う歌い手の声は、俳優の演技に威圧的に介入する。俳優は自分の台詞を言葉半ばで中断し、最後を歌い手に受け渡すのだ。俳優がふたたび自分の権利を行使するのは、「三味線」（ギター）のメロディーあるいは「鼓」（太鼓）によって合図が出されてからである。

　この演劇が持つ制約性によって、観客は血や涙が流されるのを、それがただ約束事として「流れている」ときにもはっきり「目にする」というだけでなく、すべての効果や感情が演劇的に示される。

　頭部の痙攣的な運動、震える頬の筋肉――ヒステリーの効果は、「演劇的女性」の素晴らしい演じ手・松蔦によって完全に到達されている。歌舞伎は女優が舞台に上がることを許さず、俳優の名人芸によって、いわば生理学の法則を克服する。女性を演じる歌舞伎の男性たちは、自然の精巧なコピーと自然に打ち勝つ驚くべき技術のどちらがより鮮やかな芸であるのか判断しがたい、あの演劇的女性性によって女性的であるのだ。いずれにせよ、松蔦が夢幻バレエ『蛇の踊り』で妖術使いの女を演じ、男を焦らす踊りを踊っている様子には、「永遠の女性性」と呼ばれるあの風格があった。

　しかし、俳優・莚升が演じた素晴らしいハラキリの場面では、全身白装束（そして顔も白磁器のように白い）で、白い布に腰を下ろす際の、悲しみがあまりにも溢れている目と、三度喉へと鋭い剃刀を近づける際の震える腕の身振り、そのどちらがより強い説得力を持っていたか、私にはわからない。この場面では、剃刀は目と同じ位、印象的な演技をしていた。

　名高い左団次は、今回の第一公演では役の断片のみを演じ、そのうえこの断片は外面的な効果を持たないものだったのだが、彼は一〇分間の間《ま》を、表情による情熱的なモノローグに変えてみせ、観客を驚かせた。彼は心情のあらゆる機微を、無駄のない計算のもと、数学的に正確で、リズミカルで音楽的な動きによって開示しつつ演じてみせた。そして、この、西洋の俳優には不可能な間《ま》には、われわれが常にぬぐい去ることのできなかった冷たい印象が、一瞬、大いなる人間性の印象へと転じる瞬間があった。左団次は塩冶公の血染めの短刀に接吻し、それから刃の上にかたまった血の雫を飲んだのだ。

　ここでは、日本人の専門用語で言うところの「内面の演技」が、西洋の俳優、より正確にはスタニスラフスキー派の俳優の演技が持っているような内容によって満たされていた。しかしこれは西洋の作品群に触れた左団次が、歌舞伎という伝統的な芸術の停滞に、新しいものを取り入れているからではなかろうか。

　なにしろこの伝統的な、何世紀もかけて形成された芸術は、人形劇を源泉に持っているのだ。上演が始まる前に、プロローグを「語り」、人間の動きをひどく上手に真似てみせるほどに精巧に作られた、驚異的な操り人形を見る機会があった。これこそがこの演劇の原型であり、歌舞伎はそこから生まれたのだ。しかし歌舞伎は今日までその生きた本質を保っているだろうか。

　西洋の俳優は歌舞伎から学ぶべきところがあるだろう。しかし西洋の俳優は、そこから純粋に技術的な手法のみを利用することができる。われわれ、西洋の視点からすると、これは人間の心を揺さぶるに足るだけのあたたかさを失った演劇なのである。

　もっとも、われわれの「感傷」は日本人には関係ない。彼らの偉大な演劇・歌舞伎の主要な目的は、優れた機械が機能するのと同じような、非の打ちどころのない明瞭さをもって上演される輝かしい見世物であり、リズムの正確さがあれば、いかなる「情緒」も不要なのだ。

　他方、西洋演劇、特にわれわれソヴィエトの演劇は、生きた人間を表現し、開示する手段を探している。まず舞台において生きた人間とはなにかという概念が、日本とはまったく異なる。日本においては、生きた人間は伝統的な、日本の歴史のように古い操り人形においても示されうる。われわれにとってはそれだけでは足りないのだ。

（『現代の演劇』第三二―三三号、モスクワ、八月一二日、五二八―五二九頁／生熊源一訳）

「歌舞伎」ソ連公演　舞踊と舞台美術

ヴィクトル・イヴィング

日本のバレエには、演劇としての舞踊を、呪術的性格を持つ原始的な踊りと結びつけるような起源がいまだに生き残っている。

実際、『蛇娘』で踊り子の花子役を演じる市川松蔦の踊りの大部分は、バレエの筋とは直接の関わりを持たないただの挿入物であり、俳優が自分の高度な技を見せつけるための口実を与えるという唯一の目的に従ったものである。

まだ終幕にさしかかる気配もない頃から、彼の身体、とりわけ頬と腕のうねる動きには、なにか不吉なものが感じられる。ここにはわれわれの西欧的な「蛇の踊り」なら見られるであろう、蛇の習性の正確な模倣はない。しかし、市川松蔦ほど蛇の印象を強く感じさせ、これほど奇妙に分裂したイメージを提示することは、どんな役者にもできないだろう。

歌舞伎の俳優たちによる男性の群舞は、厳密なシンメトリーに基づいて作られており、踊りの動きの量は男性の舞踊においても女性の舞踊においても大きくはない。演技の優雅さと純粋さが重要なのだ。たとえば、戯曲『忠臣蔵』（『四十七人の忠臣たち』）は完全に音楽に基づいている。すべての場面は本質的には歌い手の言葉への華やかなイラストレーションにすぎない。歌い手は、内容を語り、登場人物の性格分析をし、ときには俳優が語るべきせりふの一部を担うことさえある。このような場合、俳優は台詞を中断し、黙劇へと移行する。

舞台装置と衣裳も同様の意義を持っている。その色は場面の進行によって変化する。色彩の配分が登場人物の気分を表現しているかのようである。その組み合わせは洗練されており、優雅である。不透明な暗い緑は灰色と、褪せた青は灰鋼色と、黒は紫と組み合わされる。まるで、今では将軍の時代の日本を物語る昔の作品の頁をめくるときくらいにしか見つけることのできない、偉大な版画が蘇ったかのように思われる。

（『現代の演劇』第三二―三三号、モスクワ、八月一二日、五二九頁／生熊源一訳）

印象より　忠実な侍と不実なモスクワ人について

ミハイル・ザゴルスキー

日本の俳優たちはモスクワの演劇愛好家になにをしたのか。演劇愛好家のひとりを紹介するが、このひとは最近、公開討論で誰よりも声高にアカデミー劇場の後進性について、われわれの演劇のあまりにひどい保守主義について、われらがモスクワ芸術座とその子供たち、孫たち、さらにその先の子孫たちに、革命の方を向くようにさせる必然性について、またそのほかの恐ろしく「革命的」で「左翼的」なことを盛んに論じていた。それがどうしたことか。最近、彼は『四十七人の侍たち』の公演で味わったような感動は、長らく味わったことがなかったと、まったく真剣に私を説得しようとしたのである。

「そんなに強くあなたを興奮させたのはなんなのですか」

「切腹です！　あれは本当にすごかった！」

「「切腹」とはなんですか」

「不幸な人だ！　あなたは「切腹」とはなにか知らないのですか。ハラキリですよ。素晴らしい俳優の市川莚升が、落ち着き堂々とした様子で、日本のピエロの顔をして、眼差しは遠くを見据え、沈黙のまま短刀を手に取り、英知と美に満たされた身振りでそれを自分の腹に突き刺すシーンです。その際、まつ毛のかすかな震えだけが観客に不幸な王子の魂の秘密を感じさせる。市川莚升は顔の筋肉を少しも動かさない。ただまつ毛が震えるだけです！」

「それがあなたを興奮させたのですか」

「たいへんに！　沈黙し、静止して微動だにしない身体、石のように強張った顔、そしてただ腕の一振りとまつ毛の震えがある――ここから伝わってくるヒロイズムは、驚くべきものですよ！」

奇妙なものだ！　私もこの公演に行って同じ場面を見たが、特別な興奮を覚えることはなかった。もちろん、莚升や松蔦、左団次が演じるいくつかのエピソードは素晴らしいものだったが、それらが精巧で、金細工のように磨きあげられたものであればあるほど、観客側の感覚は冷淡で落ち着いたものになっていった。そしてこれは私だけでなく、一緒に一階の客席にいた人たちも同様だった。だからこそ私は、対話の相手の感動をあまり信じないのだ。こうした「感動」に、多くの人は後日になって至ることになる。上演の翌日か二日後、相互に影響を受けあったり、書籍や記事、会話から、それに名前が催眠的な役割を果たす場合もある。しかし実際の公演では、彼らの多くが冷たい様子で、それに（隠すことがあろうか）少し疲れているようにすら見えた……。

しかし、他の可能性がありえただろうか。われわれの世代、われわれの時代の人間が、博物館の素晴らしい出土品が展示された陳列ケースの前で特別に興奮するなど、それがギリシア・ローマ文化のものであってもありえるだろうか。グレプ・ウスペンスキーがミロのヴィーナスを前に涙し、ドストエフスキーのような「ロシア人」が西洋における「聖なる墓」について涙声で語った時代もあった。しかし、今なお同じように涙を流すものなど誰がいようか。人間のタイプが、とでも言おうか、今では変化していて、感受性はより少なくなり、そして……より健康的になっている……。

ところが歌舞伎において、われわれの前に現れるのが真に博物館的な、死んだ演劇文化であること、そのことに疑問の余地はない。そして、問題はわれわれがもはや中世の侍たちの偉業にはたいして興奮できず、腹を裂くことにはもはや特別な美を味わわないことではまったくない。そんなのはくだらないことだ！　最近、大悲劇俳優のパパジャン（訳注1）が、ムーア人オセローのあらゆる苦しみを、固唾をのんで見守ることをわれわれに強いたではないか。しかし、われわれはムーア人なんてどうでもいいと思っていたのだ。それが、やはり「共感した」……！

どういうことなのか。

私の考えでは、日本の俳優たちの演技の驚くべき技術にもかかわらず、歌舞伎の上演を構成する方法自体が、われわれを含め、ヨーロッパの観客にはすでに届かないのではないか。この演劇の舞台構成は、明らかに異なる目と異なる耳を想定している。この演劇の上演が日本では約七時間を要するのは理由があるのだ。感動していた私の話し相手が、モスクワ第二芸術座に『四十七人の侍たち』を見ようと夕方五時にやってきて、深夜一一時過ぎになって帰れたのだとしたらどうなるのか見てみたいものだ……！

歌舞伎について書いた人のほぼ全員が、左団次が完全に沈黙した状態で一〇分間の刀のシーンを演じ、顔の筋肉の演技だけで主人公の精神的苦難を伝えたことを指摘している。

左団次のこの演技は見事だが、これが上演を完全に停止させ、筋の流れをいきなり遮ることには、左団次も日本の観客も気づいていない。基本的にこのような一〇分間の黙劇体験のせいで、芝居は個別の点や、時間的にも空間的にも自立した戯曲の断片に基づいて組み替えられてしまい、芝居の大部分が、ひとりの俳優というよりも、彼の身体の個々の部分——腕、手首、まつ毛、指先などの演技へと還元されてしまった。あの、ゆっくりと引き延ばされるような、途切れがちの上演のテンポ、ときどきしかるべく木の板で床を打つことで強調される、舞台のまばらな脈拍はここからきている。

しかしこのような構成は、われわれにとっても、われわれの時代全体にとっても、完全に異質なものである。急速な疲れ、退屈、集中力の低下、冷たい反応といったものはまさにここから来ているのだ。塩冶公の妻が突然夫の死体を目にしたときの動揺を、指先の震えと、遠くを見据えて停止した完全に不動のまなざしだけで観客に伝えるのを見て、彼女の悲しみと絶望をどうにか内側から理解し、追体験するには、特別な目利きにならなければならない。これは最初の瞬間には感動的だろうが、このポーズのまま五〜八分も動かずに立っているので、まもなく見るのを止めてしまうことになるだろう……。

正しい理解のためにもう一度繰り返しておこう。これらすべては驚くべき技で、非常に繊細でかすかに捉えられるくらいのニュアンスで演じられるが、同時に、これらはまったく強い関心を引き起こさない。

メイエルホリドは『ブブス先生』において、こうした日本演劇の要素に基づいた作品を作ろうと試みた。彼の演出に見られる無感覚性、凝固性、冗長性、不動性がどこから来たのか、また同様に、歌舞伎における木の板の音そっくりの効果を持つ竹の装置、筋の進行の急転換の手法、音楽に合わせた演技、かの有名な「前演技」、各状況のうんざりするほど微に入り細にわたる検討などがどこから現れたのか、今では明白である。まさに『ブブス』から、このかつて猛々しかった巨匠の創造的発展に遅れが始まったのは理由のないことではない。彼は『コロンビーナの肩かけ』の竜巻のような動態から、『知恵の悲しみ』の灰色の静態に達したのだ。

このように、時代遅れになった芸術の形式は、それを時宜を得ずに復活させようとする者に対して復讐するのだ！

ひとにはそれぞれ役割がある。

〔『現代の演劇』〕編集部より：「歌舞伎」の公演へのこの評価に誌面が割かれたのは、夏の演劇シーズンにおいて非常に興味深いものであったこの事件を全面的に解明するためである。編集部は、同志ザゴルスキーの論考が、著者の主観的な意見を表明していることを示しておく必要があると考える。

もっとも批判的な公演評を書いた批評家でさえ、日本の客人たちの演技が芸術的に高く評価されるべきであることを認めているのは興味深いことである。

（『現代の演劇』第三二―三三号、モスクワ、八月一二日、五三〇頁／生熊源一訳）

（訳注1）ヴァグラム・パパジャン（一八八八―一九六八）はアルメニアの悲劇役者、シェイクスピア作品の優れた演技者であった。

モスクワの東京（「歌舞伎」の公演によせて）

ヤコフ・トゥーゲンホリド

モスクワの活気のない夏のオフシーズンは、第一級の役者・左団次率いる最高の日本演劇「歌舞伎」の一座が東京からやって来るという、芸術のみならず政治・外交にも関わる一連の出来事によってにわかに活気づいた。この公演は、日ソ文化交流の幕開けとして、さらにロシアと極東の二つの大きな演劇文化の出会いとして、二重の意味で重要である。モスクワの観客は、日本の劇団の来訪をまさにこのように評価したからこそ（ちなみに、この劇団のヨーロッパ進出は、そもそもこれが初めてである）、メイエルホリド劇場で開催された歓迎パーティに押し寄せ、全一〇回公演のチケットを一瞬で買い占めたのであり、また首都の各紙も歌舞伎の記事に特に大きな紙面を割いたのである。

そして、モスクワ第二芸術座の建物も、普段と異なる様相を呈した。劇場は色つきの電灯や日本のポスターで飾り付けられ、内部は、平土間から舞台にかけて、特設の橋が設置されていた。これはよく知られた日本の「花の道」（花道）で、この道を通って俳優が舞台に登場する。日本の太鼓が音を立て、原始的なバラライカ（三味線）の音が響き、縞模様の幕が開く――そしてわれわれは様式化された偽物ではない、まさに本物の二〇〇年の歴史を持つ日本の劇『四十七人の忠臣たち』についての英雄叙事詩に心を奪われた。

これは、軍国主義時代の日本の物語である。独裁者の「右腕」師直公が、塩冶公という別の領主の妻に付きまとうようになる。塩冶公はこの侮辱に耐えられず、師直公に対して刀を振り上げてしまう。これが原因で塩冶公は君主から切腹を命じられ、忠実な家臣・由良之助（左団次がこの役を演じる）を含む四七人の家来たちの前で自害する。家来たちは主君の仇討ちを誓い、長い努力の末に、侮辱者・師直の屋敷に討ち入り、その首を討って復讐を果たす。そして陰謀に加担した全員が、独裁者の怒りを避けられぬことを自覚し、自害を決断する。

この、封建時代の忠義と名誉についての物語の筋はこのようなもので、日本では一〇時間の芝居だが、ソ連では当然ながら短縮版が上演された。

率直に言おう。まったく知らない言語、イデオロギー的にまったく無縁の題材、あまりにも控えめで制約的な演技、こうしたことが原因で、日本演劇はソ連の観客に即座に伝わるような、わかりやすいものにはならなかった。そしておそらく、たんに退屈で、期待はずれだったと感じる観客が少なからず現れてもおかしくなかった。ところがそうはならなかった。この演劇の冷たい仮面や制約の下から、代々続く俳優に培われて、表情、身振り、動きの高い技術に結晶した、素晴らしい演劇の技が顔をのぞかせるのだ。まさにこうした「生産性」の点において、歌舞伎は、古典の規範に従った正確な演技のもっとも興味深く、また学ぶところの多い実演であるだろう。こうした能力は自分の声や身体を操る高い能力に基づいているとはいえ、「自然に」得られるものではなく、たゆまぬ努力の成果である。また、男性の俳優が見事なまでに女性に変化する能力も示されるが、これはよく知られているように、日本では一七世紀から女性の役が「女形」という男性によって演じられてきたからである。塩冶公の不幸な妻を演じた俳優・松蔦は、洗練された日本女性の完璧なイリュージョンを示して見せた。

つまり、俳優はまさに日本演劇のパトスなのである。音楽それ自体が、かの「騒音のオーケストラ」もそうだが、俳優の演技の伴奏ですらなく、特に華やかな瞬間を強調して、それを引き立て、目立たせるのだ。非常に調和的な色彩の舞台装置も（既にヨーロッパの舞台の影響があるとはいえ）、目立たない枠組みとしてさまざまな形で俳優に仕える。他方、衣裳は「演技の武器」として豊かな色彩を放ち、威風堂々としていた。

歌舞伎は古い人形劇の影響下で形成された。モスクワで、ストラヴィンスキーの『ペトルーシュカ』にも似た素晴らしい黙劇『操り人形』が上演されたのは、理由のないことではなかったのだ。この操り人形という出自は、俳優自身の台詞がしばしば歌い手あるいは語り手に取って代わられる（俳優はその間も表情の演技を続ける）ことや、特に、ほとんど機械化されているかのような規則的な身振りやその制約性に現れている。こうした断続的な身振りの機械化の萌芽は、モスクワの国立ユダヤ人劇場（グラノフスキー演出）の舞台にもすでに見られるが、「歌舞伎」の制約性には、なにかきわめて日本的なものがある。その基盤となっているのは「部分が全体を示す」という原理である。怒りの表現は腕の震えに、悲しみの表現はまばたきに集約される。日本絵画でも、なにかひとつの細部が、鑑賞者に全体を想像させるではないか（枝が風景を想像させ、扇子が、それが覆い隠している顔を想像させるなど）。ここでは、観客自身が想像力を働かせ、上演を補って作品に参加することが期待されているのだ。まさにこのことによって、日本演劇の舞台に黒服の小間使いがいる理由が説明できる。彼らは観客たちの目の前で、小道具を持ち運んだり、俳優を着替えさせたりするが、日本の観客は、あたかも彼らに気づかないかのようなふりをする決まりとなっている。

観客をさらに大きく「当て込んで」いるのは舞台から観客席へと延びた台、すなわち「花の道」である。俳優は、花を投げてくる観客たちに囲まれて、この道を通るのである。ここには、日本演劇の影響の下にメイエルホリドがずいぶん前から夢中になっている、あの舞台と観客席の「一体化」という原則がある。日本演劇の演技はしばしば、なかなか見て取れないような顔の筋肉の動きに集約されたりするため、日本の観客が担うべき役割はより明白なものとなる。ここでは、観客は緊張感を持って、最大限に意識を集中させることが求められているのだ。

読者に歌舞伎の制約性を理解してもらうためには、日本の舞台化粧の「仮面」が持つ純粋に象徴的な性質に触れておく必要があるだろう。白塗りの顔は、家柄の良い女性や悲劇の主人公を表し、他の登場人物たちの肌色や日に焼けた赤茶色（農民のような）とは対極をなしている。こうした色の象徴性が、日本の舞台化粧の基本である。これは俳優の役柄が安定しているのと同様である。

もっとも、こうした人形劇的な制約性はすべて、歌舞伎においては少なからぬリアリズムと結びついているのが素晴らしい。塩冶の友人で忠臣の由良之助が、自殺した主君の傷から刀を抜きとると、その刃は血に濃く染まっている。由良之助はその血を舐めて、復讐を誓うのである。こうした詳細は、わが国なら奇をてらった（ブロークの「ツルコケモモの汁」(訳注1)を思い出そう）、趣味が悪いなど思われるだろうが、日本の舞台では素晴らしい場面になっているのだ！　最後の場面では、冬の夜、空に真っ赤な朝焼けが広がり、雄鶏が「コケコッコー」と鳴き声を上げるなど、モスクワ芸術座の名高い「自然主義」のコオロギそのものだった。

『四十七人の侍たち』のいくつかの場面は、感情に作用する深い力を持っていた。切腹の場面、命運の尽きた塩冶の、まるで経帷子をまとっているかのような白い姿は、「ホラー演劇」などではまったくなく、反対に、真の悲しみが持つ繊細な美しさに満ちていた。日本人には持って生まれた芸術的節度がある。

塩冶の死体を前に、左団次が誓いを立てる、顔と手による無言の演技の場面も素晴らしかった。この場面では、真に優れた世界的規模の俳優を見ることができた。塩冶と師直の口論の場面も同様であった。二人とも日本式に座って、ほとんど動かないが、このとき観客はふつふつと湧き上がる怒りの火花を感じたのである。

群衆シーンでは、剣による戦いの場面が印象的だった。

正確なリズムによって抑制された剣術の黙劇による、非常に激しい場面である。日本人の手にかかると、感情のすべてがリズムの枠に組み込まれる。混沌や偶然など一切ない。

舞台上の俳優の動きに厳密な「構図がある」ことは、日本演劇の大きな長所であり、堂々たる衣裳のおかげで、俳優はきわめて明確な図を描くことになる。舞台における「彫像性」についてはなんども言及されてきたが、まさに日本人にはそれが最大限に備わっている。『鳴神』の最後の場面、「主人公」は、「群衆」を石で殴るのだが、「混沌が生じる代わりに」集団の見事なリズムに満ちた群衆場面となる。

第二プログラムで上演された『鳴神』はまったく素晴らしいものだった。この物語は、聖アントニウスの伝説やサムソンとデリラの伝説とどこかつながりがあると言える。高僧の鳴神は、天皇に対する怒りゆえに山にこもり、全国に日照りをもたらしている。天皇は彼のもとに宮仕えの女性を送る。彼女は鳴神を誘惑し、「雨を降らせる」ために、慎ましい未亡人のふりをしていた。鳴神は美人の罠にはまり、情欲と酒に溺れて、彼女に呪いの秘密を漏らしてしまう。鳴神が眠り込むと、女性は雨を降らせて、逃げてしまう。傘のなかに駆け寄って来た僧侶たちが見たものは、自分たちの「聖なる父」の完全に屈辱的な姿であった。彼は酔いつぶれて寝ており、祭壇の光は消えていた！

ここで、格別に表現性の強い場面が始まる。目を覚ました高僧は激昂し、着ている服を破り、僧侶たちに石や聖なる巻物を投げつけ、罵倒を浴びせる。そして、逃げた女を追って「花の道」を駆けていくのだ。

グロテスクな劇は悲劇と化する。そして、十八番の鳴神を演じる左団次はとにかく見事である。詳細がまた素晴らしい。鳴神が寝ているあいだに舞台化粧が変えられて、彼が酔いから覚めると、髪が異常に豊かで、あたかも獣のようになっている。女性と自然に対する怒りから、彼の顔や身振りは獰猛なオランウータンのようになり——メイエルホリドの「事物を用いた演技」だ！——祭壇の「柱」に猿のようにしがみつきすらしたのだ。

「歌舞伎」にはわれわれにとって異質なものが多くある。「騎士道精神的」封建主義のイデオロギーも、制約的な象徴性も、「古代の精神」も、われわれには無縁だ。

しかし、われわれは「歌舞伎」から、大いなる演劇文化について、そしてなにより俳優の技について、ふたたび学ぶことができる。「歌舞伎」においてもっとも重要なもの、それは俳優、人間、自分自身の顔と身体を操る主人である。この意味において、「歌舞伎」から得られる学びは、しばしば曲芸や表面的な効果を演劇の見せ場の代用にしてしまうことのあるわれわれにとって有益なのである。

モスクワにて

（『東の暁』チフリス、八月一二日／内田健介訳）

（訳註1）ブロークの『見世物小屋』（一九〇六年）で、主人公のピエロが、剣を振り下ろされて、血の代わりにツルコケモモの汁（血糊の原料）を流す場面をさす。

歌舞伎の公演を終えて（いくばくかの総括）

ダヴィド・アルキン

わが国の観客から非常に高い注目を集めていた歌舞伎のモスクワ公演が終了した。

もちろん、日本演劇に対する高い関心は、大部分が「エキゾチズム」や「いにしえの東洋」に対するたんなる好奇心にすぎなかった。極東に関する真の認識はいまだ不十分で、この「エキゾチックなもの」への傾倒は、日本文化についてのあらゆるイメージにつきまとうだろう。とはいえ、このいわゆるエキゾチズムは、モスクワ第二芸術座の舞台で上演された本物の日本芸術よりも、ジョンソンの『ゲイシャ』や『蝶々夫人』にはるかに多く認められるということを、モスクワの観客は確認することができた。

他方、三〇〇年という日本演劇の年齢の「魅力」に勝てなかったひともいるだろう。これもまた一種の「古さのエキゾチズム」である。

しかし、こうしたことはすべて、われわれが歌舞伎を知ったこと自体が持つ文化的意義を評価するにあたっては本質的ではない。保守主義は、歌舞伎という伝統ジャンルの来るべき衰退のひとつの要因にすぎない。日本演劇を支配しているよく知られた規範や伝統は、それ自体では歴史的興味をそそるだけであり、こうした自足的な伝統のためだけに歌舞伎に親しむには値しないだろう。歌舞伎で重要なのは、エキゾチックな民俗学でも、封建主義の過去でもなければ、伝統それ自体ですらない。むしろ、こうしたすべて（そして、時代遅れですでに過去のものとなった歌舞伎の演目）を考慮に入れつつも、この驚くべき芸術文化の現象に内在するじつに莫大な価値に目を向けることができるのだ。

　歌舞伎のおもな価値としてまず明らかなものに、俳優の演技システム、舞台の上の人間という素材の「処理」の方法があり、さらに観客による公演の受容の独特な組織化がある。いずれの場合も、西洋の演劇は日本演劇から多くを学ぶことができる。ここにこそ、歌舞伎の芸術が世界的評価を受け、また歌舞伎が人類の演劇文化のひとつの頂点を極めることになる、独特で重要なものが隠れているのだろう。

　歌舞伎の俳優は、人間の身体や声、顔の筋肉、身振り、さらには衣裳を操ることができるようになるためのあらゆる表現方法を発達させた。俳優の演技が持つ多様で「多声的な」この表現力こそ、歌舞伎の比類なき特色のひとつである。歌舞伎俳優は同時に演劇の俳優であり、舞踊家であり、黙劇《パントマイム》の演者でもあるが、観客に働きかけるための手段や手法をきわめて豊富に持ち、それらの手段を並外れて効率的に運用する。観客の基本的な受容や芸術的効果の基本的な部分を妨げてしまうような余分なものはなにもない。日本演劇を統御する俳優の演技の偉大な「合理化」の原則とはこのようなものだ。

　上演それ自体や舞台上の配置もこの原則に則って組み立てられている。舞台上ではなにひとつとして「場違いな」ものや、注意力をそらせるようなものはなく、一時的に必要とされたものは即座に片付けられ、俳優自身は舞台上の小間使い「クロンボ〔ママ〕」のおかげで余計な補助的動作をせずにすむ。

　さらに、日本の俳優による感情の伝達は、それ自体が身振りあるいは音声のもっとも本質的で基本的な手法をたいへん綿密に選別することに立脚している。選別されているのはある種の記号で、それが集まって、観客にとりわけ鋭く感受される感情の「記録」を表現力豊かに構成するのである。『四十七人の忠臣たち』の一場面における左団次の無言の演技、素朴な『侍の愛』で女中の内面のドラマを伝える松蔦の控えめな動作はそうであるし、自殺直前の緊迫した瞬間を伝達する際に俳優・莚升が行った身振りの厳選や、争いの場面で年若い俳優・長十郎が見せた目と口のラインを動かす演技はそうしたものだ。

歌舞伎の舞台上では、人間だけではなく事物もまた生きて、演技をする。事物を使った俳優の演技、すなわち事物の演技は日本の演劇芸術のなかでも素晴らしい側面のひとつであるだろう。このことは、驚くべき効果を発揮する衣裳の使い方についても言える。場面中もっとも緊迫した瞬間や俳優が不動の瞬間も、衣服は俳優とともに「演じること」をやめない。この点で、日本の俳優が示す舞台上の技術は完全に突出している。左団次、松蔦、莚升、荒次郎、そしてその他の役者たちの姿は、脇役にいたるまで、多彩な役柄の稀に見る造形力と完成度、そして正確さにおいて観客に鮮烈な記憶を残した。その際、衣裳の細かい装飾の細部や、そうした細部の俳優の演技への関与は少なからぬ役割を果たしている。

わが国の観客は残念ながら、歌舞伎芸術の別の側面、すなわち舞台装置の匠の技を十分に評価する機会を持たなかった。モスクワ公演の舞台美術は、東京や大阪での演出の壮麗なものとはかけ離れていたのだ。あたかも浮き彫りのような造形表現で突出していたのは俳優と俳優集団である。演出家を知らぬこの演劇における集団の得難い結束、メンバー全員が例外なく高水準にあるその芸は、歌舞伎の特性である。歌舞伎の上演にはつきものの極度の正確さや精度は、俳優たちの芸なくしては考えられない。

さらには観客との交流がある。西洋においてもっとも有名な歌舞伎の特性、名高い「花道」がそれだ。日本の俳優たちがソ連を訪れる前、わが国の劇場はすでにこのきわめて興味深い特性を受容していた（メイエルホリドの演出、モスクワ市ソヴィエト職業組合劇場での『反逆』〔訳注1〕）。歌舞伎の手法のうち、「花道」以外になにがわが国の演劇にとって今後の探求のための素材となるのか、近い将来明確になるだろう。

日本では古い歌舞伎と並んで、ヨーロッパ演劇の動向に沿った別の演劇も発展している。これらの若い劇団（「築地」「前衛座（アヴァンギャルド）」「心座」）の仕事において、ますます強まっているのは、ソヴィエトの演劇と戯曲の影響である。同時に、こうした新しい演劇と歌舞伎とを分け隔てている溝は近年狭まってきている。小山内のような新しい日本演劇の指導者と市川左団次のような偉大な歌舞伎役者は、現代の新しい作品のための古い日本演劇の活用という問題に取り組んでいる。

　こうした試みが折衷的な美学主義以上のものを提示することができるのかどうか、即断はできない。しかし重要なのは、新しい日本演劇を模索するなかで、日本の若い演劇人たちが歌舞伎にもソヴィエト演劇にも同時に目を向けているということだろう。このことだけでも、モスクワにおいて世界芸術史上初めて実現した二つの演劇文化の歴史的な出会いが、両国の将来の芸術のためにいかに多くを供しうるかを示している。

（『イズヴェスチヤ』モスクワ、八月一九日／伊藤愉訳）

（訳注1）『反逆』の作者はドミートリー・アンドレーヴィチ・フルマノフ（一九二五年）。一九二七年一一月二七日に小山内薫がこの作品を観劇し、歌舞伎の花道や定式幕を使っていることに驚いている。

市川左団次

ニコライ・コンラド

歌舞伎は独自の歴史を持っている。その歴史はじつにさまざまな種類の出来事に満ちており、輝ける開花の時期と危機と激しい凋落の時代とが交互に訪れている。そうした出来事はきわめて多様で劇的であり、それ自体が劇作家にとっては素晴らしい素材となっている。これほど多くの戯曲が、歌舞伎の歴史でもとりわけ印象的な瞬間のひとつひとつを、演劇の言語で叙述しているのも納得できることである。

　一九世紀から二〇世紀の変わり目に、歌舞伎はそうした危機のひとつを経験した。歌舞伎が昔から依拠していた、あたかも非常に堅固なものであるかのように見えていたその土壌が、突然揺らぎはじめたのである。未来は不透明なものとなった。歌舞伎は未知の状況の前に立たされたのであった。

　実際、歌舞伎は封建演劇、古い封建都市の商人と職人の演劇である。一八六八年に大変革が起こり、新しい日本が誕生した。欧米の文化が奔流となって雪崩れ込んだ。第三身分(訳注1)はヨーロッパ・アメリカ型のものと共通した資本主義ブルジョア階級へと急速に変貌していった。民族衣装である着物のゆったりした襞に代わって、窮屈な背広が支配的になった。軽やかな木造家屋に、鉄筋コンクリートの巨大建築が取って代わった。

　君主、侍、職人、商人など封建社会の構成員以外には登場人物のいない歌舞伎は、このような新たな状況のなかで自らをどのように感じなければならなかったか。しかも彼らは完全に同業組合《ギルド》制度をとっており、独自の特殊な演劇の技法を持っているのだ。歌舞伎を仕事にしている者たちは、途方に暮れているようであった。彼らはまるで仕事を失ったような状態だった。新しい観客は翻訳劇に走ってしまっていた。イプセン、チェーホフ、ズーダーマンの戯曲を真似して書くような、素人的な劇作家すら現れた。ヨーロッパ演劇の様式で演じる新しい俳優も登場した。こうしたすべてのことが現代に呼応していたのであり、演劇の新たな需要者の精神に近いものであり、またヨーロッパ化されつつあった新しい生活の進路全般を方向づけるものでもあった。歌舞伎はなにをすべきであったのか。

　歌舞伎はともかく危機を脱した。まず歌舞伎は劇作術を立て直そうと奮闘したのであった。そして歌舞伎演劇は、その伝統の傍らにいて、その特性に熟知しているだけでなく、新しい観客にも受け入れられる戯曲を書くことのできる新しい劇作家に助けを求めた。題材は多くの場合古いものであったが、多くの点で別のかたちに翻案されていた。つまり、戯曲の主題系は違ったものにされていたし、多くの新しい事柄が作品に導入された。かつての伝統の大袈裟な悲壮感は、より「人間的な」勇壮さに変わった。センチメンタルなメロドラマは、劇作術的な視点から見て、より動機づけのはっきりしたものになった。(訳注2)歌舞伎にはきわめて特徴的な、歌いながらの語り〔浄瑠璃のこと〕と演劇的な叙唱《レチタティーヴォ》〔長唄のことか〕が、観客に対して、きわめて自由で、いわば「叙事的な」態度を要求する舞台上の朗誦《デクラメーション》と結合している事態が、行動が純粋にドラマ的に展開していくものへと席を譲るのであった。歌舞伎の芸術はより単純なものになった。そして、それと同時に、テーマ系において、新しい観客により近しいものになった。しかしながら、この芸術はその本質、俳優の高度の技術を失うことはなかった。それは変わることなく保持されたのである。

　このようなかたちで歌舞伎演劇を刷新できたのは、そのすぐれた代表者たちや、昔からの技術を失わないまま、同時に以前の窮地から出ることのできた俳優たちのおかげである。この活動分野でもっとも大きな役割を果たした人物のひとりが市川左団次である。

　左団次は歌舞伎俳優である。ここでは、日本でされているような仕方で、その左団次を歌舞伎俳優として評価することを試みてみたい。

　左団次の俳優としての姿、彼の「ヤクシャ・ブリ」はどうか……。幸四郎ほどは威厳がなく、歌右衛門ほど様式的に洗練されておらず、菊五郎ほど華麗ではない。彼の姿からは穏やかな偉大さといったものは漂ってこない。そこにはいくつもの欠点すらある。背中はあまりにも丸すぎるし、歩みぶりが完璧に調整されていないことがときどきある。だが、漲る体力、男らしい力、張りつめた意志をあれほどまでに浮き彫りにして迫ることのできる俳優を、歌舞伎の世界で他に見出すことが果たしてできるだろうか。左団次は非常に堂々たる姿を作り出すことができたし、きわめて印象深い輪郭を提示することができたので、彼の前ではそのほかの俳優の多くの技がかすんでしまうのであった。

　顔はどうか……。一八世紀と一九世紀の初めの偉大な画家たちによって作り出された、顔の理想というものが存在している。理想的な俳優の顔が写楽による舞台の肖像のなかからわれわれを見ている。その顔は下に行くにつれて長くなっていて、鼻筋は真っ直ぐであり、唇は薄い。左団次の顔はどのようなものであろうか。もちろん、こうした古典版画のスタイルとは違っている。そして、ここにこそ歌舞伎俳優としての左団次にとっての、よく知られている不幸があったのである。日本では「俳優の顔は俳優の看板」と言われている。そして、観客はなによりもまずその看板を見るのである。左団次の顔は俳優の顔ではない。それは男の顔なのだ。張りつめた意志がみなぎる決然たる不屈の顔なのである。以前は、この張りつめた感じは心が安定していないからではないかと思われていた。だが、いまそれが落ち着いた、自信に満ちたものとなった。悲壮感を漂わせた朗誦を行うときに口を歪め、歯を見せてしまうという、長年、彼の演技の妨げになっていた癖はいまではすっかりなくなった。

　目はどうか……。目に関する限り、彼は観客にとって、おそらく幾分厳しい人間であり、確実に「難しい」人間である……。彼の眼差しのなかには支配しようとする習癖がある。両の目は疑いもなく「英雄のもの」である。そして、反り返った眉根のなかに、思いもかけず、突然、ユーモアのようなものがほの見えるのである。それが輝きを放ち、魅惑してくる。だが、頑丈なまぶたがただちにその印象をなかったかのようにしてしまう。左団次の眼差しは、冷たい理性によって生きている人間の眼差しなのである。彼をその父・先代の左団次と比較して、「父・左団次は目の奥に炎を宿しているが、子・左団次には冷たい鋼鉄がある」と言われているが、それには理由がないわけではない。それでも、これらの両の目のなかには、時折、豊かな温かみが感じられるので、この冷たさはすぐにも忘れられてしまうのである。

　舞台での物腰「ブタイ・ブリ」は……。人によってはその手法の不十分な完成度ゆえに左団次を非難するかもしれない。たしかに、歌舞伎の他の巨匠たちの洗練された名人芸とくらべると、彼には細部において幾分不正確なところがあるかもしれない。だが、左団次の力量はそこにあるのではない。彼の力は細部ではなく、より広い輪郭のなかに、そしてその規模の大きさのなかにある。つまり、細かい仕上げにではなく、全体的な威勢のよさにあるのである。

　朗読、朗誦、いわゆる「台詞」は……。ここにおいて左団次はその独特のやり方において傑出している。われわれロシア人には、もちろんこれを判断することはできない。だが、日本人にとって、舞台で左団次が喋っているのを聞くことは特別の愉楽で、その独特の芳香は、声の響きと音色によるのである。絶妙に盛り上がり、移行していく抑揚《イントネーション》。しなやかな手触り《ファクトゥーラ》。繰り返すが、われわれにはそうしたものがわからない。だが、日本において、左団次の物腰は、ある特別の流派を作り出したのだ。

演技「芸」は……。この領域においても彼は俳優仲間のあいだでも群を抜いている。まず、彼は舞踊家ではない。ということはつまり、彼の踊りはもちろん悪くはないのだが、歌舞伎全体を見ると、彼の力が発揮されるのは、舞踊ではないということである。多くの俳優が彼よりも上手に踊る。彼の演技の特殊性は、顔の表情《ミミック》と身振り《パントマイム》のなかにあるのである。一度確立した典型に盲目的に従っている歌舞伎の多くの俳優たちとはちがって、左団次は伝統的な規範といま現在の霊感とを結びつけようとしている。自分の演技に創造の諸要素を導入しようとしているのである。そして、こうした創造の出発点にあるのは、情念的な衝動ではなく、分析的な思索なのである。

これが左団次なのだ。こうした属性からなにが出てくるだろうか。なによりもまず、彼の舞台での姿、いわゆる「タチ」である。その俳優的な属性の総和からして、彼はなによりもまず英雄に向いている、しかも、おそらく否定的な人物「敵役」「悪人」に向いているのだ。彼がもっとも得意としていたのは「荒事」、つまり、荒々しい英雄の出てくる戯曲である。そのことは、たとえば『鳴神』を見れば明らかである。「和事」、すなわち抒情的でロマンチックな戯曲は彼には向かない。実際、彼はそうした戯曲も演じているし、それも見事に演じている。だが、それは彼が偉大な俳優だからということでしかない。

このような特質からさらにどのようなことが言えるのだろうか。まず、彼が現代の歌舞伎において特別の人物だということである。彼は歌舞伎俳優の新しいタイプの代表である。このことは彼の舞台での活動の最初期の歩みを見ても、すでに明らかなことであった。そして、左団次は、紆余曲折を経て、さらなる先へとその道を進めていった。左団次はもちろん歌舞伎と非常に緊密につながっている。実際、彼は自分の父親の実の子である。彼の父はその時代の歌舞伎芸術の三本柱のうちのひとつであった。そのころの歌舞伎については「団菊左」と短縮形で言われていた。このことが意味するのは、歌舞伎とは、団十郎と菊五郎と左団次だということである。この三つの歴代の名前の担い手たちが、歌舞伎の三つの主要な流派のなかで君臨してきた。左団次（子）は演劇の雰囲気のなかで成長し、養育された。このことは、彼がこの芸術の栄えある伝統のすべてを有機的に吸収してきたということを意味している。このことを確認するためには、古典戯曲における左団次を見ればよい。

だが、左団次は、たんに古典戯曲に出ていただけではなかった。彼はたとえば『修禅寺物語』の仮面作りの名人を喜んで演じている。このことはつまり、左団次が、以前からの劇作術の精神のなかにはあるが、新しい作家によって書かれた、それゆえに避けがたく近代化された現代の戯曲を好んで取り上げているということだ。それはわが国への巡業公演においてさえ、彼がそのような戯曲を三つ取り上げていることからもうかがえるのである。

左団次は、ヨーロッパ的なスタイルで書かれた戯曲、つまり、古い歌舞伎からはかけ離れた戯曲でも演じている。彼は松居松葉《しょうよう》の戯曲で乃木希典将軍を演じている。『タンタジールの死』や『ジョン・ガブリエル・ボルクマン』といったヨーロッパの戯曲においても、左団次を見ることができる。彼は『ヴェニスの商人』のシャイロックも、『どん底』のワーシカ・ペーペルも演じている。

そして、突然の急旋回である。歌舞伎の見巧者と愛好家たちは、左団次が歌舞伎の、もっとも古く、かつ真に古典的な戯曲を、それが隠されていた場所から引き出してきたことに対して、これからも感謝しつづけるであろう。彼が見せてくれた『鳴神』『解脱』『毛抜』、これらは、とうの昔に歌舞伎では演じられなくなっていたものである。しかもそれらを眩暈のするような素晴らしいかたちで演じたのである。左団次の芸術的な領域はじつに無限である。彼はあたかも舞台のあらゆるジャンルに関わっているかのようだ。あらゆるジャンルが探求の高揚感に満たされて演じられている。こうした探求心が彼をして、わが国に来てみようという考えを起こさせたのであろう。彼のソヴィエト連邦への訪問は、偶然のことではない。わが国の演劇の何人かの活動家たちが、この封建的な芸術のなかに自分たちにとって有意義な多くのものを見出したいとの希望を込めて歌舞伎に注目しているということを左団次は知っているのである。左団次は、歌舞伎芸術を異国の観客に対して試してみれば、未来の日本演劇にとってこの芸術のなかでなにが有効に利用されうるのか、わかりやすくなるだろうと感じたのだ。この偉大なる芸術家にして大いなる人物に対して、長きにわたる仕事と探求の彼の栄えある完成を願う。

（『芸術生活』第三四号、レニングラード、八月一九日、四—五頁／鴻英良訳）

（訳注1）士農工商の第三番目の身分にあたる「工」のことをこう表現している。

（訳注2）動機づけのはっきりしないものは近代的な戯曲とは言えないとコンラドは考えているのである。

ヨーロッパにおける日本演劇研究

アレクサンドル・メイセリマン

前世紀の六〇年代に日本は外国人にも完全に開かれるようになった。新しいこの帝国の通貨の安定には、国の芸術品の海外（ヨーロッパとアメリカ）へのきわめて広範な輸出が、部分的に関係しているだろう。かつての封建領主たちは、金銭的状況の変化のせいで、絵画、書、彫刻など、家が持っていたコレクションの品を深く考えずに売ることを強いられた。西洋にはたちどころに日本の芸術品が溢れ返るようになり、それがあまりに独創的に思われるため、熱心な議論と崇拝の対象となった。一八七〇—八〇年代は、日本芸術への傾倒ぶりが頂点を極め、結果として、ヨーロッパの巨匠たちの作品にもそれが表れている。フランスでは印象派の画家たち、とりわけコンスタンタン・ギース（線画）が、イギリスではジェームズ・ホイッスラー（油彩）が、極東芸術の方法の応用可能性を証明している。ゴンクールの宣伝は、芸術における日本趣味を強化させ、日本の芸術品の保存と研究を目的とする美術館の設立にもつながった。日本旅行が盛んになり、それが物質的に帰結した珍しい例としては、ドレスデンの王立オペラ劇場で『ドン・ジュアン』の上演の際に、日本の回転する舞台である「廻り舞台」が出現している。

一八九〇年代は、日本研究において民俗学的方法が優勢な時期で、さらに物質文化を対象とする研究から、文学、音楽、演劇など、いわゆる精神文化を対象とする研究へと移行していった。パリのギメ東洋美術館が研究の中心となり、演劇においては、土着信仰と「習俗」の影響の兆候が探求されている。

　土着信仰との関係は、大雑把に歴史を捉えるというやり方のなかで見出されるもので、旅人の視覚による印象が、宗教史家の博識と結びつけられる。しかし、研究それ自体には、演劇が神道や仏教に多くを負っているといったアプリオリな確信以上の具体的な証明はあまり存在していない。ロシアは当時も、またそののちも長い間、日本演劇の研究に真剣に取り組むことはなかったが、情報は受け取っていた。一八六三年、『オーチェルキ』第八六号に「レンスター人アルブレヒト博士の妻が書いた手紙からの抜粋」が載り、その後、定期刊行物に旅行家たちの随筆や論考が掲載されるようになる。これらの随筆や論考の価値はかなり低いので、その一部――新聞『ウラジオストク』一八九五年第二六号に掲載された「日本の演劇」、および一八九九年第四一号の「東京の語り手たちの広間」、『演劇報知《ドラマチーチエスキー・ヴェースニク》』一八九八年第四七号の「日本人の演劇の上演について」――に言及しておけば十分であろう。

　一九〇〇年、日本演劇の研究が活性化しはじめる。パリ万博に貞奴と川上〔音二郎〕がやってきたのだ。ヨーロッパは、主に貞奴から、日本では手の舞踊と足の舞踊（「マイ」と「オドリ」）に分けられる、鑑賞用の舞踊と日常の舞踊の諸要素を知ることになる。川上一座がヨーロッパに巻き起こした特別な印象に関しては、パリの新聞・雑誌の無数の小記事、ロンドンの記事（Beerhom, M. Japanese drama. Sat. Review, vol.91. ロンドン、一九〇一年）、ベルリンの真剣な反応（論集 Berliner Presse uber das erste Auftreten der japanischen Geishe in Berlin. ベルリン、一九〇《〔ママ〕》年）などの証言がある。ベルリンでは、おもに現地在住日本人の力によって、「乞食」つまり「河原者」という恥ずべき呼び名から日本の俳優を解放し、彼らの社会的地位を向上させるための戦いを進めるという目的をもった「日本演劇復興協会」すら結成された。この頃から日本演劇に関する文献がどんどん増えていくが、独創的で本格的な資料の検討は、特に演劇研究の分野では現れなかった。とはいえ、ゲオルク・フックス（著書『演劇の革命』には日本の俳優に関する価値あるコメントがいくつか存在する）、カール・ハーゲマン（『日本』のロシア語訳はアカデミヤから一九二四年に刊行）らの専門家たちが、すでに日本演劇に対して関心を示している。ロシアでは、戦争が敵への関心を呼び起こし、論文やヨーロッパ言語から重訳されたテキストが文芸批評誌に掲載されるようになる。例としては、雑誌『神の世界』の第一二巻、一―四五頁に掲載されたN・N・アズベレフの「日本の演劇」、N・D・ベルンシュテインの「日本人の音楽と演劇」、『日本とその住人たち』のいくつかの抜粋などをあげることができる。また、戯曲の翻訳では、『ヨーロッパ報知』に『寺子屋、もしくは村の学校』が掲載された（一九〇五年八月号、五七八―六〇九頁）。

一八九〇年代のヨーロッパでは、資料としては生半可な、エドワーズ・オスマンのJapanese Plays and Play-Fellows（ロンドン、一九〇一年）や「能」についての専門的な研究などがやや目立っている。アストンとフローレンツの日本文学史（訳注1）には、もちろん主に戯曲についてであるが、興味深く、価値のある資料が存在する。

日本人によるヨーロッパでのいくつかの公演は、ロシアにおける花子の巡業もそうだが、注目に値するような評価を得られなかった。ドイツとイギリスでは、〔ゴードン・〕クレイグとラインハルトが、「歌舞伎」と「浄瑠璃」に実践的な意味で興味を示している。「浄瑠璃」に関しては雑誌『マスク』（訳註2）（一九一三年）に長い論文が掲載され、〔ハーマン・ジークフリード・〕レームの著書Das Buch der Marionetten（ベルリン、一九〇六年）の日本を扱った章を補っている。多くの旅行記がロシア語に翻訳されたが、そこにはときに演劇に関するかなり詳細な言及がある。たとえば〔ベルンハルト・〕ケラーマンの『菊の国』がそれにあたる（翻訳されたのはかなりあとで、一九二五年のことである）（訳註3）。

一九二三年の日本の地震のあと、日本についての該博で包括的な文献が現れるようになった。そこには、日本の演劇研究の論考やその他の少なからず価値ある資料を参照しつつ、演劇とその歴史、さらには理論に関する詳細な情報を、ヨーロッパで初めて掲載した本も含まれている。こうした書物の一部に、Walep N. Perg（ママ）教授ら日本研究者によって書かれたものがあり、そこでは「能」が扱われている。「歌舞伎」に関しては、新旧にわたって価値ある図版資料を掲載したアルベール・メーボンのLe théâtre japonais（パリ、一九二五年）が出版された。この本に複製された一七―一八世紀の版画は、日本における造形芸術の様式化の法則を読み解く鍵になるであろうし、演劇に興味を持つ者にとっては、古い歌舞伎に関する原典資料となるだろう。マリア・ピーパーの Schaukunst der Japaner（ベルリン、一九二六年）にも、市川左団次一座の演目に関する興味深い写真資料や、『四十七人の忠臣たち』の翻訳が掲載されている。

歌舞伎に関するもっとも価値ある本は、長年日本に暮らし、歌舞伎の資料を多岐にわたって調査した、演劇批評家のゾーイ・キンケイドによって書かれたものである。Kabuki, the Popular Stage of Japan（ロンドン、一九二五年）において、彼女は現地で収集できるあらゆる種類の資料を集め、おそらく、文語や古語もよく知った上で、それらの情報を結び合わせている。歌舞伎の舞台における性の分化の傾向についての議論、いくつかの見せ場に関するいささか素朴な評価、歌舞伎の「特殊性」への固執などは脇に置くとしても、やはり資料に裏付けられた貴重な情報を得ることができる本である。ソヴィエト・ロシアの演劇研究者、演出家、俳優は、この本で与えられている資料を検討することで、思いもよらなかったきわめて価値ある結論を導きうるだろう。論集『演劇について』（レニングラード、一九二六年、国立演劇史研究所、演劇史・理論局紀要）には、N・I・コンラド教授による「能」に関する周到な論文が掲載されている。この演劇に関しては、昨年、国立図書出版所から出版されたコンラドの著書『日本文学』でも多くの情報を得ることができ、さらに同書には「能」のもっとも興味深い戯曲がいくつか日本語から訳出されている。

（『芸術生活』第三四号、レニングラード、八月一九日、一〇―一一頁／鴻英良訳）

（訳註1）W.G. Aston, A history of Japanese literature, London, William Heinemann, 1899.
Karl Florenz, Geschichte der japanischen Litteratur, Leipzig, C.F. Amelangs Verlag, 1906.

（訳註2）イギリスの演出家・俳優ゴードン・クレイグが、一九〇八年から一九二九年まで出版していた演劇雑誌。しばしば日本演劇への言及があった。

（訳註3）Бернгард Келлерман, Страна хризантем (перевод Э. Пименовой), Л.: Петроград, 1924.
Бернгард Келлерман, Страна хризантем (перевод Э. Пименовой), Л.: Мысль, 1925.
メイセリマンが指摘しているのは後者の一九二五年

出版のものだと思われるが、一九二四年にも別の出版社から出版されている。

「歌舞伎」劇団のソ連公演　公演後記

ボリス・グスマン

「歌舞伎」は去った。歌舞伎の客演は、この独特の演劇的現象に向けられたきわめて高い関心に取り巻かれていた。公演は、絶えざる議論と批評のなか、公演チケット取り扱い窓口には購入希望者が殺到し、包囲網を強化していくといった空気とともに実施された。日本人や日本の事物の名前はメディアの文字列からも、演劇ファンの口からも消えることがなく、しかもそれは専門誌や熱狂的ファンに限ったことではなかった。

日本の客人たちが見せた、内容としてはかなり異質な芸術に対するこうした関心は、いかに説明できるだろうか。もちろん、劇場で上演された戯曲の内容が、われわれにはまったくなじみのないものであることは言うまでもないだろう。実際、青山家先祖伝来の皿の話（『侍の愛』）や、僧の誘惑の物語（『鳴神』）にわれわれが心惹かれることはないだろう。松蔦がいかに巧みに女性を演じようと、目の前にいるのが四二歳の男性であることは、一瞬たりとも忘れられるものではない。

だからこそ、俳優の技は高度でなければならない。舞台から観客に橋を渡すために、いくつもの障害を乗り越える必要があるのだ。有名な「花道」（「花の道」）も、この橋の代わりにはならない。歌舞伎の成功は、俳優たちがこうした技を確実に有していることに起因するのだ。

現代の日本人にさえも、歌舞伎で上演される戯曲の内容は相当違和感があるということは指摘しておかなければならない。観客が劇場に行くのは、俳優が怒り、喜び、狡猾、優しさ、憎しみ、愛、悪意、感激などをいかに演じるかを見るためである。われわれは歌舞伎において、演劇の根源的な諸要素を見出す。まさにここにこそ、この驚くべき演劇の魅力があるのだ。これらの諸要素の間で統一性を復活させようとする、すなわち表象されているものの意味的・イデオロギー的内容に通じようとすると、とたんに観客を支配する俳優の力は消滅してしまう。

ともあれ俳優の技は、二〇〇年から三〇〇年前の戯曲の内容と同様に古いものでありえるだろうか。ここにこそ、都市住民が支配権をにぎっていた時代の演劇である歌舞伎の特徴が存在する（歌舞伎が封建主義の演劇であると言われているのは誤りで、封建貴族が統治していた時代の演劇にあたるのは「能」である）。一九世紀後半にはすでに、そうした都市住民は資本主義のブルジョアに生まれ変わるのだが、そこで発展した演劇の手法が持つ性質それ自体は非常に現代的である。今では、わが国の先進的な巨匠たち（メイエルホリド、エイゼンシテイン）が、この日本芸術の至宝から多くを吸収していることが知られている。メイエルホリドの『ブブス先生』を思い起こしてみたり、『堂々たるコキュ』のブリュノと田舎の若者たちの場面を、鳴神と僧侶たちのラストシーンと比較してみるとよい。

わが国の俳優は、歌舞伎俳優のように身体を自由に操ること、日本の客人たちが完璧に身につけている身振り、動き、表情、台詞の素晴らしく調和的な融合、歌舞伎の芝居を構成する言葉、黙劇、舞踊の合一、日本俳優の身体にしみ込んだ音楽的リズムについては、ただ夢見ることしかできないだろう。ソ連の俳優は日本の同胞から多くのことを学びうる。日本の劇団には非常に力のある、秀でた個性を持つ俳優たち、たとえば松蔦、莚升、特に左団次がいることを述べておかねばならない。彼らの演技については公演中に何度も書かれてきたので、個別の特徴にここで触れる必要はないだろう。ただし、たとえば左団次が「腹の底からこみ上げるような」激しい力を持つ、凄みのある気迫の持ち主であり、同時に舞台の技術に完全に従い、その技術に基づいて演技をしていることを指摘しないわけにはいかない。このように演劇の技術と舞台における情熱の豊かさを兼ね備えるのはひとり偉大な俳優のみであり、市川左団次も間違いなくそうした俳優なのである。

桁外れの才能を持ちながらも、彼はアンサンブルから「突出する」ことはせず、これが「旅公演」であるという印象を与えない。これは集団の全体が高度な演劇文化を持っていることの証拠である。

歌舞伎との出会いはもちろん、わが国と日本、両者の演劇文化にその痕跡を残さずにはおかないだろう。日本演劇の側も、わが国で非常に多くのことを学びうるのは疑念の余地がない。

こうした交流は継続していくべきである。日本には注目に値する巨匠たち（小山内）が主導する現代演劇もある。一時は労農劇場も存在したし、素晴らしい俳優たちもいる。わが国の対外文化連絡協会は、ここに開始された意義ある活動を継続し、二つの文化の「連帯」事業を交流のなかで相互に深めていかねばならない。

（『現代の演劇』第三四─三五号、モスクワ、八月二六日、五四四─五四五頁／斎藤慶子訳）

「歌舞伎」劇団のソ連公演　運動と舞踊

ヴィクトル・イヴィング

「歌舞伎」においては舞踊が非常に重要な位置を占めている。全俳優が踊りの巧者であること、踊りの稽古がどうやら俳優技術の基礎をなしているらしいことは言うまでもない。芝居においても演者の運動の大半は舞踊で構成されている。リズムの要請に従わないでいることができるのは、日常的色合いの場面での喜劇的な登場人物のみである。悲劇の主人公のほとんどすべてが、あたかも踊りながら動いている。特に女役の主役を演じる俳優・市川松蔦には、これがあてはまる。彼の歩き方はとても繊細で女性らしいが、いくつかの役（『鳴神』の雲絶間など）では、それは真正の舞踊となる。裾の方が広がっている長い衣裳は、一歩ごとに波のようにうねり、一緒に踊っているかのようだ。

音楽性とリズムの厳格な順守、それが歌舞伎における運動の原理だろう。運動にはことあるごとに動きのない彫刻のような瞬間が侵入してくる。その効果は正確に計算され、共演者のポーズとも調和するようになっているため、観客には常に非の打ちどころのない構図が示されることになる。芸術の印象を落ち着いて味わう機会を観客に与えるために、日本の役者はわざわざポーズをとって静止する。一瞬で終わって見えなくなったり、間断なく流れていったりすることはない。あたかも彫刻作品がゆっくりとひとつずつ見せられる展覧会が、目の前で繰り広げられているかのようだ。

日本の舞踊の基本的な動作として、ヨーロッパの方法とは正反対の足の使い方がある。つま先を下に向けて伸ばす代わりに、日本の舞踊手はかかとを下に伸ばし、足の甲と脛の角度が鋭角になるようにする。それゆえ、ヨーロッパのものに似た技――片足を軸にしてその周りを回るピルエットや、膝を曲げた状態での柔らかな跳躍、パ・ドゥ・シャ――でさえも、かなり独特な身振りのニュアンスを持つ。

ここには運動の美に対するヨーロッパとはまったく異なる概念が現れている。おそらく、締め付けのない靴のおかげで、日本の俳優の足の甲は乳児のそれのように柔軟なのだろう。

日本では、舞踊がヨーロッパとは完全に異なる潮流のなかで発展してきたということは忘れるべきでない。ヨーロッパの舞踊はおもに足の動きを基盤にしており、頭と腕はいわば「反対側」を向いてバランスをとり、さまざまな姿勢で安定を保つ役割を果たしている。対して日本の演劇ではまったく様子が異なっている。

長い衣服はどんな形であれ、観客が足の動きを見る妨げになるだろう。そのため、踊りの主役となるのは手である。ただし、手を広げたりするような大きな動きや、激しい熱情的な動きはない。腕は胴体にかなり近い位置に保たれる。しかし、手や手首、二の腕、指の一本一本までもが絶え間なく演技を続け、趣向をこらした模様を紡ぐ。約束事に基づいた身振りの言語を用いて、こうした動作の持つ象徴的な意味には残念ながら明るくないヨーロッパ人には理解不可能な物語を語っているようだ。しかも、劇としてのニュアンスではなく、叙情的なニュアンスが強調されるため、踊りの内容はいっそう把握が難しくなる。目に見えるのは大きな筆さばきで描かれた大まかな輪郭であり、その線の間には、どうやら観客が知っていることになっているらしい余白の部分が少なからず存在する。もっとも、踊っているのは手だけではない。首も頭も踊る。要するに身体のほとんどすべての部位が個別に動きうるのだ。『鷺娘』での松蔦は、もしこのような言い方が許されるなら、髪の毛だけを使って踊っている。彼は膝立ちになり、うつむいて、床に届くほど長い髪の毛の揺れだけで、音楽のリズムの微妙な変化を強調するのだ。

歌舞伎のもっとも優れた踊り手は松蔦と莚升である。前者は女役のみを、後者は男役を演じる。持てる才能を見事に使いこなす名優で、洗練された芸術家である。日本の舞踊は動きが独自であり、われわれが舞踊における運動の約束事について抱いているイメージをくつがえすとはいえ、二人の踊り手が持つ驚くべき優美さは、この点でのあらゆる先入観を思いがけずも忘れさせる。入念に練り上げられた形式は素晴らしい芸術感覚に支えられている。こうした感覚こそ、俳優たちが、当然日本の所作の範囲内ではあるが、非の打ちどころなく正確な動きの線を見つけることを可能にするものである。これは特に左団次、松蔦、莚升が見事な達人であることを見せつけた黙劇に見られる。

日本の舞踊文化はあまりに古いので、部分的には太古の名残を残しているとはいえ、最初期のさまざまな民俗舞踊、つまりなにがしかの労働作業過程の模倣とのつながりを追うことは、もはやほぼ不可能である。闘いの舞踊のみが、古代の踊りに特徴的な表現性を保っている。

日本の舞踊は決して単なる舶来の珍品と見なしてはならない。それは独自性を持つのみならず、重要な芸術の事象なのだ。

(『現代の演劇』第三四—三五号、モスクワ、八月二六日、五四五頁/斎藤慶子訳)

歌舞伎　第一プログラム

イワン・ソレルチンスキー

初日に向けて、準備に長い時間がかけられた。演劇研究のブックレットを入念に調べ、覚えにくい日本の名前を覚え、混乱した封建時代の争いと英雄的な恋愛物語を描くリブレットに精通し、日本演劇の基盤である「事物を用いた演技」「音楽を土台とした劇構造」「純粋な演劇性」などの「基本事項」をしっかりと覚えた。観客がこんなにも入念に、また組織的に「完璧に武装して」、見たことのない演劇を待ち受けたのは、これが初めてだろう。

それでも歌舞伎の第一回公演は意表をついた……。理由は、小道具を持って音も立てずに舞台を行き来する黒衣の見えない小間使い「クロンボ《ママ》」や、平土間が変形した「花道」あるいは「花の小道」、よく知られた、「猫の鳴き声」のような意味の不明な日本語の台詞、三弦のギターである三味線が奏でる不協和音の撥音、そういったものにはまったくとどまらなかった。意表をついたのは上演概念それ自体で、舞台のイリュージョンの法則を完全に拒絶している。長年にわたる左翼的演出術の開発にもかかわらず、ソ連のわれわれがまだ捨てきれていないものが、完全に拒絶されていたのだ。

そもそも日本演劇では、特別な演劇の見方、見たり聞いたりする特別な仕方が求められる。われわれが演劇を見るやり方を土台から覆すことが求められるのだ。登場人物が、表情で演技をする俳優と、竹の幕の後ろで語る歌手の声に二分されるという状況に、われわれは慣れていない。緊張の高まりや盛り上がりの山場のある劇の急展開を追うのに慣れた身からすると、歌舞伎は構造が根本的に異なる。われわれは演劇の音楽は挿絵的であるか（「音による記述」）、あるいは心理的な展望を示すか（「気分」）、どちらかだと思い込んでいる。しかしここでは音楽が、視覚面でも出来事を組織し、俳優の動きを主導するという、第三の可能性が発明されているのだ。日本演劇の美学を映画の法則と比較したエイゼンシテインが正しいかどうかは、彼の判断に任せよう。だが、歌舞伎においては実際に、視覚的・音響的・運動的感覚の有機的かつ未分化な結びつきが達成されており、三味線の助けを借りて「身振りを聞き、音を見る」ことができるのである……。

こうしたことが理由で、最初の印象はあまりにも特異なものとなり、分析的な考察をまったく寄せつけなかった。それは今後の観客としての経験にかかってくるだろう。ここではやむをえず印象論的な、とりとめのない覚え書きにとどまらざるをえない。

一本目の作品として上演されたのは『チューシングラ』、つまり『忠臣蔵、あるいは四十七人の侍たち』で、「日本のシェイクスピア」とされる近松門左衛門の門下である、一八世紀の劇作家・竹田出雲の手になる。「シェイクスピア」という異名は、ここではおそらく劇作の完成度を測るもっとも高い尺度として抽象的に用いられているにすぎないだろう。なぜなら塩冶公の強要された自殺に対して仇討ちし、そのことによってみずから死の運命を負った四十七人の忠義者たちについての運命論的な悲劇の類似物をヨーロッパの劇に求めるならば、ある種の類似を見出すことができるのはスペイン人たち、特に華やかで陰気な熱狂者カルデロンだからだ。

いずれにせよ、われわれにとって（それに実のところ日本人にとっても）重要なのは戯曲ではなく、それがいかに演じられるかだ。そして、その演じ方には実際に驚かされることになる。なによりも目につくのは語り手＝歌い手のきわめて高い技術である。語り手は、この悲劇の最初から最後まで、物悲しい叙唱《レチタティーヴォ》や、特に情熱的な場面では霊感に満ちた悲劇的な歌に変化する熱狂的な叫びなどを用いて、声で出来事の伴奏をする。非常に強い印象を与えるのは、舞台上でもっとも緊張が高まるときの早口言葉である。歌い手は脇のバルコニー、透き通る竹の幕の向こうに座っている。歌い手に劣らず素晴らしいのはオーケストラだ。ギターのような弦楽器・三味線は凄まじい不協和音の音を立て、しかも場面によっては、不意に性質のみならず音調を変化させることもある。

市川左団次は忠実な家老・由良之助役だ……。均整のとれた立ち姿、目、眉、顔の筋肉の張りつめた演技……。ロシアの観客にとっては、役の音声面の土台となっている悲しみと怒りの豊かなイントネーションはすっかり消えてしまう。そのかわり表情の演技は残される。三味線を持った音楽家が前舞台に出て伴奏する第四場の最後、「花道」での長い無言の場面は忘れがたい。巧みな演技による泣きの模倣（眉と眉間の動きだけで行われる）、塩冶公のハラキリの場面における短剣の演技も同様だ。

塩冶公役の市川莚升は死装束――青白いガウンと雪のように白いコート――を纏っている。ハラキリの場面をこの俳優は比較的抑え目な調子で演じるのだが、それでもやはり強い印象を残す。彼の役は、目前にした死の威厳に満たされた勇壮なポーズをちりばめた、いくぶん彫像的な性質のものである。ハラキリの儀式自体は、ある程度儀礼的に執りおこなわれるが、その際に表現力が失われることはない。特に効果的なのは、すでに腹に刀の切先を突き刺した塩冶がゆっくりと立ち上がり、苦しげな息の混じった途切れ途切れの声で忠臣たちに別れの辞を述べる場面だ。莚升はその後のバレエで、踊り子で妖怪の花子という女役（女形）を演じ（松蔦の代役）、興味深い早変わりの例を示した。

市川荒次郎は悪役師直を演じた。歯を剝き出したせせら笑い、好色な猿の渋面……。おそらく、悪役の仮面はもっとも国際的で、それゆえかなり見事に役をこなした荒次郎の演技は、ヨーロッパの感覚には心理的に一番わかりやすかった。

公演の幕を閉じたのは、さらに古い芸術「能」に由来する『道成寺の鐘』あるいは『蛇の踊り』であった。これはたいへん素晴らしい日本の舞踊作品である。土台にあるのは日本の民間伝承にしばしば現れる魔性の女性というモチーフだ。美しい未亡人が蛇に姿を変え、彼女の愛を拒んだ修道僧を追い詰める。僧は巨大な鐘のなかに隠れるが、蛇は鐘に巻きついて金属を溶かし、あわれな僧は焼け焦げたミイラと化してしまう。

残念ながら、われわれは名高い「女形」（女役）の演じ手・松蔦の演技でこの役を見ることができなかった。だが彼の代役を務めた莚升が見せたものも非常に興味深かった。神秘的な微笑みが凍りついた雪花石膏《アラバスター》の白い顔、緊張感に張りつめた象徴的な演技を率先する白くて細い手、毒々しいまでに鮮やかな着物の襞に包まれた全身の鳥のような所作などから受ける印象を言葉で伝えるのは難しい。莚升はなにより手で演技をする。彼の手は絶えず波のような動きで湾曲し、複雑なテンポで交錯する。蛇のようなその手を追って、全身が泳ぐように踊る。そして足だけが、まるで踊りに参加していないかのように、ときにリズムの絵模様を打つのである。ところどころで踊り手は奇妙な悪魔的な仮面を被る。すると踊りの動きがとたんに古代めいて、原始の悪魔的な呪いの踊りの痕跡のようなものが感じられてくる。

群舞（僧や捕り手たち）はどうやらそれほど独特ではないようだ。傘の踊りは非常に鮮やかで効果的だが、基本的にはこうしたものは既知で見慣れていると思われる。アクロバットの宙返りも、ヨーロッパ的な連想のせいで、なにか「モダニズム的」で使い古されたもののように感じられる。

初演を駆け足で見ただけでは、日本演劇のどの要素が、現在建設されつつあるソヴィエト演劇の手法やシステムを実り豊かにすることができるのか、断言することは難しい。これは未来の課題であり、しかももしかするとその未来は近いものではないかもしれない。ただ、ひとつ断言できるのは、歌舞伎の招聘がわれわれの演劇生活における大事件だということだ。

（『芸術生活』第三五号、レニングラード、八月二六日、六頁／上田洋子訳）

レニングラードにおける「歌舞伎」

コンスタンチン・トヴェルスコイ

予測どおり、「歌舞伎」劇団の公演開始は、今演劇シーズン最大の出来事になっている。

新聞・雑誌では、一般紙でも専門誌でも、この外国からの客人のソ連訪問が持つ社会的・政治的意義が、すでに何度も十分に指摘されてきた。ゆえに、今後は歌舞伎という演劇それ自体について、その基本的な芸術的方針、俳優の技術、上演原理などについて語るべきだろう。

緊張感に満ちた創作生活を送るわが国の演劇は、高い価値にもかかわらず、これまでわれわれの知るところではなく、また多くの点で縁のなかったこの文化から、経験と達成を最大限に利用していかねばならないのは言うまでもない。他方、そのような影響は、歌舞伎の公演のようなきわめて複雑な現象に対する十分な事前分析があってこそ生み出される。この巨大で独特な芸については、学習と習得（ソ連の社会主義文化建設の条件のなかでの）を念頭においた議論が可能であり、かつ必要であるというだけではない。歌舞伎はある特定の時代の微分係数のようなもので、しかもじつに明らかなイデオロギー的志向を持っているのだ。

そしてまさにこの観点から、現在機能している演劇システムのうち、この演劇がもっとも反動的であると断固主張しなければならない。歌舞伎が反動的であるのは、上演される戯曲の内容が（そもそもここで少しでも道理にかなった「内容」について語ることができるとしてだが）、封建主義が持つあらゆる「徳」を挙げて賛美するものだというだけではない。それは未来を見据えたいかなる運動も持たないのだ。歌舞伎はとっくに死んでいる。二〇〇年から三〇〇年も昔の戯曲が、歌舞伎にもっともふさわしい演劇の素材であり、それはこの演劇がかつて日本の舞台が編み出した制約的な手法と完全に合致するからである。歌舞伎はその故郷ではとっくに正体を暴かれ、権威を失墜している。

若き日本が歌舞伎を認めず、この七五年間に日本に形成された新しい経済形式と社会制度を反映する現代演劇の創設のために闘っているのはまったく正しいことである。

思うに、われらレニングラードの新聞・雑誌は（それに部分的にはモスクワも）、ソ連公演に向けて準備をする間に、芸術学と批評におけるフォルマリズムの方法論を代表する論者たちの興奮した反応を掲載するなど、いくぶんやりすぎたのではないか。歌舞伎の最初の公演がすでに、ただ形式の妙を味わうだけでは、現代ではあまり先がないことをはっきり証明している。それにレニングラード公演の開幕の際には、劇場（マールイ・オペラ劇場）の客席は演劇を見慣れている知識人の観客でほとんど埋め尽くされていたが、公演が彼らの心をつかみ、真に熱中させ、なんらかの形で団結させることはなかった。彼らはせいぜい知的好奇心から気を張って「熟視」したにすぎなかった。劇場は本物の（ロシアのアカデミー劇場について語られる際にあるような、メタファーとしてのではなく）博物館になる。封建時代の芸術が現代の、それもソヴィエトの人間にとってアクチュアルだなど、（真面目に）想定することすら不可能ではないか。あるレニングラードの演出家は「直近の初演が六〇〇年前だった演劇が、いま面白いなんてありえない！」と鋭いことを言った……。

とにかく、公演は制約性ひとつをとっても極端なまでに珍しいということ、そしてひたすら、取り返しがつかないまでにわれわれから遠いということだけでも、すでに好奇心を引き起こす。このような博物館的・学習的側面においてのみ、わが国で歌舞伎を語ることができるのではないか。それ以外はすべてフォルマリズムに起因しており、たんなる思い過ごしではないか……。

公演においてもっとも重要なものはなにか。もちろん形式的要素の優越だ。こうした現象それ自体が、この芸術作品の反動的本質を証明している。わが国の「マルクス主義」批評家たちがこのことを忘れているのは驚きだ……。

歌舞伎の上演は純粋に演劇的な形式のきわめて複雑な

組み合わせの上に成り立っている。そのリズム的・音楽的基盤、演技する俳優の完全な解放、ときに極限にまで達する独特の芸、舞台上で機能している事物の露呈、こうした概念はすべて、わが国の演劇でもかなり前からすでに用いられており、現代演劇理論の「ＡＢＣ」である。歌舞伎は理論を知らないまま、いかに理論が実践になるのかを示している。何世代にもわたる俳優たちの労働と昔の日本の社会的・日常的諸条件が、閉鎖的ではあるが高度な芸を育んだのだ。もっとも、これも幾度となく指摘されてきたことだが、わが国の演劇は、特に革命に先立つ時期に、上演技術の刷新のために歌舞伎から非常に多くを利用している（一九一三―一六年のメイエルホリドのスタジオと、彼自身および彼の追随者たちのその後の一連の仕事を思い出すだけで十分だろう）。しかしオリジナルを目の当たりにする機会は、東洋演劇について知ろうとする際には参照せざるをえなかったドイツの研究書のどんな詳細なものよりも説得力がある。ソ連公演が持つ確実にプラスの意義はここにある。とはいえ、全ソ対外文化連絡協会は「歌舞伎」のチケットを自分たちにしかわからない独自の原則に基づいて采配するなど、制作面でなにか不可解で不透明な裏工作をしている。結果として、ひとつ言えることは、活動的で先進的な演劇労働者の大部分（たとえばクラブ、サークル活動の指導者、学生グループ）が、この上演を見られなかっただろうということだ……。残念ながら「学習」の計画は組織する側がよくないと頓挫してしまう……。

「歌舞伎」の上演は（第一プログラムは二〇〇年も昔の悲劇『四十七人の忠臣たち』の断片と『蛇の踊り』のバレエの黙劇のような場面）、基本的に俳優の演技の上に成り立っている。この演劇のレパートリーに入っている複数のジャンルは、俳優にさまざまな能力を要求する。声（語りと歌）、表情、黙劇、舞踊、大道芸、軽業――日本の俳優が舞台で操る主なものを列挙するとこのようになる。だが、もちろん問題はここに列挙されたものそれ自体ではなく（これらはずっと以前からわが国の現代の俳優養成システムでも基盤におかれている）、俳優がこれらの舞台上の技術の要素をいかに操るかだ。この点ではもちろん学ぶべきことがある、というよりも、労働、システム、訓練によってどこまで到達できるのか、実感することができる……。

日本独特のものである女役を演じる男優の名高い芸術は、残念ながら初日には俳優・市川松蔦氏の突然の病により十分説得的に示されることがなかった。彼の代役を務めた俳優たちは十分な高みには達していなかったように見受けられ、特に最初の悲劇に出演した俳優は、外見からしてもう若くはない男性のあらゆる特徴を見せてしまっていた……。

俳優たちの演技は、他のあらゆる芝居の要素の上に君臨している。演出はまったく存在しないか、あるいは目につかないかのどちらかだ。一枚岩の俳優アンサンブルでやっている演劇が、追い立てる人物がいない状態で営まれているというのだから、これもわれわれにとっては役に立つ実例であるだろう。興行主はもちろん必要であり、袖のどこかにいるのかもしれないが、彼が上演の進行中に姿を見せ、他のすべてを圧迫するようなことがあってはならない……。

日本の俳優の芸それ自体はしばしば、われわれにはどうしても受け入れられない原理に基づいている。「歌舞伎」における発話方法の文化はわれわれには明らかに無縁で、使えないものだ。日本の俳優が用いている発声の技術は、普段の語りではこれほど激しい声帯の緊張を強いられることのないヨーロッパ人の発声器官には疑いなく破壊的であるだろう。舞台で語られる言葉の旋律的基盤も、われわれにはもちろん縁がない。当然、問題になりうるのは舞台上の音楽的・リズム的語りという原則のみだろう……。

これはもちろん、上演の独特な様式を構成する要素のひとつでしかない。声と同様、舞台上での俳優の身振りも、制約的で日本的である。

結局、手（特に手首から先）、目、眉、唇などの動きも、俳優の外面的な技術に対する深い理解と文化の高さを示している。だがこれをコピーし、日本の俳優たちの技術をそのまま借り受けようと試みるのは単純すぎるし、まず不必要な耽美主義の模倣にすぎないだろう。そもそも偉大な第一級の俳優たちが（ヨーロッパ人だろうと、「ロシア人」ですら）身振りも声もその他も操るというのはまったく自明の理ではないか（モイッシー、ミハイル・チェーホフらを思い起こそう）。こちらの技術の方がわれらにとって近くはないだろうか。

「歌舞伎」の俳優が模範的な例を示している「総合

的」俳優という問題は、わが国でもずいぶん前から存在しているものである。日本の俳優によって示されたのはただ、そのような俳優が自然に存在する可能性が現実のものとしてあるということにすぎず、演劇学校における複合的教育システムの構築を目指そうという教育の潮流は、わが国で支持されてもよいのではないか……。

いずれにせよ「歌舞伎」の上演は、死んだ、われわれとは無縁の形式であるが、外面的には「純粋な」演劇性の輝ける極致である。今後の（それも近い将来の）わが国の演劇シーズンに対する一般的な影響としては、これだけでももちろん十分だろう……。現在、このような「演劇的」影響は特に重要であるが、それはわが国の演劇の発展過程において、社会評論的潮流や素朴な自然主義の潮流がすぐにそれ以外のものを駆逐してしまい、形式の低下というもっとも重大な結果を生むことが懸念されるからだ。

日本の俳優たちの公演がとりわけ好印象を与える理由としてもうひとつ、そこには一切手抜きがないということがあるだろう。旅公演だからなんとかなっているなどというような正当化は不要だ。歌舞伎はこの意味でもやはり、間違いなく肯定的な役割を果たすだろう……。

つまり、歌舞伎の上演について語り、考えるならば、必要かつ有益な多数の結論や比較に必然的に到達することになる。小さな雑誌の記事では、どんなに駆け足でも、そこで浮上してきた問題のすべてを網羅することはできない。今後、演劇シーズンが進んでいくなかで、何度もここに立ち返ることが必要となるだろう。

（『労働者と演劇』第三五号、レニングラード、八月二六日、二一―四頁／上田洋子訳）

レニングラードの歌舞伎

シモン・ドレイデン

日本の伝統演劇・歌舞伎の巡業公演が終了した。公演に先立ち、この演劇の歴史的役割や基本的特徴について、幅広く、また充実した情報が提供されていた。観客は完璧に準備をして公演を訪れた。日本の俳優の複雑極まりない技術についても、歌舞伎では戯曲が決定的な役割を担うことはなく、俳優が技を見せるための口実でしかないことも知っていた。音楽が絶大な役割を果たし、協力者どころか上演の「演出家」ともなることも聞いていた。

観客は歌舞伎の全ジャンルの公演を見た。すなわち荒々しい英雄悲劇、歴史劇、日常の（三〇〇年前だが）劇、幻想的なバレエである。観客は現代から遠く離れて、侍の名誉や基本的な義務のすべて、封建社会の「上品なふるまい」のルールを受け入れなければならなかった。こうした知識がなければ、歌舞伎の悲劇がどうして生じるのか理解できなかっただろう。

観客の目の前を、入念に磨き上げられ、精巧に考え抜かれた、完成度の高い舞台の手法をつぎつぎに見せる名優たちが通りすぎていった。

多種多様な役を演じた劇団の功労者で指導者の市川左団次をはじめ、莚升、荒次郎、河原崎や他の俳優たちは、まさにそうした凝縮された内容と簡潔さ、独特の演劇的言語で、端的にかつ生き生きとあれやこれらの感情や思想を伝える能力で、われわれを驚かせた。

しかし、歌舞伎では、芸は孤立しており、一般大衆の観客が演劇にしばしば期待するような、大胆な内容が盛りこまれているわけではないことは指摘せざるをえない。既に示した通り、歌舞伎の戯曲は演技のためのシナリオにすぎない。しかし、このシナリオの社会的な性質はかなり明確であり、劇的状況や役柄の性格付けのそれぞれにおいて、観客は歌舞伎の源である封建時代へと遡ることになる。

終わったばかりのこの公演は、われわれにとってどんな意味を持っていたのであろうか。ソヴィエト政府は、古い時代の記念碑や芸術家の作品で満ちた博物館という、イデオロギー上われわれにはまったく無縁のものを大切に保存してきた。何千人もの労働者たちが毎日これらの博物館を訪れ、グループ見学で古い時代の記念碑を学び、講義を聴き、労働者の大学で芸術を学んでいる。歌舞伎の技術の完全性は、丹念な研究に値するものである。

わが国の俳優たちは、自分自身を完璧にコントロールし、演技の「簡単に見えるが難しい」もっとも難易度の高い技術的課題を確実に克服する日本の客人たちから学ぶことがあるだろう。また日本の俳優の模範的な労働の規律も同様である。歌舞伎の上演中に舞台や舞台裏に行ってみれば、劇団員全員が正確に真剣に仕事をし、きわめて規律ある行動をとり、また効率的であるのを正当に評価することができるだろう。こうした教訓に学ぶことが、わが国の演劇にとっての歌舞伎公演の意義と言えるだろう。

(『レニングラード・プラウダ』レニングラード、八月二九日/内田健介訳)

歌舞伎公演を終えて

ウラジーミル・ソロヴィヨフ

歌舞伎の巡業が終わり、まだ日本の舞台の印象が生々しい今、市川左団次一座の芸術的努力とその成果について、総括をしておく必要があるだろう。

歌舞伎は本質的に俳優の演劇である。この日本の伝統演劇のジャンルでは、俳優の技がもっとも重要で中心的な位置を占めている。だが、新聞・雑誌記事の分量では、この技の主な特徴を定義することすら不可能だろう。

日本の俳優の芸でもっとも大きな特徴は、上演される戯曲の文学様式と舞台での上演の様式のあいだに密接な関係が築かれていることではないだろうか。歌舞伎の戯曲はそれぞれ、内容によって、俳優に異なる演技法を要求する。日本の俳優の側もそれぞれ、舞台での上演の様式をいくつも身につけているのだ。こうした状況があるため、日本演劇の実践においては「変化」と呼ばれるやり方が広く用いられうる。この手法の本質は、対比それ自体にある。変化の代表的な例が戯曲『鳴神』における左団次の役で、彼は現実に存在する隠者の僧侶(リアルで日常的な演技様式)から、ほぼ一瞬で、なにやら幻想的な存在である「嵐と雷の悪魔」(制約的で演劇的な演技の様式で、ほとんど舞踊に近い)に変身する。

日本の伝統演劇には演出家が不在であり、それにもかかわらず芝居全体の構成に完全さが求められるため、日本の俳優は幼少時から演出家的思考を発展させることを強いられる。常に様々な状況で上演することで、日本の俳優には共演者に対する意識を絶やさない感覚が育まれ、サーカスのアリーナで演者が複雑で難しい演目を行うときに生まれるような関係（特別な正確さ、注意力、あらかじめすべての動きを承知しているなど）を技術面で思い起こさせる、個々の俳優のアンサンブルからなる上演をもたらす。このようなアンサンブルに基づく上演の特徴的な例が、戯曲『鳴神』の結末、荒れ狂う左団次が坊主たちをあちらこちらに投げる場面である。

日本の俳優に対しては、舞台上の動きや語りにおける緩慢なテンポがしばしば非難される。劇のゆっくりとした場面展開は、基本的には歌舞伎の歴史物にのみ固有のもので、一方では、あたかも叙事詩の語り口であるかのような印象を観客に与え、他方では、俳優のために基本的なテーマのバリエーションをできるだけ利用するというねらいがある。

日本の俳優の演技は基本的に自然主義的解釈を欠いており、それが日本演劇において、リアリズムからするとたいへん衝撃的な出来事（切腹）の再現を可能にしている。

日本の俳優による自然主義的な様式の克服には二つの方向性がある。ひとつが、演劇における非論理《アロギズム》の手法を用いる道、すなわち、期待される出来事と実際に起こる出来事を一致させないというものであり、もうひとつが、起こっている出来事のもっとも典型的な細部を明瞭かつ正確に伝えることである（『四十七人の侍たち』の切腹の場面）。

歌舞伎ソ連公演の成功は、長年にわたって高度に発達してきた演劇的文化を持つ、特別な演劇システムの存在が認められたことを示す。この演劇の手法の多くは、日本の俳優たちがソ連にやってくる前から、わが国の最先端の演出家たち（メイエルホリドら）によって利用され、成功を収めていた。望むべくは、「歌舞伎」の公演がわが国の演劇人たちの創作や技術を豊かにすることであり、同時に、日本演劇だけに固有のものを、ロシアの土壌に自動的に移植しようとする人が現れないように注意しなければならない。

（『クラースナヤ・ガゼータ』レニングラード、九月一日
／内田健介訳）

歌舞伎　最終プログラム

イワン・ソレルチンスキー

歌舞伎の巡業が終了した。二つめの（そして残念ながら最後の）プログラムでは、歌舞伎のいくつかの側面に新しい光が当てられ、この演劇によって与えられる印象が決定的になるとともに、もっとも偉大な俳優である左団次、松蔦、莚升の才能が余すところなく発揮された。

新プログラムの幕を開けたのは、現代日本の人気劇作家・岡本綺堂の『侍の愛（番町皿屋敷）』だった。これは、われわれが言うところの「市民劇」に似た、「世話物」と呼ばれるジャンルの戯曲である。もっとも、この戯曲では、劇的な葛藤が、封建時代の侍の精神構造のなかにある、われわれの目には名誉とも狂信ともつかないような特殊な日本的諸感情から生まれている。侍が、彼の真心を試そうとした恋人を殺す。侍の約束は、あらゆる疑念を超えたところにあるべきなのだ。愛の試練というモチーフは、ヨーロッパの土壌なら、マリボーやミュッセ式の魅惑的な喜劇のあらすじともなろうが、ここでは血の結末をともなう陰惨なドラマとなる。他方、『侍の愛』は、構成においても俳優の演技においても、西洋の範例に近づいている。現代の風潮は、エキゾチックな筋立てであろうと、やはり感じられるものなのだ。日常的で私的な室内劇の様式、ときにもの思わしげな愛のカンツォーネに遮られるかなり口語に近い対話。派手で儀式めいた演劇的ポーズは、人物表現の心理的なニュアンスに場所を譲っている。舞台装置自体は、満開の桜の園や優美な構成主義的家屋、それに夕陽の最後の輝きといったもので、すべてが西洋の印象派の装飾的絵画に近いものであるが、現実と錯覚を起こさせる自然主義的なものではなく、浮世絵が生を帯びたかのようである。作品の中心は、恋する内気な娘である下女を演じる俳優・松蔦の比類なき演技力だ。「舞台上では女性そのものよりも女性的」な、この俳優の芸は驚嘆ものだ。ある場面で、松蔦は実に驚くべき手法を見せた。それは無意識的ではぼ目につかないような、そしてあまりにも自然な、高揚した台詞回しから歌への移行で、歌と音楽は声のイントネーションが凝縮して誕生したという古い学説の正しさを、一瞬にして証明してみせた。左団次の役作りは素晴らしく、抑制の効いた演技を続けていたのが、最後の場面では情熱を見せた。

次の演目はバレエ『操り人形』である。この作品は、俳優が人形の動きを正確に模倣しながら踊るというものだ。このような方法は新しいものではなく、わが国のバレエでも用いられている（『人形の精』『くるみ割り人形』『ペトルーシュカ』など）。人間の動きに見られる因循で惰性的で自動的なものを解剖しようという舞台芸術の取り組みが、人を惹きつけるのは明らかだ。それにしても、俳優が操り人形を具現化する際の日本人の厳密な正確さは見事で、莚升は踊り（かなり長い）のあいだずっと瞳を動かさない。外部からの力（想像上の糸）によっての み動きを得る身体の、重さ、その不動の静止状態が、不気味なまでに目の当たりに示された。生きた人間の代わりに、精巧だが空虚な自動機械がある。わが国のバレエの舞台でよく目にするような、人形の気取った身振りや子供っぽい媚はここにはない。おかしなことだが、日本の俳優は、数秒間とはいえ、いかにも易々と彫像のポーズで完全に静止していられるが、そのあらゆる動きはつまるところ人形の動きに基づいているのであって、操り人形の演技も、ただ「手法を露呈」させ、日本の演劇的身振りの骨組みを示しているにすぎないのではないのかと思われてくるのだ。

要するに、日本のバレエは興味深い独自の現象である。日本の舞台芸術では、演劇と舞踊のあいだに溝はない。両者は有機的に融合している。主人公たちの「追体験」は見世物として脚色され、舞踊には意味が付与されている。われわれにはテーマ的にも、表現方法の彫像のような不動性の面でも無縁ではある。とはいえ日本のバレエの基本的な関心は、まさにここにあるのだ。

大トリの演目は一八世紀の古風な劇『魔法使い鳴神』であった。たいへん悲観的な結末を持つ、日本版『聖アントニウスの誘惑』である。この作品で初めて、左団次は悲劇役者としての才能を遺憾なく発揮した。あたかもそれまでの彼が、声を絞り、力を出し惜しんでいたかのように思われた。『侍の愛』ではあまりにも抑制を利かせていた。また『四十七人の侍たち』では、彼の役の基盤となっている「忠誠」という感情それ自体が、そもそも西洋人にはあまり劇的に感じられなかった。だが、

『鳴神』は違っていた。左団次の最初の登場の、彼が祭壇で祈りを捧げている最中に、帝の妾の美しさに目が眩み、前舞台にどすんと落ちる場面からすでに、きわめて大胆に構想されている。酩酊の場面では、感情が段階を経て変化していく様子が見事に表現されており、かつ、そこには生理的な「やりすぎ」はなかった。続く、誘惑者の女性を演じる松蔦の演技と、陽気な僧たちによる幕間狂言が、いわば小休止となる。そしてついに赤い幕が降りると、恐ろしい形相の左団次が、髪の逆立った、ヤマアラシの針のような物凄い鬘で登場する。恐怖に震え上がる僧たちを、彼は狂乱の身振りで四方八方に投げ飛ばす。猪突猛進で豪快な動きを伴う素晴らしいポーズが、電光石火のごとくに次々と入れ替わっていく。終幕では、彼は力強い腕の動きで僧の人形を舞台の反対側へと投げ飛ばし、人間業とは思えない三度の片足跳びで花道を渡り切り、平土間の向こうへと消えた。

　左団次の芸術においては、日本俳優の演技の本質がもっとも容易に理解できる。なによりも目につくのは、大きな内的緊張と律動的な平静状態が、見事に兼ね備わっていることである。日本の俳優は決して大げさな演技をしない。その魅力の秘密は、舞台にいる瞬間は、強い演技をする際にも、全力を使い果たすことがないという点にある。それゆえ、隠されている潜在的な力の方が、発揮されている力よりも必ず大きいのだ。このことによって、完全に熱狂しているかのように見える瞬間でさえも、表現の手法を完璧に操ることが可能になる。これこそ歌舞伎の俳優が、心理的には役に忠実であっても、自然主義的な現実らしさと舞台での演技のあいだに常に距離を保っていられる理由である。人間の生理を模倣することはなく、神経衰弱的になることも決してない。あらゆる舞台上の行為は常に、完成された芸術形式をまとっているのである。

　もう一度繰り返しておこう。日本の舞台芸術のなんらかの手法を、ソヴィエト演劇にコピーせよと言うのは素朴にすぎるだろう。わが国の舞台はわれわれ独自の前提条件のもとに発達しているのであって、歌舞伎は筋立てのみならず、純粋に俳優の伝統を見ても、多くの点で異質である。歌舞伎俳優の伝統は、制約的で、いささか動きに乏しく、現代の早い場面のテンポからは遠いものであると感じられうる。それでも歌舞伎の訪ソ公演は、わが国の演劇生活にとっては、内容の濃い学びとなった。異質ながらも深い興味を抱かせる伝統文化という素材において、彼らは俳優の技とはなにを意味するのか、本物の舞台上のアンサンブル、本物の演劇の仕事とはなにかを示してくれた。

（『芸術生活』第三六号、レニングラード、九月二日／内田健介訳）

（訳注）本論考は「貼込帖」には入っていない。それはおそらく、発行時期が九月の雑誌を含めることが時間的に困難だったからであろう。この時期の芸術誌でも特に重要な『芸術生活』誌に掲載されたソレルチンスキーによる総括的論考は、歌舞伎の芸術性を鋭く分析している。本書所収の論考で取りあげられていることもあり、特に訳出し、収録した。

執筆者

■本書に翻訳・掲載された新聞・雑誌評の執筆者（本書掲載順）

ダヴィド・アルキン（一八九九―一九五七）
芸術・建築批評家。一九二七年に「新露西亜美術展」の準備で来日。モスクワ建築研究所教授、モスクワ高等芸術工業学校教授を歴任。著書に『日用品の芸術』（一九三二年）、『現代西洋建築』（一九三四年）など。

エマヌイル・ベスキン（一八七七―一九四〇）
演劇批評家。革命前からさまざまな演劇雑誌で編集を担当し、革命後も雑誌『劇場のモスクワ』や『ラビス』で編集を務めた。著書に『ロシア演劇の歴史』（一九二八年）、『エルモーロワ』（一九三六年）など。

オリガ・カーメネワ（一八八三―一九四一）
政治家。兄はレフ・トロツキー。レフ・カーメネフの最初の妻。革命後、教育人民委員部の演劇部門でメイエルホリドとともに活動。一九二六年の全ソ対外文化連絡協会の発足に伴い代表に就任。一九三六年逮捕、一九四一年粛清。

ニコライ・コンラド（一八九一―一九七〇）
日本研究家。一九一四年に来日し、東京帝国大学で日本語を学ぶ。レニングラード東洋言語研究所教授、モスクワ大学教授などを歴任。一九三八年にスパイ容疑で逮捕、一九四一年に釈放。『日本・国民と国家』（一九二三年）など日本に関する数多くの翻訳や著作がある。

グリゴーリー・ガウズネル（一九〇七―一九三四）
作家、演劇批評家。一九二七年に来日し、その経験を元に、著書『見知らぬ日本』（一九二九年）、ラジオドラマ『日本への旅』（一九三〇年）を発表した。

ユーリー・ソボレフ（一八八七―一九四〇）
劇作家、演劇批評家。モスクワ第二芸術座の文芸部で活動。ロシア演劇芸術アカデミー、シチェープキン演劇大学講師。著書に『チェーホフについて』（一九一六年）、『チェーホフ』（一九三四年）など。

セルゲイ・チェモダノフ（一八八八―一九四二）
音楽批評家、作家。モスクワ大学講師、ロシア演劇芸術アカデミー教授を歴任。著作に『音楽についてなにを知るべきか』（一九三〇年）など。

ヴィクトル・イヴィング（一八八八―一九五二）
バレエ批評家。一九二三年から『プラウダ』『イズヴェスチヤ』でバレエ評を執筆。ロシア演劇芸術アカデミー講師、モスクワバレエ学校講師を歴任。

ミハイル・ザゴルスキー（一八八五―一九五一）
演劇批評家。演劇雑誌『新しい観客』『芸術生活』『テアトル』などで批評を執筆。著書に『プーシキンと演劇』（一九四〇年）、『ゴーゴリと演劇』（一九五二年）など。

ヤコフ・トゥーゲンホリド（一八八二―一九二八）

芸術・演劇批評家。ヨーロッパ絵画の専門家で『プラウダ』紙の芸術部門の主任を務め、絵画だけでなく演劇批評も数多く手掛けた。一九二八年、肺炎により死去。著書に『フランス芸術とその作品』（一九一一年）、『絵画と見物客』（一九二八年）など。

アレクサンドル・メイセリマン（一九〇〇―一九三八）

文学・演劇批評家。レニングラード芸術アカデミー講師。一九三七年逮捕、翌年粛清。

ボリス・グスマン（一八九二―一九四四）

音楽家、演劇批評家、詩人。『プラウダ』紙の演劇部門主任、ボリショイ劇場の副支配人を歴任。詩や音楽に加え、映画脚本も手掛けた。著作に詩集『文学ポートレート・百の詩』（一九二三年）。

イワン・ソレルチンスキー（一九〇二―一九四四）

演劇批評家、音楽研究家。友人であるショスタコーヴィチや、ベートーベン、マーラーなど数多くの音楽に関する著作を執筆。

コンスタンチン・トゥヴェルスコイ（一八九〇―一九三七）

演出家、演劇批評家。メイエルホリドのもとで演劇を学ぶ。一九二七年からボリショイドラマ劇場で演出活動。一九二九年に同劇場の芸術監督に就任。一九三七年逮捕、粛清。

シモン・ドレイデン（一九〇五―一九九一）

演劇批評家。『芸術生活』『プラウダ』などで演劇批評を執筆。レニングラード演劇研究所、ロシア演劇芸術アカデミー講師を歴任。

ウラジーミル・ソロヴィヨフ（一八八七―一九四一）

演出家、演劇批評家。ボリショイドラマ劇場、アカデミードラマ劇場（現アレクサンドリンスキー劇場）、マールイオペラ劇場で演出を行う。メイエルホリドに関する批評を多数執筆。一九一四年、メイエルホリド主宰の雑誌『三つのオレンジへの恋』の創刊に関わる。

（Ｋ・カルロフスキーとＳｔｒ．の二名については経歴不明）

（作成＝内田健介）

掲載媒体

■本書に翻訳・掲載された新聞・雑誌評の掲載媒体（名称は掲載時）

プラウダ（Правда　新聞　モスクワ　一九一二—）
ソ連共産党中央委員会機関紙。レーニン主導のもとで創刊。ソ連を代表する日刊紙。スターリンやトロツキーらが編集に参加。現在も刊行中。

イズヴェスチヤ（Известия　新聞　モスクワ　一九一七—）
ソ連最高会議幹部会機関紙として『プラウダ』と並ぶソ連を代表する日刊紙。現在も民間に経営が引き継がれ、刊行が続いている。

ヴェチェルニャヤ・モスクワ（Вечерняя москва　新聞　モスクワ　一九二三—）
モスクワ市評議会により発行されていた日刊紙。政治・経済に加え、演劇や映画の新作など文化的・大衆的な記事も扱う。マヤコフスキーが多くの作品を寄稿していた。現在はモスクワ市が発行。

コムソモリスカヤ・プラウダ（Комсомольская правда　新聞　モスクワ　一九二五—）
一九九一年までは共産主義青年同盟中央機関紙で、主に若者向けに発行されていた日刊紙。マヤコフスキーが所属していたこともある（一九二六—二九年）。

レニングラード・プラウダ（Ленинградская правда　新聞　レニングラード　一七〇三—）
ピョートル大帝が創刊した『報知 Ведомости』の後継紙。ソ連時代は日刊のソヴィエト連邦共産党中央委員会レニングラード支部機関紙だった。一九九一年より、一七二八—一九一四年の名称『サンクトペテルブルク報知 Санкт-Петербургские ведомости』を冠している。

クラースナヤ・ガゼータ（Красная газета　新聞　レニングラード　一九一八—一九三九）
初期はソ連でもっとも革命色の強い新聞のひとつ。文学面が充実していたことも特徴である。一九三九年に『レニングラーツカヤ・プラウダ』と統合され廃刊。

赤旗（Красное знамя　新聞　ウラジオストク　一九一七—一九九五？）
二月革命後にボリシェヴィキ系の新聞として創刊。一九九一年まで沿海州最大の新聞であり続けた。連邦崩壊後は民営化されるも継続しなかった。

太平洋の星（Тихоокеанская звезда　新聞　ハバロフスク　一九二〇—）
ハバロフスクで刊行されている総合日刊紙。極東の新聞ではもっとも歴史の長いもののひとつ。創刊時の名称は『極東プラウダ Дальневосточная правда』で、一九二五年、公募で現在のものに改称された。

東の暁（Заря востока　新聞　チフリス（トビリシ）　一九二二―二〇一一）
外カフカス共産党地方委員会の日刊の機関紙。トビリシを拠点とし、バーベリやマヤコフスキーも寄稿していた。一九九一年に『グルジア青年』紙と合併し、『自由グルジア Свободная Грузия』紙となった。

ラビス（Рабис　雑誌　モスクワ　一九二七―一九三四）
全ソ芸術労働者労働組合発行の週刊誌。演劇、映画、写真、絵画、サーカスなど芸術に関する様々な情報を掲載。

現代の演劇（Современный театр　雑誌　モスクワ　一九二七―一九二九）
教育人民委員部主導でモスクワで発行されていた週刊演劇雑誌。新作紹介や批評、国外の演劇事情まで幅広く演劇の情報を掲載。

クラースナヤ・パノラマ（Красная панорама　雑誌　レニングラード　一九二三―一九三〇）
クラースナヤ・ガゼータ社が刊行していた雑誌。政治と社会、文学や演劇などの話題を中心に掲載。

芸術生活（Жизнь искусства　雑誌　レニングラード　一九二三―一九二九）
週刊の文学・演劇雑誌。一九一八年創刊の同名の新聞の後継誌である。劇評や論争などが掲載された本格批評誌だった。一九三〇年に『労働者と演劇』誌と統合された。

労働者と演劇（Рабочий и театр　雑誌　レニングラード　一九二四―一九三七）
演劇雑誌。一九二九年までは週刊、その後、刊行頻度が変化し、最終的には月二回刊となる。ルナチャルスキーが主導。レニングラードやモスクワの演劇事情、批評を中心に掲載。

■本書に翻訳・掲載されていない新聞・雑誌評の掲載媒体（名称は掲載時）

新しい観客（Новый зритель　雑誌　モスクワ　一九二四―一九二九）
モスクワ人民教育局が創刊した週刊誌。映画、音楽、演劇、サーカスなど公演に関する情報と批評を掲載。広い執筆陣を誇る。一九二九年『現代の演劇』誌と統合。

ソヴィエトのスクリーン（Советский экран　雑誌　モスクワ　一九二五―一九九八）
ソ連映画人労働組合・ソ連国家映画委員会が隔週で刊行していた映画雑誌。新作批評や俳優の紹介、国外の映画事情など幅広い情報を掲載。一九四一―一九五七年の間は休刊。

読者と作家（Читатель и писатель　雑誌　モスクワ　一九二七―一九二八）

週刊で刊行されていた文学・芸術雑誌。新作や文学批評を掲載していたが、政治的な理由で廃刊になった。その後、作家連盟により『文学新聞 Литературная газета』が創刊され、これに代わった。

スクリーン（Экран　雑誌　モスクワ　一九二三―一九三〇）

『労働新聞』の付録として発行されていた絵付き週刊誌。

ともしび（Огонёк　雑誌　モスクワ　一八九九―）

サンクトペテルブルグ創刊の人気雑誌。政治から文学・芸術までを扱う総合誌。一九一八年に刊行停止となるが、一九二三年、ミハイル・コリツォフがモスクワで復刊。

ナーシャ・ガゼータ（Наша газета　新聞　モスクワ　一九二六―一九三四）

モスクワ県商業従事者労働組合中央委員会が刊行していた日刊の啓蒙紙。『モスクワの勤め人 Московский служащий』に代わって創刊された。政治・経済を中心に文化・芸術に関する情報も掲載。

労働のモスクワ（Рабочая Москва　新聞　モスクワ　一九一八―）

『労働者・赤軍議員モスクワ議会夕刊報知 Вечерние известия Московского Совета рабочих и красноармейских депутатов』として創刊。『労働のモスクワ』の名称は一九二二―三九年に用いられていた。一九五〇年から現在までは『モスクワ・プラウダ Московская правда』。

貧農（Беднота　新聞　モスクワ　一九一八―一九三一）

農業従事者向け日刊紙。農村への共産主義プロパガンダと啓蒙に大きな役割を果たした。特に内戦時には白軍との戦いを呼びかけ、また富農撲滅運動にも力を発揮している。一九三一年に『社会主義の農業 Социалистическое земледелие』紙と合併。

モスクワの農村（Московская деревня　新聞　モスクワ　一九二二―？）

農村向けの週刊紙として刊行された。『労働のモスクワ』紙の付録紙。

繊維工業の声（Голос текстилей　新聞　モスクワ　一九二一―一九四一）

モスクワ県繊維工業従事者労働組合中央委員会が刊行していた新聞。『作業台にむかう繊維工業労働者 Текстильщик к станку』という週二回刊の労働新聞から始まり、次第に内容が充実して、一九二七年に『繊維工業の声』に改称。二八年八月より日刊。一九三二年『軽工業 Лёгкая индустрия』に改称。

労働新聞（Рабочая газета　新聞　モスクワ　一九二二―一九三二）

『労働者 Рабочий』として創刊された日刊紙。同年に『労働新聞』に改称。その名の通り、労働者のための新聞で、紙面には労働者の声が取り上げられ、編集委員には現場の労働者が参加した。

汽笛（Гудок　新聞　モスクワ　一九一七―）

鉄道労働者向け新聞。一九二〇年より日刊。ソ連運輸省、鉄道事業者労働組合中央委員会が刊行、現在はロシア鉄道が刊行。ブルガーコフ、オレーシャ、ゾーシチェンコ、イリフとペトロフら人気作家が寄稿。

労働（Труд　新聞　モスクワ　一九二一—）

全ソ労働組合中央評議会が労働者のプロパガンダと啓蒙のために刊行していた日刊紙。ソ連崩壊後は民営化された。現在はＮＰＯの編集委員会によって週一回刊行されている。

食品産業労働者（Пищевик　新聞　モスクワ　一九二一—一九四一）

食品・外食産業労働組合中央委員会が刊行していた週刊の職業労働紙。一九二五年より週三回刊。一九三一年『食品産業のために За пищевую индустрию』に改称、一九三七年にはさらに『食品産業 Пищевая индустрия』に改称。

スメーナ（Смена　新聞　レニングラード　一九一九—二〇一五）

ペトログラードで創刊された若者向けの週刊新聞。ソ連時代はレニングラード州委員会共産主義青年同盟機関紙。ソ連崩壊後も発刊されていたが、二〇一五年に廃刊。

プロレタリア・プラウダ（Пролетарська правда　新聞　キエフ　一九二一—）

キエフ発行の日刊新聞。キエフのロシア語紙『コミュニスト Коммунист』『キエフのプロレタリアート Киевский пролетарий』が合併して創刊された。一九二五年六月よりウクライナ語。一九四三年以降は『キエフ・プラウダ Київська правда』の名称となっている。

コミューン（Коммуна　新聞　ヴォロネジ　一九一七—）

『ヴォロネジの労働者 Воронежский рабочий』として創刊されたヴォロネジの地方紙。その後、いくつかの名前の変遷を経て、一九二八年『コミューン』に改称。かつては週四回刊行されていたが、現在は週三回刊。

赤いタタール（Красная Татария　新聞　カザン　一九一七—）

タタールスタン共和国の主要紙。ロシア語で刊行。『労働者 Рабочий』の名で創刊。のち、いくつかの変遷を経て『赤いタタール』になり、一九五一年までこの名称であった。現在は『タタールスタン共和国 Республика Татарстан』の名称になっている。

赤い鉱山労働者（Червоний гірник　新聞　クルィヴィイ・リーフ　一九二四—）

鉄鉱石の産地であるウクライナのドニプロペトロウシク州クルィヴィイ・リーフで週三回発行されていた地方紙。一九二八年よりウクライナ語で刊行。一九二四—二七年まではロシア語だった。

トゥルクメン・イスクラ（Туркменская искра　新聞　アシガバード　一九二四—）

ソ連時代はトゥルクメン共和国共産党の機関紙。現在は『中立のトゥルクメニスタン Нейтральный Туркменистан』

の名称で、国営新聞になっている。ロシア語の日刊紙。

プスコフの警鐘（Пусковский набат　新聞　プスコフ　一九一七—）

社会・政治紙。一九三一年に『プスコフの耕作人 Псковский пахарь』と合併、『プスコフのコルホーズ員 Псковский колхозник』に。その後、『プスコフ・プラウダ Псковская правда』として現在に継続されている。

ソヴィエトのステップ（Советская степь　新聞　クズィル＝オルダ　一九二〇—）

『キルギス地方報知 Известия Киргизского края』として創刊されたカザフのロシア語の新聞。当初は週刊だったが、一九二三から日刊に。いくつかの名称の変遷を経て、一九二三—三二年『ソヴィエトのステップ』の名で刊行。一九三二年から『カザフスタン・プラウダ Казахстанская правда』になり、現在に至る。

星（Звезда　新聞　ミンスク　一九一七—）

ベラルーシの日刊紙。当初はロシア語で、一九二五—二七年はベラルーシ語とロシア語の二ヶ国語で、一九二七年以降はベラルーシ語で刊行され、現在に至る。

ニジェゴロド・コミューン（Нижегородская коммуна　新聞　ニジニ・ノヴゴロド　一九一七—）

『インターナショナル Интернационал』として創刊。一九一八年から『ニジェゴロド・コミューン』に改称。一九三二年、ニジニ・ノヴゴロドの市名がゴーリキーに改称されたのに伴い、新聞も『ゴーリキー・コミューン Горьковская коммуна』に。その後さらに改称を経て、一九九〇年、市名が元に戻ったので、『ニジェゴロド・プラウダ Нижегородская правда』として現在も週三回刊行されている。

ソヴィエトのシベリア（Советская Сибирь　新聞　ノヴォシビルスク　一九一九—）

チェリャビンスクで創刊された日刊紙で、シベリア最大の規模を誇る。同年、編集部はオムスクへ移転。さらに一九二一年に現在のノヴォシビルスクに移転した。

労働の威力（Власть труда　新聞　イルクーツク　一九一八—）

イルクーツク州の地方紙。一九三〇年『東シベリア・プラウダ Восточно-Сибирская правда』に改称し現在に至る。

沿ヴォルガ・プラウダ（Поволжская правда　新聞　サラトフ　一九二八—一九三四）

サラトフで刊行されていた日刊紙。

クラスノヤルスクの労働者（Красноярский рабочий　新聞　クラスノヤルスク　一九〇五—）

ロシア第一革命の際に革命勢力が郡の印刷所を占拠して創刊。このときは五号を刊行しただけだったが、その後、一九一七年に復活。内戦時には刊行されなかったが、一九二〇年に再度復活し、現在に至る。

ヴェチェルニエ・イズヴェスチヤ（Вечрнис известия　新聞　オデッサ　一九二三—一九三〇）

オデッサ市議会の機関紙。ロシア語による日刊の夕刊紙で、文化面も充実していた。

アチンスクの農民（Ачинский крестьянин　新聞　アチンスク　一九二〇—一九三四）
シベリア・クラスノヤルスク地方のアチンスクで刊行されていた日刊紙。創刊時の名称は『労働者と農民 Крестьянин и рабочий』。『アチンスクの農民』の名称で刊行されていたのは一九二八—一九三〇年。

労働の道（Рабочий путь　新聞　オムスク　一九一七—）
『労働者と軍人の議員のオムスク議会報知 Известия Омского Совета рабочих и военных депутатов』として創刊されたオムスクの地方紙。一九三四年より『オムスク・プラウダ Омская правда』の名を冠し、現在に至る。

北方の労働者（Северный рабочий　新聞　ヤロスラヴリ　一九二二—一九九一）
ヤロスラヴリで刊行されていた日刊紙。

赤い十月（Красный Октябрь　新聞　スィズラニ　一九一七—）
サマラ州スィズラニで刊行されている日刊の地方紙。創刊時の名称は『同志 Товарищ』。一九二二年に『赤い十月』になり、ソ連崩壊後は『ヴォルガニュース Волжские вести』に名を変えて現在に至る。

東のプラウダ（Правда Востока　新聞　タシケント　一九一七—）
ウズベキスタンのタシケントで刊行されているロシア語の日刊紙。ソ連時代はウズベキスタン共産党の機関紙。創刊時は『ナーシャ・ガゼータ』の名で、その後、いくつかの変遷を経て、一九二四年に現在の名に落ち着いた。

赤い戦士（Красный воин　新聞　チフリス　一九一九—二〇〇四）
『レーニンの旗 Ленинское знамя』の名で創刊。一九二〇年から『赤い戦士』に。ロシア語のみで刊行されていた時期のほか、グルジア語、アルメニア語など、複数の言語で刊行されていた時期がある。一九九二年から、ロシア国防省管轄の『外コーカサス軍事報知 Закавказские военные ведомости』に。

波（Волна　新聞　アルハンゲリスク　一九一七—）
『労働者と兵士の議員のアルハンゲリスク議会報知 Известия Архангельского Совета рабочих и солдатских депутатов』の名で創刊。その後、『波』に改称、一九二九年より『北のプラウダ Правда Севера』に。二〇一六年に紙媒体は終刊となり、現在はネットのみで刊行。

夕方のラジオ（Вечернее радио　新聞　ハルキウ　一九二四—一九二九）
ウクライナ・ラジオ電報局がウクライナ語とロシア語で発行していた新聞。

（作成＝上田洋子・内田健介）

ソ連の成功に驚嘆」(Встреча японских артистов в Новосибирске: Артисты восхищены успехами СССР в области театра),『アチンスクの農民』, アチンスク

7月26日「日本の俳優たちがソ連国民に挨拶」(Японские артисты приветствуют СССР), I. ST.,『労働の道』, オムスク

7月26日「日本の国民演劇・歌舞伎劇団がモスクワへ向かう——ノヴォシビルスクではソ連演劇や地方国民教育局の労働者たちが俳優たちを出迎え」(В Москву едет японский национальный театр Кабуки: В Новосибирске артистов встречали работники советских театров, краевого ОНО),『労働の威力』, ミヌシンスク

7月28日「「歌舞伎」劇団がモスクワに到着——「歌舞伎座」劇場の主演俳優・左団次氏と演劇制作会社「松竹」副社長・城戸氏の対談」(Приезд театра "Кабуки" в Москву: Беседа с премьером театра "Кабукидза" г. Садандзи и вице-директором театральной компании "Сиоцику《〔ママ〕》" г. Кидо),『北の労働者』, ヤロスラヴリ

7月28日「日本の劇団がモスクワに」(Японский театр в Москве),『赤い十月』, スィズラニ

7月28日「歌舞伎」(Кабуки), AR. GUR.,『ソヴィエトのシベリア』, ノヴォシビルスク

7月28日「モスクワの歌舞伎劇団」(Театр Кабуки в Москве),『東のプラウダ』, タシケント

7月30日「歌舞伎の舞台裏」(За кулісамі тэатру Кабукі),『星』, ミンスク

8月2日「モスクワの日本演劇」(Японский театр в Москве),『赤い戦士』, チフリス(トビリシ)

8月5日「ソ連の日本演劇(名高い日本俳優・市川左団次の論考)」(Японский театр в СССР (Статья знаменитого японского артиста Ичикава Садандзи)), 市川左団次,『波』, アルハンゲリスク

8月5日「「歌舞伎」」("Кабуки"), A-R,『夕方のラジオ』, ハリコフ(ハルキウ)

8月11日「モスクワの日本演劇」(Японский театр в Москве), P. N. P.,『ニジェゴロド・コミューン』, ニージニイ・ノヴゴロド

8月12日*「モスクワの東京(「歌舞伎」の公演によせて)」(Токио в Москве. (К гастролям театра "Кабуки")), ヤコフ・トゥーゲンホリド,『東の暁』, チフリス(トビリシ), (321頁)

8月12日「「歌舞伎」劇団をハリコフに招待」(Театр "Кабуки" приглашен в Харьков),『夕方のラジオ』, ハリコフ(ハルキウ)

8月12日「歌舞伎劇団をオデッサに招待」(Театр Кабуки приглашен в Одессу),『ヴェチェルニエ・イズヴェスチヤ』, オデッサ

8月19日「モスクワにおける日本演劇」(Японский театр в Москве),『コミューン』, ヴォロネジ

(作成=上田洋子)

Кабуки СССР），市川左団次，『赤旗』，トムスク

7月17日「日本の劇団は7月21日に到着予定」（Японский театр ожидается 21 июля），『赤旗』，ノヴォシビルスク

7月17日「日本の俳優たちの到着――ウラジオストク社会はソ連にやってきた名高い歌舞伎劇団を温かく歓迎」（Приезд японских артистов: Владивостокская общественность тепло встречила прибывшую в СССР знаменитую труппу Кабуки），M．ポリャコフスキー，『赤旗』，ウラジオストク

7月17日「芸術は友好の道」（Искусство–путь к сближению），城戸四郎，『赤旗』，ウラジオストク

7月19日＊「日本の俳優を出迎え――人気俳優・左団次と同行の共演者たち、ハバロフスクを通過」（Встреча японских артистов: Через Хабаровск проехал известный артист Садандзи в сопровождении труппы），Str.，『太平洋の星』，ハバロフスク，（299頁）

7月21日「「歌舞伎」劇団は月曜に通過予定」（Театр "Кабуки" проезжает в понедельник），『ソヴィエトのシベリア』，ノヴォシビルスク

7月21日「何世紀にもわたる伝統の演劇（日本の「歌舞伎」劇団の通過によせて）」（Театр с вековыми традициями (К проезду японского театра "Кабуки")），『労働の威力』，イルクーツク

7月21日「日本の「歌舞伎」劇団がソ連へ」（Японский театр "Кабуки" едет в СССР），『沿ヴォルガ・プラウダ』，サラトフ

7月22日「「歌舞伎」」（"Кабуки"），B．，『ソヴィエトのシベリア』，ノヴォシビルスク

7月24日「日本の劇団が通過」（Проехал японский театр），『労働の威力』，イルクーツク

7月24日「日本の劇団・歌舞伎が昨日ノヴォシビルスクを通過――劇団を率いるのは現代日本のもっとも卓越した俳優、市川左団次」（Японский театр Кабуки вчера проехал через Новосибирск: Труппу возглавляет самый выдающийся артист современной Японии–Ицикава《〔ママ〕》 Садандзи），『ソヴィエトのシベリア』，ノヴォシビルスク

7月24日「22日クラスノヤルスクを日本の「歌舞伎」劇団が通過――地元の文化・教育機関の代表たちが駅で劇団員たちを出迎え。『クラスノヤルスクの労働者』の特派員と日本の劇団を率いる左団次の対話」（22-го через Красноярск проехала труппа японского театра "Кабуки": Труппу встречали на вокзале представители местных культурно-просветительных организаций. Беседа корреспондента "Красноярского рабочего" с главой японской труппы, Садандзи），I. L.，『クラスノヤルスクの労働者』，クラスノヤルスク

7月25日「九代目左団次とその相手役たち――日本の劇団・歌舞伎のソ連訪問によせて」（Садандзи IX и его партнеры: К приезду японского театра Кабуки в СССР），『ヴェチェルニエ・イズヴェスチヤ』，オデッサ

7月25日「歌舞伎」（Кабуки），『イズヴェスチヤ』，オデッサ

7月26日「ノヴォシビルスクで日本の俳優たちを出迎え――俳優たちは演劇分野における

7月3日「日本の劇団・歌舞伎の訪ソによせて」（К приезду в СССР японского театра Кабуки），『太平洋の星』，ハバロフスク

7月3日「日本最高峰の劇団がソ連にやって来る——二つの文化の出会いをひかえて（ウラジオストク特派員より）」（Лучшая труппа яопнских артистов приезжает в СССР–Накануне встречи двух культур (От нашего владивостокского корр-та)），D. アンドレエフ，『太平洋の星』，ハバロフスク

7月4日「歌舞伎劇団はソ連でなにを見せる」（Что покажет в СССР театр Кабуки），『赤旗』，ウラジオストク

7月6日「日本演劇のソ連訪問によせて」（К посещению СССР японским театром），市川左団次，『コミューン』，カルーガ

7月8日「日本の劇団「歌舞伎」のソ連訪問によせて——名高い日本の俳優・市川左団次の論考」（К посещению японским театром "Кабуки" СССР: Статья знаменитого японского актера Итикава Садандзи），市川左団次，『赤いタタール』，カザン

7月10日「日本の劇団・歌舞伎のソ連訪問によせて」（К посещению японским театром Кабуки СССР），市川左団次，『赤い鉱山労働者』，クリヴォイ・ローグ

7月11日「日本演劇の巡演」（Гастроли японского театра），『労働者と演劇』，ミンスク

7月11日「日本俳優たちの来訪についてふたたび」（Еще о приезде японских артистов），Gakkh，『赤旗』，ウラジオストク

7月11日「市川左団次」（Садандзи Итикава），『トゥルクメン・イスクラ』，ポルトラツク（アシガバード）

7月11日「客人がやって来る！　ソ連に日本の歌舞伎劇団が来訪」（К нам в гость! В СССР едет японский театр Кабуки.），市川左団次，『プスコフの警鐘』，プスコフ

7月11日「日本の劇団・歌舞伎のソ連訪問によせて」（К посещению СССР японским театром Кабуки），市川左団次，『ソヴィエトのステップ』，クズィル＝オルダ

7月12日「ミンスクに日本の歌舞伎劇団がやって来るまで」（Да прыезду японскага тэатру Кабукі у Менск），『星』，ミンスク

7月12日「日本の劇団・歌舞伎のソ連訪問によせて」（К посещению японским театром Кабуки СССР），市川左団次，『ニジェゴロド・コミューン』，ニージニイ・ノヴゴロド

7月14日「日本の劇団、数日のうちに通過」（Японский театр проезжает на-днях），『ソヴィエトのシベリア』，ノヴォシビルスク

7月14日「歌舞伎」（Кабуки），『イズヴェスチヤ』，オデッサ

7月15日「明日、歌舞伎劇団が到着」（Завтра приезжает труппа Кабуки），『赤旗』，ウラジオストク

7月15日＊「歓迎！（歌舞伎来訪によせて）」（Добро пожаловать! (К приезду театра Кабуки)），K. カルロフスキー，『赤旗』，ウラジオストク，（294頁）

7月15日「日本の演劇・歌舞伎のソ連訪問によせて」（К посещению японским театром

（朝刊），レニングラード

8月26日「劇場ニュース」（Театральные новости），『クラースナヤ・ガゼータ』（朝刊），レニングラード

8月26日「日本の歌舞伎劇団の公演……」（Спектакль японского театра Кабуки...），『芸術生活』No. 35，レニングラード

8月26日＊「歌舞伎　第一プログラム」（Кабуки: Первая программа），イワン・ソレルチンスキー，『芸術生活』No. 35，レニングラード，（343頁）

8月26日＊「レニングラードにおける「歌舞伎」」（"Кабуки" в Ленинграде），コンスタンチン・トヴェルスコイ，『労働者と演劇』No. 35，レニングラード，（347頁）

8月26日「8月18日、レニングラードに歌舞伎がやってきた……」（18 августа в Ленинград приехал...），D.，『労働者と演劇』No. 35，レニングラード

8月27日「歌舞伎ソ連公演」（Гастроли Кабуки），コンスタンチン・デルジャーヴィン，『クラースナヤ・ガゼータ』（夕刊），レニングラード

8月28日「「歌舞伎」についてなにが言われているか」（Что говорят о "Кабуки"），『クラースナヤ・ガゼータ』（夕刊），レニングラード

8月28日「「歌舞伎」公演に9,100名が来場」（Спектакль театра "Кабуки" посетило 9,100 человек.），『クラースナヤ・ガゼータ』（朝刊），レニングラード

8月28日「「歌舞伎」帰途へ」（Отъезд "Кабуки"），『クラースナヤ・ガゼータ』（朝刊），レニングラード

8月29日＊「レニングラードの歌舞伎」（Кабуки в Ленинграде），シモン・ドレイデン，『レニングラード・プラウダ』，レニングラード，（351頁）

8月31日「モデルのスケッチ」（Зарисовки с натуры），『クラースナヤ・ガゼータ』，レニングラード

9月1日＊「歌舞伎公演を終えて」（После гастролей театра Кабуки），ウラジーミル・ソロヴィヨフ，『クラースナヤ・ガゼータ』，レニングラード，（353頁）

9月1日「歌舞伎最終公演にて」（На прощальном спектакле Кабуки ），D.，『労働者と演劇』No. 36，レニングラード

9月1日「われわれの客人による手書きメッセージ……」（Автограф нашего гостя...），『ラビス』，モスクワ

6月27日「友情の新しい絆（歌舞伎劇団訪ソによせて）」（Новое звено дружбы (К приезду в СССР театра Кабуки)），K. カルロフスキー，『赤旗』，ウラジオストク

6月30日「歌舞伎劇団来訪によせて」（К приезду театра Кабуки），K.，『赤旗』，ウラジオストク

7月1日「日本演劇」（Японский театр），『プロレタリヤ・プラウダ』，キエフ

7月3日「演劇――日本の劇団の第一陣が通過」（Театр. Проехала первая группа членов японской труппы），『赤旗』，ウラジオストク

8月21日「四十七人の忠臣たち」(Сорок семь верных), V. P.,『クラースナヤ・ガゼータ』(朝刊), レニングラード

8月21日「ソ日友好の夕べ」(Вечер советско-японского сближения), L.T.,『クラースナヤ・ガゼータ』(朝刊), レニングラード

8月21日「日ソ友好の夕べ」(Вечер японо-советского сближения), シモン・ドレイデン,『レニングラード・プラウダ』, レニングラード

8月21日「日本演劇のレニングラード公演はじまる」(Начались гастроли японского театра),『レニングラード・プラウダ』, レニングラード

8月21日「レニングラードの歌舞伎劇団」(Театр Кабуки в Ленинграде),『スメーナ』, レニングラード

8月22日「歌舞伎劇団は今日と明日、第一プログラムを繰り返し上演……」(Театр Кабуки сегодня и завтра повторяет первую программу...),『レニングラード・プラウダ』, レニングラード

8月22日「歌舞伎の劇団員は昨日……」(Труппа театра Кабуки вчера посетила...),『レニングラード・プラウダ』, レニングラード

8月22日「日本演劇のレニングラード公演」(Гастроли японского театра),『クラースナヤ・ガゼータ』, レニングラード

8月22日「300年の文化を持つ演劇」(Театр трехсотлетней культуры),『スメーナ』, レニングラード

8月22日「歌舞伎の公演にて」(На спектакле Кабуки), M. ヤンコフスキー,『スメーナ』, レニングラード

8月23日「市川松蔦」(Ицикава《〔ママ〕》 Сйотйо), ウラジーミル・ソロヴィヨフ,『クラースナヤ・ガゼータ』(夕刊), レニングラード

8月23日「消えてしまった星の光」(Свет звезды, которая погасла), Tur.,『クラースナヤ・ガゼータ』(夕刊), レニングラード

8月24日「レニングラードの歌舞伎」(Кабуки в Ленинграде),『レニングラーツカヤ・プラウダ』, レニングラード

8月24日「「歌舞伎」第二プログラム」(Вторая программа "Кабуки"),『クラースナヤ・ガゼータ』(朝刊), レニングラード

8月24日「歌舞伎の新プログラム」(Новая программа Кабуки),『クラースナヤ・ガゼータ』, レニングラード

8月24日「「歌舞伎」とメイエルホリド劇団の意見交換会」(Товарищеская встреча "Кабуки" с мейерхольдовцами),『クラースナヤ・ガゼータ』(朝刊), レニングラード

8月25日「三人の俳優」(Три актера), ウラジーミル・ソロヴィヨフ,『クラースナヤ・ガゼータ』(夕刊), レニングラード

8月25日「歌舞伎の公演にて」(На спектакле Кабуки), K. N.,『クラースナヤ・ガゼータ』

8月10日「観察者の双眼鏡（日本旅行の印象）」(В бинокле наблюдателя (Путевые впечатления по Японии))，А．シェフチュク，『クラースナヤ・パノラマ』№32，レニングラード

8月10日＊「日本のプロレタリア演劇」(Японский пролетарский театр)，ニコライ・コンラド，『クラースナヤ・パノラマ』No. 32，レニングラード，(312頁)

8月14日「日本俳優の歓迎会」(Чествование японских актеров)，『クラースナヤ・ガゼータ』(夕刊)，レニングラード

8月17日「「歌舞伎」来訪によせて」(К приезду "Кабуки")，『クラースナヤ・ガゼータ』(朝刊)，レニングラード

8月17日「モスクワの歌舞伎劇団」(Театр Кабуки в Москве)，『レニングラード・プラウダ』，レニングラード

8月19日「今日、「歌舞伎」劇団が到着」(Сегодня приезжает театр "Кабуки")，『レニングラード・プラウダ』，レニングラード

8月19日「「包囲網突破」」("Прорыв блокады")，『労働者と演劇』No. 34，レニングラード

8月19日「日本の劇団・歌舞伎の公演」(Спектакли японского театра Кабуки)，『芸術生活』No. 34，レニングラード

8月20日「ソ日友好の夕べ」(Вечер советско-японского сближения)，『クラースナヤ・ガゼータ』，レニングラード

8月19日「ようこそ歌舞伎劇団」(Привет театру Кабуки)，『芸術生活』No. 34，レニングラード

8月19日「日本演劇とわれわれ」(Японский театр и мы)，セルゲイ・モクリスキー，『芸術生活』No. 34，レニングラード

8月19日「日本の若者が語る「歌舞伎」」(Японская молодежь о "Кабуки")，中條百合子，『芸術生活』No. 34，レニングラード

8月19日＊「市川左団次」(Итикава Садандзи)，ニコライ・コンラド，『芸術生活』No. 34，レニングラード，(329頁)

8月19日「市川左団次、訪ソを語る」(Итикава Садандзи о своей поездке в СССР)，『芸術生活』No. 34，レニングラード

8月19日「思いがけぬ接触」(Нежданный стык)，セルゲイ・エイゼンシテイン，『芸術生活』No. 34，レニングラード

8月19日「ソ日国民文化交流における新たな貢献」(Новый вклад в дело культурного сближения народов СССР и Японии)，Т. 重森，『芸術生活』No. 34，レニングラード

8月19日＊「ヨーロッパにおける日本演劇研究」(Изучение японского театра в Европе)，アレクサンドル・メイセリマン，『芸術生活』No. 34，レニングラード，(335頁)

8月19日「日本人が語る日本映画」(Японцы о японском кино)，Е. А.，『芸術生活』No. 34，レニングラード

японского театра "Кабуки" в Москве и в Ленинграде),『レニングラード・プラウダ』, レニングラード

7 月 22 日「日本演劇「歌舞伎」――レニングラード公演によせて」(Японский театр "Кабуки": К гастролям в Ленинграде), コンスタンチン・デルジャーヴィン,『労働者と演劇』No. 30, レニングラード

7 月 31 日「歌舞伎劇団の俳優」(Актер театра Кабуки), Sh.,『クラースナヤ・ガゼータ』(夕刊), レニングラード

7 月 31 日「日本の劇団の来訪によせて」(К приезду японского театра),『クラースナヤ・ガゼータ』(朝刊), レニングラード

8 月 2 日「歌舞伎劇団の公演が開幕(モスクワより電話レポート)」(Открытие спектаклей театра Кабуки (Из Москвы по телефону)), F.,『クラースナヤ・ガゼータ』, レニングラード

8 月 2 日「「歌舞伎」来訪によせて」(К приезду "Кабуки"),『クラースナヤ・ガゼータ』(朝刊), レニングラード

8 月 3 日「歌舞伎公演との関連で……」(В связи с гастролями Кабуки...),『クラースナヤ・ガゼータ』(朝刊), レニングラード

8 月 3 日「歌舞伎レニングラード公演をひかえて」(Перед гастролями Кабуки),『クラースナヤ・ガゼータ』(夕刊), レニングラード

8 月 3 日「日本の劇団の最初の公演は……」(Первый спектакль японского театра...),『レニングラード・プラウダ』, レニングラード

8 月 4 日「左団次(日本の劇団・歌舞伎座のレニングラード公演によせて)」(Садандзи. (К гастролям японоской труппы театра Кабуки-дза), オレグ・プレトネル,『レニングラード・プラウダ』, レニングラード

8 月 5 日「日本の劇団「歌舞伎」のレニングラード公演」(О гастроли японского театра "Кабуки"),『レニングラード・プラウダ』, レニングラード

8 月 5 日「日本の劇団「歌舞伎」の到着は一日遅れ……」(Японский театр "Кабуки" приедет на день позже...),『クラースナヤ・ガゼータ』(朝刊), レニングラード

8 月 9 日「歌舞伎とソヴィエト社会」(Кабуки и советская общественность),『クラースナヤ・ガゼータ』(夕刊), レニングラード

8 月 9 日「「歌舞伎」劇団」(Театр "Кабуки"),『クラースナヤ・ガゼータ』, レニングラード

8 月 9 日「日本のプロレタリア文学」(Пролетарская литература Японии), ニコライ・フェリドマン,『クラースナヤ・パノラマ』No. 32, レニングラード

8 月 10 日「日本演劇」(Японский театр), アナトリー・ルナチャルスキー,『クラースナヤ・パノラマ』No. 32, レニングラード

8 月 10 日＊「歌舞伎という日本の演劇」(Японский театр Кабуки), ニコライ・コンラド,『クラースナヤ・パノラマ』No. 32, レニングラード, (309 頁)

самураях и неверных москвичах)，ミハイル・ザゴルスキー，『現代の演劇』No. 32-33，モスクワ，（318 頁）

8 月 19 日「歌舞伎」（Кабуки），R. アビフ，『スクリーン』，モスクワ

6 月 24 日「日本の国民演劇レニングラード公演」（Гастроли японского национального театра в Ленинграде），『レニングラード・プラウダ』，レニングラード

6 月 24 日「日本の劇団来訪」（Приезд японского театра），『芸術生活』No. 26，レニングラード

7 月 3 日「日本の劇団「歌舞伎」」（Японский театр "Кабуки"），『レニングラード・プラウダ』，レニングラード

7 月 3 日「「歌舞伎」劇団レニングラード公演」（Гастроли театра "Кабуки" в Ленинграде），『クラースナヤ・ガゼータ』，レニングラード

7 月 3 日「「花道」――日本の国民演劇が 8 月にレニングラード来訪」（"Дорога цветов": Японский Национальный театр в августе приезжает в Ленинград），『スメーナ』，レニングラード

7 月 4 日「日本の劇団来訪によせて」（К приезду японского театра），『クラースナヤ・ガゼータ』（朝刊），レニングラード

7 月 6 日「「歌舞伎」劇団ソ連公演によせて」（К гастролям театра "Кабуки"），『レニングラーツカヤ・プラウダ』，レニングラード

7 月 8 日「日本の劇団「歌舞伎」来訪によせて」（К приезду японского театра "Кабуки"），『レニングラーツカヤ・プラウダ』，レニングラード

7 月 8 日「レニングラードにやって来る日本の国民演劇「歌舞伎」の巡演は……」（Гастроли приезжающего в Ленинград японского национального театра "Кабуки"....），『労働者と演劇』No.28，レニングラード

7 月 8 日「日本の劇団来訪」（Приезд японского театра），『芸術生活』No.28，レニングラード

7 月 11 日「「歌舞伎」」（"Кабуки"），『クラースナヤ・ガゼータ』（夕刊），レニングラード

7 月 12 日「日本演劇巡演によせて」（К гастролям японского театра），『クラースナヤ・ガゼータ』（朝刊），レニングラード

7 月 12 日「日本俳優の来訪をひかえて」（Перед приездом японских актеров），『クラースナヤ・ガゼータ』（夕刊），レニングラード

7 月 15 日「日本の演劇・歌舞伎　歌舞伎劇団の有名俳優たち（ソ連公演にむけて）」（Японский театр Кабуки. Знаменитые актеры театра Кабуки (К гастролям в СССР) ），『芸術生活』No. 29，レニングラード

7 月 18 日＊「「歌舞伎」ソ連公演をひかえて」（Перед гастролями "Кабуки"），ニコライ・コンラド，『クラースナヤ・ガゼータ』（夕刊），レニングラード，（297 頁）

7 月 22 日「日本演劇「歌舞伎」のモスクワ・レニングラード公演によせて」（К гастролям

モスクワ

7月31日「明日、「歌舞伎」の第一回公演――「歌舞伎」の演目」(Завтра первый спектакль "Кабуки": Репертуар "Кабуки"),『ナーシャ・カゼータ』, モスクワ

8月8日「日本演劇の12,000枚のチケット」(12 тысяч билетов в японский театр),『食品産業労働者』, モスクワ

8月8日「歌舞伎モスクワ公演によせて」(К гастролям театра Кабуки в Москве),『労働』, モスクワ

8月8日「日本の歌舞伎劇団のソ連公演」(Гастроли японского театра Кабуки), コンスタンチン・フェリドマン,『労働のモスクワ』, モスクワ

8月9日「「歌舞伎」第二プログラム――メモ」(Вторая программа "Кабуки". Заметки), グリゴーリー・ガウズネル,『ナーシャ・カゼータ』, モスクワ

8月9日「日本演劇のモスクワ公演」(Спектакли японского театра в Москве), K. ミンスキー,『繊維工業の声』, モスクワ

8月11日「日本の俳優の芸(「歌舞伎」第二プログラム)」(Творчество японского актера (Вторая программа "Кабуки")), I. B-k,『汽笛』, モスクワ

8月11日「市川左団次の自伝より――俳優の青年時代」(Из автобиографии Садандзи Итикава: Юность актера), ウラジーミル・ブラウデ,『ナーシャ・カゼータ』, モスクワ

8月14日「「歌舞伎」第三プログラム――メモ」(Третья программа "Кабуки". Заметки), グリゴーリー・ガウズネル,『ナーシャ・カゼータ』, モスクワ

8月22日「レニングラードの歌舞伎」(Кабуки в Ленинграде),『ナーシャ・カゼータ』, モスクワ

8月26日「歌舞伎モスクワ公演を終えて」(После гастролей Кабуки),『コムソモリスカヤ・プラウダ』, モスクワ

8月5日「日本の歌舞伎劇団のモスクワ公演(スヴェルドロフ広場の第二芸術座にて)8月5、7、8、9、10日　11、12日」(Гастроли японской труппы Кабуки (в помещении МХАТ 2, площадь Свердлова) 5, 7, 8, 9 и 10 августа: 11 и 12 августа),『新しい観客』, モスクワ

8月7日「日本の「歌舞伎」演劇、モスクワ歓迎会」(Чествование японского театра "Кабуки" в Москве),『ラビス』, モスクワ

8月12日「日本の歌舞伎劇団のモスクワ公演(スヴェルドロフ広場の第二芸術座にて)8月14、15日　」(Гастроли японской труппы Кабуки (в помещении МХАТ 2, площадь Свердлова) 14 и 15 августа),『現代の演劇』No. 32-33, モスクワ

8月12日＊「「歌舞伎」ソ連公演　戯曲と俳優」(Гастроли театра "Кабуки". Пьеса, актеры), ユーリー・ソボレフ,『現代の演劇』No. 32-33, モスクワ, (314頁)

8月12日＊「「歌舞伎」ソ連公演　舞踊と舞台美術」(Гастроли театра "Кабуки". Танец, оформление), ヴィクトル・イヴィング,『現代の演劇』No. 32-33, モスクワ, (317頁)

8月12日＊「印象より　忠実な侍と不実なモスクワ人について」(Из впечатлении: О верных

7月19日「日本の劇団「歌舞伎」がウラジオストクに到着……」(Во Владивосток прибыла японская труппа...),『貧農』, モスクワ

7月19日「日本の劇団がやって来る」(Приезжает японский театр),『コムソモリスカヤ・プラウダ』, モスクワ

7月21日「日本の劇団がやって来る」(Приезжает японский театр),『貧農』, モスクワ

7月22日「日本の歌舞伎劇団がやって来る」(Приезжает японский театр Кабуки),『モスクワの農村』, モスクワ

7月26日「ソ連に日本の劇団がやって来る」(В СССР приезжает японский театр),『繊維工業の声』, モスクワ

7月27日「歌舞伎劇団がモスクワに到着」(Театр Кабуки приехал в Москву),『労働のモスクワ』, モスクワ

7月27日「日本の劇団が到着」(Приезд японского театра),『労働新聞』, モスクワ

7月27日「歌舞伎劇団の到着」(Приезд театра Кабуки),『汽笛』, モスクワ

7月27日「日本の「歌舞伎」劇団」(Японский театр "Кабуки"), I. B-k,『汽笛』, モスクワ

7月27日「モスクワに日本の「歌舞伎」劇団が到着」(В Москву приехал японский театр "Кабуки"),『貧農』, モスクワ

7月27日「歌舞伎劇団が到着」(Приезд труппы театра Кабуки),『ナーシャ・カゼータ』, モスクワ

7月27日「「歌舞伎」劇団が到着——8月1日から公演開始」(Приехал театр "Кабуки": 1 августа начинаются гастроли),『コムソモリスカヤ・プラウダ』, モスクワ

7月27日「日本の「歌舞伎」劇団が……」(Труппа японского театра "Кабуки"...),『モスクワの農村』, モスクワ

7月27日「歌舞伎劇団が到着」(Приезд труппы театра Кабуки),『労働』, モスクワ

7月28日「『ナーシャ』読者のための歌舞伎公演」(Спектакль Кабуки для читателей "Нашей"),『ナーシャ・カゼータ』, モスクワ

7月28日「歌舞伎——日本の演劇」(Кабуки: Японский театр), A. T.,『繊維工業の声』, モスクワ

7月28日「歌舞伎——市川左団次　日本の古典演劇　モスクワ公演によせて」(Кабуки. Итикава Садандзи. Классический театр Японии. К гастролям в Москве.), T. 林(日本),『コムソモリスカヤ・プラウダ』, モスクワ

7月29日「日ソ文化友好の夕べ」(Вечер японско-советского культурного сближения),『コムソモリスカヤ・プラウダ』, モスクワ

7月29日「歌舞伎劇団の夕べ」(Вечер театра Кабуки),『ナーシャ・カゼータ』, モスクワ

7月29日「芸術の言語が諸国民を近づける——歌舞伎歓迎会」(Язык искусства сближает народы: Чествование театра Кабуки), V. Kh.,『労働のモスクワ』, モスクワ

7月31日「日本の劇団のモスクワ公演」(Спектакли японского театра в Москве),『労働新聞』,

составе...)，『プラウダ』，モスクワ

7月27日「歌舞伎」(Кабуки)，アレクサンドル・トロヤノフスキー，『プラウダ』，モスクワ

7月27日「日本の歌舞伎劇団がモスクワに到着」(Японский театр Кабуки приехал в Москву)，『プラウダ』，モスクワ

7月27日＊「歌舞伎来訪によせて」(К приезду театра Кабуки)，グリゴーリー・ガウズネル，『プラウダ』，モスクワ，(302頁)

7月29日「歌舞伎劇団歓迎会」(Вечер в честь театра Кабуки)，『プラウダ』，モスクワ

7月31日「歌舞伎俳優歓迎会」(Вечер в честь артистов Кабуки)，『プラウダ』，モスクワ

8月5日「幕の前で」(Перед занавесом)，ミハイル・コリツォフ，『プラウダ』，モスクワ

8月8日「モスクワの歌舞伎——第二プログラム」(Кабуки в Москве: Вторая программа)，グリゴーリー・ガウズネル，『プラウダ』，モスクワ

8月14日「モスクワの歌舞伎——第三プログラム」(Кабуки в Москве: Третья программа)，グリゴーリー・ガウズネル，『プラウダ』，モスクワ

8月14日「歌舞伎劇団レニングラード公演によせて」(К гастролям театра Кабуки в Ленинграде)，『プラウダ』，モスクワ

9月1日「歌舞伎劇団帰途へ」(Отъезд театра Кабуки)，『プラウダ』，モスクワ

9月7日「レニングラードの歌舞伎（レニングラード特派員の報告）」(Кабуки в Ленинграде (От нашего ленинградского корр-та))，シモン・ドレイデン，『プラウダ』，モスクワ

7月30日「日本の国民演劇——きたる巡演によせて」(Национальный театр Японии: К предстоящим гастролям)，『読者と作家』，モスクワ

7月30日「モスクワの歌舞伎劇団」(Театр Кабуки в Москве)，『読者と作家』，モスクワ

7月30日「歌舞伎の芸術」(Искусство Кабуки)，ダヴィド・アルキン，『読者と作家』，モスクワ

7月30日「古く新しい文化」(Старая и новая культура)，アレクセイ・スヴィデルスキー，『読者と作家』，モスクワ

8月5日「モスクワに来た日本の俳優たち」(Японские артисты в Москве)，S．フリードリャンド，『ともしび』，モスクワ

8月5日「歌舞伎劇団のソ連公演によせて」(К гастролям театра Кабуки)，ニコライ・イズヴェコフ，『新しい観客』，モスクワ

7月1日「モスクワの歌舞伎」(Кабуки в Москве)，グリゴーリー・ガウズネル，『ナーシャ・カゼータ』，モスクワ

7月8日「歌舞伎」(Кабуки)，E. K.，『労働のモスクワ』，モスクワ

7月13日「歌舞伎劇団の舞台監督がモスクワを来訪」(В Москву приехал постановщик театра Кабуки)，『労働のモスクワ』，モスクワ

7月17日「モスクワの「歌舞伎」」("Кабуки" в Москве)，『ナーシャ・カゼータ』，モスクワ

7月24日「日ソ友好の夕べ——『四十七人の忠臣たち』の悲劇」(Вечер японско-советского сближения. Трагедия "47 верных"),『ヴェチェルニャヤ・モスクワ』,モスクワ

7月26日「本日歌舞伎劇団到着——後藤男爵の手紙——日本演劇の10公演はすでに予約完売」(Сегодня приехал театр Кабуки—Письмо виконта Гото—10 спектаклей японского театра уже распроданы),『ヴェチェルニャヤ・モスクワ』,モスクワ

7月27日「モスクワの歌舞伎」(Кабуки в Москве),『ヴェチェルニャヤ・モスクワ』,モスクワ

7月28日「日本文化の華——昨日、全ソ対外文化連絡協会主催の「歌舞伎」歓迎会で」(Цветок японской культуры: Вчера на вечере ВОКС'а в честь "Кабуки"),ユルギス,『ヴェチェルニャヤ・モスクワ』,モスクワ

7月28日「演劇日誌」(Дневник театра),『ヴェチェルニャヤ・モスクワ』,モスクワ

7月31日「明日、歌舞伎公演開幕」(Завтра начинаются спектакли Кабуки),『ヴェチェルニャヤ・モスクワ』,モスクワ

8月8日＊「市川左団次——昨日、「歌舞伎」の公演で」(Итикава Садандзи: Вчера на спектакле "Кабуки"),ユーリー・ソボレフ,『ヴェチェルニャヤ・モスクワ』,モスクワ,(304頁)

8月9日「「歌舞伎」劇団のモスクワ公演は8月17日まで……」(Гастроли театра "Кабуки" в Москве заканчиваются 17 августа…),『ヴェチェルニャヤ・モスクワ』,モスクワ

8月14日「極東住民支援——「歌舞伎」の公演」(Помощь населению дальневосточного края: спектакли театра "Кабуки"),『ヴェチェルニャヤ・モスクワ』,モスクワ

8月14日「われわれが見た「歌舞伎」——操り人形、巨匠たち、人間臭い人々。市川左団次が歩んできた道」("Кабуки" нашими глазами: Марионетки, мастера и живые люди. Путь Итикава Садандзи),ユーリー・ソボレフ,『ヴェチェルニャヤ・モスクワ』,モスクワ

8月21日「歌舞伎劇団への贈り物」(Подарки театру Кабуки),『ヴェチェルニャヤ・モスクワ』,モスクワ

8月21日「レニングラードの歌舞伎(特派員による電話報告)」(Кабуки в Ленинграде (По телефону от нашего корр-та)),『ヴェチェルニャヤ・モスクワ』,モスクワ

8月28日「歌舞伎劇団、今日日本へ出発」(Театр Кабуки сегодня уезжает в Японию),『ヴェチェルニャヤ・モスクワ』,モスクワ

7月13日「日本の劇団・歌舞伎の来訪」(Приезд японского театра Кабуки),『プラウダ』,モスクワ

7月18日「「歌舞伎」劇団モスクワへ出発」(Труппа театра "Кабуки" выехала в Москву),『プラウダ』,モスクワ

7月18日「MGSPSは労働者のために特別公演の予約を各機関に推奨……」(МГСПС рекомендовал...),『プラウダ』,モスクワ

7月21日「7月18日の夜……」(18 июля ночью...),『プラウダ』,モスクワ

7月24日「日本の歌舞伎劇団の全メンバーは……」(Японский театр Кабуки в полном

8月1日「「歌舞伎」劇団第二プログラム」（Программа второго спектакля театра "Кабуки"），『イズヴェスチヤ』，モスクワ

8月8日「「歌舞伎」劇団のソ連訪問によせて」（К пребыванию в СССР театра "Кабуки"），『イズヴェスチヤ』，モスクワ

8月8日「日本演劇「歌舞伎」への関心」（Интерес к японскому театру "Кабуки"），『イズヴェスチヤ』，モスクワ

8月10日「「歌舞伎」の第二プログラム――『侍の愛』『操り人形』、ドラマ『鳴神』の市川左団次」（Вторая программа спектаклей "Кабуки" "Любовь самурая"–"Марионетка"–Итикава Садандзи в драме "Наруками"），ダヴィド・アルキン，『イズヴェスチヤ』，モスクワ

8月10日「歌舞伎劇団は8月18日にレニングラードへ出発」（18 августа театр Кабуки выезжает в Ленинград），『イズヴェスチヤ』，モスクワ

8月10日「日本のソヴィエト文学に対する関心」（Интерес Японии к советской литературе），『イズヴェスチヤ』，モスクワ

8月10日＊「歌舞伎における音楽」（Музыка в театре Кабуки），セルゲイ・チェモダノフ，『イズヴェスチヤ』，モスクワ，（306頁）

8月18日「歌舞伎劇団の最終公演」（Последняя гастроль театра Кабуки），『イズヴェスチヤ』，モスクワ

8月19日＊「歌舞伎の公演を終えて（いくばくかの総括）」（После гастролей Кабуки (Некоторые итоги)），ダヴィド・アルキン，『イズヴェスチヤ』，モスクワ，（326頁）

6月23日「「歌舞伎」来訪間近」（Накануне приезда театра "Кабуки"），『ヴェチェルニャヤ・モスクワ』，モスクワ

6月25日「日本の映画俳優が語るソ連映画」（Японский кино-актер о советских фильмах），『ヴェチェルニャヤ・モスクワ』，モスクワ

6月26日「モスクワに浅利氏がやってきた……」（В Москву приехал г. Осари《〔ママ〕》...），『ヴェチェルニャヤ・モスクワ』，モスクワ

6月30日「歌舞伎劇団の来訪によせて」（К приезду театра Кабуки），『ヴェチェルニャヤ・モスクワ』，モスクワ

7月3日「7月12日に日本俳優の第一陣が到着予定――歌舞伎劇団はモスクワでなにを見せる」（12 июля приезжает первая группа японских артистов–Что покажет театр Кабуки в Москве），『ヴェチェルニャヤ・モスクワ』，モスクワ

7月10日「「受容しやすい技芸」の演劇――「歌舞伎」劇団来訪によせて」（Театр "легко воспринимаемой науки": К приезду театра "Кабуки"），ユルギス，『ヴェチェルニャヤ・モスクワ』，モスクワ

7月12日「モスクワの「歌舞伎」――日本俳優たちの到着」（"Кабуки" в Москве: Приезд японских артистов），『ヴェチェルニャヤ・モスクワ』，モスクワ

7月21日「劇場日誌」（Дневник театра），『ヴェチェルニャヤ・モスクワ』，モスクワ

Мейерхольда），『イズヴェスチヤ』，モスクワ

7月25日「映画監督・衣笠の来訪」（Приезд кинорежиссера Кинугаса），『イズヴェスチヤ』，モスクワ

7月25日「歌舞伎劇団はモスクワでなにを見せる」（Что покажет театр Кабуки в Москве），A. P.，『イズヴェスチヤ』，モスクワ

7月26日「歌舞伎（印象）」（Кабуки. (Впечатления)），イワン・マイスキー，『イズヴェスチヤ』，モスクワ

7月26日「日本演劇の巨匠たち（左団次と彼の劇団の来訪によせて）」（Мастера японского театра. (К приезду Садандзи и его труппы).），ダヴィド・アルキン，『イズヴェスチヤ』，モスクワ

7月27日「「歌舞伎」巡演に対する社会の関心」（Интерес общественности к гастролям "Кабуки"），『イズヴェスチヤ』，モスクワ

7月27日「「歌舞伎」劇団がモスクワに到着――「歌舞伎座」劇場の主演俳優・左団次氏と演劇制作会社「松竹」副社長・城戸氏の対談」（Приезд театра "Кабуки" в Москву: Беседа премьером театра "Кабукидза" г. Садандзи и вице-директром театральной компании "Сётику" г. Кидо），M.，『イズヴェスチヤ』，モスクワ

7月27日「「歌舞伎」劇団がモスクワに到着――駅で出迎え」（Приезд театра "Кабуки" в Москву: Встреча на вокзале），『イズヴェスチヤ』，モスクワ

7月28日「「歌舞伎」劇団歓迎会」（Чествование театра "Кабуки"），『イズヴェスチヤ』，モスクワ

7月28日「全ソ対外文化連絡協会での「歌舞伎」俳優たち」（Артисты "Кабуки" в ВОКС），『イズヴェスチヤ』，モスクワ

7月28日「日本演劇の西欧化（日本の劇作家・池田氏との対談）」（Европейзация японского театра. (Беседа с японским драматургом г. Икедо《〔ママ〕》)），MOR，『イズヴェスチヤ』，モスクワ

7月28日「「歌舞伎」映画ニュース」（Кинохроника "Кабуки"），『イズヴェスチヤ』，モスクワ

7月28日「映画「ソ連における「歌舞伎」」」（Фильма - "Кабуки" в СССР"），『イズヴェスチヤ』，モスクワ

7月29日「「歌舞伎」劇団の稽古」（Репетиции театра "Кабуки"），『イズヴェスチヤ』，モスクワ

7月29日「O. D. カーメネワが「歌舞伎」俳優たちを訪問」（Посещение О. Д. Каменевой артистов театра "Кабуки"），『イズヴェスチヤ』，モスクワ

8月1日「女形　劇作家・池田」（Онна-гата. Драматург Икеда ），エレーナ・テルノフスカヤ（訳），『イズヴェスチヤ』，モスクワ

8月1日「本日「歌舞伎」劇団の公演が開幕」（Сегодня открытие гастролей театра "Кабуки"），『イズヴェスチヤ』，モスクワ

モスクワ

6月24日＊「歌舞伎（日本の伝統演劇のモスクワ公演によせて）」（Кабуки. (К предстоящим гастролям японского национального театра в Москве)），ダヴィド・アルキン，『イズヴェスチヤ』，モスクワ，（284頁）

6月29日「歌舞伎劇団のモスクワ訪問によせて」（К поездке театра Кабуки в Москву），『イズヴェスチヤ』，モスクワ

7月5日「日本の劇団・歌舞伎のソ連訪問によせて（市川左団次）」（К посещению японским театром Кабуки в СССР. Статья Итикава Садандзи ），市川左団次，『イズヴェスチヤ』，モスクワ

7月8日「「東洋的な演出」と東洋の演劇について」（О "восточных постановках" и восточном театре），ニコライ・ポポフ＝タチワ，『イズヴェスチヤ』，モスクワ

7月8日「「歌舞伎」劇団の来訪によせて」（К приезду театра "Кабуки"），『イズヴェスチヤ』，モスクワ

7月10日「日本の劇団・歌舞伎が出発」（Выезд японской труппы Кабуки），『イズヴェスチヤ』，モスクワ

7月12日「歌舞伎の先発隊、今日到着」（Сегодня приезжает первая группа театра Кабуки），『イズヴェスチヤ』，モスクワ

7月13日「左団次モスクワへ出発」（Садандзи выехал в Москву），『イズヴェスチヤ』，モスクワ

7 月13 日「歌舞伎劇団のモスクワ公演をひかえて」（Перед гастролями театра Кабуки в Москве），『イズヴェスチヤ』，モスクワ

7月15日「歌舞伎俳優の第二陣がモスクワへ出発」（Вторая группа артистов Кабуки выехала в СССР），『イズヴェスチヤ』，モスクワ

7月18日「日本の劇団・歌舞伎がウラジオストクに到着」（Прибытие японской труппы Кабуки во Владивосток），『イズヴェスチヤ』，モスクワ

7月20日「日本の劇団「歌舞伎」の巡演」（Гастроли японского театра "Кабуки"），М.，『イズヴェスチヤ』，モスクワ

7月21日「日本の劇団はモスクワに向かっている」（Японская труппа на пути в Москву），『イズヴェスチヤ』，モスクワ

7月24日「歌舞伎劇団のモスクワ到着は7月26日」（Театр Кабуки прибывает в Москву 26 июля），『イズヴェスチヤ』，モスクワ

7月25日「「歌舞伎」劇団巡演への関心」（Интерес к гастролям театра "Кабуки"），『イズヴェスチヤ』，モスクワ

7月25日「「歌舞伎」巡演中の第二芸術座」（МХАТ 2 в дни гастролей "Кабуки"），『イズヴェスチヤ』，モスクワ

7月25日「メイエルホリド劇場で「歌舞伎」の夕べ」（Вечер "Кабуки" в театре им.

新聞・雑誌評リスト

■以下は、「貼込帖」に掲載されている全275本の新聞・雑誌評のリスト（配列順は「貼込帖」の通り。＊印は本書に翻訳・掲載）

凡例：日付「日本語タイトル」（ロシア語タイトル），執筆者名，『媒体名』巻数，発行地，（本書掲載頁）

6月26日「日本の劇団がソ連にやって来る」（Японский театр приезжает в СССР），『ラビス』，モスクワ

7月8日「歌舞伎劇団」（Театр Кабуки），『新しい観客』，モスクワ

7月10日＊「日本の古典演劇――歌舞伎劇団のソ連公演によせて」（Японский классический театр : К гастролям театра Кабуки），エマヌイル・ベスキン，『ラビス』，モスクワ，（289頁）

7月15日＊「わが国の対外演劇交流（日本の劇団「歌舞伎」のソ連来訪によせて）」（Наши театральные связи с заграницей (К приезду в СССР японского театра "Кабуки")），オリガ・カーメネワ，『現代の演劇』No. 28-29，モスクワ，（291頁）

7月15日「日本の演劇」（Японский театр），『現代の演劇』No. 28-29，モスクワ

7月15日「モスクワ公演の準備」（Подготовка к спектаклям в Москве），セルゲイ・ボゴマゾフ，『現代の演劇』No. 28-29，モスクワ

7月15日「歌舞伎来訪の政治的意義」（Политическое значение гастролей），『現代の演劇』No. 28-29，モスクワ

（日付不明）（写真のみ），『ラビス』，モスクワ

7月24日（写真のみ），『ソヴィエトのスクリーン』，モスクワ

8月 26日＊「「歌舞伎」劇団のソ連公演　公演後記」（Гастроли театра "Кабуки": После гастролей），ボリス・グスマン，『現代の演劇』No. 34-35，モスクワ，（339頁）

8月26日＊「「歌舞伎」劇団のソ連公演　運動と舞踊」（Гастроли театра "Кабуки": Движение и танец），ヴィクトル・イヴィング，『現代の演劇』No. 34-35，モスクワ，（341頁）

8月19日「日本の演劇「歌舞伎」」（Японский театр "Кабуки"），『労働者と演劇』No. 34，レニングラード（表紙）

8月19日「歌舞伎劇団――レニングラード公演によせて」（Театр Кабуки: К гастролям в Ленинграде），アレクセイ・ウーシン（画），『芸術生活』No. 34，レニングラード（表紙）

6月24日「歌舞伎劇団は7月25日着」（Театр Кабуки приедет 25 июля），『イズヴェスチヤ』，

あとがき

　歌舞伎は日本が世界に誇る伝統文化であるという認識は、歌舞伎を見たことがある人もない人も、多くの日本人が共有しているのではなかろうか。しかし、その第一回の海外公演がスターリン期のソ連だったという事実を知る人はそう多くはないだろう。わたしはロシア文学と演劇を専門としているが、早稲田大学坪内博士記念演劇博物館で研究助手として働くまでは、寡聞にしてそれを知らなかった。わたしが助手に就任した二〇〇八年、演劇博物館は創立八〇周年を迎えたが、そのとき記念に出版された名品図録の編纂にかかわったことが「二世市川左団次ソビエト公演記録貼込帖」との出会いである。なお、演劇博物館の創設と歌舞伎ソ連公演は、奇しくも同年の出来事であり、二〇〇八年は歌舞伎ソ連公演八〇周年でもあった。

　実際に貼込帖を見たときの感動は忘れられない。そこに貼り込まれた記事はもちろん当時のものだが、それらの記事を集めて、手作業で切り貼りをした人がいる。ときに歪んだ切り方や貼り方は、そうした当たり前のことを想起させる。歌舞伎俳優の写真の何枚かは、かつて（もう二〇年近く前のことだ）、モスクワの「映画博物館《ムゼイ・キノ》」という研究機関直属の映画館で、ホワイエに飾られているのを見たことがあった。なぜ日本では見かけないような撮影のしかたの歌舞伎俳優の写真がそこにあるのかという長年の謎は、貼込帖のおかげで解けた。

　ソ連の一九二〇年代は激動の時代である。革命が起こって国の体制が変わったのが一九一七年だ。一九二二年まで内戦が続き、その後やっと国内が安定し始める。しかし、一九二四年にはレーニンが没し、スターリンが後を継いで国の指導者になる。歌舞伎がソ連を訪れた一九二八年はスターリンの五カ年計画開始の年であり、経済の発展、全体主義の進行とともに、文化における自由が制限されるようになっていった。社会主義リアリズムが国家の芸術様式であるとの宣言が全ソ作家同盟の会議でなされ、芸術家の活動が大きく制限されるのは一九三四年のことである。つまり、歌舞伎がソ連を訪れたのは、公式の文化からはみ出たものが、まだぎりぎり存在できる時期であった。もう少し遅かったならば、批評家たちも多様な意見を出すことはできなかっただろう。

貼込帖からは、歌舞伎が外国からどう見えていたのかのみならず、「歌舞伎」という異文化との接触を通して、当時のソ連の文化状況が見えてくる。本書に訳出した当時の新聞記事からもわかるように、ソ連の批評家たちは、自分たちこそ西欧的なオリエンタリズムの色眼鏡なしに歌舞伎を評価できると自負していた。そして、多くの批評家たちが、歌舞伎の本質を理解し、歌舞伎のよいところをソ連演劇に取り入れるべく至極真面目にそれに対峙した。この生真面目さはソ連文化らしさでもある。時代状況が変化せず、日露の文化交流が続いたならば、ソ連のフォルマリズムや記号論のアプローチを取り入れつつ、充実した歌舞伎論が生まれていたかもしれない。

本書は早稲田大学演劇映像学連携研究拠点公募研究「近代日露演劇交流とその成果」（二〇一一年度、研究代表・上田洋子）、および同公募研究「東西演劇交流におけるメディア・記憶・アーカイヴをめぐる研究」（二〇一三年度、同）の成果である。演劇博物館所蔵のロシア関連資料の定期的な調査と研究会は、二〇一〇年三月の「メイエルホリドの演劇と生涯展」に端を発する。同年秋には「二世市川左団次展」が開催され、貼込帖の全訳プロジェクトへとつながった。その後、本書にも執筆している若手のロシア演劇研究者を中心に、鴻英良氏、永田靖氏、児玉竜一氏ら、ベテラン専門家のご協力を得て研究会を重ねていった。演劇博物館の調査と並行して、北海道大学スラブ・ユーラシアセンター「スラブ・ユーラシア地域（旧ソ連・東欧）を中心とした総合的研究」のプロジェクト型共同研究「スラブ・ユーラシア地域における東洋伝統演劇の受容と表象に関する研究」（二〇一三年度、研究代表・上田洋子）の枠組みで、北海道大学でも調査を行った。

貼込帖に貼り込まれた資料の量が膨大であることは、わたしの論考でも述べた。貼込帖をそのまま翻訳に使用することはできないため、全頁の写真を撮り、写真のデータ、あるいはそれを印刷したものを用いた全訳の作業は困難を極め、時間を要した。しかし、下訳のレベルではすべての論考が翻訳されている。本書に掲載したのはそのうちのたった二四本に過ぎない。全訳の完成にはまだ遠いが、可能性があれば、少しずつでも公開できればと思う。なお、掲載箇所を担当した訳者のほか、エレーナ・イワノワ氏、粕谷典子氏が翻訳に携わっている。

この本の出版には、多くの方のご協力をいただいた。演劇博物館の研究で研究分担者を引き受けてくださった藤井慎太郎氏（一一年度）、太田丈太郎氏（一三年度）、研究会参加者の中村緑氏、竹内ナターシャ氏、特に児玉竜一氏には歌舞伎の専門家として多大なご協力をいただいた。また、遅々として進まない翻訳の作業と山ほどの赤字に根気よくお付き合いくださった森話社の大石良則氏には本当にお世話になった。最後に、常に研究を励ましてくださった谷川道子氏、ロシア演劇人同盟図書館館長ヴャチェスラフ・ネチャーエフ氏、メイエルホリドの家博物館館長ナタリヤ・マケーロワ氏、出版の道を開いてくださった岩本憲児氏、そしてこのような研究の機会を与えてくださった早稲田大学演劇博物館と前館長の竹本幹夫氏に感謝を捧げたい。

本書は演劇博物館から生まれた本である。かつて、ロシア演劇と日本演劇のつながりは太かった。小山内薫はスタニスラフスキーの影響を受け、土方与志や佐野碩は一九三〇年代のソ連でメイエルホリドに教えを請うた。演劇博物館には女優・岡田嘉子の蔵書もあれば、演劇研究者・野崎韶夫が集めたポスターや写真をはじめとする膨大な資料もある。舞台のうえで上演され、同時に消えてしまう演劇。その記憶を担う事物を蒐集し、歴史にとどめる重要な存在である演劇博物館をぜひ多くの方が訪れ、資料を利用していただきたいと願っている。

二〇一七年七月

上田洋子

マリヤ・マリコワ（Мария Маликова）
ロシア科学アカデミーロシア文学研究所（プーシキン館）上級研究員　専攻＝文学
Халтуроведение: советский псевдопереводной роман периода НЭПа〔手抜き研究――ネップ期のソ連における偽翻訳小説〕// Новое литературное обозрение〔『新文学展望』〕. 2010. No. 103. “Время”: история ленинградского кооперативного издательства (1922-1934)〔『時代』――レニングラードの協同組合出版局の歴史（1922-1934 年）〕// Конец институций культуры двадцатых годов в Ленинграде. По архивным материалам. Сб. статей.〔『1920 年代レニングラードにおける文化機関の終焉　アーカイブ資料による論集』〕/ Сост. М. Маликовой. М.: Новое литературное обозрение, 2014.

日置貴之（ひおき たかゆき）
白百合女子大学文学部准教授　専攻＝歌舞伎研究
『変貌する時代のなかの歌舞伎――幕末・明治期歌舞伎史』（笠間書院、2016 年）、「河竹黙阿弥作「水天宮利生深川」における新聞の機能」（『演劇学論集』第 62 号、2016 年 5 月）

鴻　英良（おおとり ひでなが）
演劇批評家　専攻＝ロシア芸術思想
『二十世紀劇場――歴史としての芸術と世界』（朝日新聞社、1998 年）、『エイゼンシュテイン解読』（共著、岩本憲児編、フィルムアート社、1986 年）

伊藤　愉（いとう まさる）
日本学術振興会特別研究員　専攻＝ロシア演劇史
『佐野碩　人と仕事―― 1905-1966』（共著、菅孝行編、藤原書店、2015 年）、K・B・イートン『メイエルホリドとブレヒトの演劇』（谷川道子と共編訳、玉川大学出版部、2016 年）

斎藤慶子（さいとう けいこ）
北海道大学スラブ・ユーラシア研究センター学術研究員　専攻＝日露バレエ交流史
「チャイコフスキー記念東京バレエ学校『白鳥の湖』――『白鳥の湖』ソ連上演史のコンテクストにおける位置づけ」（『舞踊學』第 38 号、2015 年）、「革命とバレエ――古典舞台芸術の危機と再生」（『ロシア革命とソ連の世紀』浅岡善治、池田嘉郎、宇山智彦、中嶋毅、松井康浩、松戸清裕（編）、第 4 巻、岩波書店、2017 年刊行予定）

生熊源一（いくま げんいち）
北海道大学大学院文学研究科博士後期課程、日本学術振興会特別研究員（DC1）
専攻＝ロシア現代美術
「コンセプチュアリズムとアクショニズムの隠されたつながり――新たな芸術環境における年長世代と若年世代の芸術家たちの関係」（ロシア語、『スラヴィアーナ』第 7 号、2015 年 11 月）、「息の転換――「集団行為」における対物関係」（『ロシア語ロシア文学研究』第 49 号、2017 年刊行予定）

［編者］

永田　靖（ながた やすし）

大阪大学大学院文学研究科教授　専攻＝演劇学、近代演劇史

The Local meets the Global in Performance, Cambridge SP, 2010（共著）、*Adapting Chekhov: The Text and its Mutations*, Routledge, 2015（同）

上田洋子（うえだ ようこ）

株式会社ゲンロン副代表、早稲田大学・中央大学非常勤講師　専攻＝ロシア文学・演劇

シギズムンド・クルジジャノフスキイ『瞳孔の中——クルジジャノフスキイ作品集』（秋草俊一郎と共訳、松籟社、2012 年）、『メイエルホリドの演劇と生涯——没後 70 年・復権 55 年』（編著、展示図録、早稲田大学坪内博士記念演劇博物館、2010 年）

内田健介（うちだ けんすけ）

千葉大学特任研究員　専攻＝ロシア演劇

『ロシア革命と亡命思想家』（共著、御子柴道夫編、成文社、2006 年）、「チェーホフの『かもめ』におけるトレープレフとニーナの運命」（『演劇研究』第 35 号、2012 年 3 月）

［執筆者・訳者］（掲載順）

北村有紀子（きたむら ゆきこ）

専攻＝英文学、比較文学

「アニータ・ブルックナーとマルセル・プルースト——ブルックナー『ロジエ通りでの出来事』をめぐって」（『比較文学年誌』第 39 号、早稲田大学比較文学研究室、2003 年 3 月）、"Egawa Tatsuya's Manga, The Tale of the Russo-Japanese War: The Weather is Fine but the Waves are High," *World War Zero: The Russo-Japanese War in Global Perspective*, David Wolff, ed., Leiden; Boston: Brill, 2006, pp.417-431.

ダニー・サヴェリ（Dany Savelli）

トゥールーズ・ジャン・ジョレス大学准教授　専攻＝ロシア文学、比較文学

А. Андреев, Д. Савелли (ред.) Рерих: Мифы и факты〔神話と事実のあいだのレーリヒ一家〕. СПб.: Нестр-История, 2011. D. Samson & D. Savelli (éds), *La Sibérie comme paradis*〔天国としてのシベリア〕, Paris, Petra, 2017 年刊行予定 .

堀切克洋（ほりきり かつひろ）

千葉大学・慶應義塾大学・専修大学非常勤講師　専攻＝ 20 世紀フランス演劇、表象文化論

「象形文字としての身体——マラルメ、ニジンスキー、アルトーにおける運動イメージ概念をめぐって」（『表象』第 7 号、2013 年）、ルック・ファン・デン・ドリス『ヤン・ファーブルの世界』（共訳、論創社、2010 年）

＊本書の「一九二八年歌舞伎訪ソ公演新聞・雑誌評」の翻訳・掲載にあたり、著作権の存続している執筆者の著作権継承者について確認を行いました。そのうち、シモン・ドレイデン氏の関係者については不明でした。また、K・カルロフスキー氏およびStr. 氏については詳細が判明しておりません。上記の方に関して何らかの情報をお持ちの方は小社までご連絡をいただけると幸いです。

歌舞伎と革命ロシア――一九二八年左団次一座訪ソ公演と日露演劇交流

発行日……………………………2017年10月6日・初版第1刷発行

編者………………………………永田　靖・上田洋子・内田健介
発行者……………………………大石良則
発行所……………………………株式会社森話社
〒101-0064 東京都千代田区猿楽町 1-2-3
Tel 03-3292-2636
Fax 03-3292-2638
振替 00130-2-149068
印刷………………………………株式会社シナノ
製本………………………………榎本製本株式会社

ISBN 978-4-86405-120-0 C1074